"高等法律职业教育系列教材"审定委员会

高等法律职业教育系列教材

GAODENGFALUZHIYEJIAOYUXILIEJIAOCAI

治安管理实务

ZHIAN GUANLI
SHIWU

主 编◎ 曾 郁 周静茹

副主编◎ 龚亭亭 林 岚

暨南大学出版社
JINAN UNIVERSITY PRESS

中国·广州

本书编委会

主　编：曾　郁　周静茹
副主编：龚亭亭　林　岚
撰稿人：（按姓氏笔画排列）
　　　　王凌云　齐　霞　陆时莉　林　岚
　　　　金　琳　周静茹　龚亭亭　曾　郁

目 录
CONTENTS

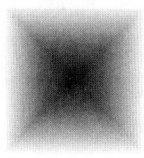

治安管理实务
ZHIANGUANLISHIWUI

004

总　序

高等法律教育职业化已成为社会的广泛共识。2008年，由中央政法委等15部委联合启动的全国政法干警招录体制改革试点工作，更成为中国法律职业化教育发展的里程碑。这也必将带来高等法律职业教育人才培养机制的深层次变革。顺应时代法治发展需要，培养高素质、技能型的法律职业人才，是高等法律职业教育亟待破解的重大实践课题。

目前，受高等职业教育大趋势的牵引、拉动，我国高等法律职业教育开始了教育观念和人才培养模式的重塑。改革传统的理论灌输型学科教学模式，吸收、内化"校企合作、工学结合"的高等职业教育办学理念，从办学"基因"——专业建设、课程设置上"颠覆"教学模式："校警合作"办专业，以"工作过程导向"为基点，设计开发课程，探索出了富有成效的法律职业化教学之路。为积累教学经验、深化教学改革、凝塑教育成果，我们着手推出"基于工作过程导向系统化"的法律职业系列教材。

《国家中长期教育改革和发展规划纲要（2010—2020年）》明确指出，高等教育要注重知行统一，坚持教育教学与生产劳动、社会实践相结合。该系列教材的一个重要出发点就是尝试为高等法律职业教育在"知"与"行"之间搭建平台，努力对法律教育如何职业化这一教育课题进行研究、破解。在编排形式上，打破了传统篇、章、节的体例，以司法行政工作的法律应用过程为学习单元设计体例，以职业岗位的真实任务为基础，突出职业核心技能的培养；在内容设计上，改变传统历史、原则、概念的理论型解读，采取"教、学、练、训"一体化的编写模式。以案例等导出问题，根据内容设计相应的情境训练，将相关原理与实操训练有机地结合，围绕关键知识点引入相关实例，归纳总结理论、分析判断解决问题的途径，充分展现法律职业活动的演进过程和应用法律的流程。

法律的生命不在于逻辑，而在于实践。法律职业化教育之舟只有融入法律实践的海洋当中，才能激发出勃勃生机。在以高等职业教育实践性教学改革为平台进行法律职业化教育改革的路径探索过程中，有一个不容忽视的现实问题，高等职业教育人才培养模式主要适用于机械工程制造等以"物"作为工作对象的职业领域，而法律职业教育主要针对的是司法机关、行政机关等以"人"作为工作对象的职业领域，这就要求在法律职业教育中对高等职业教育人才培养模式进行"辩证"地吸纳与深化，而不是简单、盲目地照搬照抄。我们所培养的人才不应是"无生命"的执法机器，而是有法律智慧、正义良知、训练有素的有生命的法律职业人员。但愿这套系列教材能为我国高等法律职业化教育改革作出有益的探索，为法律职业人才的培养提供宝贵的经验、借鉴。

2010 年 11 月 15 日

前　言

目前，国内的治安管理学教材，因其理论性较强、工作任务驱动不明显、技能训练项目空白，未能突出职业教育的实践性与操作性，不适应警官职业教育技能培养的教学要求。本教材的编写，遵循高等职业教育"工学结合"的指导思想，理论知识以够用为度，以职业能力培养为本位，重在掌握警务技能和知识应用。

2011年，教材编写组多次组织任课教师到公安机关调研学习，与警务部门共同分析治安管理工作的典型工作任务和行动领域，明确治安管理岗位的知识、能力、素质要求，再在此基础上设计治安管理课程内容、知识、技能要求，确定学习领域。设计合理的教学方法和教学实践形式，以保证更好地完成行动领域向学习领域的转化。在行业调研的基础上，编写组还听取执法部门的意见，全面掌握治安管理工作的理论要求、执法实践标准、岗位技能要求，并收集了大量的执法案例。

本书将理论内容与实训内容有机结合，把典型工作任务的基本内容与警务实训融进每一个章节是本书的一大特色。教材编写以案例导入，以工作任务驱动，体现职业教育的实践性、开放性，融教、学、练为一体。内容设计以真实的案例材料为原型，既考虑到治安工作的规律和特点，也照顾到教学内容的需要，设计的案例合理，符合工作逻辑，又具有一定的典型性。

原理部分与具体业务工作部分比例合理，是本书的另一特色。前三章详尽地阐明了治安管理的基本原理，后十一章则分别论述了治安管理的主要业务工作。本书比较全面地涵盖了治安管理专业的内容，包括治安勤务、户政管理、公共治安秩序管理、特种行业管理、危险物品管理、道路交通管理、消防管理、出入境管理、治安案件查处、群体性治安事件的预防和处置、治安灾害事故查处。为实现警官职业教育的技能培养的教学要求，每一章均设有专门的技能训练内容。

参加本书编写工作的有：曾郁（编写单元一、二、三），周静茹（编写单元八），龚亭亭（编写单元十二、十三），林岚（编写单元十一、十四），金琳（编写单元四、六），王凌云（编写单元九、十），齐霞（编写单元七），吉林警官学院陆时莉（编写单元五）。

本教材编写组教师均为从教多年并多次到公安机关实践与学习的骨干教师，曾多次参加过高等职业院校职业教材的编写工作，对工作任务驱动式的教学方法和实践有深刻的理解。教材编写的过程中，得到吉林公安高等专科学校李颖、陆时莉教授，深圳市罗湖公安分局景文副局长、李冰副局长，深圳铁路公安处等警务部门的大力支持和指导，在此一并表示衷心的感谢！

由于编者的水平和实践经验有限，本书不足之处在所难免，恳请读者批评指正。

编者

2012 年 12 月

单元一

绪 论

【知识目标】

(1) 了解治安、治安管理的含义及其管理范围。

(2) 了解治安管理的历史。

(3) 掌握治安管理的任务和原则。

【能力目标】

(1) 能正确理解治安及治安管理的含义。

(2) 能准确理解治安管理的范围和任务。

(3) 能掌握并在实践中坚决贯彻治安管理的各项原则。

【知识结构图】

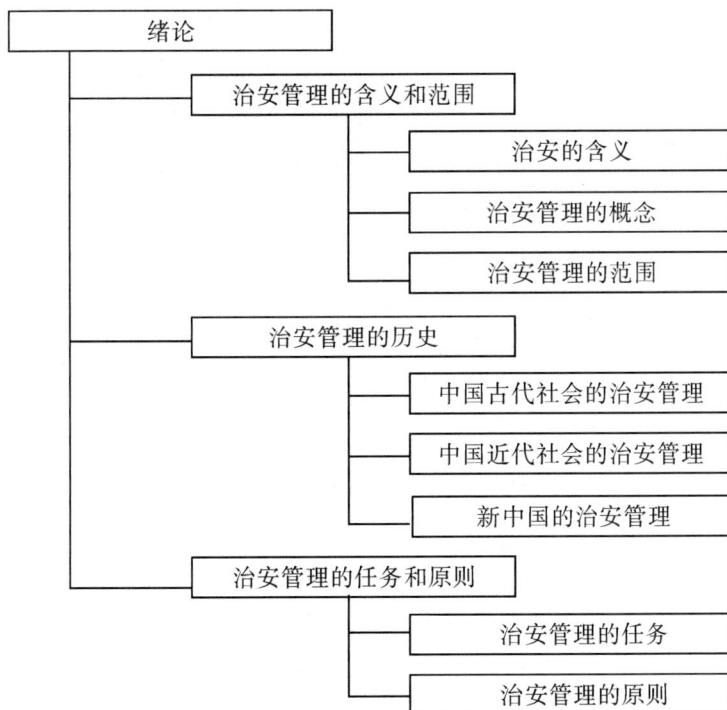

项目一　治安管理的含义和范围

一、治安的含义

在我国古籍中，早期的"治"和"安"更多是分别使用的。从字义上讲，"治"相对"乱"而言，是治理或管理的意思，同时用"之治"、"之乱"来形容两种不同的社会状态；"安"则与"危"相对，指安全或安宁。在我国历史上最早把"治"和"安"连起来作为一个词使用的是战国时期的韩非。他在《韩非子·显学篇》中所说的"治安"，是指治国安民的意思。而把"治安"作为一个完整的概念来阐述的，则最早见于西汉贾谊的《治安策》。贾谊在《治安策》中陈述了当时社会政治的流弊和国家长治久安的方略，提出不要等诸侯谋反时再进行治安的观点，"此时而欲为治安，虽尧舜不治"。司马迁在《史记》中也使用了"治安"一词："古者殷周有国，治安皆千余岁。"

由此可看出，在古代，治安含义非常广泛，主要是指治理国家、统治民众、管理社会，使国家政治清明，社会稳定。而自警察制度形成后，近现代意义上的治安含义远比古代的窄，治安的含义也就有了广义与狭义之分。广义的治安，是指国家统治阶级为维护和巩固统治所需要的并由有关法律所规范的一种社会秩序，即一般所说的社会治安。狭义的治安，就是治安行政管理，即国家公安机关为维护社会治安秩序所进行的各种行政管理活动。

【应知应会】

治安是国家统治阶级为维护和巩固其统治所需要的最基本条件，没有和平稳定的社会治安秩序，统治阶级就无法正常行使国家权力，社会生产和人民生活就无法正常进行。任何一种社会形态的社会和政府，都把创造一个安定良好的社会治安秩序作为一项重要任务。

社会秩序是指人们在社会活动中必须遵守的行为规则、道德规范、法律规章，表现为一种动态有序平衡的社会状态。其内容极为广泛，包括政治、经济、生产、生活秩序，具体表现为教学科研秩序、国家安全秩序、公共安全、公民人身安全及公私财产安全等。

社会治安秩序的基本内容是由国家宪法、刑事法律和治安行政法律与法规所规范的。不需要专门法律、法规来维护的社会秩序则不属于治安秩序。社会治安秩序主要是由公安法规所规范的那些涉及国家安全、公共安全、公民人身权利及公私财产安全等方面的社会秩序。相关法律有《治安管理处罚法》、《道路交通安全法》、《消防法》、《娱乐场所管理条例》、《出入境管理条例》等。

【特别提醒】社会治安是一个法律概念，社会治安是一个政治概念，社会治安的内容具有时空变异性。

【案例1-1】

2010年2月26日上午10时许，某市公安局网监支队、南某县公安局网监大队联合侦办组办案民警进入位于该市南某县城区的杨某军（化名）家中，对房内一台笔记本电脑和一台台式电脑的硬盘进行了检查，查出大量从网络下载、复制的涉嫌淫秽色情物品，包括视频文件 39 个（约 7G），淫秽黄色图片 526 张（约 80M）。鉴于嫌疑人杨某军只是在家观看淫秽物品，并未向外传播，且没有以此作为谋利的工具。根据1997 年由公安部发布实施的《计算机信息网络国际互联网安全保护管理办法》的有关规定：任何单位和个人不得利用国际互联网制作、复制、查阅和传播淫秽、色情信息，网监部门对嫌疑人杨某军处以警告及罚款 3 000 元的处罚。

此事经媒体报道后，南某县公安局随即进行了复查，经复查认为，对杨某军的处罚适用法律不当，于 3 月 24 日对杨某军作出了撤销原处罚的决定。

【问题思考】

（1）杨某军的行为是否违法？

（2）为什么南某县公安局经复查认为，对杨某军的处罚适用法律不当，于 3 月 24日对杨某军作出了撤销原处罚的决定？

二、治安管理的概念

治安管理是治安行政管理的简称，是指公安机关依照国家法律和法规，依靠群众，运用行政手段，维护社会治安秩序，保障社会生活正常进行的行政管理活动。

【案例 1 - 2】

2011 年 4 月 18 日某市警方经群众举报获悉该市的一些舞台、剧院、演艺厅等演出场所存在低俗甚至是色情内容的表演。当晚 8 点左右警方立即派出便衣警员前往现场进行前期摸底，同时迅速调集多种警种在周边集结待命，并制定行动预案，于当晚 9点 40 分统一举动，发起冲击，迅速端掉了该市的多个淫秽表演窝点。

【问题思考】

（1）公安机关为什么要对娱乐场所进行管理？

（2）公安机关对娱乐场所的管理属于什么管理？

【特别提醒】

治安管理是国家行政管理的重要组成部分，是公安工作的重要方面。

【应知应会】

（一）治安管理是一种行政行为

行政行为是享有行政权能的组织或个人运用行政权对行政相对人所作出的法律行为。治安管理属于国家行政管理的内容之一，它是公安机关及人民警察为实现国家安全、公共安全、公民人身安全和公私财产安全的目的，运用管理、命令、指导、监督、制裁等方式执行治安管理法律、法规，维护社会治安秩序的行政管理活动。

（二）治安管理是维护社会治安秩序的行政行为

为保证国家协调发展和社会稳定，需要维护各方面的秩序，治安秩序是其他社会秩序得以正常存在和发展的前提和保障，治安管理通过维护社会治安秩序，保障整个社会生活的正常进行，是实现国家和社会稳定的行政行为。

（三）治安管理是由国家公安机关实施的行政行为

治安秩序是社会秩序的组成部分，它关系到国家、社会和个人的安全，属于社会公共事务范畴，所以治安管理只能由特定的国家机关运用国家权力加以实施。在我国，各级公安机关是治安管理的专门机关。按照公安机关的内部分工，治安行政管理工作主要由治安管理部门具体执行，同时还包括消防、交通、出入境、边防、社会安全防范等若干业务部门。

（四）治安管理主要是依法公开实施管理的行政行为

国家为了维护社会治安秩序，制定系列的法律和法规。治安管理部门的职责就是贯彻、执行、监督和保证这些法律、法规的实施。与公安机关的侦查工作不同，治安管理侧重于对社会治安秩序的维护、控制，所以管理应以公开方式为主。但是由于治安管理的性质、内容和对象具有不同于其他行政管理的特殊性，并不排除在管理过程中使用一些秘密方式，秘密管理是公开管理的补充。

三、治安管理的范围

【应知应会】

治安管理的范围是随着经济、社会及科学技术的发展特别是社会治安形势的变化和治安管理机关工作的需要，而不断发展、变化的。新中国成立以来，我国治安管理的范围几经变化，目前，其范围主要包括以下几方面：

（一）公共治安秩序管理

公共治安秩序即公共活动中所涉及的安全与秩序。公共治安秩序管理包括：公共繁华场所治安管理、重点复杂地（段）区（域）治安管理、大型活动安全保卫。重点复杂地（段）区（域）是指在政治、经济、文化、军事和社会生活中，在一定范围内的地位重要、影响广大或者空间环境复杂，容易发生治安问题且不易控制的地域。大型活动指参加人员众多、成分复杂的政治、经济、文化、体育和其他社会活动，如集会游行、展销会、展览会、博览会、演出、比赛、庆典等。

（二）特种行业管理

特种行业是指工商服务业中，所经营的业务内容容易被利用从事违法犯罪活动，由公安机关依照法律规定实施特殊治安管理的行业。目前，全国性特种行业包括：旅馆业，印章、印刷业，废旧金属收购业，信托寄卖、典当、拍卖业等。此外，各地经省、自治区、直辖市人民政府批准，可以将一些行业纳入当地的特种行业范围进行管理，如开锁业、民用射击场、桑拿按摩、电子游艺、歌舞厅、机动车修理、出租汽车等。

（三）违禁品、危险物品管理

违禁物品，是指依照国家法律规定实施特别管制，禁止擅自制造、储存、销售、购买、运输、使用的物品，包括毒品、淫秽物品、迷信物品。危险物品，是指社会生产和生活所必需的，如管理使用不善则容易发生事故或被利用进行违法犯罪活动，威胁公共安全，具有杀伤、爆炸、易燃、腐蚀、毒害、放射等性能的物品，包括枪支、弹药、管制刀具、爆炸物品、化学易燃物品、剧毒物品、放射性物品等。

（四）户口管理

户口是住户与人口的统称。户口管理是公安机关依法搜集、确认和提供居民的公民身份、亲属关系及法定住址等事项的行政管理。户口管理的内容包括：户口登记、户口迁移、户口调查、重点人口管理、暂住人口管理、户口统计、居民身份证的颁发和管理等。

（五）道路交通管理

道路交通管理，是公安机关运用法律、工程技术、宣传教育与管理科学的理论、手段和方法，协调处理人、车、路及交通环境之间的关系，从而使交通安全、畅通的行政管理活动。道路交通管理的主要内容包括：道路交通设施的规划设置、车辆登记检验、驾驶员考核管理、交通疏导、交通违法行为与交通事故查处等。

（六）消防监督管理

消防是预防和扑救火灾的统称。消防监督管理，即公安机关对消防工作实施组织、指挥、控制、协调的活动。消防监督管理的主要内容包括：消防监督检查、消防技术标准审查和建筑消防设计审核及竣工验收、对专职和义务消防队进行业务指导、组织灭火和调查处理火灾事故等。

（七）出入境与外国人管理

出入境与外国人管理，是指公安机关依法对中国公民和外国人出入中国国境及相关事务实施调节、控制的行政活动。它包括中国人出入境管理，外国人入出境及居留、旅行管理，涉外事件查处，国籍审批等。

（八）社会治安防范监督指导

社会治安防范是治安管理的重要方面，社会组织的治安保卫工作和群众性治安防范工作是国家治安管理职能的重要补充。社会治安防范监督指导的主要内容包括：指导和监督国家其他机关、社会团体、企事业组织等单位内部和重点建设工程的治安保卫工作，指导治安保卫委员会等群众性治安自治组织开展治安防范工作，指导保安公司的保安业务，组织、指导犯罪预防和预防技术工作，开展治安法律宣传和安全防范知识教育等。

【特别提醒】
治安管理的业务范围不是一成不变的，它随着社会和治安形势的发展变化而变化。

【拓展阅读】
英国警察按职业性质分为两种，一是正规警察，主要担负刑事侦查、交通管理和巡逻执法；二是行业警察，类似我国的铁路公安、民航公安、林业公安，主要从事一些半公共工作，如服务于运河、内河、船坞、私人企业、铁路、原子能机构等不同种类的行业警察。

在英国另有两种特殊警察，一是隶属英国国防部的国防部警察，也叫军事警察，主要分布于英国各军事区域，担负所管辖范围内守卫、巡逻、检查等任务，并有侦察权；二是私人保安警察，为公共机构和个人提供警卫、保镖、押运、防范和调查任务，其工作范围只限于受理民事案件和极其轻微的刑事案件，调查对象不得涉及英国皇室、政府部门、国有企业和政府部门的工作人员。

项目二　治安管理的历史

在我国，真正意义上的社会治安管理是在近代才产生的，但是治安管理和具有这种职能的管理机构，可以追溯到阶级社会产生的最初时期。我国历代统治者都十分重视社会治安管理，把社会治安管理的好坏作为衡量一个社会稳定与否的标准。为此，历代统治者不仅在各级政府机构中设置了具有治安管理职能的机构，而且还制定了治安管理法规，从多角度、多方位地加强社会的治安管理。

一、中国古代社会的治安管理

早在原始社会时期，我国就有了社会治安管理的萌芽。到了原始社会末期（相当于我国传说中的"五帝"时期），随着氏族部落联盟组织管理形式的不断完善，出现了具有社会治安管理功能的管理机构。

据《尚书·舜典》记载，舜在位时设立的管理机构如"司徒"、"士"就具有治安管理的职能。"司徒"的职责是负责处理氏族成员之间的纠纷，并对氏族成员进行伦理教育，以维护社会的治安秩序。"士"为狱官之长，处罚那些违反氏族共同利益、损害和侵犯氏族内部治安管理的行为。

这一时期的治安管理无论是从分工还是职能来看，都与后来的治安管理机构无法相比，仅仅处于萌芽阶段，但并不能否认它在一定程度上反映了该时期的治安管理现实。

【应知应会】

（一）奴隶社会的治安管理

夏朝沿用了原始社会末期部落联盟议事会的司徒和士的官职名称，但本质上是不同的，夏朝的司徒和士作为国家机器的组成部分，执行治安管理职能。为了维持国家统治和对外征讨的需要，夏朝有了户口登记和统计的治安管理职能。

奴隶制国家由夏朝经商朝发展到西周，国家职能有了进一步发展。例如，在司徒之下设司武，负责禁止打架斗殴、寻衅滋事；司稽，负责巡市、查获犯禁、拘捕盗贼。在司寇之下设司民，负责户口登记和统计；野庐氏，负责道路交通管理。

奴隶社会是治安管理职能的萌芽阶段，到了奴隶社会的晚期，治安管理职能已有了一定的发展。当然，这个时期治安管理的职能还只是初步的，其具体内容多与军事、司法、刑事、行政等交织在一起。

（二）封建社会的治安管理

自春秋战国之交以后，我国封建社会经历了两千多年的漫长历史，这一时期，我国的治安管理初步成形，其职能和机构有了较大发展。

1. 秦朝的治安管理

公元前221年秦始皇统一中国。秦王朝在全国建立了一套自上而下的完整的官僚体系。在中央，"三公"中设御史大夫，"九卿"中设廷尉，主管全国司法和治安工作。在地方，京师设中尉，掌管京师治安、巡查禁备盗贼；内吏，掌管京师军政和司法，兼管京师治安。郡、县设郡尉、县尉，主要任务是抓捕盗贼，协助郡守、县令维护本地区的治安。县以下，乡设游徼，里设里正，掌管乡、里治安；还设有亭和都亭，负责管理治安。秦朝的亭和都亭是我国历史上最早设置的专门的治安管理机构，类似于现代的公安派出所。

2. 唐朝的治安管理

唐朝是我国封建社会的鼎盛时期，有较为严密的治安管理机构和有关治安管理的法律规定。在中央设立的吏、户、礼、兵、刑、工六部之中，户部掌管户籍、赋税、财政等，刑部掌管司法行政，均兼有治安管理的职能。在京城设有左右金吾卫，掌管皇帝、宫廷警卫和京城的巡警。此外，还设有左右街史，直接执行京城的治安任务。在地方，州刺史之下有司户参军、司兵参军和司法参军；州之下是县，县令之下有司户、司法等专职官员管理户籍、缉捕盗贼、维护地方治安秩序，行使治安管理职能。唐朝不仅设置了较完备的治安管理机构，还制定了较严密的有关治安管理的法律，形成了相当完善的户口管理制度。

3. 明朝的治安管理

明朝是我国封建专制统治高度强化的时期，统治者为了维护自己的统治，建立了庞杂的京师和地方治安管理机构。京师的治安管理机构有四个：一是五城兵马司，负责缉捕盗贼、查禁街市斗殴、赌博，查缉户口和消防，维护治安秩序；二是亲军卫和留守卫，负责京师警戒、守门和夜间巡逻；三是锦衣卫，是皇帝的心腹特务机构；四是巡捕军队，负责夜间治安（白天由五城兵马司负责）。省级行政机关设"三司"，分工负责，分巡分守；府的长官为知府，推官为知府的副贰官，专掌司法，兼有治安管理的职责；州设知州、判官，其中判官负责治安工作；县设知县、县丞、主簿、典史等若干人，其中知县掌一县之政，主簿、典史具有维护治安的专门职责。县以下基层和农村实行里甲制度，建立保甲组织。里设里长，甲设甲首。保甲组织的主要职责是防止辖区内发生贼盗，维持治安。

4. 清朝的治安管理

清朝是我国最后一个封建王朝，为维护统治，其建立了更庞大的治安管理机构。在中央，仍设六部，其中户部和刑部兼具治安管理职能。在京师，设提督九门巡捕五营步军统领衙门（简称步军统领衙门），负责维护治安和捕盗。在地方，治安由地方行政长官负责。为了加强户口管理，清朝强化了保甲制度，在州、县城乡，十户为牌，十牌为甲，十甲为保，分设牌长、甲长、保长，主要职责是编查户口、稽查奸宄、劝善惩恶、维持治安。

【特别提醒】

我国在封建社会时期长期实行行政、司法、军事合一的体制，因此，我国始终没有形成完全独立于行政和军事部门之外的治安行政管理体系，可以说我国古代"有治安管理之实，无治安管理之名"。

二、中国近代社会的治安管理

【应知应会】

（一）清朝末期的治安管理

鸦片战争以后，清政府仿效西方国家建立警察制度。1898年6月湖南按察使黄遵宪在巡抚陈宝箴的支持下，在长沙创建了湖南保卫局。虽然保卫局随着百日维新的失败而告终，它却是中国近代警察制度和治安管理的萌芽。1901年清政府在北京设立"工巡总局"，既负责京师的治安，又负责监察土木工程和审理刑事、民事案件。1905年，清政府设立巡警部，这是我国最早的专职的中央警察机关。1907年，清政府为统一各地警察机构，决定在各省设巡警道，州县设巡警署，负责当地治安工作。在建立正规警察机构的同时，清政府还颁布了一系列治安管理法规，如《违警律》、《户口管理规则》、《管理危险物品规则》等。

（二）北洋军阀统治时期的治安管理

1911年，袁世凯窃取了辛亥革命的胜利果实，中国进入了长达15年的北洋军阀统治时期。在京师，将原内、外巡警总厅改为京师警察厅，直属内务部。在京师各区设警察署，署下设分驻所和派出所，形成了完整的京师治安管理系统。在地方，将清末的省巡警道改为省警务局。市设警察厅，州、县设警察事务所，分别负责辖区内的治安。1913年北洋政府还在两广、两湖地区设立了水上警察厅。

为加强警察教育，北洋政府还设置了警察学校和警官高等学校，以培养和训练警察和警官。

北洋政府还非常重视警察法规的制定，在治安管理方面的法律有《治安警察条例》、《违警罚法》、《管理枪支规则》、《管理印刷业规则》，其中《违警罚法》是我国第一部独立的治安行政法规。

（三）国民党统治区域的治安管理

国民党统治时期，在中央，内政部作为全国警察的最高领导机关，所属警政司负责全国治安管理。在南京市设首都警察厅，市内各区设警察局，局下设分驻所、派出所，管理辖区治安，这些警察机构还设有保安、消防、交通、侦查、水上警察队和巡逻队等专业警察队。

在地方，从省、市、县到区、乡、镇普遍设置警察机构。国民党政府还以所谓"人民自卫"的名义，在地方各县编设"保安团"，用以弥补警力不足，辅助警察维护"治安"。同时还强化了保甲制度，以户为单位，设户长；十户为甲，设甲长；十甲为保，设保长；相邻各保设联保主任。保甲协助警察"清查户口、稽查奸宄、逮捕罪犯、维持秩序"，并实行"联保连坐"。

（四）人民民主政权区域的治安管理

1931年，中华苏维埃共和国成立。在临时中央人民政府委员会内务部设立民警管理局，省设民警分局，市设民警所，负责维护社会治安秩序，查禁赌博、贩毒和吸毒，配合政府保卫总部打击国民党特务、奸细和暗藏的反革命分子。

抗日战争期间，各根据地的公安机构不尽相同。在陕甘宁边区，边区政府下设民政厅和保安处执行警察职能。边区首府延安市设公安局，局内设有治安科。1938年5月成立了延安市警察队，隶属于市公安局，主要任务是维护社会治安和警卫工作。

解放战争时期，随着解放区逐步扩大，形成了陕甘宁边区和东北、华北、中原、华东及内蒙古等十多个解放区。内蒙古自治政府和华北人民政府均设立公安部，东北成立公安总处，省、市分别设立公安厅、公安局，在各级公安机关内均设有负责治安管理工作的部门。解放区治安管理部门的主要任务是配合有关部门除匪反霸、防奸反特，处罚违警行为，管理枪支弹药，整顿社会秩序。

三、新中国的治安管理

【应知应会】

（一）新中国成立至基本完成社会主义改造时期的治安管理

这一时期大体是从1949年10月至1957年。新中国成立后，国家设立公安部，省、自治区、直辖市设公安厅（局），地区设公安处，市、县设公安局，城市街道、农村乡镇设公安派出所，农村地区和不设区的乡设公安特派员，负责基层治安管理工作。公安机关治安管理部门一方面积极参与了肃特、镇压反革命的伟大斗争；另一方面配合整个公安工作，开展打击盗匪和流氓集团，取缔各种反动会道门的斗争，同时积极建立治安管理的各项业务工作，如户口、消防、交通等各项业务的管理工作。经过几年的努力，初步形成了以户口管理为中心，以派出所工作为基础，包括交通、消防在内的治安管理工作体系，维护了新中国正常的社会秩序。

（二）保卫大规模社会主义建设的顺利

1956 年社会主义改造基本完成以后，从 1957 年 1 月至 1966 年 4 月，我国开始进入全面建设社会主义时期，治安管理工作也进入全面建设和发展时期。从巩固人民新生政权，转向保障社会主义经济建设；从大规模群众性的镇压反革命运动，转向进一步加强隐蔽斗争、治安管理和法制建设。公安机关治安管理部门一手抓预防犯罪工作，一手抓与治安灾害事故的斗争。

这一时期，还注意加强治安行政法规的建设。颁布了《中华人民共和国治安管理处罚条例》，还制定和实施了《中华人民共和国户口登记条例》、《公安派出所条例》等几十种治安行政法规，使治安管理逐步建立在社会主义法制的基础之上。

（三）十年"文化大革命"中的严重挫折

1966 年至 1976 年的"文化大革命"，使治安管理工作遭到了严重破坏，治安管理的各级机构的公安机关被"砸烂"，广大治安民警受到迫害和摧残。新中国成立以来建立的治安管理制度和治安管理法规被全盘否定和取消。

（四）"在徘徊中前进"的两年

1977 年至 1978 年，在中国当代史上是徘徊前进的两年。社会治安受到"文化大革命"后遗症的影响，突出表现为青少年犯罪。有些青少年整日游荡街头，盗窃、抢劫、聚众斗殴，甚至侮辱、强奸妇女；有些犯罪团伙为了争夺地盘，大打群架。面临如此混乱的治安问题，公安部于 1977 年 12 月在北京召开了第十七次全国公安工作会议，部署全面恢复治安管理工作，积极预防和严厉打击各类治安、刑事案件，同时开展了多项治安管理业务工作。

（五）保卫改革开放，为新时期中国特色社会主义现代化建设保驾护航

这一时期社会治安的主要特点是：粉碎"四人帮"后，从大乱走向大治。特别是经过三次"严打"斗争之后，社会治安恢复了正常状态。但随着改革开放的深入及社会政治经济形势的变化，社会治安又面临更多新情况、新问题。各类刑事案件开始回升，同刑事案件息息相关的黄、赌、毒等治安恶性案件剧增；交通消防方面的灾害事故大幅上升；沿海地区流动人口急剧增加。公安工作包括治安管理的工作重点也随之转为服从和服务于社会主义经济建设、保卫改革开放，为中国特色社会主义现代化建设保驾护航。

新时期治安管理具有以下特点：一是治安管理机构逐步发展完善，二是治安管理走上法制轨道，三是治安管理加快现代化进程，四是治安管理队伍不断加强。

为适应治安行政管理容量扩大、专业要求日益提高的需要，20 世纪 80 年代，各级公安机关逐步把刑事侦查从治安管理部门分离出去；各大中城市公安机关在公共秩序管理、特种行业管理、危险物品管理等方面设有专门的机构和人员；为加强人口管理，把户政管理从治安管理部门分离出来；20 世纪 90 年代，为应对突发事件，各大中城市建立了公安指挥中心和公安防暴队；进入 2000 年以来，随着互联网对国家安全和社会

稳定的影响越来越大，各级公安机关成立了网络安全监控机构。

此外，还制定并完善了治安管理的法律体系，如《治安管理处罚法》、《道路交通安全法》、《消防法》、《出入境管理法》、《禁毒法》、《居民身份证法》、《警察法》、《危险物品安全管理条例》、《娱乐场所管理条例》、《娱乐场所治安管理办法》、《保安服务管理条例》等。

项目三　治安管理的任务和原则

一、治安管理的任务

治安管理的任务是维护国家安全和社会稳定。概括地说，我国治安管理的主要任务是依据治安管理法律、法规，运用行政管理手段，维护社会治安秩序和公共安全，保护公民的合法权益，保障社会主义现代化建设的顺利进行，其核心是预防违法犯罪。

【资料 1 - 1】

2012 年 3 月，某市公安局新闻办公室向媒体通报，近年来，该市警方积极推进社会治安视频监控系统建设，成功织就一张覆盖全市公共场所、主干道路、企事业单位、居民小区的"天网"。同时，该市警方加强和创新视频监控在打击犯罪、治安防控、社会管理等方面的深度应用，积极推进视频监控综合应用实战化，不断提升警务运作效能。据统计，2012 年 1 至 2 月份，该市警方利用视频监控系统破获刑事案件 949 宗，抓获犯罪嫌疑人 1 710 人，发现违法犯罪线索 2 758 条，取得了良好的应用效果。

【问题思考】

(1) 治安视频监控系统在治安管理中起到什么样的作用？

(2) 治安管理的任务是什么？

【应知应会】

治安管理的任务具体表现为以下几个方面：

（一）预防、发现和控制犯罪

预防、发现和控制犯罪是治安管理的首要任务。预防犯罪是指治安管理要针对产生犯罪或诱发犯罪的原因，充分发动和依靠广大群众和社会各方面的力量，从犯罪主体和易被侵害的客体两个方面，采取各种行之有效的措施，实施全方位、多层次的防范，以在犯罪的心理结构和犯罪的机遇、诱因和条件之间设置屏障，防止和减少犯罪行为的发生。

控制犯罪是指将公开和隐蔽的手段相结合，从时间和空间上加强对整个社会面的控制。一是防范、控制可能实施违法犯罪的主体，二是控制可能实施违法犯罪的时空和其他条件，三是管理可能被违法犯罪侵害的对象。

（二）预防、查处违反治安管理的行为

违反治安管理行为与刑事犯罪行为相比，尽管它的社会危害性较小，但从实践情况看，违反治安管理行为的发案数往往数倍于刑事案件，它对社会治安的威胁不能轻视。因此，有效预防和查处治安案件，对于维护治安秩序具有重要意义。预防和查处违反治安管理的行为，是治安管理的一项日常而又繁重的任务。预防和查处措施主要有：一是广泛开展法制宣传教育，提高公民的法律意识是预防违反治安管理行为发生的根本方法；二是开展社会丑恶现象的专项整治，净化社会环境，同时公安机关在日常的治安管理工作中，采取各种手段来消除和限制诱发社会丑恶现象的不良因素和条件，从而预防和减少违反治安管理行为的发生；三是认真查处治安案件，积极制止违反治安管理行为的发生。

（三）预防、查处治安灾害事故

治安灾害事故，是指违反治安管理法规或安全操作规程而引起的人员伤亡、物质财产损毁的灾害事故，包括道路交通事故，火灾，爆炸，中毒，翻、沉船和放射性事故，以及由于公共秩序混乱造成的死伤事故等。为了防止治安灾害事故的发生，应做好以下几方面的工作：一是广泛开展安全生产的宣传教育；二是贯彻"谁主管、谁负责"的原则，落实安全保卫责任制；三是严密管理，强化安全检查。

（四）预防、处置群体性治安事件

群体性治安事件，是指聚众共同实施的违反国家法律、法规，扰乱社会秩序，危害公共安全，侵害公民人身安全和公私财产安全的行为。积极预防、妥善处置由人民内部矛盾引发的群体性事件，是新世纪、新阶段公安机关维护国家安全和社会稳定的重要任务。

预防、处置群体性治安事件，一要从思想上重视，认识到群体性治安事件对社会治安秩序造成的危害和正确及时处置的意义；二是要做好群体性治安事件的预防工作；三是要及时处置群体性治安事件。

另外，公安机关的治安管理部门还具有协助其他行政部门进行管理的任务。治安管理由于具有特殊的强制性而拥有其他行政管理所不具有的权威性和约束力，因而是其他行政管理顺利进行的保障。当然，治安管理部门只有在其他行政管理部门依法履行职责受到拒绝、阻碍时，才能依法予以协助，并及时查处有关违反治安管理的行为。

【特别提醒】

我国当前刑事犯罪呈现动态化、组织化、职业化和智能化的特点。青少年犯罪严重，暴力性犯罪突出，团伙犯罪和流窜犯罪增多，智能性和技能性犯罪凸显，农村刑事犯罪呈上升趋势，国际贩毒集团和境外黑社会组织在我国大陆犯罪案件逐渐增多。

二、治安管理的原则

【案例 1-3】

郭某因酒后驾车遇交警检查弃车逃跑最后溺水死亡事件。据《信息时报》报道（详见 2011 年 3 月 15 日 A24 版），郭某为拒绝接受检查弃车逃跑后进入珠江堤岸边的小树林，当警察再次发现郭某时，郭某已经在江中。交警与现场群众一起大声呼叫，劝郭某上岸，同时立即通知水警部门出动专业力量到场救助（郭某拒绝接受检查的行为发生在 2011 年 3 月 1 日凌晨 1 点 30 分以后，凌晨 2 点左右已有不少警察在江边，而且江上还有巡逻艇，这证明警察在发现郭某进入江水后已采取措施积极实施救助，前后间隔不到 30 分钟）。公安民警对涉嫌酒后驾车者有依法实施检查的权力，对有危险行为的人有权采取限制人身自由的行政强制措施。

【问题思考】

（1）警察对有危险行为的人采取限制人身自由的行政措施的法律依据是什么？

（2）在本案当中，警察是否要为郭红学的死承担责任？

（一）依法行政原则

公安机关在实施维护社会秩序的治安管理过程中，要严格依照治安管理的法律、法规进行，做到依法行政。

治安管理坚持依法行政原则，其基本要求是：

第一，合法行政。治安管理部门实施治安行政管理，应当依照法律、法规、规章的规定，不得作出影响公民、法人和其他组织合法权益或者增加公民、法人或者其他组织义务的决定。

第二，合理行政。治安管理部门实施治安管理所采取的措施和手段的原则应当是必要、适当的。

第三，程序正当。治安管理部门实施治安行政管理，除涉及国家秘密和依法受到保护的商业秘密、个人隐私外，其程序应当公开。要严格遵循法定程序，依法保障当事人的合法权益。

第四，高效便民。治安管理部门实施治安行政管理，应当遵守法定时限，积极履行法定职责，提高办事效率，提供优质服务。

第五，诚实守信。治安管理部门公布的信息应当全面、准确、真实；非因法定事由并经法定程序，治安管理部门不得撤销、变更已经生效的行政决定。

第六，权责统一。治安管理部门依法履行治安管理职责，如果违法或者不当行使职权，应当依法承担法律责任，实现权力和责任的统一。

（二）专门机关管理与依靠群众相结合的原则

专门机关是指具有国家治安行政主体资格的公安机关治安管理部门及其人民警察。依靠群众，是指公安机关治安管理部门组织指导群众积极参与社会治安秩序的维护工作，广泛预防违法犯罪。治安管理专门机关在治安管理工作中，把治安管理执法的专业工作与群众维护社会治安的各种活动相结合，如安全检查、法制宣传、调解纠纷、监督改造、社会帮教和维护交通等。

（三）预防为主、保障安全的原则

预防为主，是指在同违法犯罪行为和治安事故作斗争中，在处理预防和打击（查处）两方面的工作关系时，应把预防放在主导的地位。保障安全，是指各项治安管理业务工作都要从安全出发，通过各种手段达到安全的目的，保障安全是治安管理的出发点和归宿。

（四）管理与服务相统一原则

执法为民是公安机关执法思想的核心，管理与服务相统一是执法为民思想在治安管理工作中的具体反映和基本要求。治安管理作为国家公共行政管理，奉行立警为公、执法为民的服务宗旨，为国家建设服务，为社会发展服务，为人民大众服务，为纳税人服务。管理与服务的关系是：以管理为手段，以服务为目的。

（五）公开管理与秘密工作相结合

公开管理就是依法以公开的行政管理方式进行管理，主要包括指导、监督、检查、许可、强制、处罚、调解等。秘密工作，是公安机关依法在内部规定和使用不对社会公开的必要手段，主要包括治安秘密力量工作和管理、技术控制手段。公开管理和秘密相结合，就是要把两种工作方法配合使用，准确掌控治安形势的变化，以满足治安管理和整个公安工作的需求。

单元二
治安管理的组织

【知识目标】

（1）了解治安管理机关的组织管理情况及其主要职责。

（2）掌握治安管理基层组织的性质、设置、任务及职权。

（3）理解治安管理社会组织的性质、任务及职权。

【能力目标】

（1）能充分认识公安部、省（自治区、直辖市）厅局、市县局、公安基层组织的主要职责。

（2）能按公安派出所任务和工作目标的要求胜任公安派出所的工作。

（3）能结合治安保卫委员会、保安服务公司的任务和职权对其进行领导和监督。

【知识结构图】

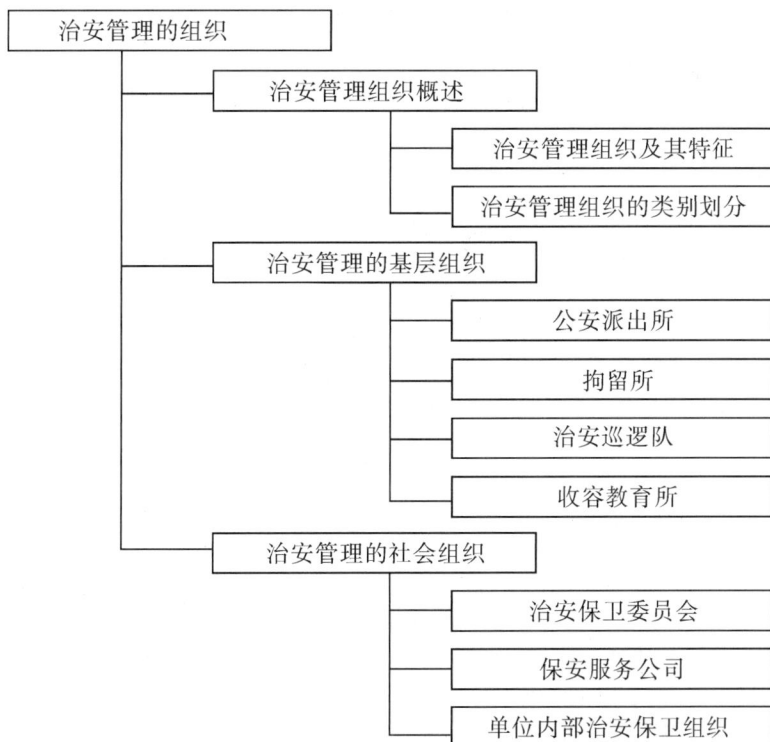

项目一　治安管理组织概述

一、治安管理组织及其特征

【案例 2 - 1】

某市警方在全国统一开展的清理整治保安服务市场专项行动中，查处了一起严重违反保安服务管理法规的行为，对××公司予以罚款 2 万元的行政处罚。专项行动中，警方发现××公司自行招用保安员 20 多人成立保安队，从事公司内部守护、巡逻等安全防范工作。但该公司拒不向公安机关备案，自招的保安员无证上岗，违反了《保安服务管理条例》（国务院令第 564 号，简称《条例》）第四十二条。警方对该公司依法作出上述处罚。

【问题思考】

（1）保安服务公司是否有权自行招收保安员？

（2）保安服务公司是否属于治安管理组织？

（3）你认为治安管理组织有哪些？

【应知应会】

（一）治安管理组织

所谓治安管理组织，是由社会成员个体和群体依法组成的，得到公众承认甚至行政认可的，可以依法调控自身和其他社会群体行为的，以维护社会治安为共同目标的群体的总称。

（二）治安管理组织的特征

1. 治安管理组织是合法存在和活动的正式组织

所谓正式组织，是指有意构建的、有严密结构和确定目标并经过社会管理当局正式确认，得到社会普遍认可的组织。例如，治保会就是一种正式组织，公安派出所更是一种正式组织。而非正式组织是指自然形成的、结构相对松散、目标相对宽泛的组织。例如，邻里之间自发组成的"邻里守望"，就是一种非正式组织。

2. 治安管理组织是以维护社会治安为基本目标

这是治安管理组织与其他组织的基本区别，治安管理组织只以维护社会治安作为其最主要、最基本的目标。

3. 治安管理组织拥有依法调控他人行为的一定权力

治安管理组织不但通过约束或者保护自身来实现公共安全，还可合法地采用相应方式对其他的个人或群体进行不同程度的行为调控。

4. 治安管理组织依法组建、守法行动

治安管理组织不是一般意义上的正式组织，而是必须由法律法规全面规范的权力组织，它们必须依法组建，其自身的行为必须在法律法规的规范下进行。

二、治安管理组织的类别划分

【应知应会】

治安管理组织是以维护社会治安为主要目的的各类社会组织的总称，大致可划分为以下几类：

（一）治安管理机构

治安管理机构是国家依法设置以维护社会治安秩序、履行行政管理职能的专门组织，是公安机关的主要业务部门。

（1）全国的治安管理机构按纵向的行政层次可分为：中央治安管理机构和地方治安管理机构，地方治安管理机构又可分为省级治安管理机构、市（州）级治安管理机构、县（市）级治安管理机构和基层治安管理机构。

（2）县级以上的治安管理机构按横向的业务分工可分为：治安秩序管理、特种行业管理、户政管理、枪支危险物品管理、道路交通管理及消防监督管理等部门。

（3）基层的治安管理机构又称为治安管理基层组织，包括县（市）公安局下属的公安派出所、巡警队、交警队、消防队等部门。

【特别提醒】

在中央公安部内，由治安局、道路交通管理局、消防管理局、出入境管理局等部门分工主管全国治安管理业务。

省级治安管理机关包括治安管理处（治安总队）、户政处（人口总队）、经济文化保卫处、技术防范工作办公室、巡警总队、交通管理局（交通警察总队）、消防总队、出入境管理处，有的地方还设有水上警察总队、旅游保卫处、外来人口管理处等。

公安局下设治安支队（大队）、户政科（股）、消防支队（大队）、交警支队（大队）等业务部门，分别管理治安管理的各项业务。

治安拘留所、收容教育所、强制戒毒所等机构原属治安管理机构，现已划归监管部门。

（二）治安管理的社会组织

治安管理的社会组织，又称为社会治安防范组织或群众性治安保卫组织，它是相对于公安机关而言的，只履行非政府职能，只能在公安机关的指导下开展维护社会治安的各种组织，包括治保会、治安联防队、保安服务公司等。

【拓展阅读】

公安机关的任务包括：掌握社会治安状况，协助党政部门实施社会治安综合治理工作；侦查危害国家安全的案件和治安、刑事（包括重大责任事故、经济领域犯罪等）案件，侦破、处置重大案件、重大事件、重大治安灾害事故；依法监督并指导机关、团体、企事业单位的安全保卫工作和企事业单位保卫部门的建设；对经济民警、保安员的管理和业务指导工作；依据公安业务负责出入境管理和外国人事务管理工作；负责治安、户政、居民身份证的管理工作；管理道路和水上交通安全工作，维护交通秩序，保障道路交通的畅通；消防工作，依法进行消防监督，组织灭火救灾；预审工作和看守所、拘留所的管理工作；安全警卫工作；负责计算机管理监察、社会公共安全技术防范等。

项目二　治安管理的基层组织

治安管理的基层组织是指由县级公安机关派出的，率领和组织直接面对公众的治安管理工作人员，具体实施基层社区内或者职权内的各项治安管理工作的治安管理组织。

一、公安派出所

【资料2-1】

某公安派出所现有民警136人，该派出所管辖区位于城市中心区以及火车站附近，有8个社区。虽然辖区面积不大，但该辖区人流量非常大，据统计高达10万人次以上。另外，辖区里以娱乐、桑拿等特种行业居多，特种行业在辖区内共有120多家，治安情况比较复杂。全所在上级公安机关的领导下，在全体民警的共同努力下，按"发案少、秩序好、社会稳定、群众满意"的目标，充分履行公安职责，使社会治安秩序明显好转。该所实现了队伍建设和业务工作的双丰收，是首批省级达标派出所。

【问题思考】

(1) 派出所的任务是什么？

(2) 派出所的权限有哪些？

公安派出所是市、县公安机关直接领导的派出机构，是公安机关打击违法犯罪、维护社会治安、服务人民群众、保卫一方平安的基层综合性战斗实体。

(一) 公安派出所的性质

【应知应会】

公安派出所的性质可概括为以下几个方面：

1. 公安派出所是公安派出性机关

公安派出所是市、县公安局或相当于县级公安机关的派出机构，不是一级公安机关，也不是一级行政机关。它可以代表上级公安机关，按照法律规定和上级公安机关授予的权限，对管辖的区域的社会治安进行管理。

2. 公安派出所是公安机关最基层的组织

公安派出所既不是城市街道或乡镇人民政府及其他行政组织的基层组织，也不是公安机关某个业务部门的基层组织，是公安机关有机整体的重要组成部分，是整个公安机关的基层组织，是公安系统的终端组织。

3. 公安派出所工作是全部公安工作的根基

公安派出所工作是整个公安工作的基础，直接关系到公安工作的全局。凡涉及公安工作的各方面都与公安派出所工作密切相关。公安派出所工作的强弱，直接影响和制约着整个公安工作。

4. 公安派出所是具有多功能的综合性的战斗实体

公安派出所是居于社会治安管理最前沿，肩负着对辖区治安负责、具体承担多项治安管理工作任务的实体单位。同时具有防范、打击、教育、管理、改造等多种职能。

（二）公安派出所设置的原则

公安机关应当综合考虑辖区面积、人口数量、治安状况和工作需要，公安派出所的设立在原则上要与乡、镇、街道行政区的划分相对应。对于地域面积小、人口少、治安好的建制乡，公安机关警力紧张的，可暂不设立公安派出所，但要派驻民警为辖区群众办理相关事务。

城区公安派出所每所民警不少于20人，城镇公安派出所民警每所不少于10人，乡公安派出所民警每所不少于5人。

【特别提醒】

公安派出所的设立、撤销或者变更，由县（市、区、旗）公安机关提出申请，经同级人民政府机构编制主管部门审核同意后，逐级报请省、自治区、直辖市公安厅（局）审批。

（三）公安派出所的种类

【应知应会】

公安派出所按其隶属关系可分为两大类：

1. 地方公安机关派出所

地方公安机关派出所是指县（市）公安局（分局）在所辖地区内设立的派出所。根据其分布区域的不同，可分为城镇、农村、水上、边防等公安派出所。

2. 专门公安机关派出所

专门公安机关派出所是指铁路、交通、民航、林业等公安机关在本系统管辖范围内设立的派出所。

【特别提醒】

地方公安派出所除少数专门管理治安派出所外，均既管治安又管户口，这是区别于专门公安机关派出所的主要标志。专门公安机关派出所由其上级公安机关领导，同时接受所在地公安机关的业务指导。

（四）公安派出所的职责

根据公安部《公安派出所正规化建设规范》第二条规定，公安派出所的主要职责包括以下内容：

（1）收集、掌握、报告影响社会政治稳定和治安稳定的情报信息。

（2）管理辖区内的实有人口。

（3）管理辖区内的重点行业、公共娱乐场所和枪支、弹药、爆炸、剧毒等危险物品。

（4）指导、监督辖区内的机关、团体、企事业单位的内部治安保卫工作。

（5）宣传、发动、组织、指导群众开展安全防范工作。

（6）办理辖区内发生的因果关系明显、案情简单、一般无需专业侦查手段的刑事案件，并协助侦查部门侦破其他案件。

（7）办理治安案件，调解治安纠纷。

（8）参与火灾、交通、爆炸、中毒等治安灾害事故的预防工作。

（9）接受群众报警、求助，为群众提供服务。

【特别提醒】

公安派出所的工作目标是：发案少，秩序好，社会稳定，群众满意。

（五）公安派出所的内部分工

【应知应会】

公安派出所，一般设置有所长、指导员（教导员）、副所长、内勤民警、户籍民警、社区民警、治安民警等岗位，各岗位既分工又合作，共同完成派出所的各项任务。

所长是公安派出所的负责人，全面主持各项工作；指导员（教导员）负责所里的政治思想工作；副所长负责全所分管业务，并协助所长做好全所的各项工作。

内勤民警负责派出所文书档案、来访接待、安全保卫和其他内部勤务。社区民警全面负责所在社区各项工作，包括监管被依法判处管制、剥夺政治权利、缓刑、假释、监外执行的罪犯，被取保候审、监视居住人员以及劳动教养所外执行人员；调解治安纠纷、收集治安信息、指导社区做好安全防范工作。户籍民警负责户口登记、统计和居民身份证管理。治安民警负责对特定场所、行业、物品的治安管理，负责查处治安案件、治安灾害事故。

一些派出所会设置一定数量的刑警、巡警，专职从事相关工作。

【特别提醒】

各地的公安派出所可根据警员的人数及实际需要来进行内部分工。警力较多、治安情况复杂的城区派出所，可以建立社区警务队、巡逻防控队、案件办理队和综合内勤室。警力少、治安情况相对平稳的农村派出所，可以实行一人一岗或一人多岗。

（六）公安派出所的工作制度

要全面完成各项工作任务，派出所必须建立各项工作制度，规范内部管理。

【应知应会】

1. 公安派出所的勤务制度

勤务，是公安机关为完成其担负的任务所进行的有计划的工作活动。当前，公安派出所常见的勤务制度主要有：

（1）值班勤务制度。

值班勤务是公安派出所的一项基本勤务活动。公安派出所的性质，决定了必须保证一定数量的民警24小时值班这一要求。公安派出所民警值班时，必须坚守岗位，严格遵守工作交接制度，做好值班记录，有情况及时请示报告，不得从事与值班工作无关的活动。

（2）备勤勤务制度。

备勤，就是预备勤务，即派出所民警留在所内整装待命，以备发生突发性事件时机动使用或者执行临时派遣任务。备勤勤务由民警轮流担任，备勤的民警可在备勤岗位上处理自己的业务工作，但不得离岗。备勤民警应当保持通信联络，随时待命。完成临时派遣任务后，应当继续备勤。

（3）巡逻勤务制度。

巡逻勤务，是公安机关严密社会面控制，为快速对付突发事件，预防、发现和打击现行违法犯罪活动，而实施的一种动态巡查警戒活动。公安派出所应当根据辖区情况，划分巡逻区域、确定巡逻路线、明确巡逻重点，并根据警情的变化适时进行调整。

（4）守望勤务制度。

守望勤务，是指为掌握、控制某些与治安秩序相关的特定区域、特定目标的动态、局势，而采取的定点、定位的瞭望、监视，是一种静态的警戒方式。守望勤务分为公

治安管理实务
ZHIANGUANLISHIWU

开守望、秘密守望两种。

【特别提醒】

值班、备勤、案（事）件处理、巡逻、治安检查及特定勤务，必须由两名以上公安派出所民警执行。公安派出所民警在执法执勤时，除特殊情况外，应当按规定着制式警服。

2. 公安派出所的会议制度

公安派出所的会议制度至少有两种，所务会和民主生活会。所务会是由所长主持，由所领导和业务骨干或者全体民警参加，主要研究所里的各项工作和管理中的重要问题；民主生活会是由指导员主持，全所民警参加，主要开展政治思想工作。

3. 公安派出所的请示报告制度

请示报告制度，是公安派出所正确贯彻上级公安机关的部署和行使自己职权、履行自己职责的重要措施。请示制度规定：凡职责范围内不应、不能独立处理的，应当事先请示。报告制度规定：日常工作应当定期报告，专门工作应当专门报告，紧急情况应立即报告，重大问题必须书面报告。除特殊紧急情况外，应当逐级请示、报告。

4. 群众工作制度

民警应当牢固树立全心全意为人民服务的宗旨意识，建立良好的警民关系，提高为群众服务的效率和质量。公安派出所的群众工作制度主要有：警民联系制度、公开办事制度、向群众报告工作制度。群众工作制度的主要内容包括：①在社区警务室定期接待群众。②设立警民联系箱、联系簿，发放警民联系卡，公布联系电话。③帮助联系解决群众求助的事宜。④为群众代办户口、公民身份证件等事宜，对孤寡老人、残疾人等有特殊困难的群众实行上门服务。⑤参与社会公益活动。

5. 岗位责任制度

（1）民警岗位责任制。

民警岗位责任制是根据公安部制定的《公安派出所民警岗位责任制试行办法》而实施的一种岗位责任制度，它规定了公安派出所的领导和全体民警各自的工作职责和定期考核评比的标准与方法。

（2）责任区民警责任制。

根据公安部《公安派出所执法执勤工作规范》规定，城区、城镇公安派出所应当在辖区内以社区为单位设立社区警务室，并根据社区规模、人口数量和治安情况在每个社区配备一名以上责任区民警。农村公安派出所，根据辖区人口数量、地域面积、治安情况，实行民警驻村或者包片责任制。这是一种特殊的民警岗位责任制。

【特别提醒】

责任区民警在责任区工作的时间每周不得少于 30 小时。公安派出所应当保持责任区民警的相对稳定，不得随意调动。

6. 公安派出所的装备管理制度

公安派出所的武器装备，是指按照国家有关规定配备的武器、警械、交通工具、通信器材及其他警用器材和设备。根据《中华人民共和国人民警察内务条令》的规定，武器装备制度包括维护保养和保管制度。

（1）装备维护保养制度。

①使用的装备应当定期进行维护保养。

②对封存和外出人员留下的装备，应当指定专人定期维护保养。

③发现装备损坏，应当及时上报，并根据损坏的程度及时组织修复；如本单位不能修复，应当按上级要求组织送修或者就地修理。

（2）装备的保管。

①设置装备保管室（库）或者专用保管柜，建立账目，专人管理。

②妥善保管装备，做好防抢夺、防盗窃、防破坏和防火、防水、防潮等工作。

③严禁任何单位或者个人擅自将装备进行调换、转借、赠送、变卖、出租。

④装备的交接、送修，应当严格依照手续，及时登记、统计。装备的损失、消耗情况应当及时上报。

⑤公安民警佩带、使用武器、警械，应当经过严格训练，遵守《中华人民共和国枪支管理法》、《中华人民共和国人民警察使用警械和武器条例》、《公安机关公务用枪管理使用规定》的相关规定。公安机关应当建立严格的装备管理制度，加强装备的日常管理，保证装备处于良好状态。

【特别提醒】

根据《中华人民共和国枪支管理法》（以下简称《枪支管理法》）的规定，携带枪支时，必须同时携带持枪证件，不得在禁止携带枪支的区域、场所携带枪支。

二、拘留所

【案例2-2】

2012年6月12日16时许，韦某与朋友喝酒之后，独自一人徒步经过东兰县汽车总站，当他看见在此维护交通秩序的该县公安局交通管理协警员韦某某时，觉得有些"看不惯"，便上前进行挑衅，用低俗的言语侮辱韦某某。韦某某发觉其已醉酒，便极力劝说韦某回家休息，韦某却突然发飙，对其拳打脚踢，并强行抢夺执法记录仪，致韦某某轻微伤和执法记录仪毁坏。在此过程中，一批不明真相的群众上前围观，一度造成道路交通堵塞，社会影响极为恶劣。

当地公安机关经过调查取证之后，依法给予韦某行政拘留15日的处罚。

【问题思考】

（1）行政拘留的执行场所在哪里？

（2）行政拘留、司法拘留、刑事拘留的区别有哪些？

【应知应会】

根据国务院《拘留所条例》规定，国务院公安部门主管全国拘留所的管理工作。县级以上地方人民政府公安机关主管本行政区域拘留所的管理工作。

根据公安部《治安拘留所管理办法》的规定，治安拘留所由县、市公安局、城市公安分局设置，拘留所实行所长负责制，设正、副所长，并根据需要配备民警。

拘留所是对下列人员进行拘留的场所：

（1）被公安机关依法给予拘留行政处罚的人。

（2）被人民法院依法决定拘留的人。

拘留所应当对被拘留人进行法律、道德等教育，组织被拘留人开展适当的文体活动。拘留所应当保证被拘留人每日不少于2小时的拘室外活动时间。拘留所不得强迫被拘留人从事生产劳动。

【特别提醒】

治安拘留所应视具体情况和工作需要配备一定数量的女民警。对女性被拘留人的人身检查应当由女性人民警察进行。对女性被拘留人的直接管理应当由女性人民警察进行。

三、治安巡逻队

【资料2-2】

某地新组建的治安巡逻队由50名队员组成，配有10辆巡逻车，每位队员都经过了严格的业务考试、体能测试、面试和体检，具有很高的业务素质和值勤巡逻技能。治安巡逻队巡逻区域为城区主要街道和繁华场所，预防、制止各种现行犯罪活动。

【问题思考】

（1）治安巡逻队的任务是什么？

（2）你知道哪些治安巡逻力量？

【应知应会】

治安巡逻队是一支专司巡逻勤务，维护城镇公共治安秩序，处置各种治安紧急事件的治安管理队伍。

省、自治区、直辖市公安厅（局）设立巡逻指挥协调中心或巡警总队，负责指挥、协调巡逻工作；省辖市和地级市在市公安局组建巡警支队，分局设巡警大队，大队下设若干巡警中队；不设分局的县级市公安局以及规模大、人数多的县公安局组建巡警大队，大队下设巡警中队，其他县公安局设立巡警中队或巡警队。

【拓展阅读】

重庆市公安局交通巡逻警察总队于2010年2月7日正式挂牌成立，标志着重庆市交警、巡警正式合一。重庆市公安局指挥中心成功整合"110"、"122"报警服务平台，使"110"、"122"报警服务平台合并后更具战斗力，指挥中心可合理划分防控警务区，通过GIS、GPS系统实时掌握全市执勤警力、执勤警车和卡点分布情况，用板块搜索、镜头圈点，点对点就近指挥调度执勤警力快速前往现场处置。一般情况下，主城区案发后5分钟内警车、警员到达现场，同时还可对案件现场、车辆和处警民警实施全程跟踪监控。

四、收容教育所

【资料2-3】

某年4月，某市政府出资1 000多万元，在某市某乡修建了新的收容教育所，占地面积20 000多平方米，建筑总面积9 000多平方米，可收容卖淫人员500人，嫖娼人员200人。收容教育所内食堂、洗浴室、活动室等配套设施一应俱全，由于学员有男有女，因此设有男女不同的健身房，而且在器械上也有区分，男的健身器械注重于力量训练，女的健身器械则注重于形体训练，处处体现人文关怀。

【问题思考】

（1）收容教育所是针对何类人员的行政强制教育场所？

（2）收容教育的法律依据是什么？

单元　治安管理的组织

【应知应会】

收容教育所是公安机关依法对卖淫、嫖娼人员进行法律和道德教育、组织参加劳动生产以及进行性病检查、治疗的行政强制教育场所。

收容教育所的设立，由省、自治区、直辖市或者自治州（盟、市）的公安机关根据收容教育工作的需要提出方案，报同级人民政府批准。

收容教育所设所长1人，政治委员（教导员）1人，副所长1~3人，根据实际需要配备辅导、医务、财会等民警和相应数量的工勤人员。

民警的配备：一般不得少于12人，月平均收容教育人数超过100的，一般按月平均收容教育人数的15%配备，其中医务人员不得少于2人，并应有一定数量的女民警。

收容教育所的管理由设立收容教育所的公安机关负责。

收容教育所的名称为"某省、自治区、直辖市、自治州（盟、市）公安局收容教育所"。

【特别提醒】

收容教育所应当对被收容教育人员进行法律、道德、文化、卫生教育，组织参加劳动生产，学习劳动技能。对被收容教育人员的劳动教育应当坚持立足思想转变、着眼解教就业、因人因地制宜的原则，有条件的收容教育所可以组织被收容教育人员参加职业技术培训。

对参加劳动生产的被收容教育人员，应当保证其安全，并按规定支付一定的劳动报酬。

【拓展阅读】

为解决群众因路途遥远、经济困难等多种情况，无法亲身前往行政羁押场所会见被羁押人员（包括被拘留人员、被收容教育人员）的问题，从2012年8月1日起，广州警方推出公安行政羁押人员网上视频会见服务，行政羁押人员的亲友足不出户即可通过互联网登录"广州金盾网""行政羁押人员网上视频会见"网上申请栏，提出视频会见申请。经过公安机关审核通过后，亲友可于约定的时间在任意一台具有视频聊天功能的电脑，通过腾讯QQ网络软件与行政羁押人员进行视频会面。

项目三　治安管理的社会组织

一、治安保卫委员会

【案例2-3】

2012年3月24日下午，嫌疑人黄某带着8岁的女儿来到某市临江大道，以放风筝为掩护，用自带的T型六角螺丝刀盗拆江边照明射灯的钢圈。当他拆到第六个时，被该区某村的治保会人员发现并报告派出所。民警将黄某带回派出所审查。黄某供认，自2012年2月份以来，带着女儿，伙同另一吸毒人员郭某多次在该市沿江路、临江大道等地盗窃江边照明射灯及钢圈100多个，然后以4~8元的价格卖给收旧货的，所得全部用来吸毒。当晚9时，派出所民警根据黄某提供的线索，将另一嫌疑人郭某抓获归案。

【问题思考】
（1）治保会的性质是什么？
（2）实践中，治保会存在哪些问题？

【应知应会】

治安保卫委员会，简称治保会，是我国《宪法》确定设置在基层单位的群众性治安保卫组织，是党和政府动员组织群众维护社会治安秩序的重要形式，是公安工作与群众路线相结合的纽带和桥梁。

我国《宪法》及《村民委员会组织法》、《居民委员会组织法》等法律法规确立了治保会的法律地位，这是治保会得以存在和发展的根本保证。

（一）治安保卫委员会的性质

1. 群众性

治保会必须是由人民群众组织起来的治安保卫组织，治保会组织的成员完全由本地区、本单位的群众直接选举产生，其主要工作是宣传、教育、帮助本社区群众做好自身安全防范，具有群众性。

2. 自治性

治保会本身是居民委员会、村民委员会等居民自治组织的一部分，治保会可以通过与群众民主协商，制定执行规范性的安全保卫规约，使群众自己管理自己、自己教育自己，具有自治性。

3. 治安工作性

根据我国《宪法》规定，治保会的根本任务是协助公安机关维护社会治安，治保会是团结和带领群众参加治安保卫活动的骨干力量，是协助公安机关维护社会治安的助手，具有治安工作性，必须接受公安机关的业务指导。

4. 辅助性

治保会只是一种治安辅助力量，只能配合公安机关维护社会治安，而不能代表甚至代替公安机关、人民警察执法执勤。

（二）治安保卫委员会的任务

根据公安部和中央综治委意见，结合各地的实际情况，治保会的任务有以下几个方面：

（1）及时向公安机关反映敌社情动态和可能造成危害社会治安的民间纠纷及闹事苗头，协助政府和有关部门做好控制、教育、疏导、化解工作，切实维护社会稳定。

（2）宣传、教育群众增强法制观念和安全防范意识，动员组织群众搞好治安防范。治保会要通过各种形式，开展普法教育和安全防范知识教育，提高群众遵纪守法意识和自我防范意识。

（3）组织群众参与安全文明小区、安全文明村镇的创建活动，开展治安巡逻、安全检查等各项社会治安群防群治工作，落实以防火、防盗、防破坏、防其他灾害事故为主要内容的安全防范措施。

（4）对有轻微违法犯罪行为和"两劳"释解人员进行帮助、教育，协助公安机关依法对被判处管制、缓刑、假释、剥夺政治权利、监外执行的罪犯，以及取保候审、监视居住的被告人、犯罪嫌疑人进行监督、考察、教育和改造工作，以把消极因素转化为积极因素，减少犯罪，维护社会治安。

（5）协助公安机关及时保护案发现场，主动发现和积极提供破案线索；对现行违法犯罪分子进行控制或扭送公安机关；配合党委、政府和有关部门及时疏导、调解有可能激化的民间纠纷。

（6）向政府及公安机关反映人民群众对社会治安管理工作的意见、建议和要求。

（三）治安保卫委员会的职权

（1）对现行的与通缉在逃的违法犯罪嫌疑人，有扭送政府、公安机关之责，但无审讯、关押、处理之权。

（2）对非现行的违法犯罪嫌疑人，有调查、监视、检举、报告之责，但无逮捕、扣押、搜查、取缔之权。

（3）对社会治安与管制工作，有教育群众维护社会秩序、监督被管制者并向公安机关及时反映其表现情况之责，但无拘留、处罚、驱逐之权。

（4）对违法犯罪的场所，应协助公安人员维持秩序，保护现场，以便公安机关进行勘查，但不得变更与处理现场。

【特别提醒】

从事治安保卫活动是治保会区别于其他群众性组织的唯一标志。

治保会的组织形式有城镇街道治保会、农村治保会、单位内部治保会、其他治保会。

二、保安服务公司

【资料2-4】

据广东新闻网2012年2月15日的报道，广东省广州市公安局保安管理委员会、广州市保安协会联合举行2011年度广州市保安工作总结表彰会，表彰560名优秀保安员。

广州市现有保安服务公司19家，自行招用保安员单位8 200多个，保安员约9.3万人。广州各保安公司在去年共抽调2 100多名保安员参与社会面治安防控工作，并积极组织保安队伍参与春运、省市"两会"、广交会等大型活动及春节、"五一"等重大节假日的安保工作，较好地发挥了协助维护社会治安的作用。广州保安队伍去年共提供破案线索1.1万多条，抓获各类违法犯罪嫌疑人5 900多名，预防灾害事故近4 000起。

保安服务，是指为满足公民、法人和其他组织及企事业单位自身的安全需求，由依法设立的企业、组织提供的专业安全防范服务的行为。保安服务一般采取门卫、守护、巡逻、押运、随身护卫、人群控制、技术防范、安全咨询等形式，保护客户人身、财产等安全，维护客户合法权益。

根据2009年国务院颁布的《保安服务管理条例》第二条规定，保安服务包括：

（1）保安服务公司根据保安服务合同，派出保安员为客户单位提供的门卫、巡逻、守护、押运、随身护卫、安全检查以及安全技术防范、安全风险评估等服务；

（2）机关、团体、企事业单位招用人员从事的本单位门卫、巡逻、守护等安全防范工作；

（3）物业服务企业招用人员在物业管理区域内开展的门卫、巡逻、秩序维护等服务；

【应知应会】

（一）保安服务公司设立的条件

《保安服务管理条例》第八条规定，保安服务公司应当具备下列条件：

（1）有不低于人民币100万元的注册资本；

（2）拟任的保安服务公司法定代表人和主要管理人员应当具备任职所需的专业知识和有关业务工作经验，无被刑事处罚、劳动教养、收容教育、强制隔离戒毒或者被开除公职、开除军籍等不良记录；

（3）有与所提供的保安服务相适应的专业技术人员，其中法律、行政法规有资格要求的专业技术人员，应当取得相应的资格；

（4）有住所和提供保安服务所需的设施、装备；

（5）有健全的组织机构和保安服务管理制度、岗位责任制度、保安员管理制度。

《保安服务管理条例》第十条规定，从事武装守护押运服务的保安服务公司，应当符合国务院公安部门对武装守护押运服务的规划、布局要求，具备本条例第八条规定的条件，并符合下列条件：

（1）有不低于人民币1 000万元的注册资本；

（2）国有独资或者国有资本占注册资本总额的51%以上；

（3）有符合《专职守护押运人员枪支使用管理条例》规定条件的守护押运人员；

（4）有符合国家标准或者行业标准的专用运输车辆以及通信、报警设备。

（二）保安服务公司的设立、审批程序

若要申请设立保安服务公司，应当向所在地市级人民政府公安机关提交申请书以及能够证明其符合《保安服务管理条例》第八条规定条件的材料。

受理的公安机关应当自收到申请材料之日起的15日内进行审核，并将审核意见报告所在地的省、自治区、直辖市人民政府公安机关。省、自治区、直辖市人民政府公安机关应当自收到审核意见之日起的15日内作出决定，对符合条件的申请人，核发保安服务许可证；对不符合条件的申请人，作出书面通知并说明理由。

取得保安服务许可证的申请人，凭保安服务许可证到工商行政管理机关办理工商登记。取得保安服务许可证后超过6个月未办理工商登记的，其保安服务许可证失效。

（三）保安服务公司的经营范围

保安服务公司的经营范围包括：个人人身、财产安全保护；机关、团体、学校、企事业单位和社区安全守护；停车场安全管理；商业性展览、展销和文娱、体育等活动的安全保卫；货币、有价证券、金银珠宝、文物、艺术品等贵重物资和爆炸性、毒害性、放射性、腐蚀性等危险物品及其他物品的押运；消防服务；开锁服务；联网报警服务；承接各类安全技术防范与消防工程，并提供相应技术服务；安全防范咨询；安全调查服务；其他安全服务项目。

（四）保安服务公司从业人员的条件

《保安服务管理条例》第十六条规定，保安员必须年满18周岁，身体健康，品行良好，具有初中以上学历的中国公民可以申领保安员证，从事保安服务工作。保安员经设区的市级人民政府公安机关考试、审查合格并留存指纹等人体生物信息的，发给保安员证。

《保安服务管理条例》第十七条规定有下列情形之一的，不得担任保安员：

（1）曾被收容教育、强制隔离戒毒、劳动教养或者 3 次以上行政拘留的；

（2）曾因故意犯罪被刑事处罚的；

（3）被吊销保安员证未满 3 年的；

（4）曾两次被吊销保安员证的。

（五）保安人员的职权

在保安服务中，为履行保安服务职责，保安员可以采取下列措施：

（1）查验出入服务区域的人员的证件，登记出入的车辆和物品；

（2）在服务区域内进行巡逻、守护、安全检查、报警监控；

（3）在机场、车站、码头等公共场所对人员及其所携带的物品进行安全检查，维护公共秩序；

（4）执行武装守护押运任务，可以根据任务需要设立临时隔离区，但应当尽可能减少对公民正常活动的妨碍；

（5）保安员应当及时制止发生在服务区域内的违法犯罪行为，对制止无效的违法犯罪行为应当立即报警，同时采取措施保护现场；

（6）从事武装守护押运服务的保安员执行武装守护押运任务使用枪支，依照《专职守护押运人员枪支使用管理条例》的规定执行。

（六）保安员的行为限制

（1）限制他人人身自由、搜查他人身体或者侮辱、殴打他人。

（2）扣押、没收他人证件、财物。

（3）阻碍依法执行公务。

（4）参与追索债务、采用暴力或者以暴力相威胁的手段处置纠纷。

（5）删改或者扩散保安服务中形成的监控影像资料、报警记录。

（6）侵犯个人隐私或者泄露在保安服务中获知的国家秘密、商业秘密以及客户单位明确要求保密的信息。

（7）违反法律、行政法规的其他行为。

【特别提醒】

国务院公安部门负责全国保安服务活动的监督管理工作。县级以上地方人民政府公安机关负责本行政区域内保安服务活动的监督管理工作。

保安员有权拒绝执行保安从业单位或者客户单位的违法指令。保安从业单位不得因保安员不执行违法指令而解除与保安员的劳动合同，降低其劳动报酬和其他待遇，或者停缴、少缴依法应当为其缴纳的社会保险费。

保安押运公司专职守护、押运人员可依法配备枪支，严禁配备、使用手铐、匕首。

三、单位内部治安保卫组织

单位内部保卫组织，是机关、团体、企事业单位以自身编制人员组成的，在单位法定代表人领导下强化安全防范，维护单位内部正常秩序的一个职能部门，是治安管理组织中的一种职业化安全防范组织。根据 2004 年国务院通过的《企事业单位内部治安保卫条例》规定，单位应当根据内部治安保卫工作需要，设置治安保卫机构或者配备专职、兼职治安保卫人员。

【应知应会】

（一）单位内部治安保卫工作的要求

（1）有适应单位具体情况的内部治安保卫制度、措施和必要的治安防范设施。

（2）单位范围内的治安保卫情况有人检查，重要部位得到重点保护，治安隐患及时得到排查。

（3）单位范围内的治安隐患和问题及时得到处理，发生治安案件、涉嫌刑事犯罪的案件及时得到处置。

（二）单位制定的内部治安保卫制度应有的内容

（1）门卫、值班、巡查制度。

（2）工作、生产、经营、教学、科研场所的安全管理制度。

（3）现金、票据、印鉴、有价证券等重要物品使用、保管、储存、运输的安全管理制度。

（4）单位内部的消防、交通安全管理制度。

（5）治安防范教育培训制度。

（6）单位内部发生治安案件、涉嫌刑事犯罪案件的报告制度。

（7）治安保卫工作检查、考核及奖惩制度。

（8）存放有爆炸性、易燃性、放射性、毒害性、传染性、腐蚀性等危险物品和传染性菌种、毒种以及武器弹药的单位，还应当有相应的安全管理制度。

（9）其他有关的治安保卫制度。

（三）公安机关对本行政区域内的单位内部治安保卫工作应履行的职责

（1）指导单位制定、完善内部治安保卫制度，落实治安防范措施，指导治安保卫人员队伍建设和治安保卫重点单位的治安保卫机构建设。

（2）检查、指导单位的内部治安保卫工作，发现单位有违反《企事业单位内部治安保卫条例》规定的行为或者治安隐患，及时下达整改通知书，责令限期整改。

（3）接到单位内部发生治安案件、涉嫌刑事犯罪案件的报警，及时出警，依法处置。

【特别提醒】

单位内部治安保卫工作贯彻预防为主、单位负责、突出重点、保障安全的方针。

【拓展阅读】

在西方国家，保安业属高新技术产业，提供的安全技术防范服务和跨国经营收入是保安公司盈利的主要来源。像美国的伯恩斯公司、法国的 R. 施勒保安服务中心、英国的克伯保安公司、加拿大的通达保安公司、以色列的 EI Far 有限公司等，都是以技术防范型经营模式而闻名遐迩的全球性跨国公司，其创造的价值在国民经济中所占比重较大。像日本西科姆保安公司曾一度跻身世界 500 强企业之列。

西方赫赫有名的保安公司都以其专业化水平高而各领风骚，像以警卫著名的美国平克顿公司，以防盗报警系统闻名遐迩的美国霍姆斯公司、日本西科姆公司，以装甲运输闻名于世的美国佩里·布林克保安公司，以承包监狱管理和兴办国际保安培训中心享誉全球的英国 Group4 保安公司等。

单元三
治安管理的手段

【知识目标】

（1）了解治安管理手段的分类。

（2）理解治安管理手段的含义及特征。

（3）掌握主动性与被动性治安管理手段的种类与特点。

【能力目标】

（1）能按照规定进行治安调查。

（2）能结合实际进行治安巡逻。

（3）能灵活运用经济、科技、文化、教育手段进行治安管理。

【知识结构图】

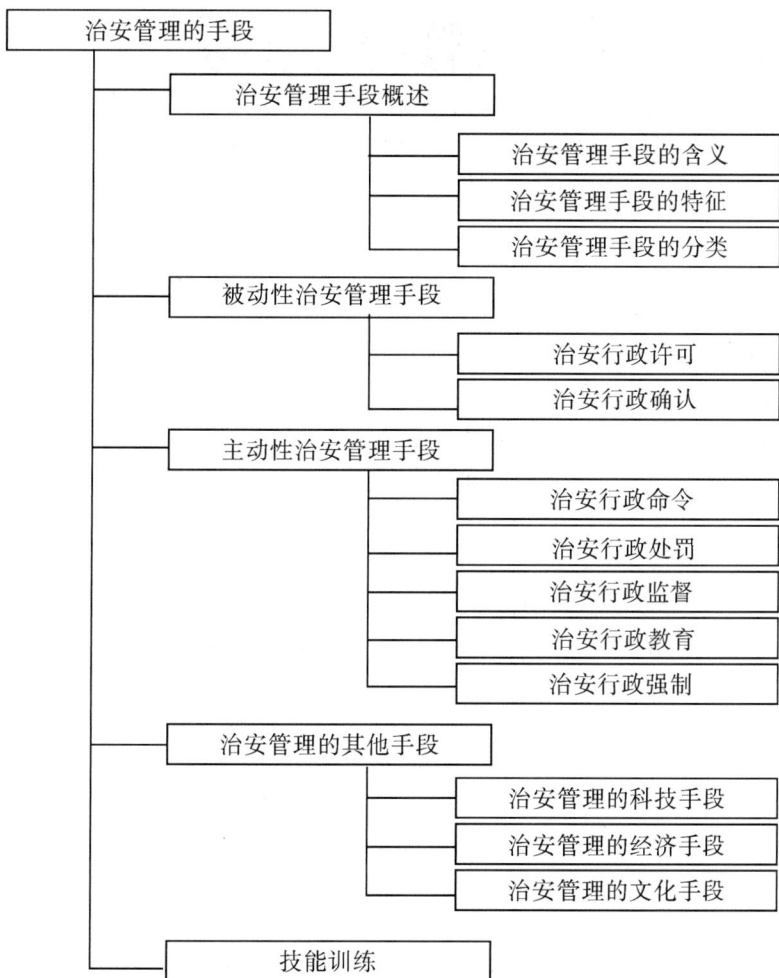

项目一 治安管理手段概述

一、治安管理手段的含义

公安机关为了维护良好的社会治安秩序，履行治安管理部门的职责，采取一系列方法和措施，对枪支、弹药、爆炸物品、剧毒物品、特种行业、公共场所等进行管理。

【案例 3 - 1】

城市视频监控系统在维护社会治安中发挥着重要作用。2012 年 5 月 7 日，某市警方通过该系统，仅用 15 分钟就将一名盗贼人赃俱获。5 月 7 日下午，杨某将轿车停在溪洛渡镇振兴大街，因粗心大意忘记锁车门，10 分钟后返回时发现放在副驾驶位上价值3.2万元的佳能数码相机丢了。警方调阅视频监控发现，有一可疑男子接触过该车，遂对停车位置附近的几个视频监控点进行动态监控，结果在距停车处 200 米的新华街上发现一貌似该男子的可疑人，通过视频还能明显看到该男子衣内似藏有物品。15 分钟后，民警在视频监控的锁定下截住该男子，从其上衣内搜出被盗的数码相机。

【问题思考】

（1）视频监控在犯罪预防中起到怎样的作用？

（2）视频监控属于犯罪预防中的技术预防，这样的预防会侵犯公众的隐私吗？

【应知应会】

治安管理手段，是指国家的治安管理部门为了履行职责，达到维护社会治安秩序的目的，依法对社会治安秩序实行控制管理的措施和方法。

治安管理手段是公安机关治安管理部门履行治安管理的职责，维护社会治安秩序的重要保证。

治安管理手段的表现形式分为公开的治安管理手段和秘密的治安管理手段。

【特别提醒】

治安管理人员的业务素质直接关系到治安管理手段的正确选择和使用效果，因此，必须不断地提高管理者自身的业务素质。

二、治安管理手段的特征

【案例 3 - 2】

为遏制火灾事故的发生，创造良好的消防安全环境，2012 年 8 月 10 日，专职消防民警对某派出所辖区内的废旧收购行业开展消防安全隐患排查整治专项行动。在检查中发现 3 家废旧收购站点都存在工作人员住在生产、经营场所内的问题，若不及时整改就可能严重威胁公共安全。该派出所专职消防民警当场对这 3 家废旧收购站点经营负责人下发责令改正通知书，责令其当场改正。因其不能及时整改消除火灾隐患，该专职消防民警已对这 3 家收购站点（局部）采取临时查封措施。

【问题思考】

专职消防民警对某派出所辖区内的废旧收购行业开展消防安全隐患排查整治专项行动，这体现了治安管理手段中的哪些特征？

【应知应会】

（一）**强制性**

治安管理手段的强制性是由治安管理工作的性质和任务决定的。治安管理工作的根本任务在于解决社会治安问题，维护社会治安秩序，而社会治安问题是社会各种矛盾的综合反映，要解决这些矛盾，创造一个良好的社会环境，必然要求解决矛盾的手段具有一定的强制性。这种强制性源自国家强制力，是国家法律赋予的，只能由公安机关的人民警察依法行使。

（二）**预防性**

治安管理手段的社会功能受治安管理任务的影响，主要是为了预防和制止违法犯罪，预防治安灾害事故和治安事件的发生。治安管理手段虽然也对轻微的违法犯罪行为和治安灾害事故进行查处，但其立足点和侧重点还是在于预防。侧重预防是治安管理手段区别于其他公安专业手段的主要标志和特征。

（三）互补性

无论哪一种治安管理手段都有其局限性，都有赖于其他手段加以完善和补充，因此，治安管理手段具有互补性。只采用一种手段往往达不到预期的目的，需要多种手段相互配合，才能收到较好的效果，才能达到预期的目的，才能维护好社会治安秩序。

（四）多样性

治安管理手段的多样性是由治安管理客体及其活动的多样性决定的。社会治安问题的发生、发展和变化，受社会政治、经济、文化等多种因素的影响和制约。正是社会治安的复杂性、多样性，决定了治安管理手段具有多样性。治安管理手段虽然是治安管理部门实施管理的主体活动，但它是以管理客体的活动为转移的。管理客体本身要素的多样性和其活动的复杂多样性，也决定了治安管理手段的多样性。

（五）统一性

治安管理手段所包括的内容广泛、门类繁多，但都具有内在的统一性，即目的的统一性。治安管理手段是服务于社会主义现代化建设，为建立稳定的社会治安秩序这一根本目的而实施的。治安管理手段目的的统一性，决定了必须适应社会治安形势发展的需要，不断完善和改进各项治安管理手段，把行使手段的必要性和目的性、原则性和灵活性结合起来。

【特别提醒】

第一，注意应用手段的合法性。选择治安管理手段都要有法律依据，而且在手段的应用过程中也要符合法律规定，不能违法乱纪。

第二，注意应用手段的目的性。治安管理的根本目的是预防和控制违法犯罪行为和灾害事故的发生。各种治安管理手段的选择和应用都应围绕这一目标，立足于防范。

第三，注意应用手段的原则性和灵活性有机结合。

三、治安管理手段的分类

依据治安管理手段的性质和作用，可将其分为法律手段、行政管理手段、公安专业手段、教育改造手段、经济手段和技术手段；依据治安管理主体能否主动实施为标准，可分为被动性治安管理手段、主动性治安管理手段和治安管理的其他手段；依据运用治安管理手段的主体不同，可分为供县级以上公安机关使用的手段、基层公安使用的手段、治安民警个人使用的手段；依据专业门类的不同，可分为户政管理手段、危险物品管理手段、公共治安秩序管理手段、道路交通管理手段和消防管理手段。

项目二　被动性治安管理手段

被动性治安管理手段，是指治安管理主体只有在治安管理相对人提出申请的条件下，才能依法实施的对社会治安秩序进行控制管理的各种方法的总称。被动性治安管理手段主要包括治安行政许可、治安行政确认等。

一、治安行政许可

治安行政许可，是指治安管理主体根据治安管理相对人的申请，依法赋予特定的、符合法定条件的治安管理相对人从事法律一般禁止事项的权利和资格的治安管理措施。

【资料 3 – 1】

常见的治安行政许可项目：①爆破器材运输许可。②民爆物品购买许可。③民爆物品运输许可。④民爆物品储存许可。⑤机构印章制作审批。⑥刻字业特种行业许可。⑦旅馆业特种行业许可。⑧典当、拍卖业特种行业许可。⑨集会游行示威许可。⑩烟花爆竹运输许可。⑪大型群众性文化体育活动许可。

【应知应会】

（一）治安行政许可的特征

（1）治安行政许可是依申请的治安管理手段；

（2）治安行政许可存在的前提是法律的一般禁止；

（3）治安行政许可是授意性的治安管理手段；

（4）治安行政许可是治安管理手段。

（二）治安行政许可的程序

（1）提出申请。行政相对人要获得治安行政许可，必须以书面形式就拟从事的法律一般禁止的事项向法定的治安行政许可机关提出申请。

（2）受理申请。法定的治安行政许可部门接受申请人的申请并进行初步审查。

（3）对申请的实质性审查。实质性审查是对法律规定的从事该项活动所必须具备的能力资质、场所设备、卫生环境等进行调查核实工作，主要考查其实际情况与书面文件所列情况是否一致。

（4）作出决定。基于实质性审查的结果，对符合治安行政许可条件的，治安行政许可机关应作出许可的决定，否则就作出不予许可的决定。

【特别提醒】

申请大型群众性活动安全许可承办者应当在活动举办日的 20 日前提出安全许可申请，提出申请时，应当同时提交下列材料：

（1）承办者合法承办的证明以及安全责任人的身份证明；

（2）大型群众性活动方案及其说明，两个或者两个以上承办者共同承办大型群众性活动的，还应当提交联合承办的协议；

（3）大型群众性活动安全工作方案；

（4）活动场所管理者同意提供活动场所的证明。

依照法律、行政法规的规定，有关主管部门对大型群众性活动的承办者有资质、资格要求的，还应当提交有关资质、资格证明。

二、治安行政确认

治安行政确认是指治安行政主体根据法律、法规的规定或授权，依职权或依当事人的申请，对一定的法律事实、法律关系、权利、资格或法律地位等进行确定、认可和证明的行政行为。

【应知应会】

（一）治安行政确认的特征

（1）治安行政确认的主体是依法享有或行使行政确认权的治安行政机关。

（2）治安行政确认的目的在于对某种不明确的事实或状态予以明确。

（3）治安行政确认的内容是个人或组织的法律地位、身份状况、资格、权利义务关系等，它具有中立性。

（4）治安行政确认本身并不直接设定权利、义务，对于当事人来说，它既不授予权益也不使其负担义务，而只是依事实和法律、法规的规定对法律关系、客观事实等作出中肯、客观公正的评价或证明。

（二）治安行政确认的类别

（1）对公民身份的确认。

（2）对交通事故等级的确认。

（3）对当事人交通事故责任的认定。

【拓展阅读】

为减少行政许可事项，《中华人民共和国消防法》将大型群众性活动的消防安全纳入《大型群众性活动安全管理条例》（国务院令第505号）规定的治安行政许可审查内容，避免了多方审批，方便社会，方便群众，同时明确了消防安全要求，规定举办大型群众性活动，承办人应当依法向公安机关申请安全许可，制定灭火和应急疏散预案并组织演练，明确消防安全责任分工，确定消防安全管理人员，保持消防设施和消防器材配置齐全、完好有效，保证疏散通道、安全出口、疏散指示标志、应急照明和消防车通道符合消防技术标准和管理规定。

项目三　主动性治安管理手段

主动性治安管理手段是指治安管理主体依据其法定的治安管理权，无需治安管理相对人申请即可依法作出的治安管理措施。主动性治安管理手段主要包括治安行政命令、治安行政处罚、治安行政监督、治安行政教育和治安行政强制等五项措施。

【应知应会】

一、治安行政命令

治安行政命令是指在治安管理过程中，治安管理主体根据治安管理实际需要，依法以一定形式要求特定或不特定的治安管理相对人为或不为一定行为的意思表示。

【资料3-2】

《某市公安局关于该市城区禁止和限制燃放烟花爆竹的通告》

为了加强烟花爆竹安全管理，保障公共安全和人身、财产安全，维护和谐的社会生活工作环境，根据《中华人民共和国治安管理处罚法》、《烟花爆竹安全管理条例》、《某某省燃放烟花爆竹若干规定》、《某某市城区燃放烟花爆竹管理办法》和《某某市人民政府关于调整城区烟花爆竹燃放区域和时间的通告》等有关法律、法规和规章的规定，结合我市实际，作出《某市公安局关于该市城区禁止和限制燃放烟花爆竹的通告》。

（一）治安行政命令的特征

（1）以特定的行政命令的意思表示为基本成立要件，治安管理主体以一定的意思表示将特定的治安行政命令告知于治安管理相对人，使其知晓并执行。

（2）治安行政命令是一种设定义务性的治安管理手段，要求治安相对人应为或不为一定行为。如命令申报、注销户口，要求申领身份证、要求暂停进行常住人口登记申报等，是要求治安行政相对人应为一定行为；不准使用管理刀具、禁止非法入境等是要求治安管理相对人不为一定行为。

（3）治安行政命令以治安行政处罚或治安行政强制执行等措施为保障。既然是设定义务性的治安管理手段，若治安管理相对人不履行义务，即以治安行政处罚或治安行政强制措施来保证义务的履行。

（4）治安行政命令是依职权的治安管理手段。治安行政命令的职权来自于两方面：一是有法律明文根据的治安行政命令；二是基于法律赋予的职权而产生的治安行政命令，如《人民警察法》赋予人民警察的盘查权。

（二）治安行政命令的主要内容

1. 禁止

禁止就是通过发布治安行政命令，明确规定不能从事某种行为。如在一些城市市区禁止燃放烟花爆竹。

2. 取缔

取缔是对于法律限制或禁止的行为发生后，作出决定采取相应的措施予以制止或取消。如解散或强行驱散非法集会、游行、示威，收缴违禁物品。

3. 限制。

限制就是通过发布治安行政命令，将某种行为限定在一定的人员或者时空范围内，使其合法有效而采取的手段。如准许在少数民族居住区域出售、佩带管制刀具等。

二、治安行政处罚

治安行政处罚是指法定的治安管理主体依照法定权限和程序对违反治安管理尚未构成犯罪的人予以治安行政制裁的措施。它是治安管理手段中最为严厉的一种。

【案例 3 - 3】

范某，男，现年 45 岁，住武汉市汉正街某某社区某某号，多年来一直在汉正街做干货生意。发财之后，他陷入赌博泥潭，家产挥霍一空，还欠下近百万元赌债，他为此寝食不安。2006 年 9 月 5 日，范某流窜到重庆市江北观音桥农贸市场，摆出老板的架子大量收购花椒，先给进货收据，承诺 2 天内付清货款。10 多名农民以为来了大买家，纷纷赊货给他。范某一共收得花椒 12 件，价值人民币 1 800 元。次日，范某运走货物，哄骗农民说去银行取钱，却逃回武汉。

10 月 10 日，10 多名重庆农民结伴来武汉寻找范某，追索货款。13 日，他们结伴走进江汉区公安分局报案。民警赶到汉正街干货批发市场，范某的门店已转让他人，范某去向不明。17 日，民警打通范某的手机，佯称有一笔生意要谈。范某果然中计，兴冲冲地赶到汉口火车站见面，一下车便被民警捕获。据范某交代，他骗得花椒后，当即低价转卖还了赌债。

【问题思考】

（1）范某的行为是犯罪行为还是违法行为？

（2）范某应受到何种处罚？

【应知应会】

（一）治安行政处罚的特征

（1）治安行政处罚的主体是法定的。在我国，法定的治安行政处罚主体只有公安机关，包括铁道、交通、民航、林业等专业公安机关。

（2）治安行政处罚的性质属于行政法律制裁。治安行政处罚是国家在管理社会治安时行使的行政处罚权的一部分，其在程度上、内容上与民事制裁和刑事制裁均有所不同。

（3）治安行政处罚的目的既是实施社会治安管理、维护社会秩序，又是对违反治安管理的行为人进行教育。

（4）治安行政处罚的对象是违反治安管理尚未构成犯罪的行为人。

（二）治安行政处罚的种类

【案例3-4】

2012年8月26日，旅客朱某乘坐南航CZ6060航班从柬埔寨飞往广州。其间，乘务员任某执行机内清点任务时，发现持普通经济舱机票的朱某坐在高端经济舱座位上，于是劝请她按机票坐回自己的座位，从而引发了朱某的不满。在发放餐食的过程中，朱某再次大吵大闹，打翻餐食和饮料，机组人员予以劝阻，朱某情绪越发激动，开始辱骂乘务员，并动手打了乘务员任某一耳光。

经查证，旅客朱某动手殴打乘务员的情况属实，根据《治安管理处罚法》第四十三条的规定，白云机场公安局依法对朱某处以行政拘留5日的处罚。

【问题思考】

（1）公安机关对旅客朱某的处罚是否恰当？

（2）公安机关对旅客朱某的处罚属于治安管理处罚中何种处罚？

【应知应会】

1. 人身自由罚

人身自由罚是指公安机关实施的在短期内限制或剥夺公民人身自由的行政处罚。我国法律、法规规定的人身自由罚有三种形式：行政拘留、劳动教养、限期出境和驱逐出境。

（1）行政拘留。

行政拘留是指公安机关依法对违反行政法律规范的人，在短期内限制其人身自由的一种行政处罚。

行政拘留是最严厉的一种行政处罚，通常适用于严重违反治安管理但不构成犯罪而警告、罚款处罚不足以惩戒的情况。因此法律对它的设定及实施条件和程序均有严格的规定。

行政拘留裁决权属于县级以上公安机关，其期限分5日、10日、15日三种；行政拘留决定宣告后，在申请复议和行政诉讼期间，被处罚的人及其亲属找到保证人或者按规定交纳保证金的，可向行政主体申请暂缓执行行政拘留。

行政拘留不同于刑事拘留和司法拘留。

（2）劳动教养。

我国的劳动教养制度的法律依据包括1957年8月1日全国人大常委会第78次会议批准颁布的《关于劳动教养问题的决定》、《国务院关于劳动教养的补充规定》、国务院批转的公安部《劳动教养试行办法》、《公安机关办理劳动教养案件规定》等有关法规。依照法律法规的规定，劳动教养不是刑事处罚，而是为维护社会治安，预防和减少犯罪，对轻微违法犯罪人员实行的一种强制性教育改造的行政措施。办理劳动教养案件，应当贯彻教育、感化、挽救的方针，遵循公开、公正、及时的原则，依法保护公民的合法权益。劳动教养实行办案部门、审核部门相分离的原则。对年满 16 周岁、具有符合劳动教养条件之一的，应当依法决定劳动教养，劳动教养的期限为 1～3 年。

劳动教养是我国特定时期的一种重要的治安管理手段，但《中华人民共和国行政处罚法》、《中华人民共和国立法法》均明确规定限制公民人身自由的处罚，只能由法律设定，所以，对劳动教养制度的改革与完善迫在眉睫。

（3）限期出境、驱逐出境。

限期出境、驱逐出境是指公安机关依法对违反出入境管理法律、法规规定的外国人、无国籍人采用的一种处罚措施，其实质是取消违法人在中国境内居留资格。

2. 财产罚

【案例 3-5】

2011 年 1 月 10 日，在外地打工的小李到街上准备买套西服回家过年。他信步走到一家卖西服的小店里，一进门，就被热情的店主招呼住了。刘某试了摆在店里显眼位置的一套西服，觉得挺合身的，可一问价格，却让他吓了一跳。1 500 元，这可是他一个月的工资，一向十分节约的他平时所穿衣服的价格都是在 100 元以内。他赶忙把衣服脱下来，老板就用商量的口气跟他说：便宜一点，1 200 元。小李摇着头准备走时，老板突然一把拉住他说："你把衣服给穿脏了，不买不行，1 200 元少一分钱都不行。"平时很少上街的小李一看这阵势吓得不敢大声说话，求老板放他一马，但老板越说越来劲，非要他掏钱将衣服买下来。旁边一位顾客上来劝解时，被老板呵斥住。见此情景，有顾客偷偷报了警。

正当小李无奈地准备付钱给老板时，民警赶到。这名"霸道"店主被警方罚款200 元。

【问题思考】

（1）公安机关对"霸道"店主罚款 200 元的法律依据是什么？

（2）罚款属于何种处罚种类？

【应知应会】

财产罚是指特定的治安管理主体依法强迫违反治安管理相对人交纳一定数额的金钱或一定数量的物品，或者限制、剥夺其某种财产权的处罚，包括罚款和没收两种形式。

（1）罚款。

罚款是指享有治安行政处罚权的治安管理主体，依法对违反治安管理的相对人作出的，要求其在一定期限内向国家交纳一定数额的金钱的处罚形式。它是通过对行为人经济上的制裁，迫使其受到财产的损失，从而达到教育的目的。

（2）没收。

没收是指享有治安行政处罚权的治安管理主体，依法将违反治安管理法律法规的行为人的违法所得或非法财物收归国家所有的处罚形式。

没收的范围主要包括：一是违反治安管理所得的财物（赃款或赃物）；二是违反治

安管理行为人进行违法行为所用的本人所有的工具或财物;三是违禁物品。

【特别提醒】

罚款与罚金不同。首先,是法律性质不同;其次,是决定机关与适用对象不同;最后,是数额不同,罚款有明确的上下限,而罚金则无。

3. 资格罚

【案例3-6】

某市警方通报,2012年4月20日至5月30日,某市警方重拳扫黄,共查处存在安全管理制度不落实、涉黄等违法违规歌舞娱乐场所48家,并分别给予依法停业整顿处理。名亨、悠唐、中国城等3家知名高档场所存在组织介绍卖淫等违法犯罪行为,中裕、碧中海、潇湘、富贵人生等4家歌厅则存在组织"脱跳"淫秽表演等问题。

【问题思考】

(1)公安机关为何要对娱乐场所进行检查,这又是基于公安机关的何种权限?

(2)公安机关对"涉黄"娱乐场所作出停业整顿处罚属于何种处罚种类?

【应知应会】

资格罚是指限制或剥夺违反治安管理行为人的某种行为能力或资格的处罚措施,主要包括责令停产停业、暂扣或者吊销许可证或执照。

(1)责令停产停业。

责令停产停业是指治安管理主体依法要求违反治安管理法律法规而从事违法生产经营活动的治安管理相对人停止生产、经营活动的处罚措施。

(2)暂扣、吊销许可证或执照。

暂扣、吊销许可证或执照是指治安管理主体依法对违反治安管理法律法规的治安管理相对人暂时扣押或撤销其已获得的从事某种活动的权利或资格,从而限制或剥夺被处罚人从事某种特许活动的权利或资格的处罚措施。

4. 声誉罚

【案例3-7】

2011年8月,张小姐租住在张湾区大岭路某小区,自从她8月份租住在此后,邻居们的生活就发生了变化。张小姐养了一条京巴狗,京巴狗每天都在邻居门前肆意大小便,到了深夜就开始狂吠,一闹就是几个小时。刚开始大家还能忍受一下,可时间一长,邻居们便开始提意见了。一天晚上,邻居们轮番到张小姐家敲门,但张小姐躲在家里不吱声,居民们忍无可忍只好报警。当晚,辖区派出所民警赶来后表示:"你已经严重干扰了他人,必须把狗送走。"张小姐口头上答应了,但她并没有把小狗送走。几天后的一天,派出所民警再次敲开了张小姐家的门。"根据《治安管理处罚法》,现在对你予以口头警告,你必须尽快将狗送走。否则,我们将依法对你予以罚款。"当日下午,张小姐将狗送走,并承诺再也不会把狗接回来。

【问题思考】

(1)连夜狗叫,使邻居无法睡觉这导致狗的主人被警告,这是否侵犯了狗主人的权益?

(2)派出所民警对张小姐的口头警告,属不属于治安管理处罚?如果不是,那又属于何种处罚?

【应知应会】

声誉罚是指治安管理主体依法对违反治安管理相对人发出警诫，申明其有违法行为，并通过对其名誉、荣誉、信誉等施加影响，从而引起其精神上的警惕，其主要形式为警告。

警告是指治安管理主体依法对违反治安管理相对人以书面形式作出谴责和告诫，指出其违法行为，教育行为人不得再犯的措施，是治安行政处罚中最轻的一种。

三、治安行政监督

治安行政监督是指治安管理主体为了实现管理目的，依法对治安管理相对人遵守治安管理法律法规、履行治安管理义务的情况进行检查而采取的措施。它是督促治安管理相对人执行治安管理法律法规、治安行政命令，实现治安管理的重要手段。

（一）治安行政监督的特征

（1）享有治安行政监督权的主体是公安机关。

（2）治安行政监督的对象是治安管理相对人。

（3）治安行政监督的内容是特定的。

（4）治安行政监督的目的是通过监督，防止和纠正治安管理相对人的违反治安管理的行为。

（二）治安行政监督的主要措施

【案例 3 - 8】

2012 年 8 月 9 日，某市开发区消防部门在对辖区招商大道一处在建工地开展消防安全检查时发现，工人刘某、马某正在进行气焊作业。经询问得知，二人均未取得《特种作业操作证》和《职业资格证》。根据消防法相关规定，消防大队以"违规使用明火作业"为由，提请当地公安机关依法向刘某、马某下达了公安行政处罚决定书，并将其移送拘留所执行行政拘留 1 日的处罚。

【问题思考】

（1）消防大队对这处在建工地进行消防检查属不属于治安管理的手段？

（2）消防大队对刘某、马某作出的处罚属于何种处罚？

【特别提醒】

根据我国法律规定，电工、焊工必须持有《特种作业操作证》（上岗证）和《职业资格证》（等级证），两证分别由安监部门、劳动部门核发。

1. 治安检查

治安检查是指治安管理主体为了掌握治安管理相对人遵守治安管理法律法规的情况，防范、发现违法犯罪嫌疑和安全隐患，依法对负有一定治安义务的场所、人员及其物品、证件等进行检查、核实所采取的措施。

我国法律对治安检查的范围的规定十分广泛，主要包括：对公共场所的治安检查；对群众性文化体育活动现场的安全检查；对单位、居民住宅区安全防范情况的检查；对特种行业是否履行治安义务的检查；对危险物品的各个环节的检查；消防安全检查；交通安全检查等。

【特别提醒】

治安检查在时间上，可以分为定期检查和不定期检查；治安检查在范围上，可以分为普遍检查和重点抽查；治安检查在内容上，可以分为安全检查、消防产品检测、建筑设计防火审核、机动车检验、年审、驾驶员考核等。

2. 治安调查

治安调查是指治安管理主体为了了解和掌握社会治安状况，获取治安信息，而依法进行的专门考察、了解所采取的措施。

【应知应会】

治安调查的内容十分广泛，主要包括三个方面：

一是社会治安状况的调查，如违法犯罪发案数量，人民群众的安全感状况，对违法犯罪打击处理的情况等。

二是治安管理的专业调查，如重点人口活动情况，人口流动情况，违法犯罪人员在特种行业、公共场所活动的特点，道路交通设施状况等。

三是案件、事件、事故调查，如火灾、车祸情况的调查，非正常死亡原因的调查，治安案件的证据调查等。

治安调查的方式从不同的角度可有不同的分类。从调查的形式上看，治安调查的方式可以分为公开调查和秘密调查；从调查的角度上看，治安调查的方式可以分为正面调查和侧面调查；从调查的范围上看，治安调查的方式可以分为普遍调查和重点调查。

四、治安行政教育

治安行政教育是指治安管理主体根据治安管理需要，依法对治安管理相对人以说服、批评、责令等方式要求其遵守治安管理法律规范，服从管理，履行治安义务的手段。

【应知应会】

（一）责令改正

责令改正是指治安管理主体在进行治安安全检查时，发现违反治安管理法律规范的行为或者存在不安全隐患时，以口头或书面的形式，责令其改正。

（二）责令停止违法行为

责令停止违法行为是指治安管理主体依法对正在进行的违反治安管理的行为，责令治安管理相对人立即停止违法行为，主要包括责令停止使用、责令停止举办、责令停止施工等形式。

（三）责令管教

责令管教是指治安管理主体对不满 14 周岁的违反治安管理的行为人，责令其家长或监护人严加管理教育而采取的形式。它是口头形式的治安行政教育措施，主要针对不满 14 周岁的未成年人的家长或监护人疏于管教而采取的一种惩戒措施。《治安管理处罚法》第十二条规定不满 14 周岁的人违反治安管理的，不予处罚，但应当责令其监护人严加管教。

（四）责令看管与治疗

责令看管与治疗是指治安管理主体为了督促有违法行为的精神病人的监护人履行看管和治疗的义务，依法采取的批评、教育措施。《治安管理处罚法》第十三条规定精神病人在不能辨认或者不能控制自己行为的时候违反治安管理的，不予处罚，但应当责令其监护人严加看管和治疗。

（五）责令具结悔过

责令具结悔过是治安管理主体依法责令违反治安管理行为人以书面形式承认错误，表示悔改，并保证不再违法的措施。《集会游行示威法实施条例》第二十八条规定，对依照《集会游行示威法》第二十七条的规定，不需要追究法律责任的，可以令其具结悔过后释放。

（六）劝阻、制止

劝阻、制止是指治安管理主体依法对正在或预备实施违反治安管理的行为或者犯罪行为的人，以下达命令或作出手势的方式加以规劝和干预，使其停止违法犯罪行为、恢复治安秩序所采取的措施。《集会游行示威法实施条例》第二十三条规定，对非法举行集会、游行、示威或者在集会、游行、示威进行中出现危害公共安全或者严重破坏社会秩序行为的，人民警察有权立即予以制止。对不听制止、需要命令解散的，应当通过广播、喊话等明确方式告知在场人员在限定时间内按照指定通道离开现场。

（七）训诫

训诫是治安管理主体对实施了违反治安管理的人，依法予以谴责、告诫，令其不得再犯的措施。适用训诫时，为表明训诫的严肃性，其地点最好在公安机关。

五、治安行政强制

治安行政强制是指治安管理主体为了实现治安管理目的，依法对治安管理相对人的人身或财物予以强制而采取的措施，包括治安行政强制执行和即时强制。

（一）治安行政强制执行。

1. 治安行政强制执行的特征

（1）治安行政强制执行的前提是公民、法人或者其他组织不履行治安管理义务。

（2）治安行政强制执行的目的是强迫义务人履行治安管理义务。

（3）治安行政强制执行是单方面的行政行为，治安管理主体无需征求义务人的同意。

（4）治安行政强制执行具有特殊的强制性。

2. 治安行政强制执行的种类

（1）间接强制执行。

间接强制执行是通过间接办法强制法定义务人履行义务，包括代执行和执行罚。

代执行就是指行政强制执行机关或第三人代替义务人履行法定义务，并向义务人征收必要费用的强制执行措施。代执行必须具备一定的条件。

执行罚是法定义务人拒不履行义务，而该义务又不能由他人代替履行，治安管理主体对不履行义务人加以金钱给付义务，以促使其履行义务的强制执行措施。

（2）直接强制执行。

直接强制执行指法定义务人逾期拒不履行其法定治安管理义务，治安管理主体将依法对其人身或财产直接强制执行，以达到义务人履行义务相同状态的治安行政强制措施。

依行政强制执行的方法，对人身的直接强制执行可分为：①强制传唤。如《治安管理处罚法》第八十二条第二款的规定：公安机关应当将传唤的原因和依据告知被传唤人。对无正当理由不接受传唤或者逃避传唤的人，可以强制传唤。②强制拘留。如《治安管理处罚法》第一百零三条的规定：对被决定给予行政拘留处罚的人，由作出决定的公安机关送达拘留所执行。③遣送出境。如《外国人入境出境管理法》第二十七条的规定：对非法入境、非法居留的外国人，县级以上公安机关可以拘留审查、监视居住或者遣送出境。④强制遣回原地。《集会游行示威法》第三十三条的规定：公民在本人居住地以外的城市发动、组织当地公民的集会、游行、示威的，公安机关有权予以拘留或者强行遣回原地。⑤强制隔离治疗。如《传染病防治法》第三十九条第二款的规定：拒绝隔离治疗或者隔离期未满擅自脱离隔离治疗的，可以由公安机关协助医疗机构采取强制隔离治疗措施。

（二）即时强制

即时强制是指治安管理主体在遇到重大自然灾害、事故，或者其他严重影响社会治安秩序、公共安全等紧急情况下，依照法定职权直接立即采取的治安行政强制执行措施。

（1）对人身的即时强制。强制带离现场、盘问、检查和留置，约束、交通管制、现场管制和强制驱散等。

（2）对财物的即时强制。对毗邻火场周围建筑物的拆除、对带上运输工具的易燃易爆物品的没收、对非法枪支刀具的扣留等。

（3）对行为的即时强制。对行为的即时强制指强制人们立即为或不为某种行为。

项目四　治安管理的其他手段

一、治安管理的科技手段

【资料 3 - 3】

广州市公安局新闻办公室于 2012 年 3 月 30 日向媒体通报，近年来，广州警方积极推进社会治安视频监控系统建设，成功织就一张覆盖全市公共场所、主干道路、企事业单位、居民小区的"天网"。同时，广州警方加强和创新视频监控在打击犯罪、治安防控、社会管理等方面的深度应用，积极推进视频监控综合应用实战化，不断提升警务运作效能。据统计，2012 年 1～2 月份，广州警方利用视频监控系统破获刑事案件 949 宗，抓获犯罪嫌疑人 1 710 人，发现违法犯罪线索 2 758 条，取得了良好的应用效果。

【应知应会】

（一）治安管理科技手段的含义

治安管理科技手段是指把现代科学技术应用于治安管理的一种手段，它是提高治安管理综合效益的重要手段。在治安管理中应用现代科学技术，既是社会管理发展的需要，也是提高治安管理综合效益、实现治安管理现代化的需要。

【资料 3 - 4】

临汾铁路公安处不断加强公安工作信息化建设，促进科技强警战略的实施。2012年夏天，该处先后为车站执勤民警、旅客列车乘警增配了"查缉电脑"、"警务通"、

"二代身份证识别仪"等，确保了执勤岗位民警每人都有查缉设备，并组织专人每周对基层单位的查缉设备进行升级，保证在逃人员信息数据及时得到更新。同时，该处还为基层单位增设了视频监控探头，民警可通过监控录像、手机彩信传输、现场比对等方式核实嫌疑人的身份，确认被查人员的准确信息，大大提高了追逃的效率。

（二）治安管理科技手段的种类

目前在治安管理中应用的科学技术主要有以下几种：

1. 信息通信技术

如对讲机、车载电话、传真、治安通信网、警用宝典、卫星通信车等。

2. 安全防范技术

如各种防盗报警器、防火报警器、视频监控设备等。

3. 安全检测技术

如金属武器探测器、毒品探测仪、爆炸物品探测设备、车辆测速仪、安全检查车等。

4. 电子计算机技术

如人口统计管理、车辆管理、道路交通智能管理、旅馆业管理、计算机网络监察等。

此外，还有交通控制技术、消防技术、防暴技术等。随着社会的进步和现代科学技术的发展，各种现代化的科技手段将会更广泛地应用于治安管理，实现治安管理的现代化和科学化。

二、治安管理的经济手段

【资料3-5】

近年来，广州见义勇为的英雄事迹不断涌现，违法犯罪受到有力震慑。事实证明，广州治安状况持续好转，见义勇为英雄功不可没。广州市见义勇为基金会在2012年1~10月份，共奖励慰问300多人次。

广州市一直高度重视见义勇为工作，广州市见义勇为基金会理事长刘继生介绍，为了进一步加强见义勇为人员权益保护工作，下一步将出台关于加强见义勇为人员奖励和保护的一系列政策措施，见义勇为牺牲人员遗属的抚恤金标准有望提高至30万~50万元。同时市委市政府要求相关部门出台涉及提高奖励慰问抚恤金，解决就医、就业、住房、子女教育、入户广州等多方面内容的措施。

【应知应会】

（一）治安管理经济手段的含义

治安管理的经济手段是指根据经济利益原则，即借助奖金收入等经济杠杆作用，组织实施治安管理的措施。它是借助经济杠杆的作用来强化治安管理，由于安全与个人的经济利益直接挂钩，就有利于调动维护社会治安秩序的积极性和主动性。

（二）治安管理经济手段的种类

【资料3-6】

东吴镇有常住人口1.7万人，外来流动人口9 900人，辖区地理环境复杂，而派出所只有9名民警，曾有一段时间，社会治安压力很大。为解决治安难题，2006年东吴镇12个行政村全部推行治安承包管理制。治安承包管理制的主要实行部门是镇治安大队，下辖8个中队，58名队员。全镇8个中队实行治安承包责任制后，中队长为承包责任人，每个中队的人事权下放给中队长，治安中队长除正常日防、夜防巡逻外，同时兼任外来人口管理专职协管员。8个中队长要和镇综治委、派出所和村委会签承包合同，明确双方的义务和责任。同时，镇财政投入200多万元给治安大队配备了器材。

1. 治安承包责任制

治安承包责任制是经济体制改革后出现的一种新的治安保卫工作形式。其特点是责任权利、利益统一，把承包的效果跟经济利益挂钩。制订承包方案，挑选承包人员，制定和执行乡规民约，加强领导。公安机关负责业务指导，培训治安承包人员，使之成为训练有素的群众治保力量。

2. 保安公司有偿服务

保安公司有偿服务是在公安机关领导和管理下，为社会提供专业化、有偿的安全服务，主要是为客户承担保安服务和提供安全防范咨询业务，经济上独立核算、自负盈亏，业务活动由公安机关指导和监督。保安公司有偿服务是为适应新形势下社会安全防范工作的需要而产生的，对于维护社会治安秩序，防范和打击违法犯罪等方面起到了积极的作用，同时也较好地解决了公安机关警力不足的问题。

3. 见义勇为奖励基金

1993年6月29日，中华见义勇为基金会成立。此后，全国许多省、市也相继成立了见义勇为基金会。见义勇为奖励基金的来源主要是接受政府的财政拨款，接受机关、团体、企事业单位和社会各界人士的个人捐赠。设立见义勇为奖励基金，是市场经济条件下举办公益事业的有效方式，其目的就是通过向社会募集资金，用来表彰奖励在维护社会治安、抢险救灾过程中作出重大贡献的人员，为在斗争中牺牲和伤残的人员提供抚恤和康复治疗，以激励社会发扬见义勇为的精神，弘扬正气，促进社会治安好转。

【特别提醒】

中华见义勇为基金会以发扬中华民族传统美德，弘扬社会正气，倡导见义勇为，促进社会主义精神文明建设，加强社会治安综合治理为宗旨；以表彰奖励见义勇为先进分子，宣传英雄人物和英雄事迹，研讨见义勇为理论问题，推动见义勇为立法等为主要任务。

【拓展阅读】

我国还未建立全国性见义勇为奖励和保护条例，但各省已率先在见义勇为保障和奖励方面制定了地方性法规，内容涵盖见义勇为的定义，见义勇为人员保障和奖励原则，见义勇为资金来源渠道，见义勇为资金使用管理，见义勇为行为的确认依据、确认时效，见义勇为人员的具体保障措施、奖励办法，相关责任人员的法律责任、行政责任，见义勇为人员的行政救济渠道等，使见义勇为权益保护工作走上法制化、规范化轨道，让任何一位见义勇为者在需要经济资助时都能够得到资助。

三、治安管理的文化手段

【资料3-7】

由公安部与中央电视台联合拍摄的电视纪录片《中国警察》于2012年5月13日起在央视一套播出，该片以纪实的手法，将镜头对准近年来公安工作一线涌现出的一个个公安英模和立功集体，深入挖掘公安系统涌现出的动人故事，艺术地表现党的"十七大"以来，特别是近年来全国公安机关在维护社会和谐稳定，弘扬"忠诚、为民、公正、廉洁"的人民警察核心价值观，展示新时期"人民公安为人民"的新形象。

【应知应会】

（一）治安管理文化手段的含义

治安管理文化手段是指用报刊、影视、文学、艺术等形式，宣传正确的文化思想观念，陶冶人们的情操，在全社会形成良好的文化氛围，从而引导人们自觉遵纪守法，与各种违法犯罪现象作斗争，积极参与维护治安秩序的各种方法和措施。它具有广泛性、生动性、非强制性、自律性等特点。

（二）治安管理文化手段的种类

1. 新闻舆论引导

如今报刊、广播、电视、互联网已经成为城乡人民文化生活的重要组成部分。新闻舆论引导就是指借助电台、电视台、报刊、互联网等新闻媒体，宣传治安管理的政策和法规，表彰先进，鞭挞丑恶，引导人们积极参与维护社会治安秩序的活动。治安管理部门要充分利用现代新闻传媒，加强治安新闻舆论宣传，重点要以正面宣传为主，注重社会效果，遵守宣传纪律，做到内外有别。

2. 文学艺术感染

【资料3-8】

电视剧《任长霞》的内容简介：

任长霞作为河南第一位女局长到登封上任，她身体力行，到职第一天便下基层调查研究，严肃处理违纪民警，以她既严厉又温柔的独特魅力，征服了大家。不久，她与房聪集团短兵相接，在上级党委和公安机关的支持下，紧紧依靠群众，并亲自化装，深入房聪的红船、白船进行侦察，经过曲折反复的生死较量，粉碎了房聪团伙，将这一犯罪团伙的成员全部抓获。通过破获房聪案和解救被绑架儿童案，任长霞在登封树立起威信。电视剧《任长霞》歌颂了公安战线一位女局长的英雄事迹。

文学艺术感染就是指通过小说、报告文学、戏剧、影视、音乐、美术、摄影等文学艺术手段，塑造典型形象，伸张正义，感染观众和听众，鼓舞他们参与维护社会治安秩序的活动。特别是在新的历史条件下，治安管理部门要适应社会形势的发展变化，从维护社会稳定的大局出发，充分运用文学艺术手段，通过创作各类文学艺术作品，反映治安民警的工作、生活，揭露违法犯罪分子的罪恶，宣扬同违法犯罪分子作斗争的英雄模范人物和先进事迹，提高广大人民群众的法制观念，鼓舞广大治安民警的工作热情。

3. 直观形象宣传

【资料3-9】

为推进公安机关"三访三评"工作的深入开展，广州警方在全市范围内举行"警营开放日"活动，各区、县级公安机关或是开门迎客、请民进"家"参观，或是设置活动会场与群众互动交流。活动中，各区、县公安机关根据各自特点安排筹划，为现场观众奉献上众多表演节目，包括特警战术演练、警犬搜毒缉爆、警用装备展览等，有的分局还精心设置了小游戏、小道具供市民娱乐，令参与的市民过足了瘾。

"这么远都能看得这么清楚，'天眼'真的好厉害啊！"来自萝峰小学五年级的小学生康仔在公安民警的指导下，操作起治安视频监控摄像枪。这是他第一次走进公安局，第一次走进指挥中心的监控中心，见识到了"天眼"的威力以及监控民警们在平时的默默付出。

直观形象宣传就是指通过举办陈列、展览和其他各种直观形式的活动，向群众进行安全方面的宣传工作，使人们自觉地形成遵纪守法的意识和良好的安全习惯，减少安全隐患，维护社会治安秩序。

近几年，我国各级公安机关积极开展了"警察开放日"活动。"警察开放日"就是让市民走近警察，走进警营，让市民亲身体验警察的日常工作。通过这个渠道，拉近市民跟警察的距离，消除彼此的距离感，让市民对警察工作多一份理解，少一份责备，增进警察与公众的相互了解。

运用直观形象的宣传形式，面向全社会特别是青少年进行遵纪守法和安全防范方面的宣传教育，使之在维护社会治安秩序方面发挥重要作用。

【特别提醒】

治安管理的文化手段对人们的影响不是靠直接的限制和惩罚，也不是借助利益驱动，而是通过文化思想熏陶感染，引导人们自觉地维护治安管理秩序。

项目五　技能训练

治安管理手段之治安调查训练

一、训练目的和要求

（一）目的：通过开展问卷调查，使学生掌握如何运用治安调查手段，了解和掌握治安信息，并能通过对数据的分析，得出相应的结论。主要考查学生的口头表达能力、分析判断能力和解决问题的能力。

（二）要求：

（1）训练的时间为半天。

（2）参加训练的学生，以班级为单位，可进行必要的分工。

（3）对调查的数据进行汇总分析，得出调查报告。

二、训练内容

治安调查的内容可分为以下两方面：

（1）社会治安状况的调查。

可对如违法犯罪发案数量、人民群众的安全感状况、对违法犯罪打击处理的情况等进行调查。

（2）治安管理的专业调查。

可对如重点人口活动情况，人口流动情况，违法犯罪人员在特种行业、公共场所活动的特点，道路交通设施状况等进行调查。

三、训练前的准备工作

（1）根据调查内容，设计一份治安调查表。

（2）以每人调查20人为标准，提前印制好调查表。

（3）根据调查内容，确定调查区域，并适当对调查区域进行划分，以保证调查结果的准确度。

四、训练方法步骤

（1）学生分组分工。学生以20人为一组，根据分组准备好要调查的内容并制成问卷调查表，每人至少调查10人以上。以对公众安全感调查为例，地点是学院周围的区域。

××地区公众安全感调查表
调查的问题：你认为你所在区域的治安状况如何

性　别	●男　●女			
身　份	●工人　●农民　●职员　●教师　●公务员　●个体工商 ●在校学生　●无业人员　●其他			
哪几类问题最影响你的安全感？	吸毒贩毒	电信诈骗	入室盗窃	打架斗殴
	偷自行车	传销	犬类管理	强买强卖欺行霸市
	抢劫抢夺	砸、撬机动车	火灾	酒后驾车
	散发小广告	乱停车	制假贩假	城市流浪、乞讨
	扒窃	流氓黑恶势力违法犯罪	赌博	卖淫嫖娼
您认为哪些场所治安秩序较差？	公交车站、地铁站	繁华街区	地下通道	娱乐场所
	过街天桥	学校、幼儿园周边	建筑工地	网吧
	商市场	农贸市场	停车场	餐饮
	其他			
您对××地区公安工作有什么意见和建议？				

（2）训练时间地点的选择，尽量选择人员流动较大的时间和区域。

（3）在治安调查训练前可先进行模拟实验，以便做好面对不同群体的心理准备。

（4）问卷调查完成后进行数据汇总。

（5）对数据进行分析、讨论，并制成调查报告。

五、考核方式及标准

（一）考核方式

（1）在训练过程，教师观察学生能否独立完成问卷调查工作，看其对不合作的调查对象能否正确对待。

（2）对调查报告进行讨论，各组之间互相交流学习。

（3）教师针对训练作出总结。

（二）考核标准

四级评分制

优秀：全组学生熟练掌握治安调查的要领，独立完成治安调查报告，对所调查问题的分析全面、准确，并提出指导性意见。

良好：全组学生熟练掌握治安调查的要领，独立完成治安调查报告，对所调查问题进行了一定的分析，并提出自己的见解。

及格：全组学生基本掌握治安调查的要领，完成治安调查报告，对所调查问题的分析不够全面、正确，基本完成调查报告。

不及格：全组学生不能掌握治安调查的要领，没有独立完成治安调查工作、报告。

单元四
治安勤务

【知识目标】

（1）了解治安勤务的种类。

（2）理解治安勤务的含义及特征。

【能力目标】

（1）能够结合实际进行治安巡逻。

（2）能根据需要建立和使用治安信息员。

（3）能结合具体情况进行守望和堵截。

【知识结构图】

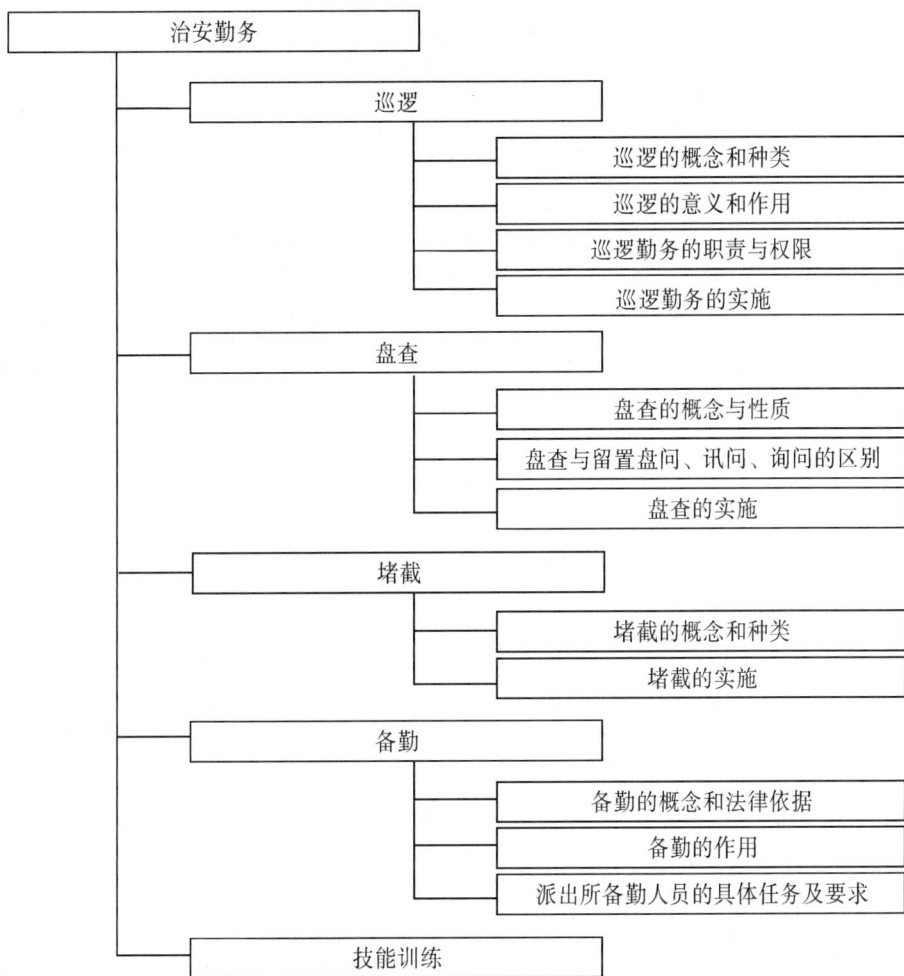

项目一　巡　逻

一、巡逻的概念和种类

（一）巡逻的含义

【资料 4-1】

2012 年 4 月以来，惠州市惠城区大街小巷穿着制服的民警、保安大量增加。据惠城区公安分局介绍，该局以前在路面巡逻的大多依靠巡警大队 500 多名警员，每日上路巡逻的有 100 多名。但 4 月份以后，随着机关民警等其他警种的加入，每日街头巡逻警力达到 1 000 人以上，见警率明显提升。目前惠城区"两抢一盗"警情下降 12.4%，入室盗窃警情下降 25%。

巡逻是指公安机关治安管理部门为了维护社会治安秩序，组织民警和治安积极分子，有计划、有目的地在一定区域内巡回观察和警戒，发现、处置违法犯罪活动，从而为人民群众排忧解难，维护社会治安秩序的勤务活动。

（二）巡逻的种类

【资料4-2】

通化市公安局特警支队根据部署开展武装巡逻，全力维护通化市社会治安稳定，为党的"十八大"的胜利召开创造良好环境。由功能配备齐全的装甲车开路，3名威武的特警手持微型冲锋枪站在上面随车巡逻。

广东边防七支队警犬中队通过早、中、晚警犬巡逻，在全长3.9公里的深圳梅林"绿色生态环保路"震慑季节性出没的蛇、虫、野兽等，为避暑观景的游客打造了平安祥和的环境。

【应知应会】

（1）按照使用的交通工具来划分，可分为徒步巡逻、骑自行车巡逻、骑马巡逻、驾驶摩托车或汽车巡逻以及乘坐船艇或直升机巡逻等。

派出所民警巡逻以徒步巡逻和自行车巡逻为主，以驾驶摩托车、汽车巡逻为辅，这也符合我国城镇的基本情况和派出所治安巡逻覆盖面较小的特点。

（2）根据巡逻的路线可分为直线巡逻、环线巡逻、直线环线交错巡逻。

（3）根据巡逻的参加人员可分为巡警巡逻、派出所民警巡逻、交通民警巡逻。

（4）根据巡逻人员是否着装可分为着装巡逻和便装巡逻。

二、巡逻的意义和作用

【案例4-1】

南通启东的小伙子顾某于2012年8月30日晚上在沛县龙固街上吃饭时，随身携带的笔记本电脑、手机，连同7 000多元现金都被人偷走。祸不单行，8月31日早上顾某突发疾病，血流不止，被沛县公安局龙固派出所巡逻民警发现后，及时送到该县人民医院。民警不仅帮他垫付了医药费，还给了他1 000元现金。

【问题思考】

警察巡逻有什么作用？

巡逻勤务能适应城市治安管理工作的需要，具有良好的机动性和灵敏的反应能力，能在较大的空间范围内积极、主动地预防和快速处置各种治安问题，有效地控制社会面的治安秩序，是治安管理的重要专业手段和措施。同时，巡逻勤务把警力放到街上，有利于密切警民关系，接受人民群众的监督，使群众对公安机关的执法活动产生信任感和亲切感，树立人民警察的良好形象。

【应知应会】

（一）巡逻的意义

（1）有利于市场经济的发展，适应动态的社会环境。

（2）有利于打击现行犯罪，控制社会面，增强安全感。

（3）有利于密切警民关系，树立警察形象。

（4）有利于警察队伍的建设。

(二) 巡逻的作用

1. 预防制止违法犯罪，维护社会治安秩序

预防制止违法犯罪，维护社会治安秩序是巡逻的基本职责和主要功能。治安工作的重点在于预防违法犯罪，消除其于未发。治安巡逻通过流动的工作方式，可以在动态中对社会面治安进行全方位、全时空的控制，可以有效地发现和制止各种违法犯罪行为，及时发现和处置各类治安事件和治安灾害事故，从而消除和减少违法犯罪的发生，维护社会治安秩序。

2. 强化社会面控制，增强公众安全感

大量研究表明，公众社会治安安全感与社会面见警率是呈正比例关系的。巡逻可以全方位、全时空地对社会面治安秩序进行控制，通过流动形式开展警务活动，在客观上造成治安力量无处不在的印象，给违法犯罪分子一种"法网恢恢，疏而不漏"的感觉。同时，也使广大人民群众产生了警察无处不在的印象，使他们感到警方在致力于制止违法犯罪，并可在紧急情况下提供援助，从而提高和增强公众的安全感以及对社会治安的满意度。

3. 为公众提供综合性服务，密切警民关系

打击违法犯罪是警察的首要职责，为社会提供多种综合服务也是警察的重要职责。巡逻人员置身于社会面、置身于公众之中，并且处于动态的工作状态，能随时接触群众，为群众排忧解难，提供服务。巡逻勤务的"办公室"就在街上，这使得他们有更多的机会与奔走、困乏于街头且希望寻求帮助的人相遇，其服务群众的功能较之其他勤务方式发挥得更为充分。例如，救助那些生命处于危险境地的人，排除各种冲突、纠纷，护送儿童横穿马路，方便公民报案等。事实上，警察巡逻日常工作中大部分时间是在从事各种服务事项。如果执行治安巡逻勤务的民警以严谨的警容风纪、严肃的工作作风、雷厉风行的工作方式、良好的工作态度为民排忧解难，就可以获得社会对警察的正面评价，密切警民关系，提高公安工作效能。另外，巡逻勤务较之"办公室中的勤务"，监督面更宽，透明度更高，其一言一行都要受到公众监督，这就更能促进警察队伍的职业道德建设。

4. 协助其他行政执法，强化综合管理职能

治安巡逻人员除了完成本职工作外，常常由于其代表意义明显，而被市民看成是政府的"巡回大使"。他们有更多的机会听取不幸市民申诉，接听不满意的电话呼叫、各种控告与举报。政府也往往令巡逻人员，尤其是巡警，肩负着本职以外的职责，这在我国被称为巡警综合执法，以协助、配合其他非警务部门（如工商、税务、市政、市容等部门）开展行政事务。这一作用是当前各国治安巡逻勤务的又一发展趋势。

三、巡逻勤务的职责与权限

【案例 4-2】

某日 20 时 10 分左右，长春市公安局指挥中心接到一位市民报警，在光谷大街与电台街交会处附近一小区内，有位老太迷路了。长春市公安局高新分局 7011 巡区夜巡民警接到派警任务后，立即赶到现场。民警经询问得知，老太姓白，已经 70 多岁了，还患有老年痴呆症。因为老人说不清家庭住址，也记不起亲属的联系方式，民警只好用巡逻车拉着白老太在附近居民区转悠，希望能让老太回忆起家庭住址。两个多小时以

后，一家诊所的工作人员终于认出了白老太，民警通过诊所人员联系上白老太的家人。最后，民警将老太送回家中。

【问题思考】

（1）民警在巡逻中有哪些职责？

（2）巡逻中遇到群众需要帮助，民警需如何对待？

（一）巡逻勤务的职责

【应知应会】

1. 巡逻勤务的基本职责

人民警察执行巡逻勤务时，"维护治安，服务社会"是其应履行的基本职责。"维护治安"是指通过巡逻，及时地发现、打击违法犯罪，加强动态环境下对社会治安的控制，同时震慑违法犯罪，维护社会治安秩序；"服务社会"是指在巡逻过程中，及时地为群众排忧解难，履行全心全意为人民服务的宗旨。

2. 巡逻勤务的具体职责

在我国，巡逻勤务主要由巡警和派出所民警分别承担，对他们的具体职责有不同的规定。

（1）巡警的职责。

根据《城市人民警察巡逻规定》第四条的规定，在执行巡逻勤务的过程中，巡警应当履行以下具体职责：

①维护警区内的治安秩序；

②预防和制止违反治安管理的行为；

③预防和制止犯罪行为；

④警戒突发性治安事件现场，疏导群众，维持秩序；

⑤参加处理非法集会、游行、示威活动；

⑥参加处置灾害事故，维持秩序，抢救人员和财物；

⑦维护交通秩序；

⑧制止妨碍国家工作人员依法执行职务的行为；

⑨接受公民报警；

⑩劝解、制止在公共场所发生的民间纠纷；

⑪制止精神病人、醉酒人的肇事行为；

⑫为行人指路，求助突然受伤、患病、遇险等处于无援状态的人，帮助遇到困难的残疾人、老人和儿童；

⑬受理拾遗物品，设法送交拾物招领部门；

⑭巡察警区安全防范情况，提示沿街有关单位、居民消除隐患；

⑮纠察人民警察警容风纪；

⑯执行法律、法规规定由人民警察执行的其他任务。

（2）派出所民警巡逻的职责。

根据《公安派出所执法执勤工作规范》第六十三条规定，派出所民警的巡逻工作主要包括：

①维护公共秩序；

②对可疑人员依法进行盘问和检查，对可疑物品依法进行检查；

③抓捕违法犯罪嫌疑人员；

④救助走失儿童、老人、伤病人员及其他急难者；

⑤排解纠纷；

⑥接受群众询问及口头报案、举报、控告。

（二）巡逻勤务的权限

人民警察在巡逻执勤中依法行使以下权力：

（1）盘查有违法犯罪嫌疑的人员，检查涉嫌车辆、物品；

（2）查验居民身份证；

（3）对现行犯罪人员、重大犯罪嫌疑人员或者在逃的案犯，可以依法先行拘留或者采取其他强制措施；

（4）纠正违反道路交通管理的行为；

（5）对违反治安管理的人，可以依照《中华人民共和国治安管理处罚法》的规定，执行处罚；

（6）在追捕、救护、抢险等紧急情况下，经出示证件，可以优先使用机关、团体和企事业单位以及公民个人的交通、通信工具。用后应当及时归还，并支付适当费用，造成损坏的应当赔偿；

（7）行使法律、法规规定的其他职权。

四、巡逻勤务的实施

【案例4-3】

2012年9月，金华市公安局统一发放了60辆新购的警用巡逻摩托车，统一开上街面，投入到金华警方的网格化巡逻中。至此，金华警方街面巡逻的摩托车达到了140辆，巡逻协警的人数也有600人。他们分成三批在市区范围的街面流动巡逻，确保街面上24小时都有巡逻人员。像西市街、宾虹路等主要区域，一天起码会巡逻四五次。如果有突发情况，警方能在5~8分钟赶到现场。

【问题思考】

（1）巡逻勤务如何实施？

（2）巡逻的实施中应注意哪些问题？

【应知应会】

（1）根据巡逻区域特点，合理安排人员及线路，确保重点部位安全。

把重点单位、要害部位、治安混乱地区等作为巡逻重点，确定设立岗卡的部位和巡逻密度、快速反应所需的时间，形成巡逻路线。

派出所民警巡逻，应当根据辖区面积和地域特征、居民情况、治安状况等划分成若干巡逻小区，固定巡逻小组，分别负责相应小区巡逻。巡逻小区应当按照一定的顺序，将附近的重点单位、要害部位、治安混乱案件多发地区等合理配置于其中，作为每个小组巡逻的重点地区，并根据治安形势的变化适时进行调整。

（2）发现可疑情况，及时依法进行盘查。

巡逻中发现可疑人员时，应当出示工作证件，表明身份，并在告知法律依据后，依法对其进行盘问、检查。

盘问和检查可以同时进行，通过检查可疑人员携带的物品，可以验证可疑人员陈述的情况是否真实；通过盘问可以发现和查寻违法、违禁物品，或者违法犯罪使用的工具与凶器等，互相验证。

（3）便衣巡逻、蹲守。

便衣巡逻，即民警着便装进行的秘密巡逻，主要是发现和抓获现行犯罪活动，或者控制犯罪嫌疑人员，观察群体性治安事件的酝酿、发展趋势以及攻击目标等活动中使用。

蹲守，即民警控制、抓捕罪犯或者重要犯罪嫌疑人时使用的一种警察勤务手段，是"蹲坑"与"守候"两种警察行为的统称。前者主要是民警在固定的地点对特定人员实施秘密的控制和观察活动，了解其动向、活动情况，搜集和验证犯罪证据，防止逃跑、转移、脱钩；后者则主要是民警对某种违法犯罪活动频繁、多发的地段进行秘密守候，等候犯罪活动出现以后，一举抓获罪犯。民警便衣巡逻、蹲守时应当做到：报经公安派出所所长批准并备案；随身携带工作证件；携带警械、武器或者其他装备时，应当进行隐蔽或者伪装。

【特别提醒】

公安派出所民警在巡逻时应当做到：按照指定路线巡逻，不得无故超出巡逻区域，或者减少巡逻时间和巡逻密度；到达巡逻重点地区时，应当停留作小区域巡查；对有违法犯罪嫌疑的人员、可疑物品依法进行盘问、检查；遇有突发事件或者事故，先进行处置，及时报告；接受处理案（事）件任务时，将任务执行情况及时向下达指令的部门报告。

车巡组停留作小区域巡查时，除遵守上述规定以外，还应当遵守下列规定：停放车辆不得妨碍交通；必须下车徒步实施，不得仅在车内观望；下车巡查时，车上或者车侧应当留一人，保护车辆安全及负责通信联络和必要时请求支援等。

项目二　盘　查

一、盘查的概念与性质

【案例4-4】

某日，茂名市公安局茂南分局巡逻防控大队民警带领治安联防队员在茂名市区街头正常巡逻执勤，在盘查2名可疑男子时，这2名男子拒绝警方盘查，并拿出弹簧小刀与警方对峙。民警和治安联防队员不畏强暴，奋勇与歹徒搏斗，在负伤流血的情况下，仍然正气凛然地与歹徒周旋搏斗，合力将这2名歹徒制服，缴获套牌小轿车1辆，来复枪1支，子弹5发，弹簧小刀2把等作案工具。

【问题思考】

（1）什么是盘查？

（2）为什么警察要进行盘查？

（一）盘查的概念

盘查，即盘问和检查，是指人民警察在执勤过程中对发现的可疑人员，要求其出示有效身份证件或说明自己的身份，盘问和审查其行为的真实目的及合法性的行为。

《人民警察法》第九条第一款规定："为维护社会治安秩序，公安机关的人民警察对有违法犯罪嫌疑的人员，经出示相应证件，可以当场盘问、检查。"盘查包括盘问和检查两个方面，其中盘问针对的主要是人，检查针对的主要是物。有时对人身进行检查实际上针对的也是物，是为了发现隐藏在嫌疑人身上的凶器、赃款赃物、违禁物品等。车辆也是盘查的一种特殊的"物"，对可疑车辆的盘查也是盘查中重要的一种。

【应知应会】

1. 实施盘查的主体

实施盘查的主体是公安机关的人民警察，只能由公安机关的人民警察实施盘查，行使这项职权仅限于公安民警在履行职责的活动中，非公安民警的治安保卫人员，如治安联防、保安人员等无盘查权。

2. 盘查的对象

盘查的对象是形迹可疑、有违法犯罪嫌疑的人。形迹可疑、有违法犯罪嫌疑，是公安民警实施盘查的正当理由和根据，形迹可疑、有违法犯罪嫌疑，表明没有这种情况的人自然排除，可疑和嫌疑，决定了公安民警盘查权的受制约性，也决定了警察盘查时的行为方式，所谓的"违法犯罪"是指在违反《中华人民共和国治安管理处罚法》及其他治安管理法规，以及触犯刑事法律的范围之内的。

3. 盘查的程序

实施盘查要有一定的程序。在盘查前，必须出示表明人民警察身份的工作证件，并应当告知公民盘查是法律赋予人民警察的权力，公民应予配合，否则要承担法律责任。未经出示相关证件，公民有权拒绝接受盘查。

4. 盘查必须当场进行

盘查权属于警察当场处置权的范畴。

（二）**盘查的性质**

盘查权是警察权的一种体现，具有明显的强制性。由于公安机关的人民警察具有武装性质，盘查权的强制性就是以人民警察自身的实力为后盾；又由于我国的公安机关是国家的治安行政机关，同时行使部分司法权，这就决定了公安机关人民警察的盘查行为是一种行政强制措施，在某些情况下又与行政处罚或与刑事诉讼相联系。

（三）**盘查与留置盘问、讯问、询问的区别**

（1）盘查包括盘问和检查两种行为，而其他三种行为只有"问"一种行为。

（2）留置盘问中的强制约束力要强于盘查中的盘问，且留置盘问的对象只能是经过当场盘问、检查后，认为有进一步审查必要的四种人（被指控为有犯罪行为的、有现场作案嫌疑的、有作案嫌疑身份不明的、携带的物品可能是赃物的），留置盘问应当有盘问的记录，而盘查中的盘问不需要有记录。

（3）盘查中的盘问是针对形迹可疑的人以及有违法犯罪嫌疑的人进行的；治安管理处罚程序中的询问对象是违反治安管理的人、被侵害人和其他证人；而刑事侦查过程中的讯问对象则是犯罪嫌疑人，询问对象是被害人和证人。

二、盘查的实施

【案例 4-5】

某日下午 3 点左右，民警巡逻至客车站地下人行通道时，发现有 5 个少年正在向一手机回收商兜售一款红色女性手机。见有民警过来，他们急忙收起手机往通道旁边躲。民警随即上前盘查，并当场从其中两人身上各搜出了一把管制刀具。对于手机的来源，5 个人一口咬定是他们自己的。当民警让他们输入密码将手机打开时，5 个人轮流拿过手机，但都未能输入正确的密码。民警于是将他们带往头桥派出所。

【问题思考】

（1）盘查中如何发现可疑的人员？

（2）实施盘查时，警察需要履行哪些程序？

【应知应会】

（一）盘查时机的选择

（1）当违法犯罪活动已经充分暴露或已经确认为是逃犯、通缉犯时，应当及时实施盘查。

（2）当违法犯罪行为人正在实施不法行为时，人民警察应当当场盘查，及时制止。

（3）在没有获得违法犯罪证据时，可以根据违法犯罪动向，根据现场环境，巧妙运用欲擒故纵的技巧，等候其露出马脚，再实施盘查。

（二）盘查地点的选择

（1）选择视野开阔，地貌简单之处。视野开阔，有利于观察周围情况和变化；地貌简单，道路宽敞、平直、周围无复杂的转弯或出入口、无丛林或高秆作物等环境，有利于控制盘查对象，使其不易脱逃。

（2）选择光线明亮之处。光线明亮，有利于观察和检查，也便于看清盘查对象的体貌特征、面部表情变化、携带物品等，以便掌握情况的变化。

（3）选择环境安静人流较少之处。盘查应尽量避免人群围观、起哄，防止发生意外，并保证盘查时听得清、问得明，所以盘查应当避开人群，选择人流较少的地方。

（4）选择易获得支援之处。盘查应尽可能在附近有行人、车辆来往的地点进行盘查，以防处于孤立无援之处。

（三）盘查对象的选择

（1）身份可疑。例如，身份证件与本人不符的；不讲真实姓名、住址，身份不明的；持假身份证或几个身份证或几个工作证件的；言谈举止与穿着不符的；装束不合时令、神色慌张的等。

（2）体貌可疑。例如，体貌特征与已知犯罪嫌疑人或通缉、通报对象相似或年龄相仿、口音相符、衣着和随身所携带的物品相似的；有意遮掩面部或进行化装改变本来面目的；面带疲劳困倦或惊恐之状的等。

（3）行为可疑，指有违法犯罪行为的嫌疑、举止有违常理的。例如，有异常表情或行为在人群中穿梭；无所事事，却在银行、居民区、商场、仓库等地窥视的；见到警察躲躲闪闪、表情慌张、快步离开或突然逃跑的等。

（4）携带可疑物品。例如，携带看似作案工具的；携带大量不明现金的；携带可能是毒品、枪支等违禁物品的；在夜间携带数量较多、体积较大、包装无规则的包裹、物品且遮遮掩掩、神情慌张的等。

（5）痕迹可疑。例如，身负可疑外伤或身染可疑血迹、污痕的；衣服被撕扯或破损严重的；自行车、摩托车推着走或车锁有明显撬痕的；驾驶的汽车挡风玻璃被砸破，车锁有明显撬痕的等。

（6）有其他可疑之处。例如，关系可疑，表情异常；无法说清同伴姓名、住址的；衣着打扮不伦不类的；穿着破旧却携带高档手提箱的等。

（四）盘查的具体实施过程

（1）盘问可疑人员。

应与被盘问人保持 1 米以上的距离，尽量让其背对开阔街面；对有一定危险性的违法犯罪嫌疑人，先将其控制并进行检查，确认无危险后方可实施盘问；盘问时由一人主问，另一人负责警戒，防止被盘问人或其同伙的袭击；对符合继续盘问条件的，将其带至公安派出所继续盘问。若数个警察盘问，站位可以是包围或半包围，一人要侧身，不要正面对着被盘查人进行盘问，另两名警察站在两侧。要选择受敌面小、控制面大的位置站立。若是一个民警进行盘查，其站位应能封住出路或可能逃跑的方向，距离约为 1.5 米，侧身对着被盘查人，随时准备，进可攻，退可守。盘查时，警察的眼睛要盯着对方的手和眼。

（2）对可疑人员进行人身检查。

应有效控制被检查的嫌疑对象，防止自身受到攻击和伤害；对携带或可能携带凶器、武器的违法犯罪嫌疑人进行检查时，应当先检查其有无凶器和武器，然后依法扣押，再检查。责令被检查人伸开双臂高举过头面向墙、车等，扶墙或者车等站立，双脚分开尽量后移，民警站于其身后并将一只脚置于其双脚中间，迅速从被检查人的双手开始向下对衣领及身体各部位进行检查，特别注意腋下、腰部、裆部及双腿内侧。

（3）对可疑物品进行检查。

应责令被检查人将物品放在适当位置，不得让其自行翻拿；由一名民警负责检查物品，另一人负责监控被检查人；开启箱包时应当先仔细观察，防止有爆炸、放射性等危险物品；自上而下按顺序拿取物品，不得掏底取物或者将物品直接倒出；对有声、有味的物品，应当谨慎拿取；避免损坏或者遗失财物。

（4）对可疑车辆进行检查。

检查前，应责令驾驶员将车辆熄火，拉紧手制动后下车，必要时应当暂时收存车钥匙。如车上有其他人员，应当责令其下车等候；对人员进行检查并予以控制；查验车辆行驶证件和牌照；观察车辆外观和锁具；检查车载货物和车内物品。

对车辆实施盘查时要注意，若车内只有一人驾驶，应站在驾驶座的后方，即前门的后侧，防止对方开门撞击，并使对方在心理上处于不利的地位，使其必须反转头答话或看你。警察也可以仔细看清他的一举一动。若前座后座均有人，应站在前后车门中间，同时监视前后座人员。

项目三　堵　截

一、堵截的概念和种类

【案例 4 - 6】

近几年，湖南、江苏、重庆等地发生连环抢劫杀人案。2012 年 8 月，案件再次发生在重庆。经警方侦查，怀疑嫌犯躲在歌乐山中。重庆出动大量民警、特警和武警在歌乐山上对疑犯进行围捕和搜山，进山道路附近所有路口均有警察蹲点封控，武警和特警轮番进山排查、搜捕。沿着重庆凌云路前往歌乐山，沿途的进山路口、居民聚居地、商铺等地均有大量民警设岗，约百米一岗，多为两名身穿制服的民警和一名便衣警察的组合，他们围坐在岔路口或大树下的塑料凳上，警车停靠左右。

【问题思考】

（1）什么是堵截？

（2）警察实施堵截要注意哪些问题？

【应知应会】

（一）堵截的含义

堵截是指公安机关为了加强社会治安控制，维护社会治安秩序，打击各种违法犯罪活动，在交通要道口、重要界区、治安复杂地区和违法犯罪分子逃窜方向、路线上和重点区域内设置固定或临时性的检查站、卡，派人员昼夜值勤，盘查可疑车辆、人员和物品，发现和查获违禁物品、赃物和违法犯罪分子的一种以静制动的治安管理手段。

它是公安机关加强点、线、面全面控制的重要一环，通过充分发挥检查站、卡的以快制快、阵地控制的作用，一旦发生情况，就能快速形成区域控制网，缉获现行犯、流窜犯、逃犯和赃物。

（二）堵截的种类

根据堵截时采取的方法不同，堵截可以分为以下几种类型：

（1）设卡堵截。是在城市周边的主要交通道口、重要界区之间或根据犯罪嫌疑人逃跑的方向和路线，布置前方警力设置检查站或关卡进行封堵和截获。

（2）巡查堵截。在违法犯罪活动容易发生的区域和场所，或犯罪嫌疑人可能出没、藏匿的地方，布置警力，寻找、发现、查获违法犯罪嫌疑人。

（3）定点堵截。在犯罪嫌疑人可疑落脚的地点，布置警力，进行守候堵截。

（4）伏击堵截。在违法犯罪活动频繁或连续发生同类案件的地区，选择隐蔽地点，埋伏警力，发现、堵截违法犯罪嫌疑人。

（5）围捕堵截。在追缉违法犯罪嫌疑人过程中，发现其已逃至某个建筑物或某个路段时，将该区域进行包围，并进行搜查和抓捕行动。

二、堵截的实施

【应知应会】

（一）合理设置站卡，形成严密网络

在堵截活动中，无论是经常性的治安检查站的堵截，还是为追缉特定犯罪分子的堵截，科学合理地设置站、卡是确保堵截取得效果的关键和基础。作为固定的治安检查站，应在城市中心区与边缘区的交界处的主要进出口要道或者市、县交界的交通道口设置，这既便于进行区域控制，又便于一旦发生紧急案情，能快速进行区域封锁和堵截犯罪分子。临时布建的堵截站点，一定要根据具体案情和犯罪分子可能逃窜的方向、路线、区域布设站卡，且这些站卡必须是能与固定站卡相互配合，能与巡逻追击警力相互协调的，从而能形成严密的控制网络。在勤务实施方面，要将各堵截网点，结合成一体，形成点、线、面的最佳组合。同时，要使警力部署的密度、警力的调动与现场势态形成科学的统一。

（二）迅速接警，明了任务

迅速接警是指民警在接到上级指令，群众报警、报案，就必须迅速响应，及时布警。迅速接警是快速反应的基础。接警时，必须要快速、准确地了解案情，了解堵截对象的主要特征、防卫手段、携带物品和武器等；还应明了指挥员的作战意图、行动方案、行动地点、主要工作方式和联络信号、方式，与上级和友邻警力之间的协同程序、方式等内容。只有了解案情和犯罪分子以及上级指挥员的整体部署，才能有效地发挥堵截功能。

（三）坚守岗位，高度警惕

堵截是一种以静制动的勤务活动，设置堵截站卡的作用，就在于能全天候地进行观察、检查，如果某一时段或者其一站点不能发挥作用，就可能导致整个堵截行动失败。因此，各堵截卡点上的民警要注意警情和通缉、通报的内容，始终保持高度的一致性，并做好应付各种紧急情况的准备，始终保持临战状态，遇有情况能立即行动，有效处置。

（四）快速反应，积极设防

紧急情况一旦发生，参与堵截勤务的人员要立即作出反应。固定卡要充分利用路障、掩蔽物等设备，实施对过往车辆、行人的检查。临时堵截卡要根据具体情况设置临时路障等，有条件时可设立观察位、堵截卡位和防逃卡位，分别担任识别、抓捕和堵截任务。

（五）公秘结合，战术灵活

实施堵截时，要公秘结合，特别是缉捕违法犯罪分子的堵截，既要设置公开的治安检查站卡，又要布建秘密的观察、控制站卡。只有公秘结合，才能及时发现和有效截获违法犯罪分子及其涉案物品和资金。在堵截卡位设置上，既要有着装警察实施堵截的公开卡位，也要适当布置以修路工人、过路行人等可资利用的身份掩护的秘密卡位，发现和抓捕犯罪嫌疑人。当发现缉捕对象时，应视情况采取不同战术，在不便抓捕的环境下，可采取尾随跟踪，寻找战机，伺机抓获。

【特别提醒】

执行堵截勤务时，应注意制定预案，采取有力的保障措施；根据具体案情，合理

单元四 治安勤务

规划设置堵截站卡，形成区域性的时空控制网；统一指挥，密切协调；公密结合，把住关口；依靠群众，全面控制；多方设卡，近敌制敌。

项目四　备　勤

一、备勤的概念和法律依据

【应知应会】

（一）备勤的概念

备勤是公安机关的一项重要制度，也是警察勤务的一种方式。它是指备勤人员在公安机关内部整装待命，以备突发事件发生或需执行临时勤务之用。

（二）备勤的法律依据

《公安机关人民警察内务条例》第三十三条、三十四条、三十八条分别对公安机关各部门的备勤制度作出了规定。具体要求有：公安机关应当实行 24 小时值班备勤制度，由领导干部带班，安排适当警力备勤，配备相应器材和交通工具，保障随时执行各种紧急任务；县级以上公安机关及刑警、巡警、交警部门和看守所、拘留所、派出所应当设置值班室，建立值班备勤制度；值班备勤人员在值班备勤之前和期间不得饮酒，值班备勤期间不得进行妨碍值班备勤秩序的娱乐活动。

另外，《公安派出所执法执勤规范》第四条规定：公安派出所执法执勤工作范围包括：①责任区工作。②户籍室工作。③值班、备勤。④案（事）件处理。⑤巡逻。⑥治安检查。⑦特定勤务。第五条规定：责任区工作、户籍室工作分别由责任区民警、内勤民警专职担任。值班、备勤、案（事）件处理、巡逻、治安检查及特定勤务，必须由两名以上公安派出所民警执行。

二、备勤的作用

（一）有效应对突发事件

公安机关所面临的任务具有不可预测性，经常会发生各种突发性事件或临时性任务。配备适当的备勤警力，有利于及时应对各类突发性事件。

（二）补充缺勤警力

当警察出现生病或因其他情况而无法出勤时，岗位空缺会使勤务完成出现困难。常规性的备勤可以在这些情况下及时补充警力，应对日常工作所需。

（三）有利于加强警备管理

备勤制度可以使各级公安机关始终处于常备不懈的戒备状态，保证上情下达、下情上报，使各级领导和机关能够及时掌握情况，指导工作，保持公安工作的连续性、有序性，维护良好的社会治安秩序。

三、派出所备勤人员的具体任务及要求

公安派出所民警备勤时，没有临时任务的，根据需要，在公安派出所所内整理文书簿册、处理有关工作事宜及保养装备。执行临时派遣任务时，应当记录执行任务的

时间、地点和工作情况。完成临时派遣任务后，立即返回公安派出所所内待命，继续备勤。派出所备勤人员的具体任务及要求：

（一）临时派遣看管被留置人员

公安派出所备勤民警被临时派遣看管被留置人员时，应当做到：

（1）将被留置人员置于室内。

（2）提高警惕，严加看管，防止发生自残、自杀、袭警、伤人、脱逃等行为。

（3）保护被留置人员的合法权益。

（二）临时派遣解送犯罪嫌疑人

公安派出所备勤民警被临时派遣解送犯罪嫌疑人时，应当做到：

（1）提高警惕，注意观察，防止被解送人员发生自残、自杀、袭警、伤人、脱逃等行为。

（2）对被解送人员依法使用械具。

（3）始终将被解送人员置于有效的控制状态下。

项目五　技能训练

盘　查

一、训练内容

（1）盘查站位、语言、次序的训练。

（2）搜身步骤、手法、口令的训练。

二、训练目的和要求

通过训练使参训学生在盘查时机、盘查地点的选择，盘查使用的语气，问话的技巧以及站位、语言、次序等方面符合威严、安全、效率、主动的要求；掌握搜身的步骤、手法、口令及接近被搜身者的方法和站位；熟悉站立式搜身的基本方法。

三、相关法律规定

《中华人民共和国人民警察法》第九条规定：为维护社会治安秩序，公安机关的人民警察对有违法犯罪嫌疑的人员，经出示相应证件，可以当场盘问、检查；经盘问、检查，有下列情形之一的，可以将其带至公安机关，经该公安机关批准，对其继续盘问：

（1）被指控有犯罪行为的；

（2）有现场作案嫌疑的；

（3）有作案嫌疑身份不明的；

（4）携带的物品有可能是赃物的。

被盘问人的留置时间自带至公安机关之时起不超过 24 小时；在特殊情况下，经县级以上公安机关批准，可以延长至 48 小时，并应当留有盘问记录。对于批准继续盘问的，应当立即通知其家属或者其所在单位；对于不批准继续盘问的，应当立即释放被盘问人。经继续盘问，公安机关认为对被盘问人需要依法采取拘留或者其他强制措施的，应当在前款规定的期间作出决定；在前款规定的期间不能作出上述决定的，应当立即释放被盘问人。

四、训练前的准备

包裹（内装日用物品、凶器等）；普通服装（由训练中的被盘查和搜身者穿用）；手枪、匕首（由被搜身者藏在身上）、手铐等。

五、训练方法步骤

（一）盘查站位、语言、次序的训练

一名学生装扮成被盘查者，另外两名被训练的学生上前盘查，行至距被盘查者1.5～2米处，成半包围形，其中一名被训练的学生公布身份："我们是警察，请跟我们来一下。"将被盘查者带至适宜盘查的地方进行盘查，带离途中两名被训练者要一前一后，将被盘查者控制在中间，距被盘查者1～2米为宜。

盘查开始时，要求参训学生向被盘查者熟练说出以下常用问话：

"请出示身份证件！"

"你到这里来干什么？"

"你从什么地方来，到什么地方去？"

"你的包（或衣袋）里装的是什么东西？"

"请你把包（或衣袋）里的东西拿出来！"

同时，扮成被盘查者的学生可相应作答，并将事先准备训练用的包裹让盘查者检查。对解除嫌疑的被盘查对象，应对其说："抱歉，耽误你的时间了，请走吧！"对未能排除嫌疑的被盘查者，应对其说："请拿你的东西跟我们来一下。"

（二）搜身步骤、手法、口令的训练

由一名学生扮成被搜身者，身带匕首或枪支，两名被训练的学生先发出口令："转身、后退！"使被搜查者背对两名搜身者，搜身者要盯住搜查对象，双手持枪随时准备击发并慢慢向搜查对象接近，在距搜身对象2～3米远的时候，被训练的学生将枪收回持在腰侧，防止被搜身者突然抢枪，然后令被搜查者作出被搜身的姿势（站立、跪式或卧式）。一名搜身者持枪胁迫住被搜查对象，发出口令："不要乱动，否则开枪！"另一名搜身者收回枪，拿出手铐迅速将被搜身者扣上，然后先上后下依次搜索检查，手法是摸、翻、挤、捏，将被搜身者身上带的凶器等物品迅速搜出来。

六、注意事项

（1）盘查者应与被盘问人保持1米以上的距离，尽量让其背对开阔街面；对有一定危险性的违法犯罪嫌疑人，先将其控制并进行检查，确认无危险后方可实施盘问；盘问时由一人主问，另一人负责警戒，防止被盘问人或者同伙的袭击；对符合继续盘问条件的，将其带至公安派出所继续盘问。

（2）若只有一名警察盘查一名嫌疑对象，应封住出路，侧身对着盘查对象，随时准备攻守；若同时盘查两名以上嫌疑对象，一定要分别盘问。

（3）由于实践中的情况比较复杂，盘查的语言也要随机而变，该训练的用语只是

最常用的发问语言。盘查人员应针对不同的盘查对象，精心设计盘查问话，要能够及时抓住对方的弱点，问话切中要害，对嫌疑人产生一定的震慑力。

（4）盘查一般应按"先盘问，后检查物品"的顺序进行，否则盘查者可能由于检查不出可疑物品而被动，对通过盘问嫌疑已排除的，一般不必再查其携带物品。

（5）应有效控制被检查的嫌疑对象，防止自身受到攻击和伤害；对携带或者可能携带凶器、武器的违法犯罪嫌疑人进行检查时，应当先检查其有无凶器和武器，然后依法扣押。搜身必须在嫌疑人已失去抵抗能力的情况下才可能进行，同时必须保持高度警惕，若发出口令后嫌疑人拒不执行，应采取果断行动，将其制服后再搜身；必要时，可以先依法使用械具。若搜身的警察没有带手铐，可令对象跪下，两小腿交叉，双手十指交叉置于脑后，搜查者一手抓住搜查对象的手指，一手搜查。

（6）进行检查时，责令被检查人伸开双臂高举过头面向墙、车等，扶着墙或车等站立，双脚分开尽量后移，民警站于其身后并将一只脚置于其双脚中间，迅速从被检查人的双手开始向下对衣领及身体各部位进行检查，特别注意腋下、腰部、裆部及双腿内侧。

七、考核方式及标准

（一）考核方式
（1）教师审查学生的操作过程。
（2）学生之间互相审查操作过程，作出评议，最后由教师总结。

（二）考核标准
四级记分制：

优秀：学生能够准确判断、及时发现可疑人员、可疑物品，准确熟练运用盘查的语言并进行正确盘查，能够熟练掌握物品检查的操作技能。

良好：学生能够发现可疑情况，基本能够按照要求盘问可疑人员、检查可疑物品。

及格：学生经反复判断能够发现可疑情况，能够认真地盘问、检查可疑人员但偶有违反法律、法规规定之处。

不及格：不能及时发现可疑情况，盘问、检查可疑人员时多处没有按法律、法规的规定来操作。

八、思考题

（1）如何发现可疑人员？
（2）遇到可疑人员如何对他们进行盘问？应当遵守哪些盘问规范？
（3）盘问中发现被盘问人的神色慌张，表现异常时，需要检查其随身携带的物品，该怎样检查？需要注意哪些问题？

九、示范案例

【示范案例】
某日凌晨1时许，公安东丽分局巡警二大队民警巡逻到某工地时，发现围墙外暗处停放着一辆面包车。车内一名男子不时放下车窗左顾右盼。于是，民警对该车进行盘查，该男子一会儿说是等朋友，一会儿又说开车累了在此歇息。民警注意到副驾驶座位上放着一把断线钳，便询问其来历。这时，车内一部对讲机中突然传出另一个男子低沉的声音："小东，我们已经偷完了，你等着我们！"该男子听到后想逃跑，被民警当场制服。由于证据确凿，男子不得不交代自己和两名同伙用手持对讲机联系，盗窃工地内电缆的犯罪事实。

【训练要求】

（1）由警察对发现的可疑人员按照规定的程序、要领进行盘问。

（2）在盘问后认为有必要对可疑人员所携带的物品进行检查时，按规范要求进行。

【训练提示】

（一）截停

民警用规范的动作截停可疑男子，以规范的语言令其放下所携物品，背朝街面。两民警进行分工，甲民警负责主盘问，乙民警负责进行警戒。

（二）检查

民警对车辆进行检查，发现副驾驶座位上放着一把断线钳，便询问："这把钳是用来干什么的？"回答："我刚去五金店买的。"民警继续询问："买来干什么的？"回答："我也不知道，是帮朋友买的。"民警通过检查，又发现了对讲机，问："对讲机是跟谁联络用的？"回答："车里的，我也不知道。"民警问："那车是谁的？"回答："我朋友的。"民警："那你把车停在这里干什么？你朋友呢？"回答："……"此时对讲机传来对话，民警一举制服可疑人员，并将其同伙一同抓获。

十、训练案例

【训练案例】

某日凌晨 2 时许，长沙县公安局巡警大队民警在星沙街道三一路立交桥巡逻时，发现 3 名男子驾驶一辆女式摩托车，形迹十分可疑，巡警随即上前进行盘查，发现该摩托车的点火锁被撬，没有钥匙，3 名男子神色慌张，其中两人身上携带撬锁工具，3 人被带回巡警大队询问。

经查，3 名男子分别叫张某（25 岁，户籍所在地：湖南省××市××镇××村人）、颜某（20 岁，户籍所在地：湖南省××市××镇××村人）、张某彬（21 岁，户籍所在地：湖南省××市××镇××村人），张某与张某彬均有盗窃前科。经审讯，3 人均对 9 月 1 日凌晨在长沙市芙蓉区东屯小区盗得一台女式摩托车的犯罪事实供认不讳，并交代，3 人曾分别于 2012 年 8 月 8 日在长沙市树木岭盗得摩托车一台，于 2012 年 8 月 11 日在长沙市五一村盗得摩托车一台，于 2012 年 8 月 14 日在长沙市曙光路盗得电动车一台的犯罪事实。

【训练要求】

截停可疑人员，并按规范对可疑人员进行盘查。

単元五

户政管理

【知识目标】

（1）了解户口管理的基本概念和管理方法。

（2）了解常住人口登记和居民身份证管理。

（3）了解重点人口和流动人口的管理。

【能力目标】

（1）能够办理常住户口登记。

（2）能够按照法律法规加强居民身份证的管理。

（3）能够对重点人口进行登记管理。

（4）能够对流动人口进行登记管理。

【知识结构图】

```
户政管理
    ├── 户口管理概述
    │       ├── 户口管理
    │       └── 我国户口管理的主要业务
    ├── 常住人口管理
    │       ├── 常住人口登记
    │       ├── 户口档案资料管理和人口信息管理
    │       └── 居民身份证管理
    ├── 流动人口及暂住人口管理
    │       ├── 流动人口及其社会效应
    │       ├── 流动人口有关社会问题的综合治理
    │       └── 流动、暂住人口的治安管理
    ├── 重点人口管理
    │       ├── 重点人口及其列管范围
    │       ├── 重点人口管理制度
    │       └── 重点人口管理方法
    └── 技能训练
            ├── 常住人口登记及常住人口登记表的填写
            └── 人口信息管理系统的应用
```

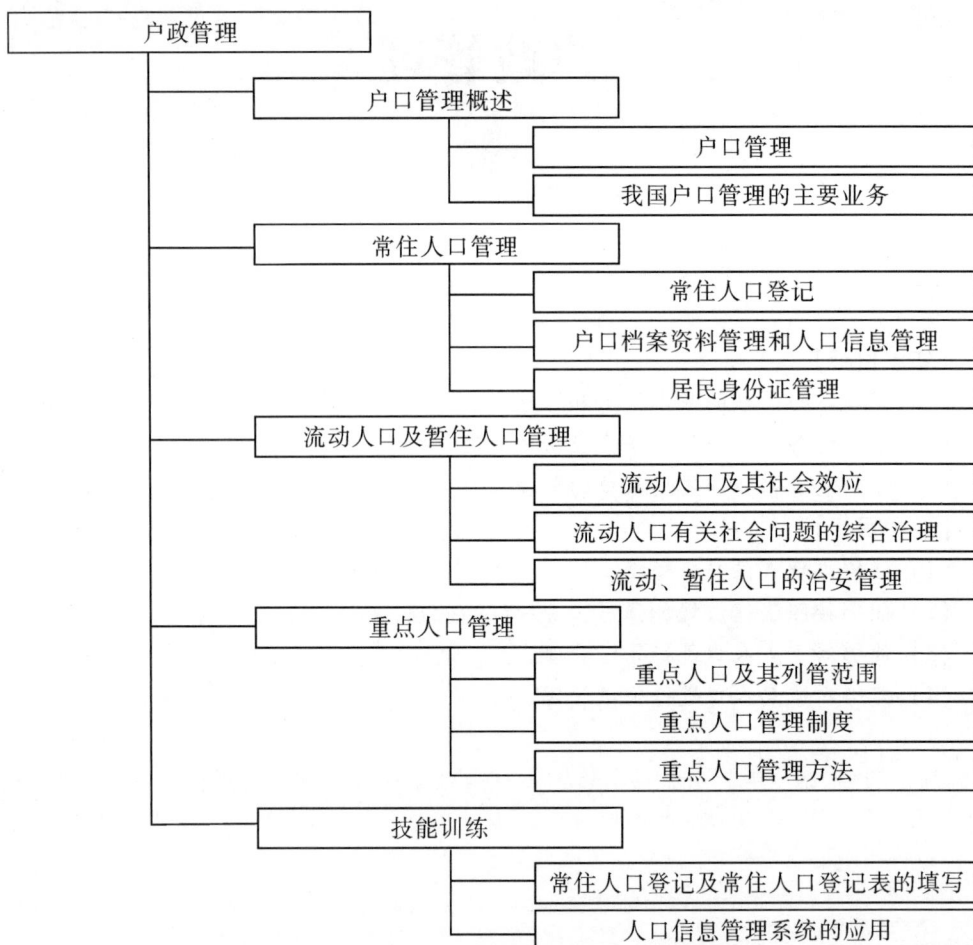

项目一 户口管理概述

一、户口管理

【案例 5 - 1】

20 年来，家住武汉市青山区厂前街的邹龙军因为没有户口，不能正常上学，不能结婚，甚至找不到一份稳定的工作……

1985 年，邹龙军出生在青山区厂前街。父母没什么文化，甚至没有办结婚证，自然，他出生后也上不了户口。7 岁时，同龄孩子都上学了，邹龙军因为没有户口，也就没有上学的资格。随着年龄的增长，他想找个工作，可令他没想到的是，因为没有身份证，他在求职路上四处碰壁，处了女友因为没有户口，也无法进行结婚登记。20 年的黑户生涯，使他无法过正常人的生活。最终，邹龙军和父母一起来到武汉市公安局武昌分局申请办理户口，一位负责人告诉他，他的户口资料已移交市公安局有关部门，

现在，办理户口的资料已经在他母亲的户口所在地东湖风景区公安分局，"一个月之内，就可办理完毕"。

听到这个消息，邹龙军激动不已，他说自己"看到了希望"。

20多年来，由于没有户口，邹龙军一直感觉低人一等，"有了户口，就可以过正常人的生活了"。他开始憧憬着自己未来的生活：找个好点的工作，赚钱让家里的经济状况改善一下，和相恋几年的女朋友合法地结婚……

【问题思考】

（1）什么是户口？

（2）户口的作用是什么？

（3）公安机关如何加强户口管理工作？

【应知应会】

（一）户口管理的概念

1. 户的含义

现代户政管理中，户是指由因婚姻、血缘或工作、学习关系共住一处的若干人组成的社会群体。户的规模可大可小，可以是一人，也可以是几十人，甚至更多。

2. 口的含义

"口"即人口，其本意是指单个人。在我国现代户政管理中，"口"意指人口，指生活在一定地区，由一定社会管理联系起来、具有一定数量和质量的人所组成的社会群体。

3. 户口的含义

现代户政管理认为，户口是指经国家行政依法确认并实际管辖的住户、居民及其基本的社会人口信息的统称。

4. 户籍

户籍是指在户口登记中形成的，记载住户、居民、人口基本信息的簿册。根据我国法律规定，只有在户口登记机关记载的相关人口信息才具有法律效力。

5. 户口管理的概念

户口管理即户口行政管理，是指户口行政机关依照有关法律规定，收集、确认和提供公民身份、亲属关系、法定住址等人口基本信息的国家行政管理。我国现行的户政管理工作主要由公安机关负责，它是公安机关业务工作的一个重要组成部分。

【特别提醒】

户籍是指"登记居民住户的册籍"，是法定名称。户籍是居民户口的法律凭证，没有履行户口登记的，就不能认定为有户口。

户口和户籍既有区别又有联系：户口指住户和人口，户籍指按户逐人记载居民有关身份、住址和亲属关系等事项的簿册。户口是户籍登记的对象，户籍是居民户口的法律凭证。

（二）户口管理的作用

（1）证明公民身份，为公民提供法律保护。

户政管理机关通过依法登记公民身份，如公民的姓名、性别、出生日期、亲属关系、文化程度、职业、服务处所等内容，从而在法律上确认、证明公民身份的合法有效性，确立公民民事权利和行为能力，为公民在政治、经济、文化和社会生活等领域正确合法行使各项权利和履行义务提供便利和相应的法律保护，保障了公民的合法权利和利益。

（2）服务社会经济建设，为党和政府决策提供可行性数据和资料。

户政管理机关通过对人口基本信息的详细记载，并经过汇总、统计、分析，形成了真实、客观的人口原始资料，为党和政府制定国民经济建设和社会发展规划、劳动力合理配置等政策提供基础数据和准确的人口信息资料。通过户政管理机关提供的相关人口信息，有关部门才能更好地掌握人口的数量、密度、分布、流动、就业、教育等情况，从而为国家制定计划生育政策、控制人口增长、调整城乡规划布局、合理引导人口流动、提高人口素质以及社会经济建设发展等提供科学依据。

（3）维护社会秩序，保障社会和谐稳定。

户政管理是国家行政管理的重要组成部分和重要基础性工作，是治安管理的基础和重点。通过对人口基本信息的记录，可以了解常住人口、暂住人口的基本情况，掌握重点人口和流动人口的基本动态，积极协助、配合治安、刑侦等业务部门加强治安防范宣传教育，预防和打击各种违法犯罪活动，查处治安灾害事故，维护社会治安稳定。同时，通过对居民身份证的统一制作、统一发放，确认公民的身份，明确居民身份证的作用，可以规范公民的社会活动行为，加强居民身份证的管理，有效维护社会稳定，促进社会和谐发展。

二、我国户口管理的主要业务

1. 人口登记与管理

主要包括：常住人口登记与管理（包含出生、死亡、迁出、迁入、变更、更正等6项登记），暂住人口登记与管理。

2. 重点人口管理

重点人口管理是公安机关内部一项专门的基础性工作，其列管范围主要包括：有危害国家安全活动嫌疑的；有严重刑事犯罪活动嫌疑的；因矛盾纠纷激化，有闹事行凶报复苗头，可能铤而走险的；因故意违法犯罪被刑满释放、解除劳动教养不满5年的；吸食毒品的。

3. 户口迁移调控

主要包括：户口申报迁出登记、迁入落户登记，以及国家相关迁移调控政策、措施。

4. 居民身份证管理

主要包括：居民身份证的制作、登记项目、申领、换领、补领、发放、收缴、使用、查验等以及对违反居民身份证管理行为的查处。

5. 人口调查与统计

主要包括：对人口基本情况的调查、统计、汇总、分析等。

6. 户口档案管理

主要包括：常住人口档案、暂住人口档案、重点人口档案、居民身份证档案等材料的制作、查阅及管理。

7. 人口信息管理

主要包括：常住人口信息、暂住人口信息、工作对象信息等材料的收集、分析、处理，以及现代人口信息管理系统的应用管理。

【应知应会】

户口登记是指户口登记机关以户为单位，对公民的身份、居住地和亲属关系等事项及变动情况依法登记在统一簿册上的活动。根据《中华人民共和国户口登记条例》（以下简称《户口登记条例》）的规定，我国现行户口登记制度，实行常住人口登记和暂住人口登记。

1. 户口登记的原则

我国户口登记坚持以下原则：一是以户为单位进行登记，二是一个公民只能在一个地方登记为常住人口，三是方便群众、为民服务。

2. 户口登记的立户标准

户口登记是以户为单位进行的，分为家庭户和集体户。家庭户一般是以一个家庭立为一户，立户一般有亲属关系、同居一处、共同生活三个条件；集体户一般按同一单位共居一处的立为一户，分居几处的分别立户，分散居住在外部几个集体宿舍的原则上就地就近立户，人员调动频繁的单位，可酌情集中立户；居住在单位内部集体宿舍带有家属的职工，以及人数较少的单位，一般按家庭户立户。

3. 户口登记范围

根据《户口登记条例》等有关法律、法规的规定，凡是居住在中华人民共和国境内的中国公民，都应当履行户口登记的义务；外国驻我国的外交人员，按照国际惯例不进行户口登记；居留在我国的外国侨民和无国籍人，按照外侨管理的有关规定接受居留、旅行管理；现役军人（包括人民武装警察）的户口，由军事（武警）机关按有关规定进行登记；根据公安部三十条便民利民措施的规定，从2003年9月1日起被判处有期徒刑、被决定劳动教养的人员的户口，由执行机关进行登记改为户口登记机关登记。

4. 户口登记机关

我国《户口登记条例》明确规定了户口登记工作由各级公安机关主管。因此，我国户口登记机关主要是派出所。未设派出所的乡、镇，由乡、镇人民政府代行户口登记的职权，并设专人负责日常的管理工作。

项目二　常住人口管理

一、常住人口登记

（一）常住人口登记含义

【应知应会】

常住人口登记，是指户口登记机关依法对具有常住户口的公民用统一的常住人口登记表和居民户口簿填写每个公民的身份、居住地和亲属等关系及其变动情况的业务活动。

我国现行的常住人口登记簿册，是按照户政管理的要求和任务设置的，主要有《户口登记簿》、《居民户口簿》、《四项变动登记簿》（包括迁入登记、迁出登记、出生登记、死亡登记等表格）等。《户口登记簿》是户口登记机关登记户口用的簿册，以人为单位，每人填写一份常住人口登记表，以户为单位排列，以单元楼或街道门牌号码顺序合订成一本。它是户口登记机关签发户口证明、查对户口和统计人口的依据。《户口登记簿》由公安派出所内勤民警负责保管，无关人员不得随意翻阅。《居民户口簿》是国家制定的证明本户居民身份的一种证件，主要记载住户成员的姓名、性别、民族、出生日期、出生地、籍贯、住址、文化程度、职业和服务处所等内容。《居民户口簿》以户为单位颁发，由居民妥善保管。

【特别提醒】

在我国，一个公民可以有一处甚至几处居所，这些居所可能分布在不同的户口管辖区，但公民必须而且只能在一个经常居住的地方登记常住人口。这项规定，不仅保证了每个公民应当享受的权利和义务，也便于户政管理部门准确地进行人口统计。

（二）常住人口登记机关和范围

（1）常住人口登记机关是公安派出所，户口登记工作由各级公安机关主管。

（2）常住人口登记的范围是居住在中华人民共和国境内的中国公民。外国驻我国的外交人员，按照国际惯例不进行登记。居留在我国的外国侨民和无国籍人员，按照外侨管理的有关规定履行户口登记。现役军人（包括武警）的户口，由军事（武警）机关按照管理现役军人的有关规定进行登记，地方户口登记机关对他们不作登记；但是，对散居的现役军人应该凭军事机关的有关证明，登记为暂住人口；在军事机关的非现役军人，如雇佣人员、军人家属等，由地方户口登记机关进行户口登记。居住在国外的中国公民，由我国驻外使领馆履行户口登记。居住在香港、澳门地区的中国公民，按港、澳特区的有关规定履行户口登记义务。

（三）常住人口登记的基本要求

公民在申报登记常住人口时，户口登记机关应该为其建立常住人口登记表。对新生婴儿，在申报出生登记时，要建立常住人口登记表；城乡居民户口分为家庭户和集体户，以户为单位进行管理。凡以家庭关系为主的公民，户口登记机关应该以家庭户为单位发给《居民户口簿》。居住在机关、团体、企事业、寺庙等单位的集体宿舍，相互之间不存在家庭关系的公民，户口登记机关按集体户口进行登记管理，可以共立一户或者几户，由所属单位确定专人负责管理。

常住人口登记的基本要求是：

（1）登记项目准确，即要按照户口登记簿规定的项目，逐户、逐人、逐项目进行填写登记，防止重、漏、差、错，登记内容要真实地反映被登记公民的实际情况。

（2）登记内容规范，即项目登记内容要标准化，要严格按照公安部规定的填写要求填写，做到字迹端正、清晰。

（3）变动及时登记，即要及时更新出生、死亡、迁出、迁入四项变动和户口项目变更、更正登记，做到一有变动，及时登记，切实掌握人口增减变动情况。

（4）户口底数清楚，即要将辖区常住人口的户数、人口数登记得一清二楚。该增加的及时登记，该减少的及时注销，切实做到户口簿上的人口与实际人口相符，保证户口登记资料的完整、准确。

【特别提醒】

常住人口登记表为一人一表式，共设置34个登记项目，包括：户别、户主姓名、与户主关系、姓名、曾用名、性别、民族、出生日期、宗教信仰、住址、本市（县）其他住址、出生地、籍贯、文化程度、婚姻状况、兵役状况、身高、血型、服务处所、职业、监护人、监护关系、公民出生证签发日期、公民身份证件编号、居民身份证签发日期、何时何因由何地迁来本市（县）、何时何因由何地迁来本址、何时何因迁往何地、何时何因注销户口、申报人签章、承办人签章、登记日期、登记事项变更和更正记载、记事。

常住人口登记表应使用国务院公布的汉字简化字填写，民族自治地区可使用本民族的文字或选用一种当地通用的民族文字填写。常住人口登记表可用计算机填写，也可用手工填写。凡用手工填写的，应使用黑色或蓝黑色墨水钢笔书写，字迹要清楚、工整，不得涂改；填写内容相同的，要将内容都写上，不得以"同上"或其他符号代替。表 5－1 为常住人口登记表式样。

表 5－1　常住人口登记表式样

户　别	常住人口登记表		户主姓名	与户主关系
姓　名			性　别	
曾用名			民　族	
出生年月	年　　月　　日　　时　　分			
监护人		出生地		
监护关系		公民出生证 签发日期		
住　址				
本市（县） 其他住址				
籍　贯			宗教信仰	
公民身份 证件编号			居民份证 签发日期	
文化程度		婚姻状况	兵役状况	
身　高		血　型	职　业	
服务处所				

（续上表）

何时何因由何地迁来本市（县）	
何时何因由何地迁来本址	
何时何因迁往何地	
何时何因注销户口	

申报人签章：

加盖户口登记机关
户口专用章

承办人签章：

登记日期：　　年　　月　　日

（四）常住人口变动登记

常住人口变动登记包括出生登记、死亡登记、迁出登记、迁入登记、变更登记和更正登记。

1. 出生登记

出生登记，是指户口登记机关根据公民申报，为新生婴儿登记户口的活动。

公民的权利始于出生，出生登记有两大作用。首先，对公民个人而言，可以从法律上证明公民的出生地、民族、国籍，从而确定其公民的身份；可以证明公民的年龄，在公民的入学、就业、结婚、选举、服兵役、退休等各个方面，起到保障公民行使权利和履行义务的作用；可以确定出生者与其父母及亲族之间的关系，保护公民的继承权利，保护父母对子女的抚养以及子女对父母的赡养扶助义务的实施；可以证明法律责任年龄是否成立。其次，对国家而言，出生人口数字是国家检验计划生育政策的执行情况，安排妇幼保健、预防接种、中小学生教育规模计划等方面工作的重要依据；通过出生登记，户口管理机关能及时准确地掌握辖区内户籍人口的自然增长数量，严密户政管理，提供出生人口的原始统计资料。

【特别提醒】

婴儿出生后1个月内，由婴儿的父母或者其他监护人或者邻居凭出生医学证明或者居（村）民委员会证明，向婴儿父母常住户口所在地户口登记机关申报出生登记。

非婚生婴儿的出生登记，可根据有关规定由其母或者收养人申报，办理出生登记。非婚生婴儿，同样受到国家法律的保护，户口登记机关可根据其申报人的申报办理登记。

被遗弃婴儿的出生登记，应依照有关规定，由收养人或者育婴机关向当地户口登记机关申请办理出生登记手续。弃婴的姓名、民族及出生日期，依照具体情况而定，以收养人或者育婴机关所在地为弃婴的出生地。

对不按计划生育的婴儿，户口登记机关也应该及时给予办理出生登记。

2. 死亡登记

死亡登记，是指户口登记机关根据公民申报，为死者办理注销户口的活动。

公民的权益终于死亡，因此，及时进行死亡登记有着重要的意义。就公民而言，通过死亡登记，注销死亡人员的常住户口，在法律上证明死者的死亡时间及死因，终止其权利和义务，便于死者家属处理死者的安葬或财产继承等善后事宜。就国家而言，死亡人数是人口统计的重要指标，死亡人数和死亡年龄是计算人口平均寿命、预测人口发展趋势、制定人口规划不可或缺的指标；死亡原因，是发现疫情、预防疾病、发展卫生保健事业的重要依据；通过死亡登记，户口登记机关能及时准确地掌握辖区内的户籍人口的自然减少数量，严密户政管理，为人口统计提供原始资料。

【特别提醒】

公民死亡后，城镇在葬前、农村在1个月内，由其亲属、抚养人、邻居或者死者所在单位向死亡公民常住户口所在地户口登记机关申报死亡登记。申报死亡登记，应当持医疗部门或者有关单位出具的死亡证明。

公民在暂住地死亡的，暂住地户口登记机关应该根据死亡公民所在暂住地的有关单位和人员的申报，注销暂住登记。已申领暂住证或相关证件的，收回证件，并及时通知死者常住地户口登记机关。死者常住地户口登记机关根据此通知和死者家属的申报，给予办理死亡登记。

公民在迁移途中死亡的，如属单身迁移，由死者所在地户口登记机关在其迁移证上注明途中死亡情况，将其迁移证寄给迁入地户口登记机关，由迁入地户口登记机关办理迁入和死亡两项登记。全户迁移的，在迁移证上注明死者的死亡日期和原因，加盖户口专用章，由迁入地户口登记机关办理迁入和死亡两项登记。

公民被宣告死亡的，由利害关系人持人民法院宣告死亡判决书，向被宣告死亡公民常住地户口所在地户口登记机关申报死亡，户口登记机关据此办理死亡登记。如果被宣告死亡的公民重新出现或确认其没有死亡，应由本人或者利害关系人持人民法院撤销宣告死亡判决书，向被宣告死亡公民的常住地户口登记机关申报恢复户口，户口登记机关据此恢复其常住户口。公民被宣告死亡或者撤销死亡宣告，都应当在人民法院判决后30天内向户口登记机关申报。

婴儿出生后立即死亡的（包括申报出生前死亡），户口登记机关应督促其家属申报，办理出生、死亡两项登记，但不在户口簿上记载，也不必填写常住人口登记表，只在四项变动登记簿的出生和死亡登记表上进行登记。如果生下来是死婴（即死产），则不进行出生、死亡登记。

因被杀、自杀、意外事故死亡或死因不明的，户口登记机关应根据户主的申报或者被发现人的申报和有关证明，经核实后，出具死亡证明，注销户口。如情节可疑，又无死因证明的，必须及时与有关部门联系处理。对于因急性病、传染病死亡的，户口登记机关应及时通知卫生部门，以便进行防疫工作。

3. 迁出登记

迁出登记，是指户口登记机关根据公民申请，在其由现户口管辖区迁往另一个户口管辖区前，为其办理户口迁出手续的活动。

（1）公民迁移，凡是迁出本户口管辖区的，由本人或亲属向户口登记机关申报迁出登记。

（2）公民申请迁出，户口登记机关应认真审查，如果符合迁出规定，应当办理迁出登记，注销户口。

4. 迁入登记

迁入登记，是指户口登记机关根据公民申报，凭合法有效的迁移证或其他入户证件，为其办理户口登记的活动。

公民迁入，应在户口迁移证或者其他入户证件的有效期内迁入，由本人或户主向户口登记机关申报迁入登记。户口登记机关应给予登记户口，填写户口登记簿。

5. 变更、更正登记

变更、更正登记，是指公民因户口登记项目的内容需要变更或者更正时，向户口登记机关申请办理变更或者更正事宜的一项登记制度。变更登记是户口登记机关为使户口登记内容符合公民变动后的实际情况，依法更改原户口登记内容的活动。更正登记是户口登记机关为纠正户口登记内容中的差错，依法更改原户口登记内容的活动。

二、户口档案资料管理和人口信息管理

（一）户口档案管理

户口档案是户政管理部门在实施户政管理过程中形成的，反映户政管理实践活动情况，按照一定规律保存以备考查，指具有保存价值的文字、图表、视听等材料。

对户口档案进行科学分类，能揭示出它们之间的逻辑关系，条理性地反映出户政管理各项工作在各个时期的真实历史面貌和工作状况，有利于加强户口档案的管理，更好地发挥户口档案的作用。户口档案一般是按照档案的来源、时间、内容和形式的不同进行分类的。依据公安部 1997 年 6 月 4 日发布的《公安派出所档案管理办法》的规定和户口管理的现实状况，可将户口档案分为以下几类：

1. 重点人口档案

主要是指在重点人口管理工作中形成的有关材料。

2. 常住人口档案

主要是指公安派出所在对常住人口管理中形成的有关材料，如迁移证，户口审批材料，换发下来的旧的常住人口登记表等。

3. 暂住人口档案

主要是指公安派出所在对辖区内外来经商、务工、从事第三产业等人员和来本辖区的境外人员管理工作中形成的材料。

4. 船民档案

主要是指公安派出所在对船民、渔民管理工作中形成的材料。

5. 居民身份证档案

主要是指公安派出所在对居民身份证管理过程中形成的材料。

（二）人口信息管理

1. 人口信息的含义

人口信息作为社会最基础的信息，微观上它可以反映出公民的姓名、性别、年龄、民族、职业、文化程度、婚姻状况、亲属关系、法定住址等个人信息，宏观上可反映出人口总量、人口构成、地理分布等社会信息。

【特别提醒】

人口信息是社会信息中最重要的基础信息，也是公安信息的基础。

我国对人口信息的调查了解，主要是通过户口登记、人口普查、人口抽样调查等途径进行的。其中，户口登记工作是基础，是调查掌握人口信息的主要方式。常住人口信息、暂住人口信息，按照《中华人民共和国户口登记条例》进行登记掌握；工作对象（即重点人口、政嫌、刑嫌等）主要通过调查发现掌握。

【应知应会】

人口信息管理是指由公安机关按照一定的管理目标和规则收集、整理、存储、传输、检索和使用人口信息的工作。

2. 人口信息管理系统的含义

人口信息管理系统是由人、计算机及相关的配套设备、设施（含网络）组成的，按照一定的应用目标和规则对人口信息进行采集、加工、存储、检索、维护和使用等处理的管理系统。

人口信息管理系统主要利用人口信息，包括国家或地区的各种人口数据，建立人口信息数据库，并运用系统的软件分析处理人口数量、构成及其变化等，用以研究人口的空间、时间分布和发展趋势，以及为人口的计划发展、劳动力资源的合理利用，人口的地域移动与城镇人口集聚及城市化发展趋势分析，制定人口政策，解决人口问题，拟定人口管理方案等提供决策依据。目前世界上不少国家已相继建成使用人口信息管理系统。中国于1982年第三次全国人口普查时，在联合国帮助下，从中央到各省、市、自治区已建立了相应的人口统计信息系统，形成全国的人口信息系统网络，从而为综合分析人口信息、研究人口信息与地理环境及社会经济之间的关系和人口信息制图等，提供了一种现代化的技术手段。

3. 人口信息网络管理的功能

（1）数据交换功能。在网络通信线路允许的情况下，可设定使用数据交换模式，上下级系统之间可进行交叉访问。如公安的暂住人口系统可访问市、区级常住人口系统，办理市内户口迁移网上操作。

（2）数据维护功能。下级系统可以实时自动维护上一级系统，保证数据更新。

（3）数据统计功能。除可选择多种方式统计外，还可以自动传输有关统计数据，自动叠加、汇总相应统计数据。

（4）安全保证功能。采取上下级数据冗余存储和磁盘镜像技术方式，实行检索权限管理，提高系统的安全性。

（5）用户账目管理功能。系统提供用户查询自动记账管理攻能，自动记录查询情况，并可统计、打印。

（6）户籍业务的监督管理功能。系统可根据户籍管理业务的需要，选择定义数据项，对其进行强制性管理。

三、居民身份证管理

【案例 5 - 2】

2010 年 7 月经朋友介绍，代女士来到位于某市边家村十字的太谷歌城做清洁工，刚来时，她的身份证被歌城一位经理留下。半个月后，她认为自己不能适应这里的工作，提出辞职，"经理"付给她半个月的薪水 650 元，她在要回自己身份证时，与经理发生争执，最终没能拿到自己的身份证。

【问题思考】

（1）居民身份证的作用是什么？

（2）太谷歌城经理扣押代女士的身份证，此行为合法吗？

（3）公安机关如何加强居民身份证的管理工作？

（一）居民身份证的含义及作用

【应知应会】

居民身份证，是公安机关根据国家法律规定，对本国居民统一颁发的具有证明公民身份效力的法定证件。

居民身份证的作用有以下几个方面：

（1）证明公民身份，保护公民合法权益。

居民身份证是公安机关按照国家法律规定的统一样式，依法颁发给个人的身份证件，具有高度的法定权威性，能够有效地证明公民身份。城乡居民在广泛的社会交往中，在办理涉及公民权益事宜需要证明身份时，只要出示居民身份证即可有效地证明自己的身份，并在全国通用。这样既方便了广大人民群众，又有效地保护了公民的合法权益。

（2）严密治安管理，有利于维护社会秩序。

居民身份证，除了有规定的登记项目、持证人照片外，还有个人身份证号码，有法定的查验制度，依照规定持有证件的人都必须随身携带，它既有全国通用性，又不易伪造。因此，查验居民身份证，可以在保障公民合法权益的同时，限制不法分子，发现、控制和打击各种违法犯罪。特别是对那些不讲真实身份，有流窜作案嫌疑，拒不出示居民身份证的人，就可对其进行审查，从中抓获各种犯罪分子。还有，当发生各类突发事件和灾害事故时，可以通过查验居民身份证，迅速查明有关情况，及时妥善处置，维护社会秩序。

（3）堵塞户口管理的漏洞，加强完善和改革户口管理。

实行居民身份证制度，不仅申领、登记和颁发证件都有严格的手续，证件的防伪技术强，不易涂改和伪造，而且居民身份证和常住人口登记表上有持证人的照片，不易冒名顶替，特别有利于民警熟悉和了解辖区人口的基本情况，堵住了原户口管理工作的漏洞。实行居民身份证制度，还是对我国户口管理制度的重大改革，即把以户为单位的管理体制，转变为以公民个人为主、同时与户相结合的管理体制，由静态管理转变为动态与静态相结合，以动态管理为主，实现人口管理证件化的重大改革。

（4）严密社会其他管理，为人口管理现代化奠定了基础。

由于居民身份证具有证明公民身份的法律效力，所以在社会其他管理方面也有着广泛的作用。在办理涉及公民权益事务时，通过核查居民身份证，证明公民的身份，既能有效地保护公民合法权益，又能严密社会有关方面的管理。

我国实行居民身份证制度以后，开始应用计算机技术管理居民身份信息，并把户口档案资料、人口统计资料等全部人口信息储存在计算机中，以此为基础逐步形成人口基本信息计算机管理网络，这有利于准确、及时、全面地向社会各方面提供人口信息，直接服务于社会主义现代化建设，为迅速实现我国人口管理现代化奠定了重要基础。

（二）居民身份证的有效期、式样与登记内容

【应知应会】

1. 居民身份证的有效期

居民身份证的有效期限分为5年、10年、20年、长期四种。16周岁以下的自愿领取身份证的，其身份证有效期为5年；16周岁至25周岁的人，发给有效期为10年的居民身份证；26周岁至45周岁的人发给有效期为20年的居民身份证；46周岁以上的人，发给长期有效的居民身份证。

2. 居民身份证的式样

《居民身份证法》规定："居民身份证式样由国务院公安部门制定。居民身份证由公安机关统一制作、发放。"

第一代居民身份证是在20世纪80年代中期研发的，现在已经停止办理，2013年1月1日停止使用。目前制发的居民身份证，为第二代居民身份证，式样为单页卡式，长85.6mm，宽54mm，厚1mm。证件正面印有国徽、证件名称、长城图案、证件的签发机关和有效期及彩色花纹。证件国徽图案位于左上角，使整个证件庄严、沉稳，配以"中华人民共和国居民身份证"的名称字样，很好地表达了主题。背景图案为写意长城，代表中华人民共和国长治久安，以远山为背景，加深了长城图案的纵深感。底纹为彩虹扭索花纹，采用彩虹印刷技术，颜色从左至右为浅蓝色至浅粉色再至浅蓝色，清新、淡雅的色调使证件显得纯朴、大方。证件背面印有持证人照片、登记项目（姓名、性别、民族、出生、住址、公民身份号码）、彩色花纹。图案底纹为彩虹扭索花纹，颜色从左至右为浅蓝色至浅粉色再至浅蓝色。

3. 居民身份证的登记内容

《居民身份证法》第三条规定，居民身份证登载包括9项内容：一是姓名，必须是持证人办理身份证时的真实姓名，也即户口本上登记的姓名，持证人过去曾经使用过的名字或还有其他别名、化名等都不能作为身份证上的姓名；二是性别；三是民族；四是出生期，应当统一使用公历日期，过去有的使用农历日期是不规范的，予以纠正；五是常住户口所在地住址，即在办理身份证时的申请人户口所在地住址；六是公民身份号码，即每个公民唯一的、终身不变的身份代码，由公安机关按照公民身份号码国家标准编制，由18位码组成，目前又被采纳为公民社会保障号；七是本人相片；八是证件的有效期；九是签发机关。

（三）居民身份证的申领和发放

申领居民身份证，既是公民的权利也是公民的义务。2004 年施行的《中华人民共和国居民身份证法》规定："公民自年满 16 周岁之日起 3 个月内，应当向常住户口所在地的公安机关申请领取居民身份证。"同时又规定："未满 16 周岁的公民，由监护人代为申请领取居民身份证。"也就是说，只要是中华人民共和国公民都有资格申领居民身份证；但年满 16 周岁的公民，则有义务申领居民身份证。

居民身份证的签发机关是居民常住户口所在地的县级人民政府公安机关。

【特别提醒】

《居民身份证法》第十二条规定："公民申请领取、换领、补领居民身份证，公安机关应当按照规定及时予以办理。公安机关应当自公民提交《居民身份证申领登记表》之日起 60 日内发放居民身份证；交通不便的地区，办理时间可以适当延长，但延长的时间不得超过 30 日。"

（四）公安机关居民身份证的管理

1. 居民身份证的查验与扣押

所谓"查验"，是指人民警察要求有关公民出示其本人居民身份证，并对该证是否真实有效进行核实的行为。

根据《居民身份证法》第十五条规定，人民警察依法执行职务，遇有以下四种情形之一的，经出示执法证件，可以查验居民身份证：一是对有违法犯罪嫌疑的人员，需要查明身份的；二是依法实施现场管制时，需要查明有关人员身份的；三是发生严重危害社会治安突发事件时，需要查明现场有关人员身份的；四是法律规定需要查明身份的其他情形。

【特别提醒】

人民警察查验有关公民的居民身份证之前，应当出示执法证件。

合法持有居民身份证是公民的权利，任何组织或者个人均不得扣押。但是对于正在被羁押的犯罪嫌疑人、被告人及罪犯等，为了公共利益的需要，由有关机关扣押居民身份证。除此之外，《居民身份证法》还规定，公安机关可以依照《中华人民共和国刑事诉讼法》的规定，对执行监视居住强制措施的犯罪嫌疑人扣押居民身份证。

2. 违反居民身份证管理的法律责任

【案例 5 - 3】

陶某，1982 年出生，河南人。2012 年春节前从外地打工坐车回家，到站时发现钱包被偷，里面的身份证、银行卡等全部丢失。办年货急着等钱用，挂失银行卡需要身份证件，而正规办理身份证时间又太长了，陶某便想起了在街上看见的制作各种假证件的小广告。他拨通了小广告上的联系电话，在与假证制作人员进行了一番讨价还价后，交了一百元钱和一张照片。两天后，陶某便有了一张新的"身份证"。拿到这张身份证，陶某去银行顺利办理了银行卡挂失业务。从银行出来，陶某以为自己有了连银行都分辨不出来的假证，何必再去办理真的证件，既费时又费钱，有了这张假证一样可以蒙混过关。春节过后，陶某来到芜湖机械工业园某企业打工，根据规定，在本地居住一个月以上的外来人口必须办理暂住证，陶某便拿着这张假身份证来办理暂住，没想到刚进派出所就被户籍民警认出了假证。

【问题思考】

陶某违反了《居民身份证法》的哪些规定？应受到什么样的处罚？

【应知应会】

（1）情节较轻时应负的法律责任。

《居民身份证法》第十六条规定："有下列行为之一的，由公安机关给予警告，并处200元以下罚款，有违法所得的，没收违法所得：一是使用虚假证明材料骗领居民身份证的，二是出租、出借、转让居民身份证的，三是非法扣押他人居民身份证的。"

（2）情节较重时应负的法律责任。

《居民身份证法》第十七条规定："有下列行为之一的，由公安机关处200元以上1 000元以下罚款，或者处10日以下拘留，有违法所得的，没收违法所得：一是冒用他人居民身份证或者使用骗领的居民身份证的，二是购买、出售、使用伪造、变造的居民身份证的。伪造、变造的居民身份证和骗领的居民身份证，由公安机关予以收缴。"

（3）犯罪时应负的法律责任。

《居民身份证法》第十八条规定，伪造、变造居民身份证的，依法追究刑事责任。我国《刑法》第二百八十条规定，伪造、变造、买卖或者盗窃、抢夺、毁灭国家机关的公文、证件、印章的，处3年以下有期徒刑、拘役、管制或者剥夺政治权利；情节严重的，处3年以上10年以下有期徒刑。

（五）临时身份证

根据《中华人民共和国临时居民身份证管理办法》规定，居住在中华人民共和国境内的中国公民，在申请领取换领、补领居民身份证期间，急需使用居民身份证的，可以申请领取临时居民身份证。

临时居民身份证具有证明公民身份的法律效力。

临时居民身份证式样为聚酯薄膜密封的单页卡式，证件采用国际通用标准尺寸，彩虹印刷，正面印有证件名称和长城图案背面登载公民本人黑白照片和身份项目。

临时居民身份证登记的项目包括：姓名、性别、民族、出生日期、常住户口所在地住址、公民身份号码、本人相片、证件的有效期和签发机关。

公民申领临时居民身份证应按以下程序进行：

（1）向常住户口所在地的公安派出所办理申请手续，交验居民户口簿、本人近期一寸免冠黑白相片（相片尺寸标准同居民身份证），交纳证件工本费人民币10元。未满16周岁的公民，由监护人代为申领。

（2）公安派出所将公民个人信息核准后报送县（市）公安局或设区的公安分局审核签发，并负责制作证件。

（3）公安机关在收到申请后的3日内将证件发给申领人。

【特别提醒】

临时身份证制度是对居民身份证制度的补充和完善，有利于解决群众急需用证的困难，方便群众生活和办理各种权益事务。《中华人民共和国临时居民身份证管理办法》（2005年10月1日起施行）为临时身份证的发放提供了法律依据。领取了临时居民身份证的公民在领取居民身份证时，应交回临时居民身份证。对公民交回和收缴的临时居民身份证，公安机关应当登记后销毁。

项目三　流动人口及暂住人口管理

一、流动人口及其社会效应

（一）流动人口的含义

【应知应会】

流动人口是社会上普遍使用的概念，但是由于研究角度、使用领域的差异，关于对流动人口概念的界定并不统一。从公安人口管理工作的角度出发，流动人口是指未依法改变法定住址而在常住地以外的地方滞留过夜的移动人口。为更好地理解这一界定，应该把握以下四点：

第一，移动，是流动人口的本质特征。

第二，流动人口离开常住户口所在地，跨越了一定区域范围，这个范围可以是市、县或乡、镇。

第三，流动人口没有在户口登记机关依法办理迁移手续，不是法律认可的户口迁移。

第四，流动人口在常住地以外的地方滞留过夜，不同于即日往返人口。

【特别提醒】

公安工作中经常使用的与流动人口密切相关的一个概念是暂住人口。暂住人口是一个法律概念，它是根据《中华人民共和国户口登记条例》等法律、法规界定的，指离开常住户口所在地，到其他城市、乡镇暂住 3 日以上的人口。暂住人口属于流动人口，但流动人口并不都是暂住人口，具体来说，暂住人口是流动人口中已办理了暂住登记或申领了暂住证的那部分人口。

（二）流动人口的社会效应

市场经济是一个开放的充满竞争的经济体制。流动人口作为最活跃的生产要素进入市场，参与市场竞争，这本身就是一种社会进步。如今，流动人口与市场经济运行紧密结合，扮演着十分重要的社会角色，并在加速与国内外各种生产要素聚集、组合和转化的过程中，发挥着越来越大的作用。但同时，流动人口对社会经济发展和社会治安的影响也具有双重性，既有积极的正面作用，也有消极的负面影响。

1. 流动人口对社会经济发展和社会治安的积极作用

（1）人口流动打破了传统的就业体制，为城市提供了丰富的劳动力。大量农村剩余劳动力涌入城市，缓解了经济快速发展过程中城市劳动力资源的不足，特别是大量流动人口从事着苦、脏、累、险等行业和工种。一些流动人口从事交通运输、服装加工、家具制作、餐饮服务和修鞋修锁等工作，多方面弥补了城市原有产业结构的不足，大力促进了第三产业发展，推动了经济结构调整。同时，流动人口在各种经济活动中，向城市缴纳了巨额利税，也极大地支持了城市经济。他们对吃、穿、住、行等各方面的需要，刺激了城市商业活动的发展，加速了城市各方面建设。

（2）大量农村剩余劳动力从农村流出，减轻了农村就业压力，为农业规模经营的开展和农业技术水平的提高创造了条件。剩余劳动力向城镇转移，缓解了农村人多地少的矛盾。农村剩余劳动力进入城镇从事第二、三产业，直接使大量社会资金通过劳动工资的方式流向农村，为农业经济发展积累了资金，促进了当地的发展。同时，人口流动也促进了城乡思想文化交流，促使农村法制、教育、婚育等观念变革，提高了农民的素质，增强了农民的法律意识，促进了农村科学、文化、教育等各方面社会生活的进步。

（3）人口流动打破了城乡隔绝的局面，有力地促进了户籍制度的改革。大量、频繁、持续的人口流动，直接强化了城乡之间的各种交流，使我国农村和农业从与现代化的城市生活、工商业发展隔离封闭的困境中解脱出来，长期困扰我国社会和经济的"二元经济"格局逐渐被打破，城乡一体化建设进程进一步加速。

2. 流动人口的消极影响

（1）流动人口的快速增长，加大了城市服务和管理的难度。一是我国城市基础设施本来就先天不足，且一直处于超负荷的运转状态。而流动人口的急剧增加，加大了城市人口的密度，严重冲击了流入地城市的公用事业和市政建设，给城市的供电供水、物资供应、交通运输、医疗保健、住房安置、环境保护等，带来了一系列社会问题，加剧了"城市病"的形成和发展。二是严重冲击了城市各方面的社会管理。流动人口分布面广，涉及社会的治安、户籍、民政、就业、计划生育工作以及市容环卫管理、工商税务管理等诸多方面，流动人口不断增加，加大了社会管理难度，许多工作往往处于被动。

（2）大量农村人口外流，使部分农村和整个农业受到严重冲击。一是农村流出人口绝大多数是青壮年男性劳动力，剩下妇女、儿童和老年人留守，使劳动力结构严重失衡，导致一些地方出现了土地抛荒现象。二是相当一部分农村基层干部外出务工、经商，对农村社会组织结构和基层政权建设产生不利影响，部分农村的社会管理出现软弱涣散状态。三是农村人才流失，使本就缺乏人才的农村更是"雪上加霜"，对农村目前的建设和今后的发展都十分不利。

（3）人口的盲目、无序流动，带来严重的社会治安问题。一方面，流动人口违法犯罪问题日益严重。因为流动人口构成本身就是一个复杂的社会群体，他们良莠不齐，鱼龙混杂，流动不定，家庭、学校和单位对他们的约束也相对减弱，处于特殊的社会环境中，很容易诱发各种违法犯罪。另一方面，流动人口自身也常常遭到不法侵害。有的流动人口盲目流入城市，常常成为不法分子侵害的目标；流动人口身在异地，在各种社会活动中处于弱势，如在劳资纠纷中，外来务工人员合法权益经常被侵害，易引发他们采取挟持人质、聚众闹事等极端行为，严重影响社会治安秩序。

二、流动人口有关社会问题的综合治理

流动人口的管理必须要发挥社会综合治理的功效，不能单单落到某一部门，因此必须要强化政府职能，完善公共服务。

广大流动人口作为社会公民，应该享受政府提供的社会保障和服务。目前，我国正在积极推进社会福利与社会保障，推进城市农民工就业服务管理和公共服务社会化、市场化的制度创新与改革。要从解决政府对流动人口提供公共服务不均等的根源出发，积极采取经济转型时期与体制衔接的新政策、新办法，探索建立符合中国国情的公共服务体系，坚持"谁主管，谁负责""谁用工、谁负责"以及"属地化管理"工作制

度，重点解决农民工的流动就业服务与管理，完善社会养老与医疗保险制度等问题，逐步建立起适应人口与劳动力流动的有序化、规范化的制度体系，建立适应人口流动的新型社会管理体制。

三、流动、暂住人口的治安管理

【案例 5 - 4】

2011 年 4 月 24 日，《福州晚报》刊登了"杀人潜逃 14 年，不仅娶了妻子，还当上了出租车司机，一次酒后吐'真言'他'供'出了自己，经群众举报被福州警方抓获……"一文。

案犯沈某作案时只有 19 岁，杀人潜逃后，他先后到过新疆、浙江、广东和福建。为了躲避警方的追捕，他以"刘金义"的名字办了一张假身份证，籍贯为河南。5 年前，沈某来到福州开出租车，他对外称自己叫"刘金义"，而且他的暂住证、上岗证均以"刘金义"的名字办理。一个杀人潜逃的嫌疑人为何凭一张假身份证，就能办理暂住证、上岗证，而且还在福州开了 5 年之久的出租车呢？若沈某不是酒后吐"真言"，那么这一杀人潜逃的嫌疑人还能逃多久，是否还会给社会造成更大的不利影响呢？此案件反映出暂住人口管理缺失的问题。

【问题思考】

公安机关如何加强暂住人口的治安管理？

【应知应会】

（1）加强管理组织体系建设，完善管理网络。

公安机关作为流动人口治安管理的主体机关，发挥管理主体职能的前提和基础是建立健全、专门化的管理机构（特别是基层管理机构）作为组织保障。公安派出所是维护社会治安的基层组织，是流动人口管理的责任单位，社区（责任区）民警是直接责任人，对本社区（责任区）内的流动人口管理工作负全责。加强流动人口管理，必须充分发动群众广泛参与，形成以街道（乡镇）基层政权为支柱，以公安派出所为龙头，以居（村）委会、用工单位为依托的管理网络；形成公安派出所领导重点管，社区（责任区）民警亲自管，治保人员、协管员协助管，用工单位及房主配合管四个层次的管理机制，构筑上下一致、职责明确、力量到位的管理网络，确保流动人口各项治安管理措施落到实处。

（2）健全日常查验制度，教育督促流动人口履行暂住登记、领证制度。

健全日常查验制度，对流动人口开展查验工作，既是法律赋予公安机关及人民警察的职权，又是公安机关履行治安管理职责和维护社会治安稳定的有效手段。对此，基层组织可从优化服务、增强治安防范和消防安全等角度出发，适时、有针对性地开展必要的清查行动，确保流动人口登记、发证和管理工作的落实。着重抓好出租房屋、用工单位的管理工作，通过规范房东或出租中介机构管理，落实房东和中介机构的职责，规范其行为，建立健全出租房屋和出租人、承租人登记信息，并及时报送公安机关备案，进而抓好流动人口的登记、发证工作，努力提高流动人口的登记率和发证率。

（3）实行分层次管理，落实重点管控措施。

全面推进流动人口分层次管理，加强对流动高危人群的管控。对有稳定职业和合法身份证件、无违法犯罪经历的已发证的流动人口，由流动人口专（协）管员负责协管，及时掌握变动情况，做好信息采集工作。必须根据本地流动人口和社会面治安的总体状况，结合流动人口自身的年龄、性别、户籍地、有无合法身份证明、前科劣迹、落脚点、就业、出入场所等相关条件，排摸、界定出流动人口中的高危人员，将其直接纳入社区民警重点管理的范畴。切实通过社区民警的进门走访，通过村（居）干部、治安积极分子、社区保安、企业主、出租房屋房东等社会力量的侧面了解，全面收集包括其体貌特征、指纹、社交情况、现实表现活动规律等情报信息，为定向防控、精确打击提供信息指导。

（4）深化信息警务，提高管理效率。

流动人口管理信息系统是当前警务信息系统的重要组成部分，是提升流动人口信息化管理水平的载体，也是提高流动人口管理效益的有效手段。在实际工作中，一是要加强公安机关内部信息共享建设。将现有的流动人口信息，常住人口信息，旅馆住宿人员信息，看守所、拘役所、强制戒毒所、治安拘留所等监管人员信息，机动车驾驶员培训信息，车辆过户信息，出入境人员信息等各类公安内部信息通过一定的保密程序处理后实现实时交流，使各警种、各地区、各部门的公安民警共享，让基层民警能在最短的时间内，通过网上比对，了解自己辖区内流动人员的现实表现，以便及时梳理出高危人员。二是要逐步建立外向型信息互通共享机制，有效利用社会资源提高工作效率。在政府的组织牵头下，逐步实现公安机关内部信息系统与社会其他信息系统的联网运作，从社会的各个方面全面掌握流动人口的现实情况。

（5）加强异域警务合作，建立健全通报协查制度。

为确保流动人口管理工作落到实处，落实责任，提升工作效能，要不断加强异域警务合作，实行双向管理，加强信息沟通。对人户分离的重点人口，其户口所在地派出所应及时查明流向，进行跟踪管理，及时将有犯罪前科或有违法犯罪嫌疑的外流人员的情况通报给流入地公安机关，实行"双列管、双控制"。流入地公安机关在暂住人口登记、管理的基础上，注意做好重点人口的发现、列管工作，对有可疑迹象的暂住人口，应及时向流出地公安机关发函调查，流出地公安机关必须及时认真核查和回函答复。

（6）抓好管理责任落实，实现流动人口社会化管理。

在现实公安工作中，抓好出租房屋房东和企业业主流动人口管理责任的落实，是公安机关通过"以居管人"，落实"谁出租、谁负责，谁用工、谁负责"的综合治理原则，实现流动人口社会化管理的关键，也是公安机关实现自身减负的主要途径。

①以签订《租赁房屋治安责任保证书》为切入点，真正落实房东的管理责任。出租房屋一直是流动人口的主要落脚点，因此，从工作实际出发，要想实现对出租房屋流动人口的动态管理，落实房东的管理责任是最便捷、最可靠的工作方法。

②以贯彻《企业事业单位内部治安保卫条例》为依托，落实企业业主的管理责任。企事业单位和建筑工地是流动人口除出租房屋以外的主要落脚点。贯彻执行《企业事业单位内部治安保卫条例》为契机，明确单位法人或主要负责人在单位内部治安管理工作方面的责任主体地位。

（7）依法管理，为民服务。

在全国上下一致倡导"执法为民"，实施"亲民"政策的大背景下，在流动人口治安管理工作中，要着重处理好依法管理与为民服务的关系。同时，要树立正确的执法观，在简化手续、方便群众、提高效率、转变作风、办事公正上下功夫，适时推出如"一证式管理"，"一站式服务"，"简化办证程序"，"上门办证"，"节假日预约服务"，"免费拍照"，"延长证件有效期限"，"免费教育培训"，"提供法律援助、权利救济"，"协同清偿欠薪"等各种便民、利民、为民措施。

【拓展阅读】

从"暂住证"到"居住证"，一字之差体现出城市管理的重大进步。

首先暂住证制度暗含对外来人口的某种排斥。"暂住"者，顾名思义，"暂时居住"也，这就在时间上作出了一定限制。从 2010 年 1 月 1 日起，广东省近 3 000 万流动人口正式告别暂住证，迈入居住证时代。居住证将和身份证大小相同，上面标有居住证持有人姓名、性别、户籍等 7 种信息，居住地和有效期可反复擦写，变更居住地址和延长有效期都不需要换证，只需要擦写就能完成。居住证的期限分"6 个月以下"和"7 个月到 3 年"两种。16 ~ 60 岁的流动人员可免费申领居住证，办理了居住证的流动人口可在居住地参加社保、申领驾照、办理港澳商务签注。居住证持证人在同一居住地连续居住并依法缴纳社会保险费 5 年，有稳定职业、符合计划生育政策的，其子女接受学前教育、义务教育与常住户口学生同等对待。居住证持证人在同一居住地连续居住并依法缴纳社会保险费满 7 年，有固定住所、稳定职业，符合计划生育政策，依法纳税并无犯罪记录的，可以申请常住户。

项目四　重点人口管理

一、重点人口及其列管范围

【应知应会】

（一）重点人口的定义

重点人口是指有危害国家安全或社会治安嫌疑，由公安机关重点管理的人员。"重点人口"为公安机关的内部用语，严禁对外使用。

重点人口特征包括以下三点：

（1）重点人口必须是有危害国家安全或社会治安嫌疑的人员，具有危害嫌疑是重点人口的本质特征。

（2）所谓"有危害活动嫌疑"，是指有危害活动迹象或可能性。这与《刑事诉讼法》中规定的"犯罪嫌疑人"含义不同。

（3）重点人口是由公安机关重点管理的人员。

（二）重点人口列管的范围

根据公安部 1998 年 5 月 22 日下发的《重点人口管理工作规定》和 1999 年 8 月 6 日下发的《关于将吸毒人员列为重点人口管理的通知》，公安机关应予列管的重点人口的类型和对象有以下 5 类 20 种：

第一类，有危害国家安全活动嫌疑的：

（1）有从事颠覆国家政权、分裂国家、投敌叛变、叛逃等活动嫌疑的。

（2）有参与动乱、骚乱、暴乱或者其他破坏活动，危害国家安全和社会稳定嫌疑的。

（3）有组织、参加敌对组织嫌疑，或者有组织、参加其他危害国家安全和稳定的组织活动嫌疑，或者与这些组织有联系嫌疑的。

（4）有参加邪教、会道门活动或者利用宗教进行非法活动嫌疑的。

（5）有故意破坏民族团结，抗拒国家法律实施等宣传煽动活动嫌疑的。

（6）有从事间谍或者窃取、刺探、收买、非法提供国家秘密或者情报嫌疑的。

（7）有其他危害国家安全活动嫌疑的。

第二类，有严重刑事犯罪活动嫌疑的：

（1）有杀人、强奸、伤害、拐卖妇女儿童等侵犯公民人身权利嫌疑的。

（2）有抢劫、盗窃、诈骗等侵犯公私财物嫌疑的。

（3）有放火、爆炸、投毒、非法制造、买卖、运输、储存或者盗窃、抢夺枪支、弹药、爆炸物品等危害公共安全活动嫌疑的。

（4）有走私、贩卖、运输、制造毒品嫌疑的。

（5）有参与境外黑社会组织的渗透活动或者参加境内黑社会性质的组织及犯罪团伙嫌疑的。

（6）有伪造、变造货币、国库券及有价证券或者出售、购买、伪造、变造的货币等破坏金融管理秩序活动嫌疑的。

（7）有使用诈骗方法非法集资、贷款或者进行金融票据、信用证、信用卡、保险诈骗等金融诈骗活动嫌疑的。

（8）有经常聚众赌博或者聚赌抽头嫌疑的。

（9）有组织、强迫、引诱、容留、介绍卖淫活动嫌疑的。

（10）有其他严重刑事犯罪活动嫌疑的。

第三类，因矛盾纠纷激化，有闹事行凶报复苗头、可能铤而走险的。

第四类，因故意违法犯罪被刑满释放、解除劳教不满 5 年的。

第五类，吸食毒品人员。

【特别提醒】

在确定重点人口的过程中，正确掌握重点人口的条件是防止漏列和扩大列管面的关键。在确定重点人口时，要认真负责、严肃谨慎，不能毫无根据地定指标，更不能不负责任地追求指标。对列管对象的材料，一定要做到实事求是。

二、重点人口管理制度

【应知应会】

（一）列管、撤管审批制度

重点人口的列管与撤管，由公安派出所责任区民警逐人整理列管（撤管）材料；填写《列管（撤管）重点人口呈报表》或者《派出所工作对象信息登记表》，经公安派出所领导集体审核后报县（市）公安局或者城市公安分局审批。对有危害国家安全活动嫌疑的重点人口的列管与撤管，经公安派出所领导集体审核后，由县（市）公安局或者城市公安分局核报地市公安处、局审批。

（二）分工协作制度

公安派出所负责重点人口的日常管理工作，户政（治安）部门负责业务指导工作，有关业务部门应当协助做好重点人口管理工作。重点人口管理以现住地公安派出所管理为主。企事业单位内部重点人口由现住地公安派出所管理。

（三）通报协查制度

现住地公安派出所在暂住人口管理中发现有列管的重点人口，应当向其户口所在地公安派出所通报、了解掌握重点人口的基本情况；对人户分离或者暂住的重点人口，户口所在地公安派出所应当了解掌握其去向，及时将列管依据等主要情况书面通报给现住地公安派出所。

（四）材料转递制度

政保、经保、治安、刑侦、边防、出入境管理、文保等业务部门以及公安派出所在查处各类案件时，应当将可能涉及重点人口的信息材料及时转递到涉案人员的现住地或者户口所在地公安派出所。

（五）清理考察制度

对重点人口情况应当定期进行清理检查，准确掌握动态变化情况；对需要变更类别、撤管的人员，应当及时办理审批手续。

（六）档案管理制度

对列管的重点人口应当逐人建立档案，列管依据、审批材料、考察材料以及照片、指纹、笔迹等材料应当齐全。户口迁移的，应当将档案转递到迁入地公安机关管理；撤销管理和已经死亡的重点人口的档案，应当长期保管。重点人口档案只供公安机关内部参考使用，不得对外提供。重点人口档案的管理，应该逐步统一、规范，同时要把相关内容输入工作对象信息系统。

（七）考核评比制度

对重点人口管理工作要进行考核评比，并作为考核公安派出所及责任区民警工作重点指标之一。派出所的考核由县（市）公安局、城市公安分局进行，责任区民警的考核由派出所进行。考核的标准主要有：列管率、控制率、改好率、熟悉率、档案建设和材料转递等。

三、重点人口管理方法

【应知应会】

重点人口管理实行专门工作与群众路线相结合的方针。要紧密依靠群众，严格掌握政策，深入调查研究，根据不同对象，采取相应的工作方法。

（一）调查了解

公安派出所社区民警应当深入辖区开展调查，查清重点人口底数，熟悉每个重点人口的身份情况、别名、绰号和体貌特征等主要信息，以及经济状况、交往人员、活动场所等基本情况，掌握重点人口的现实表现，及时发现新的列管对象。

（二）查证核实

对有现行违法犯罪活动嫌疑和转入的各种信息材料，应当调查核实。对需要侦查的重要线索应当按有关规定及时通报侦查部门；对不够打击处理的应当做好材料积累工作；经查证核实嫌疑被排除的，所列人员情况发生变化或者经考察确已悔改的，应当撤管。

（三）重点控制

对有重大现实危害的嫌疑人员，公安派出所社区民警应当采取公开和秘密相结合的方法，落实管控措施，及时掌握动态，严密控制。

（四）积极疏导

对因矛盾纠纷激化而可能铤而走险的，公安派出所应当依靠基层治保和调解组织协同其亲属共同进行教育疏导，及时缓解矛盾。

（五）帮助教育

对25周岁以下有轻微违法犯罪行为的青少年和刑满释放、解除劳动教养不满5年的人员，要贯彻"教育、感化、挽救"的方针，依靠社会各方面的力量，建立帮教工作小组，采取多种形式进行法制教育，促使他们向好的方面转化，减少重新违法犯罪的概率。

项目五　技能训练

训练一　常住人口登记及常住人口登记表的填写

一、训练内容

（1）常住人口登记表的手工填写练习。
（2）常住人口登记表的上机填写练习。

二、训练目的和要求

通过训练，使参训学生亲身体验常住人口登记的主要方法，加深对常住人口信息登记的一般知识及相关法律法规的理解，掌握常住人口登记与填表的基本技能，具备户政与人口管理工作最基本的能力。要求参训学生能够牢记常住人口登记表填写的基本要求。

三、训练前准备

模拟派出所实验室、计算机、打印机、派出所人口信息管理系统、空白的常住人口登记表、训练案例。

四、训练方法与步骤

（一）对学生进行分组、分工

将参训学生按照实验室规模和本次的训练目的分组。若以每班50人计算，则10人为一组训练效果最佳。

（二）教师讲授

教师详细讲授常住人口登记表的填写方法。

【特别提醒】
常住人口登记表各项目的填写方法：
（1）户别：户别分"家庭户"和"集体户"。

（2）户主姓名：填写户口登记立户的户主姓名。户主应由具有完全民事行为能力的人担任。

（3）与户主关系：本人是户主的，填写"户主"。户内其他人员按本人与户主的血亲或姻亲关系等写明具体称谓。具体排列顺序为：户主，户主的配偶，户主的子女，户主的孙子女，户主的父母、祖父母、外祖父母，户主的旁系亲属（同胞中的兄弟姐妹，同一祖父母中叔伯一支的堂兄弟姐妹，姑母一支的表兄弟姐妹，同一外祖父母中姨舅一支的表兄弟姐妹等）和非亲属（一般指保姆、同乡、同学、同事等）。

（4）姓名：姓名是一个人的称号，是人格独立的象征。填写本人的正式姓名，要求填写全称。

少数民族和被批准入籍的公民，可依照本民族或原籍国家的习惯取名，但应在本栏中填写用汉字译写的姓名。如本人要求填写民族文字或外文姓名的，可同时在本栏中填写。

弃婴，可由收养人或收养机构按上述原则为其取名。

（5）曾用名：填写公民过去在户口登记机关申报登记并正式使用过的姓名。没有曾用名的，此栏不填，不可填写"无"。

（6）性别：填写"男"或"女"。

（7）民族：按照国家认定民族的名称填写全称。本人是什么民族就填写什么民族。我国各民族名称表上没有列入的民族，按当地本民族的名称填写。新生婴儿填写父母的民族，如父母不是同一民族的，其民族成分由父母商定，选填其中一方的民族；弃婴，民族成分不能确认的，应按照收养人的民族成分填写或由收养机构确定一个民族。外国人加入中华人民共和国国籍的，如本人的民族成分与我国某一民族相同，就填写某一民族，如"朝鲜族"；没有相同民族的，本人是什么民族就填写什么民族，但应在民族名称后加注"入籍"二字，如"乌克兰（入籍）"。

（8）出生日期：按照公历，用阿拉伯数字填写本人出生的具体时间，如"1992年6月27日"。如果公民按旧历申报，则须换算成公历填写。如果出生日期不详，则应由本人或其亲属确定一个日期。弃婴，如果出生日期不详，可由收养人或收养机构确定一个出生日期。

（9）监护人：新生婴儿申报出生登记以及16周岁以下的公民补办常住人口登记表时，户口登记机关应为其填写或补填父亲、母亲等监护人的姓名。弃婴，应填写收养人姓名或收养机构名称。

（10）监护关系：按监护人与新生婴儿以及16周岁以下公民的血亲关系或收养关系写明具体称谓，如"父亲"、"母亲"等。社会福利机构收养的弃婴，此栏不填。

（11）出生地：填写本人出生的实际地点。城市填至区或不设区的市，农村填至乡、镇，但须冠以省、自治区、直辖市的名称或通用简称。如"山东省烟台市芝罘区"、"辽宁省黑山县黑山镇"。弃婴，如果出生地不详，应以发现地或收养人、收养机构所在地作为其出生地。

（12）公民出生证签发日期：用阿拉伯数字填写公安机关签发公民出生证的具体日期（从颁发公民出生证之日起填写）。

（13）住址：填写本户常住户口所在地住所的详细地址。住址前须冠以省、自治区、直辖市的名称或通用简称。如"北京市朝阳区劲松二区206楼2单元308号"。集体户口须填住所的详细地址名称，不能写单位名称。如北京汽车制造厂某职工住在该单位集体宿舍，其住址应为"北京市朝阳区延静西里7号楼2门301号"。对省会市或自治区首府所辖范围的住址登记，可不在住址前冠以省、自治区的名称或通用简称。

（14）本市（县）其他住址：填写本人常住户口所在地住址以外的本市、县其他住所的详细地址。

（15）籍贯：填写本人祖父的居住地。城市填至区或不设区的市，农村填至县，但须冠以省、自治区、直辖市的名称或通用简称。弃婴，如果籍贯不详，应将收养人籍贯或收养机构所在地作为其籍贯。外国人经批准加入中华人民共和国国籍的，填写其入籍前所在国家的名称。

（16）宗教信仰：信仰什么宗教就填写什么宗教的名称，如佛教、道教、天主教等；不信仰宗教的不填。对18周岁以下的公民，不作宗教信仰登记。

（17）公民身份证编号：填写户口登记机关为公民编定的个人身份证件编号。

（18）居民身份证签发日期：填写公安机关签发居民身份证的具体日期，如"1990.11.05"。

（19）文化程度：依据国家正式承认的学历等级，按本人现有学历根据学历证书填写。如："研究生"、"大学本科"、"大学专科"、"中专（中技）"、"高中"、"初中"、"小学"毕业（肄业）等。正在学校读书的学生填"上大学"、"上小学"等。

12周岁或12周岁以上未受过学校教育但能认字的，其中认识500字以下的填"不识字"，农村认识500～1 500字、城市认识500～2 000字的填"识字很少"。已达到脱盲水平，或读完六年制四年级、五年制三年级的，应根据县级教育部门颁发的脱盲证填写"小学"。

对有学位的人的文化程度，应按其获得学位前的文化程度填写，如在大学毕业后获得学士学位的，其文化程度应填"大学"。

（20）婚姻状况：户口登记机关进行婚姻状况登记时，必须以上述婚姻登记的合法手续为依据。已结婚的填"有配偶"，结婚后离婚的填"离婚"，结婚后配偶死亡未再结婚的填"丧偶"，再结婚的填"有配偶"，未结婚的不填。

（21）兵役状况：按本人的情况填写。退出现役的，填"退出现役"；服预备役的，据情填写"士兵预备役"或"军官预备役"；未服兵役的此栏不填。

（22）身高：16周岁以上公民按国家法定计量单位填写本人登记时的身体高度，如"170厘米"。

（23）血型：根据本人的血液类型，分别填写O、A、B、AB或卫生部门规定的其他血液类型。

（24）职业：填写本人所做的具体工作。

各类专业、技术人员，应填写具体职务名称，如"中医师"、"记者"等。

国家机关、党群组织、企事业单位的工作人员，如果是负责人，应注明具体职务名称，如"局长"、"处长"、"科长"；如果是一般工作人员，可填"科员"、"办事员"等。商业、服务人员，可填"售货员"、"厨师"等。农林牧副渔劳动者，可填"粮农"、"棉农"、"菜农"、"渔民"、"牧民"等。生产工人、运输工人，可填"钳工"、"汽车司机"等。个体劳动者，在所登记的职业前须冠以"个体"二字，如"个体修理皮鞋"、"个体卖菜"等。没有固定职业做临时工作的，在所登记的职业前须冠以"临时"二字，如"临时瓦工"。

无业的人员，填写"无业"。

（25）服务处所：填写本人所在的机关、团体、企事业等单位的具体名称，应写全称，不能填写简称或习惯名称。经工商管理部门批准营业的个体劳动者，填写"个体户"。

（26）何时何因由何地迁来本市（县）：对由本市（县）以外迁入的公民，填写其迁入落户的时间、原因和迁出地的详细地址。世居本市（县）的，填写"久居"。

（27）何时何因由何地迁来本址：填写本人迁来本市（县）户口管辖区之前在本市（县）的常住户口所在地详细地址及迁入落户的时间、原因。世居本址的，填写"久居"。

（28）何时何因迁往何地：填写本人迁出户口管辖区的时间、原因和迁入地的详细地址。

（29）何时何因注销户口：据情填写注销户口的时间、原因，如"出国定居"、"应征入伍"、"因病死亡"等。

（30）申报人签章：申报人对常住人口登记表的登记项目确认无误后，应在本栏中签字或盖章。

（31）承办人签章：户口登记机关具体承办人应在本栏中签字或盖章。

（32）登记日期：填写户口登记机关建立常住人口登记表时的具体日期。

（33）登记事项变更和更正记载：除姓名的变更、更正，需重新建立常住人口登记表外（原常住人口登记表应附在新建的常住人口登记表之后），其余登记项目内容发生变更、更正，应在本栏填写变更、更正后的项目内容、时间，并由申报人和承办人签字或盖章。

本栏填满后，应在原常住人口登记表后附一张空白的常住人口登记表继续填写。

（34）记事：填写登记项目中需要说明的事项。

常住人口登记表由承办人按规定填写完毕后，应加盖户口登记机关的户口专用章。

（三）学生练习

要求学生做常住人口登记表的手工填写练习，根据本人的个人信息，手工填写自己出生申报时的常住人口登记表，熟悉常住人口登记表各项内容的填写。

（三）上机训练

在熟悉常住人口登记表的填写方法基础上，自编案例，到模拟派出所，在模拟派出所人口信息管理系统中进行模拟操作训练，打印输出常住人口登记表。

五、注意事项

（1）按教师的要求和步骤进行操作。

（2）注意严格按照有关的常住人口登记表的填写方法来操作。

（3）注意最后要加盖户口登记机关户口专用章。

六、思考题

常住人口登记表填写的要求是什么？

训练二　人口信息管理系统的应用

一、训练内容

人口管理信息系统信息的录入、查询、对比等。

二、训练目的和要求

使学生加深对公安人口信息化建设知识和理论的理解，掌握人口管理信息平台应用的的基本技能，具备一定的网上录入、网上查询、网上对比等实际工作能力。要求学生掌握警务平台人口信息系统使用的基本要求。

三、训练前的准备

计算机房、人口信息平台软件。

四、训练方法步骤

（1）教师讲解有关人口管理信息平台的操作规程及要求。

（2）学生分组进入机房、独立上机进行操作。

①按教师规定的步骤和要求，先进入人口信息管理系统，点击录入，根据教师提供的案例，进行人口信息采集录入的训练，教师针对学生的操作进行必要的指导。

②查询人口信息的训练。主要进行常用的姓名检索和身份证号码查询的训练。

（3）教师进行点评和总结。

五、注意事项

（1）按教师要求进行训练和操作。

（2）姓名检索中的重名要注意比对信息。

六、思考题

（1）如何做好人口信息采集录入工作？

（2）查询人口信息时应注意哪些问题？

单元 五 户政管理

单元六
公共治安秩序管理

【知识目标】

(1) 了解公共治安秩序的含义与特点。

(2) 掌握公共场所治安秩序管理的范围。

(3) 掌握对大型活动和集会、游行、示威活动的治安管理方法。

【能力目标】

(1) 能依法对公共场所的治安进行有效管理。

(2) 能为大型活动的治安管理提供安全保卫预案。

(3) 能针对集会、游行、示威活动制定治安管理预案。

(4) 能依法对涉黄、涉赌、涉毒行为进行查处。

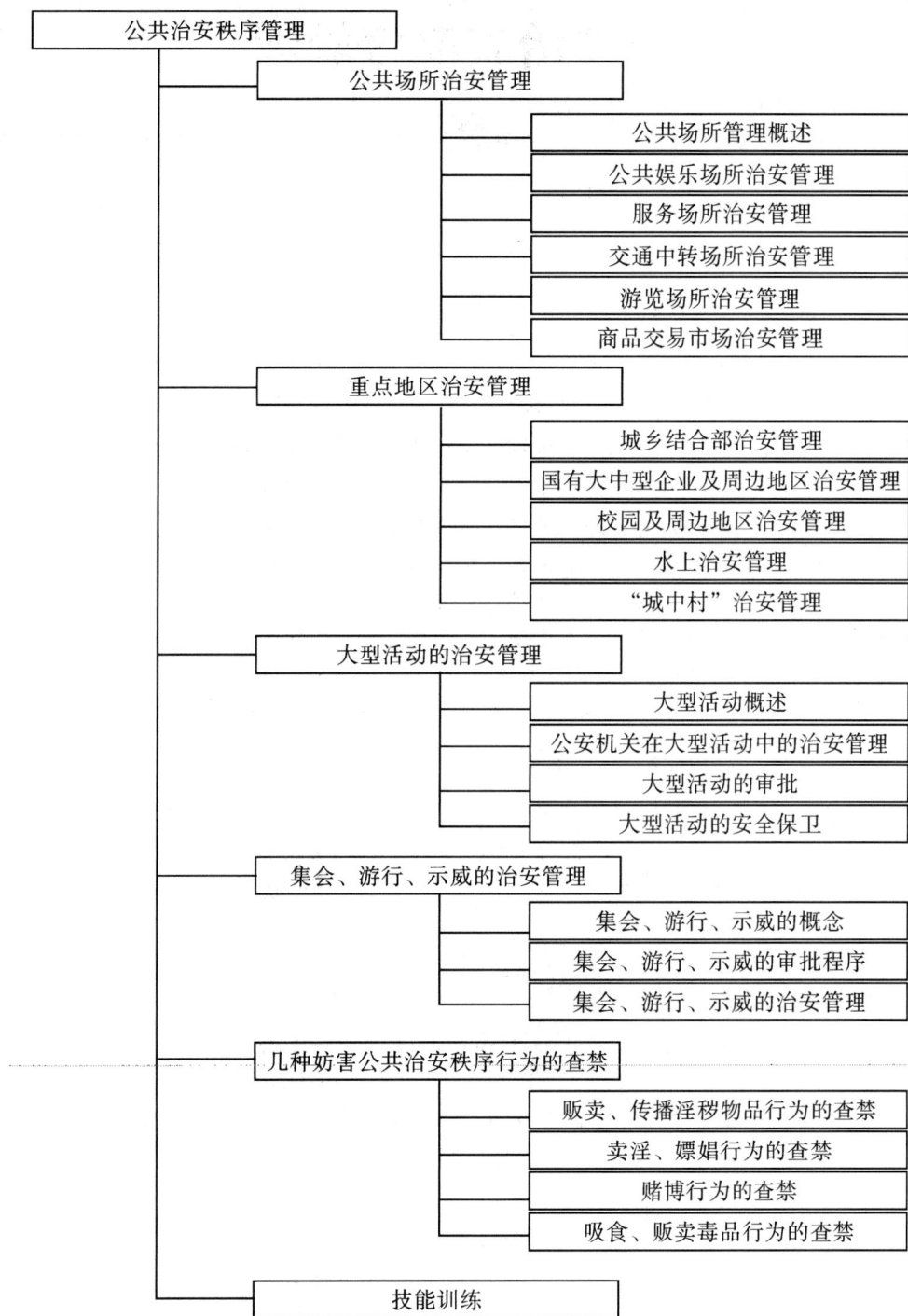

【知识结构图】

```
公共治安秩序管理
  │
  ├─ 公共场所治安管理
  │    ├─ 公共场所管理概述
  │    ├─ 公共娱乐场所治安管理
  │    ├─ 服务场所治安管理
  │    ├─ 交通中转场所治安管理
  │    ├─ 游览场所治安管理
  │    └─ 商品交易市场治安管理
  │
  ├─ 重点地区治安管理
  │    ├─ 城乡结合部治安管理
  │    ├─ 国有大中型企业及周边地区治安管理
  │    ├─ 校园及周边地区治安管理
  │    ├─ 水上治安管理
  │    └─ "城中村"治安管理
  │
  ├─ 大型活动的治安管理
  │    ├─ 大型活动概述
  │    ├─ 公安机关在大型活动中的治安管理
  │    ├─ 大型活动的审批
  │    └─ 大型活动的安全保卫
  │
  ├─ 集会、游行、示威的治安管理
  │    ├─ 集会、游行、示威的概念
  │    ├─ 集会、游行、示威的审批程序
  │    └─ 集会、游行、示威的治安管理
  │
  ├─ 几种妨害公共治安秩序行为的查禁
  │    ├─ 贩卖、传播淫秽物品行为的查禁
  │    ├─ 卖淫、嫖娼行为的查禁
  │    ├─ 赌博行为的查禁
  │    └─ 吸食、贩卖毒品行为的查禁
  │
  └─ 技能训练
```

单元 六 公共治安秩序管理

项目一　公共场所治安管理

【案例 6 - 1】

自 2010 年 4 月 11 日起，北京警方开展了打击卖淫嫖娼专项行动，149 个卖淫嫖娼团伙被打掉，256 家招嫖发廊被取缔，1 132 名违法人员被处治安拘留及以上处理。包括天上人间夜总会、旺世豪门商务会馆在内的 35 家娱乐场所，因存在有偿陪侍、消防隐患或涉黄被停业整顿或关停。

【问题思考】

（1）哪些场所属于公共场所？

（2）公共场所存在哪些安全问题？

（3）公共场所的安全管理由谁负责？

一、公共场所管理概述

（一）公共场所的含义与分类

公共场所，是指向社会开放的，供社会成员可以自由往来、停留或聚集，进行各种活动的场所。公安机关把那些人员特别集中、流动频繁、情况复杂，容易发生违法犯罪活动和治安灾害事故，可能影响治安秩序和社会安定的公共场所，称为公共复杂场所。按照场所具有的社会功能，公安机关将公共场所分为娱乐场所、服务场所、交通中转场所、游览场所和商品交易市场五种主要类型。

（二）公共场所的特点

公共场所具有分布面广、人员集中、构成复杂、流动频繁、人财物聚集、信息交流量大且速度快等特点，容易发生各类违法犯罪活动和治安灾害事故，是公安机关重点管理的场所。

【应知应会】

公共场所具有如下特点：

（1）公共场所中的活动内容多样，涉及社会生活的各个领域。公共场所中的活动内容极为广泛，社会功能强大，不仅是人们出行的必经之地，也是人们生活、娱乐、商品交易的主要场所。

（2）公共场所人员密集、构成复杂。车站、码头、影剧院、商品交易市场等公共场所，都是人员高度密集的地方，且人员的构成极为复杂，既有社会各阶层的人员，也可能有不法人员混迹其中，伺机作案，危害社会治安秩序。同时，人们在场所中参与活动具有临时性，彼此之间没有特定关系，缺乏集体的、家庭的约束，易作出过激行为或受过激行为的"感染"，继而引发或参与到群体性事件中去，给治安秩序带来负面影响。

（3）公共场所不断发生变化，尤其是娱乐服务场所的种类及数量不断增加。公共场所为满足人们不同的社会生活需要创造了条件，其中，娱乐、服务场所的变化较为突出，种类日新月异，场所遍布城乡。

（4）公共场所中各类信息丰富。公共场所由于人群聚集，信息交流量随之增加，传递速度也随之增快。所以，充分利用公共场所收集信息，积极掌握社会动态，对于公安机关侦查破案、预防治安事件和采取有效措施进行治安管理来说，是很重要的。

（5）公共场所易发生各种治安问题。公共场所的人员密集、快速变化以及信息丰富，带来了另外的情况，就是人与人之间容易发生各种矛盾、冲突和纠纷，且影响面大，易引起连锁反应，发生治安事件。公共场所容易隐藏、容纳违法犯罪分子，也容易滋生违法犯罪苗头。治安灾害的隐患也相对集中，易发生重大伤亡或财物损毁事故。

（三）公共场所治安管理的基本方法

【案例 6 - 2】

为进一步净化社会治安环境，全面推进"十八大"安保工作攻坚战役，青岛市公安局统一开展了"风雷一号"治安清查集中行动。行动中，警方在对辖区内娱乐场所进行清查。在此次行动中，青岛警方科学统筹、集中调度，提前制订了周密的工作方案，按照"标准高、清查细、声势大"的工作要求，对辖区出租房屋、歌舞厅、桑拿洗浴、酒吧等场所进行了全面检查，在行动中抓获各类违法犯罪嫌疑人，其中包括外地上网逃犯多名。

【问题思考】

（1）公共场所的治安管理主要突出哪些方面？

（2）公安机关对公共场所的治安管理有哪些方法？

【应知应会】

1. 公共场所治安管理的含义

公共场所治安管理，是指公安机关依照治安管理法律法规，对公共场所进行治安行政管理的活动。它是治安管理的重要组成部分，是公安机关维护社会治安秩序，保障公共安全的一项经常性工作。

2. 公共场所治安管理的基本方法

（1）对经营性公共场所进行备案、登记。公共场所开业后应向公安机关备案。备案时，应详细记录场所名称、法人代表、经营地点、经营内容、从业人员情况等，建立和完善场所治安管理信息系统，实行规范化、科学化管理。

（2）强化安全防范措施，督促经营、管理人员履行治安义务。治安管理部门通过对公共场所常规化的治安监督和检查，发现治安隐患，促使其及时整改。加强人防、物防与技防，形成全方位的安全防范措施。

（3）治安巡逻。公安机关通过治安巡逻，加强对公共场所的控制能力，并提高信息沟通的速度，优化对公共场所的治安管理。

（4）整治突出治安问题。针对公共场所发生的突出问题，及时整治，必要时，可采取行政强制措施，以有效控制公共场所治安秩序。

二、公共娱乐场所治安管理

【案例 6 - 3】

2008 年 9 月 20 日 23 时许，深圳市龙岗区龙岗街道龙东社区舞王俱乐部发生一起特大火灾，事故，共造成 43 人死亡，88 人受伤，其中 51 人需住院治疗。事发时，俱乐部内有数百人正在喝酒、看歌舞表演，火灾是由于 23 时许舞台上燃放烟火造成的，起火点位于舞王俱乐部 3 楼，现场有一条大约 10 米长的狭窄过道。当时灯光已经全灭，现场人员逃出时，过道上十分拥挤，很多逃生的人互相践踏，酿成惨剧。

【问题思考】

（1）公共娱乐场所有哪些治安隐患？

（2）对公共娱乐场所的治安管理有哪些方法？

【应知应会】

（一）公共娱乐场所的含义

公共娱乐场所是指以营利为目的，并向公众开放的、消费者自娱自乐的歌舞、游艺等场所。包括歌舞厅、卡拉OK厅、游艺场、俱乐部、夜总会、迪吧、音乐茶座、电子游戏机室、有娱乐设施的餐饮场所等。

（二）公共娱乐场所的治安特点

公共娱乐场所中极易滋生各种社会丑恶现象，并且存在大量安全隐患。赌博、卖淫、嫖娼在娱乐场所滋生蔓延，而且吸毒、贩毒非常猖獗，寻衅滋事、聚众斗殴等违法行为时有发生，火灾、挤压伤亡等治安灾害事故频发。在公共娱乐场所中，大量的治安问题亟待公安机关大力整治。

（三）公共娱乐场所的治安管理

（1）建立娱乐场所治安管理档案。

（2）指导、监督娱乐场所建立健全各项安全制度，提出安全防范要求。

（3）加强对从业人员的治安培训，收集娱乐场所治安信息，预防违法犯罪。

（4）进行经常性治安检查，认真执行上级公安机关查处娱乐场所治安问题的决定和命令。

（5）和其他有关部门建立相互的信息通报制度，及时通报监督检查情况和处理结果。

（6）依法处罚违法犯罪行为人，建立娱乐场所违法行为警示记录系统。

【特别提醒】

家庭聚会娱乐和单位内部组织的娱乐活动不属于公共文化娱乐活动。

外商不得独资经营娱乐场所；国家机关及其工作人员不得开办娱乐场所，不得参与或者变相参与娱乐场所的经营活动；与文化主管部门、公安部门的工作人员有夫妻关系、直系血亲关系、三代以内旁系血亲关系以及近姻亲关系的亲属，不得开办娱乐场所，不得参与或者变相参与娱乐场所的经营活动。

歌舞娱乐场所不得接纳未成年人。

三、服务场所治安管理

【案例6-4】

张某请朋友吃饭，打电话叫来同学刘某作陪。在喝酒过程中，张某跟刘某因为谁多喝谁少喝而争吵了几句，当时被其他人劝开。饭局快结束时，双方又因此事争吵起来。争吵过程中，刘某拿起扎啤桶往张某头上砸，将他的头部砸破。

【问题思考】

（1）服务场所中存在哪些治安隐患？

（2）如何对服务场所进行治安管理？

【应知应会】

（一）服务场所的含义

服务场所，是指那些以向社会公众提供服务为主，从事营利性经营活动的场所。主要包括餐饮服务场所、美容美发服务场所、浴池、桑拿浴室、足疗、健身休闲服务场所等。

（二）服务场所的治安特点

公共服务场所从业人员成分复杂、管理难度大，容易发生寻衅滋事、打架斗殴、抢包盗窃、侮辱妇女、卖淫嫖娼、赌博、吸贩毒等违法犯罪活动。餐饮场所还容易发生火灾、酗酒闹事，以及非法使用罂粟壳等治安问题或犯罪活动。

（三）服务场所的治安管理

（1）落实对服务场所的备案、登记工作。

（2）加强从业人员的治安培训，经常进行治安检查。

（3）抓住突出问题，适时清理整改。

（4）严格执法，及时查处各种违法犯罪活动。

四、交通中转场所治安管理

【案例6-5】

2010年9月12日13时44分，在大连市公安局110指挥中心，接警员谢女士接到一个电话，称："机场五号门好像有一颗炸弹！"由于事情重大，机场分局立即启动应急预案，出动警力到大连机场候机楼五号门附近疏散群众，设置警戒区域，排查可疑人员和可疑物品。与此同时，民警还利用技术手段，锁定了拨打110报警的男子刘某。大连市公安局共出动警力60余人，排爆犬4只。警方使用的设备也非常先进，其中包括摩尔远程爆炸探测定位仪4部，排爆罐车1台，水泡机1只，排爆机器人1个，电子频率干扰仪1部。警方在机场候机楼展开全面排查，最终排除了候机楼存在炸弹的可能性。后来，据刘某讲，候机楼五号门附近根本没有炸弹。打电话说机场有炸弹，只是他编造的一个谎言。第二天，刘某被警方刑事拘留。

【问题思考】

（1）交通中转场所容易出现哪些治安问题？

（2）对交通中转场所的治安管理应侧重哪些方面？

【应知应会】

（一）交通中转场所的含义

交通中转场所，是指为人们出行提供侯乘交通工具的固定场所。主要包括：火车站，公共电、汽车站，地铁站，轮船码头，渡口，民用飞机场等。

（二）交通中转场所的治安特点

（1）交通中转场所人员密集，流动性大。特别是重大节假日，人流大量集中于交通中转场所，给治安管理部门维护社会治安秩序带来很大的困难。

（2）交通中转场所易发生扒窃、偷盗、诈骗等违法犯罪活动。人、财、物的大量集中，给违法犯罪分子以机会，侵财型犯罪是主要的类型。

（3）交通中转场所容易发生治安灾害事故。一旦出现秩序混乱，极易发生挤压踩踏事件，造成重大灾害性事故。

（4）交通中转场所也是敌对势力和敌对分子攻击的重要目标。

（三）交通中转场所的治安管理措施

（1）制定和落实各项安全防范的规章制度。

（2）加强交通中转场所的治安宣传教育。

（3）严格交通中转场所的安全检查，维护治安秩序。

（4）整治交通中转场所的突出问题。

五、游览场所治安管理

【案例6－6】

2012年中秋国庆节期间，全国旅游景点游客"井喷"。10月2日，有27 000余名游客在半日之内涌入华山东线景区，在瓦庙沟内滞留。在华山宽窄不过两米的险峻的山间道路上，横着挤了不下五六人，十余米的路上竟有一两百人。至当日下午4时许，约2 000名游客滞留在索道下站，排队长达3小时。部分游客情绪激动，要求退票并封堵了华山景区的入口，造成管委会接送游客下山的中巴车无法正常运行。而大部分游客在上山前已经购买了往返车票，无奈只好徒步下山，这又加剧了拥堵现象。

【问题思考】

（1）游览场所治安管理的重要性是什么？

（2）如何对游览场所进行有效的治安管理？

【应知应会】

（一）游览场所的含义

游览场所，是指面向社会开放的、可供公众参观、游玩、休息、消遣的活动场所。包括公园、动物园、植物园、名胜古迹、人文景观点和风景名胜区、自然保护区、旅游度假村、博物馆、展览馆等。

（二）游览场所的治安特点

（1）游览场所呈现多元化、复杂化的特点。许多游览场所中不仅有可以观览的景点，还有各种特色商店、饮食服务场所等，包含了多种类型的公共场所，因此呈现多元化、复杂化的特点。

（2）游览场所中各类违法犯罪活动均可能发生。场所由于范围较广，人员复杂，容易发生秩序混乱、矛盾纠纷，引发打架斗殴等治安问题。而有些游览区域处于偏远僻静的地带，容易发生抢劫、强奸等刑事案件。游览场所也存在卖淫、嫖娼、赌博、封建迷信等社会丑恶现象。展览场所内陈列的珍贵物品，容易成为盗贼侵犯的目标。

（3）游览场所易发生治安灾害事故。一些游览设施存在安全隐患仍继续使用，节假日旅游景点游客超容，或者气候原因导致山泥倾泻等，都极易造成游览场所发生灾害事故。

（三）游览场所的治安管理措施

（1）抓好游览场所内的宣传教育。公安机关应在游览场所的职工和游客中宣传安全常识，使群众在游玩时树立安全观念，提倡安全游玩的行为，防止意外事故的发生。

（2）加强安全检查，强化阵地控制。公安机关应指导并督促游览场所建立安全防范系统，常规检查与重点部位检查相结合，确实加强游览场所的阵地控制。

（3）加强巡逻执勤，查处违法行为。治安管理部门应当根据游览场所的地形、经营特点，加强巡逻执勤，确保对游览场所的全方位监控管理，及时发现违法犯罪活动，并有力打击。

（4）协同作战，增强防范能力。公安机关带领游览场所承办单位安装报警装置、监控设备，增加应急处置装备，指导其应急处置演练，以应付各种突发事件和意外事故的发生。

六、商品交易市场治安管理

【案例 6 - 7】

某商场为庆祝开业 13 周年，举行大规模促销活动。当天商场内人流攒动。下午，就有 4 名消费者向商场报失在两个最热门的专柜里遗失财物，110 出警两次调查处理。其中一个钱包已经被营业员在商场里捡到，不过，里面的现金已从原先的 1 000 元变为 80 多元。

【问题思考】

（1）商品交易市场容易出现哪些治安问题？

（2）对商品交易市场进行治安管理需从哪些方面入手？

【应知应会】

（一）商品交易市场的含义

商品交易市场，是指人们购买生产、生活用品和进行商品、物资展示、交易的大中小型商场、超市、集贸市场和专业市场（轻工、建筑材料、车辆、房地产、证券、农副产品、纺织）等。

（二）商品交易市场的治安特点

商品交易市场的治安特点主要表现为物资丰富，大量商品、财物聚集和流通。因此也成为犯罪分子关注的场所，侵犯公私财物的案件突出。在商品交易市场中扒窃、偷盗、抢夺、欺诈等违法犯罪行为突出。

（三）商品交易市场的治安管理措施

（1）落实安全防范制度，积极防范违法犯罪活动。

（2）抓好宣传教育，依靠群众力量，维护市场内外秩序。

（3）加强市场内的巡逻和治安检查，及时整治各类治安隐患。

（4）严格执法，及时打击违法犯罪活动。

项目二　重点地区治安管理

治安重点地区，一般是指地域形成相对特殊，人、车、物流量较大，人员成分复杂，刑事、治安案件多发，治安问题突出，秩序长期较乱、社会影响较大，需要重点整治的地区。

一、城乡结合部治安管理

【案例 6 - 8】

岳阳市文化市场综合执法局楼区大队深入城区开展网吧检查，位于城乡结合部的两家无名网吧因无证经营被取缔关闭。当执法人员来到位于岳城居民区的一家无名游乐场所时，发现其门上挂着美发店的招牌，但店内摆满电游设备，且店主不能提供经营许可证。在另一家店，执法人员进去时，里面全是10岁以下的孩子，业主也不能提供经营许可证。执法人员对两家"黑网吧"内的电游设备全部暂扣。

【问题思考】

（1）当前我国城乡结合部的治安管理中存在哪些问题？

（2）对城乡结合部的治安管理重点在哪里？

【应知应会】

（一）城乡结合部的范围

城乡结合部是指城市与乡村相接合的区域。城乡结合部是每个城市都存在的特殊区域，它具有多元的社会利益结构、不同的社会阶层、复杂的人群结构等特征。因其处在农村与城市的过渡区域，是多种行政管理体系的分界线，是农村文明与城市文明碰撞交融的汇合处，又是矛盾纠纷、刑事案件、违法犯罪高发区域。

（二）城乡结合部的治安特点

（1）流动人口多，情况复杂，黄、赌、毒等违法犯罪现象突出。

（2）人财物相对集中，流量大、流速快，侵财性违法犯罪突出。

（3）地理位置特殊，容易成为犯罪分子逃避打击、进行犯罪的"避风港"。

（4）社会管理相对弱化，治安防控网络滞后。

（三）城乡结合部治安管理的基本措施

（1）加强法制宣传，创建安全文明社区。要运用各种形式，动员各方力量，加强对城乡结合部地区的法制宣传。对一些外来人口，可以因地制宜地把他们组织起来，形成小区防范体系，共同开展创建安全文明小区活动，促进城乡结合部地区社会治安秩序的有效改观。

（2）强化各项治安管理措施。适时组织警力，针对城乡结合部突出的治安问题，开展专项斗争和集中整治。同时，要加强经常性的治安管理，强化各项治安管理措施，消灭违法犯罪死角。对犯罪分子容易落脚的个体旅馆、客栈、出租屋等加强清查，对娱乐场所及特种行业要加大管理力度，严密阵地控制。

（3）加强基层治保组织建设，构建多层次的治安防范网络。一是专群结合，由社区民警牵头，组成以治保会为基础，广大群众参与的治安防范体系；二是城乡结合，打破行政区域界限，组成城乡一体、多警种协同作战的网络；三是内外结合，建立厂街（居）联防、厂乡（镇、村）联防网络，把社会面的群众性治安联防力量与厂矿企业内部的保卫组织统一起来，内外结合，形成全方位、全天候的治安防范网络。通过多层次的治安防范网络，扩大防范的覆盖面，填充违法犯罪的空隙。

二、国有大中型企业及周边地区治安管理

国有大中型企业是国民经济的支柱，公安机关要大力整治国有大中型企业与周边地区的治安秩序，努力创造良好的治安环境，为国有大中型企业的改革与发展提供有力的保障。

【案例 6 – 9】

2008 年 8 月 4 日，云南丽江市华坪县兴泉镇兴泉村 8 组至 13 组村民因环境、水源污染等问题与该县兴泉镇境内的高源建材公司（该公司前身为始建于 1985 年的华坪县水泥厂，在 2003 年的国企改革中改制为民营企业。由于该厂位于兴泉村农户集居区，建厂 23 年来，因环境、水源污染等问题，与周边村民的纠纷不断）发生群体性突发事件，双方 300 余人发生冲突，造成 6 村民受伤和 13 辆汽车受损。

【问题思考】

（1）国有大中型企业与周边地区存在哪些治安问题？

（2）如何对大中型企业与周边地区进行有效的治安管理？

（一）国有大中型企业及周边地区的治安特点

【应知应会】

（1）盗窃、哄抢企业物资器材等违法犯罪突出，给企业造成重大经济损失，严重干扰了企业的正常生产经营活动。

（2）企业与周边地区矛盾突出，各种纠纷增多。许多国有大中型企业与周边地区之间常因用地、用水、用电及环境污染等问题引发纠纷，导致治安事件增多。

（3）企业周边废旧金属收购与暂住人口管理混乱。

（4）一些企业自身安全防范能力差，安全防范机制不健全，给违法犯罪分子可乘之机。

（二）国有大中型企业及周边地区治安管理措施

（1）严密部署，突出重点，严厉打击危害企业治安秩序的犯罪。在全面整治国有大中型企业及周边地区治安秩序时，要进行严密部署，确保全面的安全。同时，应突出重点，整治重点场所和部位（如：企业周边地区的废旧金属收购站点、出租屋、旅馆客栈等容易成为犯罪分子藏身的窝点和销赃转赃的场所），并组织各类"专项斗争"，打击针对企业的各种破坏性、侵财性犯罪活动。

（2）严密各项安全防范措施，大力加强企业内部保卫工作。公安机关应指导、监督企业认真贯彻落实国家有关治安保卫工作的法律、法规，建立健全内部治安保卫责任制，加强人防、物防和技防的建设，加强对职工的法制教育工作，不断提高自防自卫能力；督促企业做好各类治安隐患的整改工作，确保重点部位安全。

（3）排除干扰，保证严格执法。公安机关要从维护国家和人民的利益出发，从维护法律的严肃性出发，保证国家法令、政令的畅通。同时，要加强对群众的法制宣传教育，提高群众的守法意识，自觉维护国家财产安全，抵制违法犯罪活动。

三、校园及周边地区治安管理

【案例 6 – 10】

2010 年 3 月 23 日 7 时 20 分许，正逢孩子上学的时间，南平实验小学门口，一名男子连续砍伤砍死 13 名小学生，其中 8 名孩子死亡，5 名孩子受伤。

【问题思考】

（1）校园周边的治安特点是什么？

（2）如何有效进行校园及周边地区的治安管理？

【应知应会】

校园安全关系到社会的方方面面，在加强校园内部保卫责任的同时，周边地区的治安治理同样重要。维护校园及其周边地区的治安秩序，保障青少年学生有一个安全、和谐、健康的学习环境，是各级公安机关义不容辞的责任。

（一）校园及其周边地区的治安特点

（1）侵害师生人身、财产安全的违法犯罪时有发生，严重扰乱学校正常教学、生活秩序。

（2）校园周边公共复杂场所影响校园安全，网吧、旅馆、游戏机室等场所存在管理漏洞，影响了学生身心的健康发展。

（3）学校上学、放学时间固定，人流集中，对周边交通造成一定的影响，但学生也易受道路上来往车辆的威胁，安全问题严重。

（二）校园及其周边地区治安管理措施

（1）建立校警协作联系机制。公安机关基层组织，要与辖区学校建立联系协作制度，经常走访学校师生、家长及校园周边群众，及时了解掌握校园及其周边地区治安动态。

（2）在校园中广泛开展法制宣传教育，培养学生形成法制意识。选派民警担任学校的法制教师，定期为师生上法制教育课，开展各种形式的宣传、咨询及服务活动，增强青少年学生遵纪守法的观念，提高防范意识及自我保护能力。

（3）强化校园及周边地区的经常性治安管理。公安派出所要落实属地原则，与有关部门密切配合，严格对学校及其周边地区各种行业、场所的治安管理，取缔非法行业、场所，查处不法活动，同时要加强对暂住人口和出租房屋的管理，减少导致违法犯罪的各种因素。

（4）加强校园内外的安全防范工作。可在学校周边地区设立报警点、举报箱，在治安情况复杂的学校周边设立治安岗亭，在重点路段设立警示牌等明显标志。在中小学上学、放学时段内，巡警要在重点地段巡逻，交警要在交通情况复杂地段设立临时岗，疏导车辆、行人，同时督促指导学校建立健全安全保卫责任制，完善内部保卫制度和安全防范措施，加强防控机制建设，提高防范能力。

四、水上治安管理

【案例6-11】

2011年9月9日，湖南邵阳县塘田市镇夫夷水向茶村地段，一艘客船因挂断滞留在河边的挖沙船钢丝绳，造成客船侧翻下沉，事故造成11人遇难。

【问题思考】

（1）水上治安管理的特点是什么？

（2）如何有效进行水上治安管理？

【应知应会】

（一）水上治安管理的概念

水上治安管理，是指公安机关为了维护水上治安秩序，保障水上公共安全，保护公民的合法权益，根据法律、法规的规定，依法在水上从事的治安行政管理活动。

我国水域辽阔，点多线长，濒江临海的城市众多，很难准确划定水上治安管理的范围，但是，水上治安管理的范围、对象一般包括：

（1）水域，包括领海、江河湖泊（含岛屿、水中滩涂、草洲）、港汊、大中型水库等。

（2）船舶，包括水上各类浮动排筏、趸船、平台。

（3）水上从业人员，主要是船员、船民和作业人员。

（4）水上相关场所，指港口、码头、渡口、船闸、堤防护岸、滩涂、草洲等。

（5）水上设施，包括航标、水下通信电缆、导航领航设施、桥梁、涵洞、水上交易市场、水上公共娱乐场所、水上游乐场、特种行业等水上建筑物和设施以及沿岸的水利工程。

（二）水上治安管理的特点

（1）点多线长、流动分散，群众报警求助难。由于船舶和船民分散且流动性强等特征，客观上造成了船民群众报警求助难，公安机关接处警难和勘查现场、查缉罪犯难。

（2）私营和个体船舶大量增加，组织管理无序。船民以船为家，四处漂泊，长期处于无组织管理状态。私营和个体船只大量增多，缺少教育和管理，不少船民文化低、素质差、法制观念淡薄，缺乏安全防范意识，易成为犯罪分子袭击的目标。

（3）跨水陆两地结伙作案、流窜犯罪突出。跨水陆两地作案，是水上犯罪的主要特征。犯罪团伙利用船只在水上的交通便利性，组织盗窃、抢劫走私、偷渡等犯罪活动。

（4）水上防护机制、装备落后，导致治安事故不断发生。客运码头、渡船、客轮、游船是人来客往、人员聚集的公共复杂场所，安全管理措施常难以实施，加上水上防护机制不健全，防护及救生装备落后，极易发生撞船、沉船、火灾、人员落水等重大治安灾害事故。

（三）水上治安管理的基本措施

（1）改革和加强水警队伍建设，提高队伍整体素质，建立健全水警运行机制。针对水上治安管理面广、线长、点多的实际情况，要科学布建水警机构，合理配置警力。强化基层水上派出所和民警值班室、警务区和水上治安巡逻队的建设，加强对犯罪时间、空间的控制，减少犯罪机会。把陆地公安110向水域延伸，水上公安船艇要纳入当地公安机关110报警指挥中心，实行统一调度指挥，建立接处警的快速反应机制。

（2）以船舶和船民为中心，严格治安管理。坚持"以牌管船、以证管人"的原则，做好对船舶、船民的船舶户牌、船舶户口簿和船民证的发放管理工作，同时实施船舶、船民信息计算机管理并联网，通过日常登记申领、变更、年审等手续，将船舶和船民信息输入计算机，达到掌握底数和基本情况，及时发现和打击犯罪的目的。公安机关对利用船舶和水域从事特种行业的，应当根据行业特点，切实加强治安管理。

（3）开展水上专项整治，严格重点部位的治安检查，改善水上治安环境。水上公安机关要结合日常治安管理工作，经常开展对码头、渡口、渡船、旅游船、装载易燃易爆危险品船舶等的治安检查和专项整治。特别是在节假日和冰雪、浓雾天气，要会同主管部门对各种重点、关键部位进行检查，及时发现事故隐患，限期整改，落实安全责任制，以确保旅客生命、财产的安全。

五、"城中村"治安管理

"城中村"主要是指由于城市扩张，农村全部或大部分耕地被征用，村民住宅被周边城市建筑所包围，相应的组织及社会关系得到延伸，从而形成具有村社特质的新型城市社区。

【案例 6 - 12】

广州海珠区康乐东约大街一握手楼的 4 楼发生火灾，由于城中村握手楼之间的道路仅有两三米宽，8 辆到达的消防车只好停在两个路口，隔着 50 米甚至上百米接水管救火。据街坊称，失火的房屋是间制衣作坊，房间里放满了布料，失火时没有人在房内。

【问题思考】

（1）"城中村"在治安管理中存在哪些难题？

（2）如何有效消除"城中村"的治安隐患？

【应知应会】

（一）"城中村"的治安特点

（1）租赁房屋管理混乱，治安隐患突出。在城乡二元因素下，"城中村"成为外来人员主要的聚集点，"城中村"居民搭建许多房屋出租，成为"城中村"居民的主要经济来源。但搭建房屋多为违建，建筑密度和容积率过大，许多"握手楼"、"房中房"，加上房屋租赁没有登记管理，存在许多的治安灾害隐患。

（2）外来人口相对密集，逃匿人员容易落脚藏身。由于有大量租赁房屋，因此"城中村"成为外来人口聚集的地方，再加上租赁房屋管理混乱的特点，"城中村"容易成为在逃违法犯罪分子的栖身之所。

（3）容易滋生违法犯罪。由于管理混乱，治安安全隐患突出，在外来人口及在逃人员相对集中的情况下，犯罪活动容易在"城中村"滋生。同时，衣食无忧的"城中村"青少年，在缺乏健康向上的文化熏陶环境下，也容易滋生违法犯罪活动。

（二）"城中村"治安管理的主要措施

（1）理顺管理机制，落实治安责任制。有效开展"城中村"治安管理必须首先理顺管理机制，切实落实治安责任制，解决因特殊地理位置带来的管理上的责任牵扯与推托，使"城中村"有明确具体的治安责任人负责。

（2）强化房屋租赁管理和暂住人口管理。使"城中村"房屋租赁有序化，暂住人口切实得到管理，使在逃人员无法在"城中村"遁形，从而净化社会治安环境，预防违法犯罪的滋生。

（3）加强宣传教育，整治突出治安隐患。"城中村"治安隐患的形成有一定的社会原因，必须通过集中整治行动，通过宣传教育，多部门共同参与，才能在整治中取得居民的支持与配合。

（4）开展平安建设，构筑治安防控网络。以创建良好的治安环境为目标，在"城中村"开展平安建设。加强基层治保组织建设，广泛发动群众，专群结合，在公安机关牵头、指导下，努力构筑以基层组织为基础，人防、物防和技防相结合，广大群众参与的全方位"城中村"治安防控网络。

项目三　大型活动的治安管理

一、大型活动概述

大型活动的治安管理在社会治安管理中占有重要的地位，历来是公安机关，尤其是大中城市公安机关的一项重要工作。

【案例6-13】

某女歌星在重庆举行演唱会，现场搭建大棚式观众席。临开场前，面对舞台右方的观众席在建搭上出现了问题，部分离地一尺半的"架高座位"的观众席往下塌，以致观众受到惊吓，造成局部混乱，致11人腿部受轻伤。

【问题思考】

（1）大型活动的治安管理有哪些要点？

（2）公安机关在大型活动中有哪些职责？

【应知应会】

（一）大型活动的含义

大型活动，是指在特定的时间、空间内举行的有众多人员参加的影响较大的社会性活动。

大型活动根据内容可分为群众性文化体育活动、大型商贸活动、大型会议和大型庆典活动。由政府主办或申办的大型活动，不需要向公安机关申请审批，而其他的群众性文化体育活动，须经人民政府公安机关进行审批。

（二）大型活动的治安特点

大型活动具有场所公开、人员多、规模大、财物集中、媒体关注等特点。因此，极易发生恐怖袭击事件、群体性治安事件以及群死群伤治安灾害事故和盗窃、抢劫、打架斗殴等治安案件。

【特别提醒】

非法的聚众闹事，非法的集会、游行、示威活动等，都不是我们所指的大型活动。

二、公安机关在大型活动中的治安管理

（一）公安机关在大型活动中的治安管理职责

根据《大型群众性活动安全管理条例》的规定，公安机关应当履行下列职责：

（1）审核承办者提交的大型群众性活动申请材料，实施安全许可。

（2）制订大型群众性活动安全监督方案和突发事件处置预案。

（3）指导安全工作人员的教育培训。

（4）在大型群众性活动举办前，对活动场所组织安全检查，发现安全隐患及时责令改正。

（5）在大型群众性活动举办过程中，对安全工作的落实情况实施监督检查，发现安全隐患及时责令改正。

（6）依法查处大型群众性活动中的违法犯罪行为，处置危害公共安全的突发事件。

（二）公安机关在大型活动的安全保卫工作

（1）防破坏。防范群众拦截首长车辆；防范煽动群众起哄闹事；防范纵火、爆炸事件；防寻衅滋事、打架斗殴。

（2）防事故。防范火灾；防范坍塌事故；防范挤压踩踏事故。

三、大型活动的审批

（一）大型活动审批的范围

大型群众性活动的预计参加人数在 1 000 人以上 5 000 人以下的，由活动所在地县级人民政府公安机关实施安全许可；预计参加人数在 5 000 人以上的，由活动所在地设区的市级人民政府公安机关或者直辖市人民政府公安机关实施安全许可；跨省、自治区、直辖市举办大型群众性活动的，由国务院公安部门实施安全许可。

（二）大型活动审批的程序

（1）承办者应当在活动举办日的 20 日前提出安全许可申请，申请时，应当提交下列材料：

①承办者合法成立的证明以及安全责任人的身份证明。

②大型群众性活动方案及其说明，两个或者两个以上承办者共同承办大型群众性活动的，还应当提交联合承办的协议。

③大型群众性活动安全工作方案。

④活动场所管理者同意提供活动场所的证明。

依照法律、行政法规的规定，有关主管部门对大型群众性活动的承办者有资质、资格要求的，申请者还应当提交有关资质、资格证明。

（2）公安机关收到申请材料应当依法作出受理或者不予受理的决定。对受理的申请，应当自受理之日起 7 日内进行审查，对活动场所进行查验，对符合安全条件的，作出许可的决定；对不符合安全条件的，作出不予许可的决定，并书面说明理由。

（3）对经安全许可的活动，承办者不得擅自变更活动的时间、地点、内容或者扩大活动的举办规模。若承办者变更大型群众性活动时间的，应当在原定举办活动时间之前向作出许可决定的公安机关申请变更，经公安机关同意方可变更。若承办者变更大型群众性活动地点、内容以及扩大大型群众性活动举办规模的，应当依照《大型群众性活动安全管理条例》的规定重新申请安全许可。

承办者取消举办大型群众性活动的，应当在原定举办活动时间之前书面告知作出安全许可决定的公安机关，并交回公安机关颁发的准予举办大型群众性活动的安全许可证件。

四、大型活动的安全保卫

【案例 6－14】

2008 年北京奥运会开幕，包括保安、民兵、警察和武警在内的四支力量驻守"鸟巢"，维护周边地面安全。当天上午，在穿越北四环直达"鸟巢"附近的两座过街天桥上，警察分别把守各上下阶梯，指引民众按秩序通过。在"鸟巢"对面的道路上，因为众多观众越线拍照，警力不断维持现场秩序。同时，"鸟巢"上空不时有警察驾直升机低空掠过。

对经安全许可的大型群众性活动，公安机关根据安全需要组织相应警力，维持活动现场周边的治安、交通秩序，预防和处置突发治安事件，查处违法犯罪活动。

（一）做好前期准备工作

公安机关在大型活动举行之前，须进行以下准备工作：

（1）活动开始前的安全检查。

（2）全面而细致地收集情报信息，有针对性地筛选和分析情报信息。

（3）制订安全保卫工作方案，并进行演练。

（二）在大型活动举行期间，维护好活动现场内外及周围的治安秩序

（1）在活动现场外，可以根据需要在一定时间和范围内进行交通管制。

（2）划定活动停车场地并指挥机动车辆停放。

（3）在入口处协助工作人员维护入场秩序。

（4）配合警卫力量保护首长和重要来宾的安全。

（5）公开警力与秘密警力相结合，维护好活动现场秩序。

（6）指挥、控制出场、散场秩序。

（7）控制活动现场的治安秩序，发现有秩序混乱或者严重危害公共安全情况的，公安机关可以责令停止活动。

（8）注意发现有违法犯罪行为的人员，采取紧急措施予以制止。

（9）准备应急处置。

项目四　集会、游行、示威的治安管理

一、集会、游行、示威的概念

我国是一个人民民主专政的社会主义国家，人民是国家的主人，享有充分的自由和权利，《中华人民共和国宪法》第三十五条规定："中华人民共和国公民有言论、出版、集会、结社、游行、示威的自由。"国家要依法保障公民充分行使各种权利和自由，但公民也要在法制的轨道上有秩序地进行。《中华人民共和国集会游行示威法》（以下简称《集会游行示威法》）是一部专门调整公民集会游行示威行为的法律，对公民行使这一权利的规定具体化，将公民的集会、游行、示威纳入法制化的轨道。

【案例6－15】

2002年教师节前夕，手拿郑州市公安局批准的《集会游行示威许可决定书》，退休老教师郭明脸上露出了笑容：9月10日教师节的中午，包括他在内的郑州市原国有企业的32所中、小学的400多名退休老教师将在中原路上（京广路至大学路段）以集会游行的方式庆祝教师节。在郭明老师向郑州市公安局递交的申请书中还注明：本次游行人数是400人左右，游行横幅共3条，游行口号共有4句。据悉，为了保证按规定游行，老教师们还组织了一个50人的保安队负责维护现场秩序。

【问题思考】

（1）集会、游行、示威有哪些必须履行的申办程序？

（2）公安机关对集会、游行、示威的管理职责是什么？

【应知应会】

根据《集会游行示威法》第二条规定：集会，是指聚集于露天公共场所发表意见，表达意愿的活动；游行，是指在公共道路、露天公共场所列队行进，表达共同意愿的活动；示威，是指在露天公共场所或公共道路上以集会、游行、静坐等方式，表达要求，抗议或支援、声援等共同意愿的活动。

【特别提醒】

集会、游行既有庆祝、纪念性的活动，又有声援、抗议性的活动；而示威没有庆祝、纪念性的活动，只有声援、抗议性的活动。

二、集会、游行、示威的审批程序

（一）审批范围

我国对集会、游行、示威的管理模式是预防式事前审批模式。根据《集会游行示威法》第七条规定，举行集会、游行、示威必须依法向主管机关提出申请并获得许可。下列两种活动不需申请：

（1）国家举行或者根据国家决定举行的庆祝、纪念、声援、抗议等而组织公民参加的集会、游行、示威活动。

（2）国家机关、政党、社会团体、企事业组织，为了表达对国内、国际某些事件的要求和意愿，依照法律、组织章程举行的集会、游行、示威活动。

（二）审批程序

1. 提出申请

举行集会、游行、示威的负责人必须依法向主管机关递交书面申请。申请人在拟举行日期的 5 日前向举行地市、县公安分局提出书面申请。游行、示威路线经过两个以上区、县的，主管机关为所经过区、县的公安机关的共同上一级机关。

2. 严格审查

主管机关对接到的申请主要从以下四方面进行审查：集会、游行、示威负责人的资格；参加集会、游行、示威人员的资格；集会、游行、示威的目的、标语和口号，方式，起止时间，地点和路线；对国家机关工作人员和以国家机关、社会团体、企事业组织名义组织参加集会、游行、示威是否经过单位负责人批准的审查。

3. 作出决定

主管机关接到申请书后，经过审查，在申请举行日期的 2 日前，将许可或者不许可的决定，书面通知其负责人，许可的应当载明许可的内容，不许可的应当说明理由，逾期不通知的，视为许可。

三、集会、游行、示威的治安管理

（一）制订集会、游行、示威保障方案

为了切实保障集会、游行、示威的顺利进行，维护社会安定和公共秩序，公安机关应分析当前各种社会矛盾、社会治安情况，根据批准举行的集会、游行、示威的时间、地点、人数、路线、车辆等具体情况，精心制订切实可行的、可操作性强的集会、游行、示威安全工作方案。方案应包括以下内容：

1. 组织领导及指挥

明确安全保障工作的组织领导机构及负责人，确保工作中的集中统一、分层次组织实施的原则。

2. 警力部署及任务分工

通常情况下，保障集会、游行、示威活动现场秩序的警力可以分成不同的小组：现场指挥组、协调联络组、交通疏导组、通信联络组、现场警戒保卫组、消防安全组、防暴组、机动组等。在保障方案中，要确定分组方法和各级职责，合理部署警力。

3. 应急措施

在制订保障方案时，要尽可能考虑到各种复杂因素，作出多种预测，并制定相应的应急处置预案。

4. 纪律及工作要求

方案中应对参加执勤的人民警察提出明确的纪律要求和处理各种问题的政策原则。在安全保卫的过程中，要求做到纪律严明、服从指挥；在处置突发事件时，应灵活应对，依法处理。

（二）集会、游行、示威的现场管理

【案例 6 – 16】

2012 年 9 月某日上午 9 时许，广州、深圳出现部分群众聚集，抗议日本右翼分子非法登上中国钓鱼岛。

当天在广州地铁淘金站，约四五十人手持国旗，举着"誓死捍卫中国领土钓鱼岛"等横幅标语在路边开始聚集，之后前往位于广州花园酒店的日本驻穗领事馆时，人数已达到上百人。这些人士在日本驻穗领事馆门口唱着国歌，高呼"日本滚出钓鱼岛，保卫国土"等口号。现场有警察和保安维持秩序。

当天 9 时许，深圳市中心华强北赛格广场有人员聚集，高举国旗和标语，呼喊口号，要求捍卫领土主权。由于地处闹市区，周围有大量群众围观，警察在现场维持秩序，现场秩序良好。

【问题思考】

公安机关对合法举行的集会、游行、示威现场如何进行治安管理？

【应知应会】

公安机关要依法对合法的集会、游行、示威活动进行有效的治安管理。

（1）对现场进行严格的安全检查。

包括标语、口号、音响设备的数量、功率是否与申请许可一致；交通车、彩车等是否符合安全要求；参与人有无携带武器、管制刀具或危险物品；对集会场所和游行路线等经过仔细检查，排除障碍，消除隐患。

（2）部署警力，设置警戒区域，维护秩序。

根据申请许可的内容，在集会、游行、示威的举行地或途经路线，公安机关应当派出足够数量的人民警察，设置警戒线，作为指定活动区域；并且实施安全保障方案，维护交通秩序和社会秩序，保证集会、游行、示威的顺利进行。防止任何人以暴力、胁迫或者其他非法手段进行扰乱、冲击和破坏。

（3）督促集会、游行、示威的负责人维持秩序。

严格防止其他人员的加入，必要时，应当指定专人并佩戴标志，协助人民警察维护秩序。

（4）依法处置集会、游行、示威中出现的违法行为。

在集会、游行、示威现场可能出现的违法行为有：

①未按照公安机关许可的目的、方式、标语、口号、起止时间、地点、路线进行集会、游行、示威。

②违反治安管理法规，携带违禁物品参与集会、游行、示威的。

③擅自离开人民警察依法设置的警戒区域，进入依法不得举行集会、游行、示威的场所。

④其他人员扰乱、冲击、破坏依法举行的集会、游行、示威的。

⑤其他违反集会、游行、示威具体规定的行为。

对于在集会、游行、示威中出现的各种违法行为，公安机关可依法采取强制措施予以制止，依照《刑法》或《治安管理处罚法》的有关规定予以处罚。调动警力，控制现场局势；对违反者进行教育疏导，层层劝阻；层层拦截，控制行进，保证在法定区域举行；加强警戒，保卫重点；依法强行制止各种违反规定的行为。

项目五　几种妨害公共治安秩序行为的查禁

一、贩卖、传播淫秽物品行为的查禁

淫秽物品属于社会丑恶现象之一，是公安机关严厉查处和打击的对象。

【应知应会】

（一）淫秽物品的含义

【案例 6 – 17】

青年男子杨某平时喜欢上网，一次偶然机会加入了一个 QQ 群，群里面的成员不时在群里上传一些淫秽、色情视频和图片。出于好奇，杨某经常浏览这些黄色淫秽物品，久而久之，他开始自己疯狂地下载这些黄色东西，除供自己随时"欣赏"外，还上传到其他 QQ 群。直到他被当地警方抓获，他还不知道自己的行为违法了。

民警依法对杨某家的一台笔记本电脑和一台式电脑硬盘进行了检查，查出大量从网络下载复制的涉嫌淫秽色情物品，包括视频文件 39 个（约 7G），淫秽黄色图片 526 张（约 80M）。公安局网监负责人称：利用网络制作、复制、查阅和传播淫秽、色情信息都属违法行为。

【问题思考】

如何鉴别与处置淫秽物品？

淫秽物品是指具体描绘性行为或者露骨宣扬色情的淫秽性的书刊、音像制品、图片及其他实物等诲淫的物品。

淫秽物品的认定有三项标准：具体描绘性行为或者露骨宣扬色情，具有淫秽性及具有外在物的表现形式。如描绘变态性关系的图片、录像等。在认定的时候应注意与美术、文艺、医学作品，宣传男女生理卫生知识的作品进行区分。

（二）淫秽物品的危害性

淫秽物品的危害性主要表现为：淫秽物品的格调低下，腐蚀性大，损害人们的道德观念、伦理情操；对青少年形成性意识有不良的影响，丧失羞耻感，行为放荡，甚至为了寻求刺激，以身试法；淫秽物品的传播，破坏社会主义精神文明建设，毒化社会风尚，危害社会安定。

（三）贩卖、传播淫秽物品的违法犯罪特点

【案例6-18】

生于1986年的扬州市人梁某在浏览各类色情网站的过程中，萌生了办色情网站"挣点钱花"的想法。2008年12月至2009年5月，他租用国外服务器及网络空间，分别建立了"我就爱色"等3个色情网站，从他人淫秽网站大量收集淫秽图片、视频等，上传至自己网站供人浏览。网站流量增加后，梁某通过代人打广告、挂窗口的手段获得广告费3 470元。

2009年5月，扬州市公安局网警支队将正在家中上网的梁某刑事拘留。经审查鉴定，梁某建立的3个网站内共有淫秽图片8 759张、淫秽视频288段、淫秽文章4 721篇。

【问题思考】

贩卖、传播淫秽物品的违法犯罪的特点有哪些？

【应知应会】

淫秽物品的来源与流通渠道多样化，品种类型多，传播渠道复杂，传播速度快，渗透力极强，对社会的危害性相当大。组织贩卖、传播淫秽物品的违法犯罪突出，以合法的经营活动掩护非法的经营活动，形成网络化的传播模式，已经危害到青少年、家庭、社会。

（四）查禁贩卖、传播淫秽物品行为的措施

公安机关要坚守职责，协调作战，进行综合治理，多方面、多渠道开展查禁淫秽物品的工作。

（1）广泛开展对淫秽物品的收缴、销毁工作。淫秽物品案件审结后，淫秽物品由县级以上公安机关治安管理部门统一登记、保管，经公安局（处、厅）长审查批准，在公安纪检、监察部门的统一监督下，由专人负责销毁，不得留存；海关查获的淫秽物品，不需鉴定的，由海关负责销毁。

（2）加强对重点部位及特种行业的检查，堵塞淫秽物品的流传渠道。及时发现淫秽物品的来源，控制其传播的途径。

（3）及时查处淫秽物品犯罪案件和治安案件。公安机关充分发挥职能作用，及时查处贩卖、传播淫秽物品的案件，加大打击力度，扩大积极影响。

（4）适时开展"扫黄打非"专项斗争。公安机关应当注意收集信息，掌握动态，选择适当的时机，开展查禁淫秽物品的治理工作，特别是对出版、文化市场和客运交通工具进行整顿、清查，防止淫秽物品蔓延。

（5）站好网络的"门岗"，防止淫秽物品通过网络进行传播。公安机关应加大网络监督的力度，净化网络环境，及时发现并清查网络中淫秽物品的传播。

二、卖淫、嫖娼行为的查禁

（一）卖淫、嫖娼的含义

【案例 6 - 19】

2012 年 8 月 24 日，上西派出所查处一起卖淫嫖娼案，查获违法嫌疑人蒋某（男，48 岁，利州区人）、杨某（女，41 岁，青川县人）。经查，2012 年 8 月 24 日 21 时 25 分，违法嫌疑人蒋某在广元市利州区上西办事处五居委会一浴室"双 2"房间内，以支付人民币 100 元为条件，与该店服务员杨某发生性行为后，被公安机关现场查获。目前，违法嫌疑人蒋某、杨某二人已被依法分别给予拘留 10 日的治安处罚。

【问题思考】

区别卖淫嫖娼行为的界定。

【应知应会】

卖淫嫖娼是指不特定的异性之间或同性之间以金钱、财物为媒介发生性关系的行为。其中卖淫者为收取钱财的一方，嫖娼者为支付钱财的一方。

卖淫是指行为人以营利为目的，自愿与他人发生性关系的行为。嫖娼是指行为人付出一定数量的财物为手段，与卖淫者发生性关系的行为。

卖淫嫖娼一般包含四个要素：即报酬，发生性行为，不确定性（就娼妓而言，是嫖客的不确定性；就嫖客而言，是娼妓的不确定性），违法性。

卖淫嫖娼的特点是非婚姻关系的、附加条件的、暂时的性行为。

嫖宿未满 14 周岁的女性，按嫖宿幼女罪论处。

明知自己有严重性病而卖淫或嫖娼者依传播性病罪论处。

（二）与卖淫、嫖娼活动相关的违法行为

【案例 6 - 20】

广西贺州市某村 87 岁老汉何某，在村里老实巴交，从不与外人交往，加上其老伴去世，儿女不在身边，一个人生活倍感寂寞。老汉偶然认识某女子，在两人搭讪期间，该女子提出带人到他家里"热闹"，让他从中收取中间费，何老汉同意了女子的请求。日后，越来越多的卖淫女和嫖客在他家里行苟且之事。

2012 年 9 月 1 日，贺州市公安局平桂分局治安大队侦查获悉了这一情况，当查实是一处卖淫窝点后，民警立即展开扫黄行动，民警从房里揪出了卖淫嫖娼的男女 4 对。9 月 2 日，何老汉因涉嫌容留妇女卖淫案被刑事拘留。3 日，因其年岁已高，不适宜羁押，警方为其办理取保候审。涉嫌卖淫嫖娼的 4 对男女则被行政拘留和罚款。

【问题思考】

卖淫嫖娼的违法活动类型有哪些？

【应知应会】

引诱他人卖淫是指行为人为了达到某种目的，以金钱诱惑等手段，诱使他人从事卖淫活动的行为。

容留他人卖淫是指行为人故意为他人的卖淫活动提供场所的行为。

介绍他人卖淫是指行为人为卖淫人员与嫖客寻找对象，并在两者之间穿针引线、牵线搭桥的行为。

（三）**卖淫、嫖娼的危害性**

卖淫嫖娼行为是社会丑恶现象，不仅危害社会，败坏社会风尚，而且危及家庭，传播疾病，因此必须严格查禁。

【案例6-21】

一寻找刺激的男子嫖宿时因嫖资问题与卖淫女发生纠纷，结果发怒砍伤卖淫女并对其实施抢劫。近日，某区人民检察院以涉嫌抢劫罪批准逮捕该嫖客。

据检察机关审查查明，2012年8月1日凌晨4时许，犯罪嫌疑人陈某（男，26岁）骑着自行车经过前山翠微村大园街时，与卖淫女胥某搭讪并商定好了嫖宿的价格。随后，陈某跟胥某到租住处进行嫖宿。然而，嫖宿期间，胥某突然要求加价，陈某不愿意，两人便吵了起来。结果，陈某一怒之下，竟拿菜刀将胥某身上多处砍伤，还抢走了胥某的手机和70元现金。同月10日，陈某前往公安机关自首。

【问题思考】

卖淫嫖娼有哪些社会危害？

【应知应会】

（1）卖淫嫖娼行为严重损害了国家和民族的声誉，危害社会秩序，毒化社会风气，破坏社会主义精神文明，腐蚀人们的灵魂，影响经济建设，危害人民身心健康，诱发各种违法犯罪行为。

（2）卖淫嫖娼行为破坏社会的细胞——家庭，往往造成家庭破裂，给社会埋下潜在的危险因素。

（3）卖淫嫖娼行为是艾滋病、性病及其他一些传染病的传播途径之一，危害人们的身心健康。

（4）卖淫嫖娼行为，可以诱发各种违法犯罪活动，将某些服务性行业导入歧途，破坏了市场经济的健康发展。

（四）**查禁卖淫、嫖娼行为的措施**

【案例6-22】

某日晚20点左右，民警到达了某洗浴中心内。初步检查后没有发现什么异常，但是，随着深入检查，在员工休息室内发现了大量避孕药具，于是通过查询账单，发现该洗浴中心存在298元、398元等异常费用。民警将两名经理带到派出所进行讯问，得知该洗浴中心存在卖淫嫖娼活动。随后，分局治安大队将两名经理依法刑事拘留，并责令该洗浴中心停业整顿。

【问题思考】

公安机关采取哪些措施能有效查禁卖淫嫖娼行为？

【应知应会】

（1）大力开展法制宣传教育，净化社会环境。

（2）严密加强重点行业、复杂场所和公共场所的治安管理，抓好重点部位的防范。

（3）适时开展专项治理，依法查禁卖淫嫖娼活动，打击犯罪分子。

（4）加强收容教育工作，教育、挽救、改造卖淫嫖娼人员。

三、赌博行为的查禁

（一）赌博的含义

赌博是社会丑恶现象之一，具有社会危害性，属于法律严厉禁止和处罚的行为。

【应知应会】

赌博，是指两人及以上以营利为目的，以财物为赌注，采取某种方式比输赢，达到非法转移财物所有权的一种行为。

构成赌博行为，必须具备下列条件：在主观上，行为人必须以营利为目的；在客观上，行为人必须实施了赌博行为。行为人通过一定的赌具，投入赌资，实施了比输赢的赌博活动，则构成赌博行为。

（二）赌博的危害性

赌博是不劳而获思想的表现，它助长了赌博者好逸恶劳的习惯，催生了无尽的贪欲，给社会和家庭带来巨大的危害。

【案例6-23】

蓝某，29岁，曾在部队当了12年兵。在部队时，蓝某就用信用卡透支了5万元来炒股，没想到全亏了。为了还款，在朋友怂恿下，他迷上了赌博。多年来，他四处借钱，欠了400多万元外债。从年初开始，没钱的时候，蓝某就开始盗窃，将偷来的钱用于赌博，结果坠入犯罪的泥沼，不能自拔。2012年以来，他在软件园、明发商业广场等地实施盗窃40多起，涉案金额40多万元。

【问题思考】

赌博对社会的危害有哪些表现？

【应知应会】

1. 严重扰乱社会秩序

赌博行为不仅破坏了正常的生活秩序，还严重损害了参赌人员的身心健康。有些赌博分子倾其所有去赌博，出现卖房卖地换钱的现象，甚至发展到家破人亡、妻离子散、亲友反目的地步；有些参赌人员因过分沉迷于博彩的研究，而导致精神失常、自杀。赌博现象还破坏了正常的生产秩序，造成当地资金大量流失，影响了当地经济发展。

2. 严重破坏社会风气

赌博不仅损害了广大人民群众的利益，使人们沉迷于赌博，无心生产与工作，更严重的是它还毒害了人们的思想，导致社会大众赌博投机思想高涨，形成不劳而获的观念，成为社会治安秩序的不稳定因素。

3. 引发其他违法犯罪

因赌博引发的各类违法犯罪案件，直接造成社会不稳定的恶劣影响。比较明显的是，赌博犯罪与盗窃、抢劫、聚众斗殴、故意杀人、职务犯罪等案件交织在一起，互相影响，彼此加剧。如因索要赌债、高利贷等原因，又往往采取以暴力等手段限制人身自由来索要财物；或是在索要不成的情况下，恼羞成怒，伤害他人身体等。

个别政府工作人员因嗜赌成性，在其赌徒心理的驱使下，大肆侵吞国家财物，导致走上犯罪道路，不仅损害国家形象，而且造成了国有资产的严重流失。

（三）赌博的特点

【案例 6-24】

松城派出所通过摸排，排查出辖区龙马新村、文化广场、龙首路等处所谓"茶楼"及电子游戏机厅中存在赌博活动，于是开展统一清查整治行动，共端掉 7 个赌博窝点，当场抓获赌博违法人员 20 多人，销毁用于赌博的桌子 12 张、自动麻将机 2 台、赌博机 4 台、赌博机芯片 8 片，扣押赌具扑克牌 20 副、四色牌 20 副、麻将 8 副，有效地净化了社会风气。

【问题思考】

赌博的形式多样，如何撕开其伪装？

【应知应会】

1. 赌博形式多样

有的利用游艺室的游艺项目进行赌博，有的利用国内正规彩票和香港"六合彩"的发行规则，以发售非法彩票的形式进行，规则简单，玩法多样，参与方便，诱惑力大。

2. 私设赌场，聚众赌博

利用节假日和农闲季节私设赌场，参赌人数比例高，成分复杂。

3. 网络赌博发展迅速

随着网络技术的发展，利用互联网和网上金融支付手段进行赌博的现象迅速增多。

4. 出境参赌人员日益增多

一些相邻国家在与我国接壤的边境一侧设有赌场，他们以优先提供入境服务或者代办签证、提供往返机票、免费食宿等方式吸收、招揽我国公民出国参赌。

（四）查禁赌博行为的措施

【案例 6-25】

九原区公安分局治安大队自 3 月底开始"百日行动"以来，共查处游戏机赌博案 6 起，行政拘留 10 人，罚款处罚 5 人，收缴赌博游戏机 70 余台，主板 21 块，取缔无证经营游戏厅 11 家。近日，九原区公安分局治安大队集中销毁没收的赌博设备。

【问题思考】

查禁赌博需要采取哪些有力的措施？

【应知应会】

（1）广泛开展禁赌宣传。公安机关借助各种力量，采取多种多样的形式，大力开展宣传。明确宣布严禁以任何形式、任何赌具进行赌博或变相赌博，取缔所有赌场，所有赌债一律废除。

（2）强化对娱乐场所的管理，要进行经常性的检查，取缔各类赌场和赌博团伙。

（3）适时开展专项治理，严厉打击赌博违法犯罪行为。

（4）对参与赌博的人员严格按照法律规定予以处理。

四、吸食、贩卖毒品行为的查禁

（一）毒品的含义

【案例 6-26】

某日凌晨 1 点，公安人员接到举报，称有人吸毒，于是迅速前往工体西路的某酒吧。有现场目击者称，凌晨2点左右，四辆警车直接驶到了该酒吧门口，警车尚未停稳，10多名民警就从车上冲下来，直接冲入酒吧中。民警发现了正在为妻子召开生日派对的张某及其朋友，同时在现场发现了部分毒品。当天，为了庆祝自己妻子的生日，张某不仅邀请了众多好友为爱妻庆生，还开起了"摇头派对"，朝阳区警方人员在现场发现了摇头丸等毒品。

【问题思考】

当前毒品泛滥，查禁毒品有哪些重大意义？

【应知应会】

毒品是指国家依法管制的能够使人形成瘾癖的麻醉药品和精神药品。能够使人形成习惯性的病态嗜好，并需要靠药品来维持生理机能，这是毒品的主要特点。

毒品具有药物性和成瘾性两种特性。

（二）毒品的种类

【应知应会】

根据药品依赖性的特征，可将依赖性物质分为8类：阿片（鸦片）类、兴奋剂类、大麻类、可卡因、致幻剂类、酒精和镇静催眠药类、烟碱、挥发性化合物类等。目前，我国常见的毒品主要有：鸦片、吗啡、海洛因、冰毒、大麻、摇头丸、杜冷丁、K粉、麻古及其他易制化学毒品和原料等。

（三）毒品犯罪的特点

根据我国法律的规定，与毒品相关的违法犯罪活动主要有：非法种植毒品原植物的行为，吸食、注射毒品的行为，贩卖毒品的行为，制造毒品的行为及持有毒品的行为。当前，这类违法犯罪活动中以吸食、贩卖最为突出。

【应知应会】

（1）毒品犯罪的规模大、活动范围广，过境贩毒，境内外犯罪团伙相互勾结，贩毒活动已形成国际化的态势。

（2）毒品犯罪人员集团性和职业性特点突出，有严密的组织与流程，从生产、贩卖时"洗钱"，均有职业化的手段。

（3）毒品犯罪的手段极其狡诈多变，作案手段狡猾隐蔽，利用先进的通信工具，甚至购买武器以避开警察的侦查手段和打击。

（四）毒品的危害

【案例6-27】

刘某是莲花县路口镇人，2007年从某市卫校毕业后一直在路口镇医院从事医务工作。去年，因交友不慎沾染上毒品，他禁不住金钱的诱惑，开始以贩养吸，从吉安等地贩毒转卖给镇上、村里的瘾君子，并利用工作之便，经常在路口镇医院内做毒品交易。

据悉，8月31日，犯罪嫌疑人刘某因涉嫌贩卖毒品罪被当地警方刑事拘留。

【问题思考】

毒品对社会的危害性有哪些表现？

【应知应会】

1. 摧残身体、毁灭家庭

毒品严重摧残吸食者的身心健康，断送青少年的美好前程。毁灭家庭，造成妻离子散，家破人亡的恶果。

2. 诱发犯罪，危害社会

毒品诱发盗窃、抢劫、诈骗以及凶杀、职务犯罪等犯罪行为；败坏社会风气，污染社会环境；促使性病、艾滋病等一些感染性恶疾的传播。

3. 破坏社会经济发展

毒品犯罪吞噬社会的巨额财富，增加了社会管理成本，大大降低了劳动生产力，严重破坏生产力的发展。

4. 侵害政治和社会稳定

毒品犯罪渗透和腐蚀政权机构，加剧了腐败现象，干扰了社会秩序的正常稳定。

（五）查禁毒品的基本措施

查禁毒品是一项国际合作性的任务，也是一项长期的斗争。这需要全社会动员，打一场禁毒的人民战争。

【新闻链接6-1】

今年以来，曲江分局刑侦大队缉毒民警根据上级部署，不断强化工作措施，广辟线索来源，民警深入到社区、公共娱乐场所、旅馆，逐门逐户地进行"地毯"式调查摸排，同时加大了禁毒宣传，鼓励广大群众积极检举揭发吸贩毒违法犯罪活动，提供毒品违法犯罪线索，督促违法人员投案自首。

犯罪嫌疑人刘某在2006年之前是做煤炭生意的，有数十万身家，但后来因交友不慎，开始染上毒瘾，每天都吸食毒品海洛因，没多久便吸毒成瘾，自己也没心思做生意了，不仅数十万身家都用于自己吸毒，还欠下了一大笔债务，随后，妻子也离他而去。为了筹集自己吸毒的毒资，他从2010年开始贩毒，过上了以贩养吸的生活，但他一直过着担惊受怕的日子。国际禁毒日之际，受尽毒瘾煎熬的刘某，看到公安机关发放的宣传资料后，在家人的劝说下，终于鼓起勇气来到公安机关投案自首。

【应知应会】

（1）加强宣传教育，做好查禁取缔的宣传工作。利用各种形式，对社会成员开展毒品危害的宣传，以及查禁毒品的教育。

（2）严厉禁止私种罂粟等毒品原植物，利用法律化推动管理。始终贯彻"禁种、禁制、禁吸、禁贩"的原则，将对毒品犯罪的综合治理纳入法制轨道。

（3）会同口岸、海关等部门，共同合作，强化禁毒执法职能。加强毒品源头的查控和化学易制毒品的管理，查缉走私贩毒的犯罪活动，杜绝毒品从境外渗入。

（4）结合各项管理活动，及时发现和取缔非法吸食、注射毒品的行为和从事这类活动的地下场所，没收毒品、毒具，对吸毒人员进行强制戒毒。

（5）加强国际缉毒合作，建立国际化网络，有力打击制贩毒品的行为。建立国际打击毒品违法犯罪活动体系，针对我国毒品问题现状，与周边国家和国际刑警组织建立长期有效的合作，采取多种手段，遏制毒品流入源头，堵住毒品流向渠道，减少毒品的危害。

项目六　技能训练

公共场所巡逻训练

一、训练内容

（1）公共场所巡逻的基本方法。
（2）巡逻中对群众遇到危难情形的救助。
（3）巡逻中对扰乱公共秩序行为的处置。
（4）规范填写《接处警、移交警登记表》及巡逻记录。

二、训练目的和要求

通过训练，使参训学生亲身体验公共场所治安管理的主要方法，掌握巡逻的技能，能够更全面、详细地了解巡逻具体操作要领和程序。要求参训学生能够进一步牢记公共场所治安管理中巡逻执勤应当履行的职责，对遇到的各种情况、问题能够规范地询问，正确地处理、应对，并规范地做好交接班工作和填写巡逻情况记录。

三、相关法律规定

（一）《人民警察法》

第九条　为维护社会治安秩序，公安机关的人民警察对有违法犯罪嫌疑的人员，经出示相应证件，可以当场盘问、检查；经盘问、检查，有下列情形之一的，可以将其带至公安机关，经该公安机关批准，对其继续盘问：

（1）被指控有犯罪行为的。
（2）有现场作案嫌疑的。
（3）有作案嫌疑身份不明的。
（4）携带的物品有可能是赃物的。

第二十一条　人民警察遇到的公民人身财产安全受到侵犯或者处于其他危难情形，应当立即救助；对公民提出解决纠纷的要求，应当给予帮助；对公民的报警案件，应当及时查处。

（一）《城市人民警察巡逻规定》

第四条　人民警察在巡逻执勤中履行以下职责：

（1）维护警区内的治安秩序。
（2）预防和制止违反治安管理的行为。
（3）预防和制止犯罪行为。
（4）警戒突发性治安事件现场，疏导群众，维持秩序。
（5）参加处理非法集会、游行、示威活动。
（6）参加处置灾害事故，维持秩序，抢救人员和财物。
（7）维护交通秩序。
（8）制止妨碍国家工作人员依法执行职务的行为。

（9）接受公民报警。

（10）劝解、制止在公共场所发生的民间纠纷。

（11）制止精神病人、醉酒人的肇事行为。

（12）为行人指路，救助突然受伤、患病、遇险等处于无援状态的人，帮助遇到困难的残疾人、老人和儿童。

（13）受理拾遗物品，设法送还失主或送交拾物招领部门。

（14）巡察警区安全防范情况，提示沿街有关单位、居民消除隐患。

（15）纠察人民警察警容风纪。

（16）执行法律、法规规定由人民警察执行的其他任务。

第五条 人民警察在巡逻执勤中依法行使以下权力：

（1）盘查有违法犯罪嫌疑的人员，检查涉嫌车辆、物品。

（2）查验居民身份证。

（3）对现行犯罪人员、重大犯罪嫌疑人员或者在逃的案犯，可以依法先行拘留或者采取其他强制措施。

（4）纠正违反道路交通管理的行为。

（5）对违反治安管理的人，可以依照《中华人民共和国治安管理处罚法》的规定，执行处罚。

（6）在追捕、救护、抢险等紧急情况下，经出示证件，可以优先使用机关、团体和企事业单位以及公民个人的交通、通信工具。用后应当及时归还，并支付适当费用，造成损坏的应当赔偿。

（7）行使法律、法规规定的其他职权。

第六条 在巡逻执勤中遇有重要情况，应当立即报告。对需要采取紧急措施的案件、事件和事故，应当进行先期处置。对需要查处的案件、事件和事故应当移交公安机关主管部门处理。

四、训练前准备

对讲机、电警棍、手铐等警械，相关证件，《接处警、移交警登记表》、《巡逻情况登记表》。

五、训练方法步骤

（一）对学生进行分组、分工

学生每6至8人为一个小组，每组2至3人扮演巡逻警察；其余人员分别扮演违法犯罪可疑人员、一般群众、有急难求助人员、扰乱公共治安秩序行为人等角色，（可重复扮演几种角色），每组分三次把巡逻警察的角色对调训练。

由充当巡逻民警的人员，在教师提供的环境、场地内，确定巡逻路线和部位，练习以步巡的方式实施巡逻；其余人员按照各自的角色分散在巡逻路段进行活动。

（二）巡逻勤务的基本方法的训练

巡逻的基本方法有：穿行巡逻法、往返巡逻法、循环巡逻。巡逻路线可以分为定线和乱线巡逻、顺线和逆线巡逻。学生们结合巡逻场所设计有效的巡逻方法。

（三）对在巡逻中遇到急、危、险、难情况的群众进行帮助

1. 询问情况

语言规范："您好！请问遇到了什么困难？"、"请问有什么困难需要我帮助解决的？"、"我可以为你提供帮助"、"我很乐意为你提供帮助"。

2. 提供救助

（1）对有伤病的人员：给予初步的包扎、按捏急救部位等急救措施，拨打 120 急救中心请求派救护车，或者直接把有伤病的人员送到附近的医院。

（2）对迷路、失散人员：给予初步的安抚后帮助沿途寻找其亲人；发布寻人启事通知沿途单位、人员帮助寻找其亲人；通过已知信息联系其亲人；送交附近派出所继续查找其亲人；直接把迷路、失散人员送回其家中。

（四）对在道路上发现有扰乱公共秩序的行为进行处置

执行巡逻的民警遇到警情时，应及时喝令行为人停止扰乱的行为。民警首先必须判断警情的类型和状况，分别作出不同的先期处置。对于属于自己职责范围内并且有能力处置的警情（如治安案件、一般的刑事案件等），应该积极开展工作，严格依法处置，对于自己的能力和条件无法处置的警情（如群体性治安事件、暴力型犯罪等），巡逻人员一方面应采取控制措施；另一方面应该及时向上级领导或指挥中心报告，请求指示或支援。

（五）做好交接班工作

巡逻任务完成后，做好交接班工作，规范填写《接处警、移交警登记表》、《巡逻情况登记表》。

六、注意事项

（1）按教师的要求和步骤进行操作。

（2）注意严格按照有关的法律、法规、规范来操作。

（3）对救助及警情处置应作出恰当判断，依法迅速处置。

（4）《接处警、移交警登记表》、《巡逻情况登记表》填写要简明扼要。不能空载不记或以"平安无事"等敷衍了事。

七、思考题

（1）在城乡结合部，应当采用哪种巡逻勤务方式较为合适？

（2）巡逻中遇到有群众处于急、危、险、难时，是否应当提供帮助？该怎么帮助处置？

（3）在巡逻中遇到有扰乱公共秩序的治安纠纷、街头闹事等行为该如何处置？

（4）巡逻民警对什么情况可以当场处罚和调解？

八、考核方式及标准

（一）考核方式

（1）由教师审查学生的操作过程。

（2）学生之间互相审查操作过程，作出评议，最后由教师总结。

（二）考核标准

四级记分制：

优秀： 学生在巡逻中精神饱满，能够热情积极地为有急、危、险、难的群众提供帮助，妥善处置扰乱公共秩序的纠纷、闹事行为及对伤亡人员的应急处理，能够准确判断、及时发现可疑情况，能够做好交接班工作并准确地填写《接处警、移交警登记表》、《巡逻情况登记表》。

良好： 学生在巡逻中精神比较饱满，能够较好地为有急、危、险、难的群众提供帮助，较好地处置扰乱公共秩序的纠纷、闹事行为及对伤亡人员的应急处理，能够发现可疑情况，比较认真地做好交接班工作和填写《接处警、移交警登记表》、《巡逻情况登记表》。

及格： 学生在巡逻中精神集中，但精神欠饱满，基本能够地为有急、危、险、难群众提供帮助，基本能够处置扰乱公共秩序的纠纷、闹事行为及对伤亡人员的应急处理，经反复判断能够发现可疑情况，交接班工作和填写《接处警、移交警登记表》、《巡逻情况登记表》不够规范。

不及格： 学生在巡逻中精神不够饱满，对有急、危、险、难的群众需要帮助时，没能提供帮助或者尽管帮助了但显得极不情愿，不能妥善地处置扰乱公共秩序的纠纷、闹事行为及对伤亡人员的应急处理，可疑情况不能及时发现，交接班工作和填写《接处警、移交警登记表》、《巡逻情况登记表》不规范或者根本不做。

九、示范案例

【示范案例】

民警张某和李某负责本市中山南路段的巡逻。这天，两名民警从单位出发，自南向北开始行进。当他俩来到友谊商店时，发现这里人群较多，门口秩序混乱。经了解，该商店今天有打折促销，许多街坊提前来排队准备抢购。民警继续前进，到公交站时，一形色可疑的人在站台徘徊，两民警立即上前对其盘查，发现该人员由外地刚到本市，找不到去亲戚家的车，正在犹豫。民警为其指导坐车。民警来到火车站，现场秩序较好。在火车站候车区，有一个六七岁模样的男孩，哭着找妈妈。火车站广场西北角，有一群人正聚集在一起，似乎在争执着，民警李某和张某迅速赶到，看到有几个人正在互相推搡。民警喝止他们，并了解情况。得知是其中一人因赶火车，抬着一大包行李不小心撞到一名怀孕妇女，该女子的丈夫及同行的亲属要求撞人者赔偿，双方为此产生争执。

【训练要求】

（1）根据案例由巡逻民警选择巡逻方式并组织巡逻。

（2）由民警对遇到的第一个情况设计处理的方法。

（3）由民警对遇到的第二种情况设计出给予帮助的两种方式。

（4）由民警对遇到的第三种情况设计出处置的方式。

（5）填写好《接处警、移交警登记表》、《巡逻情况登记表》。

【训练提示】

（1）巡逻民警对该路段选择用常规勤务方法中的往返巡逻法进行徒步巡逻。

（2）民警对遇到的第一个情况处理的方法为：与商场保卫人员联系，要求其维持好排队人群的秩序并保证安全；民警现场进行安全宣传教育。

（3）民警对遇到的第二个情况提供救助的两种方式为：

①对迷路儿童问清其基本情况后，尝试打电话与其妈妈联系，或带着他在附近一带寻找其妈妈。

②民警带男孩到火车站广播室，广播寻人启事，并移交给火车站派出所的民警，由其继续帮男孩寻找母亲。

（4）民警对遇到的第三个情况进行处置。

民警迅速到达现场，喝令双方停止推搡。民警了解情况后，判断被推孕妇的安全情况，若无大碍，对双方进行调解；若有危险，应先打120叫救护车抢救孕妇，然后控制撞人者，再根据被撞人家属的态度，进行调解或依法将其移交给附近派出所处理。

（5）交接班

巡逻当班结束时，把主要处置案件的案情简要告知接班的民警并移交公用装备。同时以第二个事件为例认真填写《接处警、移交警登记表》（见表6-1），认真填写《巡逻情况登记表》（见表6-2）。

巡逻民警接处、移交警情登记表（表6-1）

×××× 年 ×公（××××）字第××××号

接处警方式	自主发现处理 √ 接受上级指令 受理受害（知情）人报警	接处警单位	巡警三大队一中队	
处警人	张某、李某	时间	10时30分	
案（事）件性质	小孩寻找母亲	发现时间	2012年7月15日	
案（事）发地点	中山路火车站候车室门口			
报警（受害）人姓名及基本情况				
案（事）件内容	男孩小东在候车室门口找不到母亲			
到达时间	10时30分	反馈中心时间		
处警结果	现场处理完毕 本部门继续处理 移交其他部门处理√	备注		

（续上表）

以下移交接收单位填写			
案（事）件移交情况摘要	男孩小东在火车站候车室门口找不到自己的妈妈，需帮他与母亲联系。打过电话但无人接听。		
接收主要当事人基本情况			
姓名	住址	证件及号码	通信号码
小东	××路××号	无	无
移交物品情况	无		
接收单位	火车站派出所	接收人（签名）	×××
接收时间	2012 年 7 月 15 日 10 时 50 分		

巡逻情况登记表（表 6-2）

××××　年　×公（××××）字第××××号

巡逻时间	2012 年 7 月 15 日 8 时 00 分至 2012 年 7 月 15 日 12 时 00 分		
巡逻人员	张某、李某	负责人	张某
巡逻地点	中山南路	巡逻方式	步巡
接处警情况（发现情况）			
时间	地点	内容	处警结果
8 时 30 分	友谊商店门口	发现有多人聚集，秩序混乱。	组织人员排好队伍，并要求商场安保人员负责维护现场秩序。
9 时 00 分	东湖公交车站	发现一神情可疑的男子在公交站前徘徊。	问明情况后，向他指明去其亲戚家可乘坐的公交车线路。
10 时 30 分	火车站候车室门口	发现一男孩找不到母亲。	电话联系不上其母亲后，将男孩移交给火车站派出所民警，由其协助男孩继续寻找母亲。

（续上表）

10 时 55 分	火车站广场西北角	一男子撞倒一孕妇，孕妇家属与男子发生争执推搡。	初步确定孕妇无大碍，现场进行调解。
配备巡逻装备	对讲机、电警棍、手铐		
备注			

【训练案例】

民警鲁某和林某在乐山街道进行巡逻。乐山街道地处城乡结合部，出租屋较多，外来人口聚集。早上 8 时 30 分，两民警从派出所出发进行巡逻。经乐山肉菜市场时，见菜市场门口有人吵架，民警上前了解情况并处理。他们接着巡逻到白云路长途汽车客运站，有一老人被人偷了钱包，车票也在钱包里，无法搭车回老家，向民警求助。当两名民警巡逻到幸福小学门口时，正当学校放学，校门口接孩子的人群和车辆十分拥挤，秩序混乱。民警立即进行指挥和处理。

【训练要求】

（1）根据案例由巡逻民警选择巡逻方式并组织巡逻。

（2）由民警对遇到的第一个情况设计处理的方法。

（3）由民警对遇到的第二种情况设计出给予帮助的两种方式。

（4）由民警对遇到的第三种情况设计出处置的方式。

（5）填写好《接处警、移交警登记表》、《巡逻情况登记表》。

单元七

特种行业管理

◆

【知识目标】

（1）了解特种行业的含义及其范围。

（2）了解旅馆业、刻字业、印刷业、旧货业、废旧金属收购业、典当业的治安特点。

（3）理解旅馆业、刻字业、印刷业、旧货业、废旧金属收购业、典当业治安管理的基本方法。

【能力目标】

（1）能按照法律规定准确界定特种行业的管理。

（2）能按照法律规定查处旅馆业、刻字业、印刷业、旧货业、废旧金属收购业、典当业中的违法、违规行为。

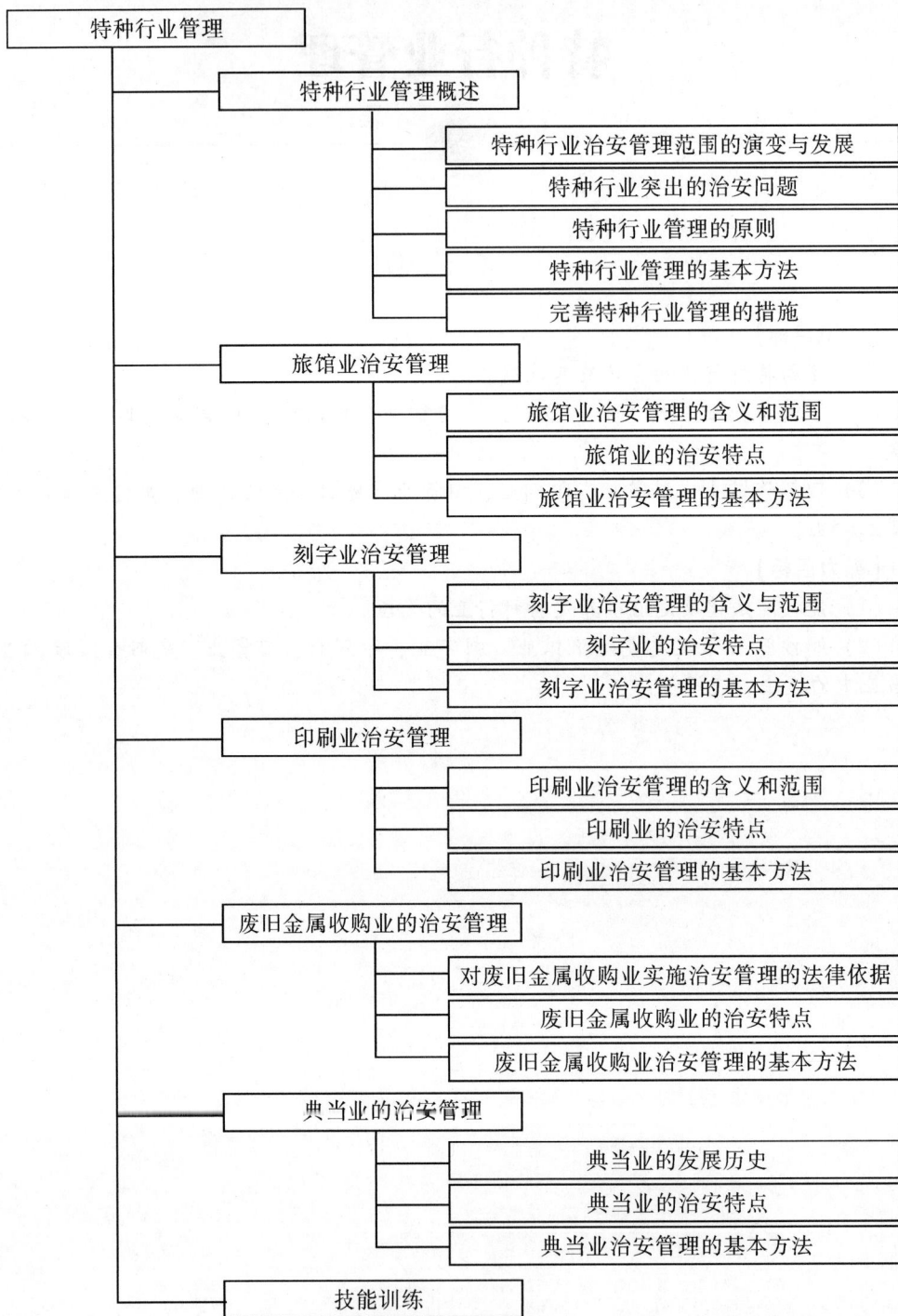

```
特种行业管理
    │
    ├── 特种行业管理概述
    │       ├── 特种行业治安管理范围的演变与发展
    │       ├── 特种行业突出的治安问题
    │       ├── 特种行业管理的原则
    │       ├── 特种行业管理的基本方法
    │       └── 完善特种行业管理的措施
    │
    ├── 旅馆业治安管理
    │       ├── 旅馆业治安管理的含义和范围
    │       ├── 旅馆业的治安特点
    │       └── 旅馆业治安管理的基本方法
    │
    ├── 刻字业治安管理
    │       ├── 刻字业治安管理的含义与范围
    │       ├── 刻字业的治安特点
    │       └── 刻字业治安管理的基本方法
    │
    ├── 印刷业治安管理
    │       ├── 印刷业治安管理的含义和范围
    │       ├── 印刷业的治安特点
    │       └── 印刷业治安管理的基本方法
    │
    ├── 废旧金属收购业的治安管理
    │       ├── 对废旧金属收购业实施治安管理的法律依据
    │       ├── 废旧金属收购业的治安特点
    │       └── 废旧金属收购业治安管理的基本方法
    │
    ├── 典当业的治安管理
    │       ├── 典当业的发展历史
    │       ├── 典当业的治安特点
    │       └── 典当业治安管理的基本方法
    │
    └── 技能训练
```

项目一 特种行业管理概述

一、特种行业治安管理范围的演变与发展

特种行业是从治安管理需要出发而界定的一个特定概念，其适用范围是根据行业的治安管理特点划定的。特种行业是指在工商服务行业中，由于其业务内容和经营方式同社会治安秩序密切相关，国家以行政法规规定由公安机关实行特定的治安管理的行业。

20 世纪 50 年代初，被列入特种行业管理的行业包括：旅店业、印刻业、电料业、旧货业和娱乐业五种行业。1979 年 6 月 4 日，国家工商总局、公安部等六部门共同发布的《关于特种行业企业进行登记管理的通知》明确将特种行业界定为：旅店业、旧货业、印铸刻字业和修理业。到 80 年代后期，特种行业又缩至刻字、生产性废旧金属收购及旅店三业。1987 年 7 月 6 日，国务院针对书刊印刷混乱的状况，将印刷业列入特种行业管理。随着市场经济结构的多元化发展，机动车修理、寄存、交易业发展迅猛，由于缺乏有效的治安管理，治安问题十分突出，利用机动车修理业对盗抢的赃车进行改型、拆解、拼装、改色、改变发动机号后倒卖或利用停车场、库窝赃的违法犯罪十分突出，严重干扰了公安机关打击盗抢机动车犯罪的活动。1999 年 3 月，公安部也制定和发布了《机动车修理业报废机动车回收业治安管理办法》，将机动车修理等相关行业纳入了特别治安管理的范围。

随着社会分工的细化及时代的发展，不少以前闻所未闻的新行业应运而生，在给人们生活带来方便的同时，也给社会治安管理增加了难度。例如，修锁配匙业早被公安部门定为特种行业，而作为新兴行业的开锁业是否也属于特种行业，公安部门则没有明确规定。目前除北京、沈阳等少数城市将开锁业纳入公安机关特种行业管理之外，其他城市的开锁业仍处在管理的真空地带。

私人侦探业在国外已有一百多年的历史，而在我国尚属新生事物，国内第一家私人侦探机构 1992 年成立于上海，至今才 20 年。由于私人侦探缺乏法律依据和相应的行业规范，从业人员素质参差不齐，因此经常发生委托争议，容易侵害到被调查者的隐私甚至安全问题。人们对安全问题的关注及对"花钱买保安"观念的认同，使私人保镖业逐渐浮出水面。私人保镖在一定程度上填补了社会治安管理机制中的空白，但由于目前我国的法律还找不到对此类特殊行业的监管依据，私人保镖也常常会作出一些与法律规定不符甚至是违法犯罪的行为。目前，还未有明确的法律规定这些在法律夹缝中生存的新兴行业是否属于特种行业管理的范畴，但无论是从其自身的生存与发展，还是从社会治安秩序的稳定而言，对这些行业的规范管理应该引起公安机关的重视。

除了新增了许多新兴行业外，原来列管的特种行业结构本身也有很大变化。旧货业逐步形成了一些门类繁多的规模化、专业化市场和行业，如旧手机市场、旧机动车市场及各种收藏品交易市场等。这些市场和行业的兴起在方便群众的生产、生活方面发挥着不可替代的作用。但是，一些违法犯罪分子也开始利用这些市场、行业经营活动中的管理漏洞，将其作为销赃渠道大肆进行违法犯罪活动。

随着行政审批制度改革的实施，一些原本属于特种行业管理范围的行业取消了前置审批条件。如2004年8月23日至28日召开的十届全国人大常委会十一次会议审议通过了《中华人民共和国拍卖法（修正案）》（以下简称《拍卖法》），对《拍卖法》个别条款作出修改，即删除了《拍卖法》第五条第三款"公安机关对拍卖业按照特种行业实施治安管理"和第十二条第五项"有公安机关颁发的特种行业许可证"，这意味着拍卖业将不再是特种行业中的一员。

【特别提醒】

对符合相关标准的行业进行特种行业管理所遵循的原则是"需要和可能"，即既要有管理的必要，还要有能够管理的可能性。不能将所有的行业都纳入特种行业的范围之内，因为有限的警力不可能完成如此繁重的任务，对并不符合特种行业管理标准的行业实施管理也没有必要。究竟何种行业应当列入治安部门特种行业管理的范围，很难对此进行具体规定。目前我们划归特种行业管理的依据是："容易被不法分子利用，容易发生治安灾害事故的行业。"

二、特种行业突出的治安问题

【资料7-1】

据《史记》记载，有人告发商鞅欲谋反，国君派官吏捕捉商鞅，商鞅逃到边关，打算投宿一家旅馆，店主不知道来者是商鞅。他对商鞅说："商君之法，留宿客人不查验凭证，店主与客人同罪"，故店主拒绝了不明身份的商鞅住店。从这一事件中我们就得知，春秋战国时期，统治者就以法律的形式，通过控制旅馆等方法，维护社会秩序。

我国元朝，旅馆业的规章制度更加具体和完善，当时规定："无官方通行凭证，旅馆不得留宿旅客；天黑之后，逐一点名登记客人，记录姓名、职业、来去方向并盖印；不准接待单身客人，以防留宿盗贼或逃犯；不得娼宿，否则一并治罪，店主必须为旅客保管财物，如有损失如数赔偿；边远僻静处，并设'店设弓手'，保证旅客安全。"

清末，统治者颁布的《违警律》规定："旅客不将投宿人姓名、住址及职业呈报者，处五月以下，一月之上之拘役，或五元以下，一角以上罚金"，"于六月以内违反本规定三次以上者，警备责令停业十天，屡教不改的则责令其歇业。"

20世纪20年代，国民党政府制定的《违警罚法》规定：旅馆、会馆或其他住宿处所之主人或管理人，确知投宿人有重大嫌疑的，不密报官署者，处七日以下拘留或五十元以下罚款，并得停止营业或勒令歇业。旅店不将投宿人姓名、年龄、籍贯、住址、职业以及来往地址登记者，处三十元以下罚款。对旅客有影响社会治安的重大犯罪活动，并可以预防的情况下，旅店经营者知情而不举报的警方将加重处罚。

各个历史时期的统治者都以法律的形式，通过管理、控制旅馆业，以维护社会秩序。

【问题思考】

（1）历代王朝的管理者对旅馆业等特种行业的管理方法和手段对当今特种行业管理有无借鉴意义？

（2）我们应该如何科学地借鉴、继承历代管理者管理特种行业的经验？

【应知应会】

（一）特种行业业主安全管理意识淡薄

根据社会治安"谁主管、谁负责"的原则，对特种行业的治安管理应由公安机关、经营业主和从业人员共同承担。但长期以来，公安机关对特种行业治安管理采取"以我为主"的指导思想，对管理过程中出现的不规范经营现象，急于采取行政手段介入干预，导致行业业主在行业场所中的参与度低，管理职责无从体现，行业自律机制不健全，自我管理、自我约束力功能得不到有效的发挥。

（二）从业人员易发生违法犯罪行为

改革行政审批后，特种行业的从业人员法律意识淡薄，对治安管理产生了误解。他们认为，既然取消了公安前置行政审批，行业的开业无需经过公安机关的审查和办理有关证件，其经营活动当然不受公安机关的管理。特别是在不法利益驱动下，特种行业从业人员容易铤而走险，导致使特种行业出现许多违法犯罪的现象。

（三）特种行业内部安全设施较薄弱

取消行政审批后，特种行业数量急剧上升，因此容易出现"质量"下降的现象，行业内的一些硬件设施规定，如消防安全措施无法有效落实。有些特种行业对房屋结构、装潢等硬件设施有特殊的要求，以往通过审批途径，在施工或设计时必须进行审核把关，硬件设施不合格就无法开业，这在一定程度上保障了行业内部安全。但审批改革之后，这些硬件设施出现的问题就只能在事后检查中发现，给整改带来了很大的难度。

三、特种行业管理的原则

（一）规范管理

公安机关对特种行业的审批备案、日常动态监管、摸底调查、健全档案簿册、落实行业治安管理制度与措施等治安管理工作制度化，使特种行业执法规范化、管理工作规范化。同时把特种行业的硬件设施、技术防范、日常管理、从业人员管理、保安管理等工作制度化，用法律和制度规范经营者的经营行为，落实经营者的治安管理责任。

（二）精确打击

治安部门在特种行业管理过程中，应以收集特种行业治安情报信息为支撑，通过加强对特种行业的管理，充分运用侦查措施和现代科技装备，收集、固定和准确运用证据，以最低的成本达到成功打击特种行业中出现的各种犯罪。构建以信息为主导、以高效化为目标、以专业化为前提、以科技化为支撑的工作模式，实现预防、发现、打击特种行业内违法犯罪活动的目标，保障特种行业健康有序地发展。

（三）文明执法

特种行业管理过程中，公安机关应正确、合法、合理、及时地执行有关特种行业管理的法律、法规与规范性文件。执法过程中做到"以人为本"，依法保障行业经营者的合法权益，做到依法办事与公平、公正、文明执法；严格遵守职业道德，遵纪守法，讲究方式、方法，坚持廉洁、高效、文明执勤，真正体现"立警为公、执法为民"的宗旨。

（四）服务发展

公安机关对特种行业的治安管理要抓住"维护社会治安、服务经济建设"这个中心，树立"管理就是服务"的观念，寓管理于服务之中；按照公安行政管理"简便手续、公开规则、规范程序、科学操作"的要求，改进工作作风，提高服务水平，以依法管理、规范管理为手段，为特种行业的正当经营活动创造安定、良好的治安环境。

四、特种行业管理的基本方法

（一）夯实基础，提高阵地控制能力

新形势下的特种行业管理是公安机关的一项基础性工作，特种行业是犯罪分子"吃、住、行、销、乐"的场所，治安部门应加强对特种行业执法和检查的力度，依靠特种行业的经营者、从业人员和行业服务对象，布建治安信息员，在特种行业中有效构筑起多层次的控制网络，确保犯罪分子进入特种行业后能发现得了、控制得住、查证及时，提高阵地控制能力。

（二）明确责任，健全日常管理制度

各级治安管理部门要明确特种行业治安管理的责任，明确自身的职责、任务和工作纪律，特种行业经营者也要明确治安管理责任。健全特种行业"谁主管、谁负责"的治安责任制和日常监督检查制度；指导特种行业健全岗位责任制度、安全保卫制度、巡视检查制度、情况报告制度等内部管理制度；健全特种行业从业人员档案制度、从业人员治安及安全知识培训制度。

（三）强化领导，建立监督制约机制

治安管理部门要强化领导，不断探索特种行业管理新机制，建立健全监督制约机制。建立和完善行使特种行业行政管理权的监督制约机制，保证治安管理部门依法行政，避免行政不作为、滥用职权与越权行政；建立特种行业经营者履行治安管理义务监督制约机制，通过建立制度，促使经营者自觉提高维护行业治安秩序的主动性，促进行业合法经营。

公安机关治安管理部门在强化特种行业基础工作时，各地公安机关应有计划、有步骤地对特种行业实行计算机信息化管理，建立、完善特种行业治安管理信息系统，将从业人员、经营项目、地理位置、服务对象等基本情况纳入信息化管理、提高治安管理能力和管理水平。

五、完善特种行业管理的措施

（一）完善特种行业治安管理法规

计划经济时期，公安机关对特种行业进行治安管理主要是采取行政手段，法律、法规仍不够完善。但随着我国市场经济的逐步完善和人们法制意识的提高，特种行业治安管理相关法律、法规的立、改、废工作就显得尤为迫切。2005 年，公安部会同商务部对《典当行管理办法》、《典当业治安管理办法》予以修订，合二为一，于 2005 年3 月发布实施了《典当管理办法》。商务主管部门对典当业实施监督管理，公安机关对典当业进行治安管理。公安机关应深入到特种行业中去，及时、全面了解特种行业治安管理中出现的新情况和新问题。对目前尚未制定的行政法规或规定不全面的，可提出立法建议，报请省人大颁布地方性法规或公安部颁布部门规章。

（二）强化特种行业内部安全管理

公安机关若要强化安全管理，就要根据社会治安"谁主管、谁负责"的原则，落实法人代表、经理责任制，明确特种行业经营业主为第一责任人，并签订治安责任状，明确他们在治安管理过程中的职责、权限和工作失职时应承担的相应责任。同时，要建立安全评比制度，对经营守法好的单位进行表彰，对存在治安隐患和漏洞的单位，要责令其限期整改。

对从业人员开展教育与培训，特种行业与其他行业治安管理的不同之处在于经营者和从业人员常与犯罪分子直接接触或交易。因此对特种行业中从业人员开展教育和培训是强化安全管理的重要组成部分。公安机关对从业人员开展教育与培训，一要提高从业人员的法律意识和自律意识，促使其守法经营；二要加强特种行业从业人员业务培训，不断提高其业务水平，提高从业人员自防、发现、控制违法犯罪的能力。

增加对特种行业安全设施的投入，合法、规范的特种行业硬件设施是治安防范的第一道屏障，对减少治安事件起着重要的作用。因此，在管理特种行业的过程中，公安民警应将规范场所的硬件设施作为管理的基础，严格要求各经营单位的硬件设施必须达到国家有关法律法规的要求，对达不到要求的，依法作出责令整改决定，有重大隐患或与国家要求差距较大的，可建议工商部门撤销其营业资格。

（三）明确公安机关特种行业治安管理的职责

公安机关依据国家的治安管理法规，健全治安防范体制，指导特种行业建立、健全各项安全规章制度和落实安全防范措施工作；掌握特种行业经营者、从业人员的基本情况，对经营者和从业人员开展治安业务培训，提高其预防、发现和打击违法犯罪活动与防止治安灾害事故的能力；定期或不定期地对特种行业进行安全检查，及时发现和消除治安隐患；维护行业内的正常秩序，保护合法经营，打击和查处发生在特种行业中的各类违法犯罪活动并及时通报有关部门，查缴各类违禁物品或赃物。

（四）建立健全公安机关特种行业治安管理的制度

1. 告知备案制度

对于目前仍保留的旅馆业、印章业、典当业的治安行政审批，公安机关应当严格按照《中华人民共和国行政许可法》的规定，坚持公开、公正、便民和效率的原则，做好特种行业的行政许可。对公安机关不再审批而又有必要纳入重点监管的特种行业，如印刷业、废旧金属收购业等行业应建立告知备案制度，与其他行政部门互通情况信息，形成管理合力。

2. 信息制度

在特种行业治安管理中进行信息化建设是建立公安机关"打、防、控"一体化建设的重要内容，是特种行业防控体系有效运转的前提和基础。目前，特种行业治安管理中已建立并推广了旅馆业、印章业、机动车修理业、报废汽车回收（拆解）业、印刷业治安管理信息系统，取得了良好的效果。在特种行业治安管理中推广和应用治安信息系统，是提高工作效率、增强工作针对性和实效性的必由之路。

3. 检查制度

改革审批制度后，加强对特种行业事中和事后监督的一个重要手段就是要加强检查，确实做好特种行业的管理防范工作。一要制定检查工作的标准及规范，细化检查内容；二要明确派出所对辖区内特种行业日常检查的责任，做到底数清、情况明；三要建立行业业主和从业人员档案，明确规定凡受到公安机关处理、被取消经营行为的人员，今后不得从事此类经营活动。

4. 考核制度

取消行政审批后，对特种行业可以采取记分考核、星级评审、挂牌警示等方式实施监督管理。通过实行等级评定制度，可以提高业主抓治安的责任心和积极性，实现执法公开化和日常检查的规范化；改变民警检查随意的局面，使检查工作有章可循、有据可依。与此同时，将考核制度与工商年检诚信制度挂钩，对为牟取利益而进行违法活动情节较重的特种行业，通报工商部门，给予降低信用等级、暂缓年检、注册或吊销营业执照等处理。

（五）依法打击特种行业内的违法犯罪活动

打击和防范始终是公安机关的两个"拳头"，公安机关既要运用常规检查等日常防范的"拳头"，也要运用国家赋予公安机关依法打击的"拳头"，加大对特种行业违法犯罪活动的查处力度。广辟信息来源，通过布建治安信息员等方法，及时收集掌握违法犯罪信息；严厉打击行业内的违法犯罪活动的组织者、策划者、为首者和保护伞；对违法经营业主应追究刑事责任的要坚决予以追究；适时开展专项斗争和专项整治行动，保障特种行业健康有序地发展。

项目二　旅馆业治安管理

一、旅馆业治安管理的含义和范围

旅馆业治安管理是特种行业治安管理中最复杂、最繁重的一项管理。我国实施改革开放以来，经济活跃、交往频繁，出现了人、财、物的大流动，促进和推动了旅馆业的快速发展。旅馆业的发展一方面促进了经济的发展；另一方面也愈来愈成为犯罪分子藏身的落脚点和侵害他人的作案地点，一些逃犯、通缉犯等不法分子经常利用旅馆客房的封闭性等特点，混迹于旅客之中，栖身、藏匿于旅馆之内，并寻找侵害对象，伺机作案。这不仅对旅馆的安全构成潜在的危险，而且直接威胁到广大旅客的财物和生命安全。为保障旅馆业的正常经营和旅客的生命财产安全，加强旅馆业的治安管理工作，有效预防、控制和打击违法犯罪活动十分必要。

旅馆业是指为旅客提供住宿条件以及餐饮等多种综合性服务项目的行业。根据《旅馆业治安管理办法》第二条规定：旅馆、饭店、宾馆、招待所、客货栈、车马店、浴池等，不论是国营、集体经营，还是合伙经营、个体经营、中外合资、中外合作经营；不论是专营，还是兼营；不论是常年经营，还是季节性经营；都属于特种行业管理中旅馆业的范畴。

二、旅馆业的治安特点

【案例 7-1】

2005 年 6 月 10 日，广东汕头市潮南区华南宾馆发生特大火灾，受灾面积 2 800 平方米，烧毁 43 间房间，事故造成 31 人死亡，16 人受伤。火灾的直接原因是电线短路引燃周围的可燃物。该宾馆建于 1994 年，共四层，其中二层为餐厅包厢与卡拉 OK 合用，三层、四层为客房，共 84 间。

据查，该宾馆 1996 年和 2003 年经两次室内装修，但经营者均未向公安消防部门申请建筑消防设计审核和验收，擅自施工并投入使用。2003 年该宾馆重新装修后，也未依法向公安消防部门申报消防安全检查。该宾馆在设计、房间布局等方面存在重大安全隐患，通道狭窄弯曲，安全出口不足，建筑消防设施欠缺，建筑内部采用大量不合规范的材料。消防疏散通道和安全出口不符合要求，未设置自动喷淋系统等建筑消防设施。由于种种安全隐患始终未根除，最终导致特大火灾。

【问题思考】

（1）旅馆业中容易发生哪些违法犯罪行为？

（2）在治安管理中，如果疏于对特种行业管理会有怎样的后果？

【特别提醒】

旅馆业的治安管理由公安机关负责，旅馆业治安管理的法律依据有《旅馆业治安管理办法》、《治安管理处罚法》、《行政许可法》及国家或地方现行的有关旅馆业管理的法律、法规，如《广东省旅馆业治安管理规定》已于 2006 年 7 月 4 日经广东省人民政府第十届九十四次常务会议通过，自 2006 年 9 月 1 日起施行。

【应知应会】

（1）旅馆业易发生盗窃、抢劫、诈骗等案件。

旅馆业人员集中，成分复杂，流动性大，财、物集中，一旦旅馆治安管理存在漏洞或人员防范意识不强，旅客、旅馆两方面都可能被盗、被抢、被骗，旅馆从业人员、旅客、外来人员都有可能接触并作案，这都严重危害社会治安秩序。

（2）旅馆业易滋生卖淫、嫖娼、吸食毒品、赌博、传播淫秽物品等社会丑恶现象。

旅馆业出现的社会丑恶现象往往内外勾结，形式隐蔽，参与人员复杂，旅馆从业人员、旅客、外来人员都有可能参与作案，治理、打击难度大。

（3）旅馆业易发生火灾、爆炸、中毒等治安灾害事故。

旅馆人员集中，进出频繁，一些旅客甚至携带易燃、易爆等危险物品入住，一些旅馆经营者为了追求经济效益，不认真履行安全防范责任，这些危险物品在一定条件下就会引发爆炸、火灾、挤压伤亡、中毒等治安灾害事故。

（4）旅馆业容易被违法犯罪人员作为落脚隐身之处。

旅馆业的特点决定了其常被通缉犯罪嫌疑人、在逃人员、流窜犯罪人员以及其他不法分子选为藏身落脚之地，这些人员利用旅馆验证登记中存在的漏洞，使用假证件在旅馆落足藏身。

三、旅馆业治安管理的基本方法

【案例 7-2】

王某在旅游景区内利用自己的住宅房配置了一些古色古香的家具，打着"某客栈"的旗号向游客出租床位。王某的"客栈"平时客源较少，经常处于歇业状态，旅游旺季时向游客出租床位。在公安机关整顿景区内无证"客栈"的经营活动时，发现该"客栈"既不符合旅馆业开办条件，也未取得公安机关核发的《特种行业许可证》。

【问题思考】

（1）申请开办旅馆应当履行哪些审批手续？

（2）申请开办旅馆时应具备哪些安全条件？

【应知应会】

（一）严格履行审批程序

公安机关应按《旅馆业治安管理办法》及地方旅馆业治安管理的相关规定严格履行审批程序。

（1）开办旅馆，其房屋建筑、消防设备、出入口和通道等，必须符合《中华人民共和国消防法》等有关规定，并且要具备必要的防盗安全设施。

（2）申请开办旅馆，应经主管部门审查批准，经当地公安机关签署意见，向工商行政管理部门申请登记，领取营业执照后，方准开业。

（3）经批准开业的旅馆，如有歇业、转业、合并、迁移、改变名称等情况，应当在工商行政管理部门办理变更登记后 3 日内，向当地的县、市公安局、公安分局备案。

【特别提醒】

申请经营旅馆业，应当向所在地县级以上公安机关申领特种行业许可证。公安机关自接到申请之日起 20 个工作日内作出决定，对具备条件的发给特种行业许可证，对不具备条件的退回材料并说明理由。申领旅馆业特种行业许可证需填写特种行业许可证申请表，应提供以下资料：

（1）旅馆建筑物结构质量安全鉴定材料。

（2）消防部门出具的消防安全验收合格材料。

（3）房屋产权合法证明；属租赁房屋经营的，应当提供房屋租赁合同及房屋出租人产权登记合法手续。

（4）经工商行政管理部门核准的旅馆名称。

（5）旅馆法定代表人、经营管理人员情况资料。

（6）安全技术防范设施安装情况资料。

（7）旅馆业治安管理信息系统安装情况资料。

（8）标明房号、服务台、消防设备、监控设备、出入通道等平面图。

（二）建立健全内部治安管理制度，依法查处违法行为

1. 住宿验证登记制度

旅客住宿必须登记，登记工作要指定专人负责。登记时，应当查验旅客的身份证件，旅客应该按规定项目如实填写住宿登记表。

外国人和华侨、港澳台同胞，应当查验护照和有关证件，填写临时住宿登记表和华侨港澳台同胞住宿登记表。

现已有使用旅馆业治安管理信息系统对旅馆业进行数字化信息管理的地区，如广东省要求旅馆应当如实将旅客身份证件信息录入旅馆业治安管理信息系统，并在旅客入住后 3 小时内传送到旅馆行政区域内的公安机关。尚未建立旅馆业治安管理信息系统的旅馆，应将住宿登记表于当日送旅馆行政区域内公安机关。旅馆应当妥善保管住宿登记表册，保存期 1 年。

《治安管理处罚法》规定，旅馆业的工作人员对住宿的旅客不按规定登记姓名、身份证件种类和号码的，或者明知住宿的旅客将危险物质带入旅馆，不予制止的，处 200

元以上 500 元以下罚款。

2. 协查报告制度

旅馆业在经营活动过程中发现违法犯罪分子、形迹可疑人员，有义务及时向当地公安机关报告，不得知情不报或纵容、隐瞒、包庇，否则将追究相应的责任。旅馆从业人员应注意发现本旅馆的违法犯罪情况和可疑人员、可疑信息，并及时报告，熟记公安机关通缉、通报对象的特征条件，积极配合公安机关开展协查工作；旅馆负责人、从业人员应积极配合公安机关对旅馆开展治安检查；及时向公安机关报告旅馆发案、重大火灾事故、自然灾害事故或其他重大治安安全隐患情况。

《治安管理处罚法》规定，旅馆业的工作人员明知住宿的旅客是犯罪嫌疑人员或者被公安机关通缉的人员，不向公安机关报告的，处 200 元以上 500 元以下罚款；情节严重的，处 5 日以下拘留，可以并处 500 元以下罚款。

3. 预防治安灾害事故制度

公安机关治安部门应会同消防部门做好旅馆火灾、爆炸等治安灾害事故的预防与查处工作。根据《中华人民共和国消防法》规定，公安机关消防机构对机关、团体、企事业等单位遵守消防法律、法规的情况依法进行监督检查。公安派出负责日常消防监督检查、开展消防宣传教育。公安机关消防机构在消防监督检查中发现火灾隐患的，应当通知旅馆业经营者立即采取措施消除隐患；不及时消除隐患可能严重威胁公共安全的，公安机关消防机构依照规定对危险部位或者场所采取临时查封措施。

4. 依法查处违法人员

依据《旅馆业治安管理办法》、《治安管理处罚法》、《全国人民代表大会常务委员会关于严禁卖淫嫖娼的决定》等有关法律、法规对违法人员进行查处。对旅馆中发生的有关治安方面的问题、从业人员报告的违法犯罪活动，民警应及时前去调查处理；对发生的刑事案件，旅馆业经营者、从业人员要主动与刑侦部门配合。

（三）经常进行治安检查，适时布建治安信息员，建立旅馆的特种行业治安管理档案

公安机关应按要求，对旅馆业安全设施、安全措施及验证登记等管理制度是否落实等情况进行全面的治安检查。发现隐患，责令其限期整改或停业，对不认真履行治安管理义务的，要依法予以处罚。对旅馆经营管理人员、服务人员、保安人员等从业人员要定期进行安全防范知识的培训，布建治安信息员，严密阵地控制。建立健全旅馆业治安检查登记制度，做好治安信息收集，充实和完善旅馆业的治安档案，建设治安数据库，做到底数清、信息准、更新快、情况明，为日常旅馆业治安管理工作提供可靠的资料档案依据。

【特别提醒】

未经公安机关许可而擅自经营旅馆业的应予以取缔。

公安机关人民警察对旅馆检查时应按规定着装持证检查，如实记录检查情况。不允许跨区域、多警种查办旅馆内的治安案件，不得利用职权向旅馆乱摊派、乱收费、乱处罚。

对旅馆内开设舞厅、音乐茶座等娱乐、服务场所的，公安机关应按 2006 年 3 月 1 日施行的《娱乐场所管理条例》依法进行治安管理。

项目三　刻字业治安管理

一、刻字业治安管理的含义与范围

印章是权力、承诺或信用的标志，是身份、权威的标记和凭证，是公民、法人行使民事权利以及国家机关行使国家权力、对社会进行管理的重要凭证。刻字业被列为特种行业，由公安机关对其进行治安管理，规范刻字业的经营行为，查处伪造印章违法犯罪活动，是维护社会管理秩序，构建诚信社会的重要手段。

刻字业，又称印章业，是指使用机械、手工工艺、橡胶浇铸、照相制版或其他技术，对外经营刻制各种公章、戳记、钢印、名章等的行业。

印章业按所有制性质可分为三类：国有刻字厂、集体经营的刻字厂以及个体经营的刻字店、刻字摊等。按资金、人员和设备又可分为两类：一类是大中型刻字厂（包括原子印章厂），一般设备比较先进，技术复杂，人员分工较细；另一类是小型刻字店、刻字摊，多为个体经营，人员少、设备简陋，这种小型刻字店、刻字摊从业人员情况复杂，是印章业治安管理的重点。

各级党、政、军机关、民主党派、社会团体、企业事业等单位（包括这些的下属部门）的印章、各种机关单位的钢印以及合同、财务专用章均属于刻字业治安管理的范围。

《国务院关于国家行政机关和企业、事业单位印章的规定》、《民办非企业单位印章管理规定》、《社会团体印章管理规定》、《治安管理处罚法》、《行政许可法》及国家或地方现行的有关刻字业管理的法律、法规为刻字业治安管理的法律依据。

二、刻字业的治安特点

【案例 7-3】

某高校教师陈某与某地区电大分校签订《职业技术培训协议书》，约定陈某以"某广播电视大学某分校培训部"名义对外招生，并提供印章，每月收取管理费若干元，陈某打着"包分配工作，户口可迁入城市，获国家干部待遇"的旗号，大量收取考生的赞助费，但到了学生毕业时却不能兑现先前的承诺，学生最后将此事告到法院要求陈某赔偿他们的损失，但是陈某已经无处查找，法院最终判决电大分校赔偿 200 名学生被骗的赞助费和其他损失共计 300 万元。

【问题思考】

（1）以上案例中陈某收了钱，最后法院却判电大分校赔偿学生损失，是否有失公允？

（2）印章有哪些重要作用？

【应知应会】

（1）违法人员以假骗假，以伪造的"合法"手续、证明文件、身份等，欺骗刻字业从业人员为其刻制所需印章。

（2）违法人员利用个人关系以重金拉拢，收买刻字业人员超越经营范围为其非法刻制印章。

（3）违法人员与刻字业少数内部职工勾结，共同违法犯罪。

【特别提醒】

刻字业《特种行业许可证》由公安机关负责核发。

公安机关对刻字业的治安管理，管理对象不仅限于刻字企业，对使用公章的单位同样履行监管的职责，公安机关通过行使公章准刻审批权，加强印章刻制、变更、建档、缴销的管理，以确保印章的正确性、有效性。

三、刻字业治安管理的基本方法

【案例7-4】

凌某为购置设备，某夜里从县建行某储蓄所盗取可转让定期存单数张后，又为伪造该储蓄所公章，他找到私人刻章店的张某，以刻一枚公章1 000元、两枚私章500元的高价，获得一枚公章和两枚私章，成功制作了存单和证明书。将这些存单和证明书抵押从该县农业银行贷款数万元，购置车床、砂轮机等设备。后因经营不善无力偿还贷款，设备被公安机关扣留抵作货款，法院以伪造证件、印章罪判处其有期徒刑一年零六个月，张某作为从犯也被追究刑事责任。

【问题思考】

（1）案例中张某为什么要被追究刑事责任？

（2）疏于印章业的管理会产生哪些严重后果？

【应知应会】

（一）严格开业审批

公安部发布的《关于加强刻字业治安管理打击伪造印章犯罪活动的通告》中规定，凡经营刻字业务的单位和个人须经当地县、市（区）以上公安机关审查同意；申请经营原子印章的，还须经所在地省、自治区、直辖市公安厅、局审查批准，向工商行政管理部门申请登记，领取营业执照后，方可开业；未经审查，核准登记的单位和个人，一律不准从事刻制公章的业务。禁止在公共场所摆摊经营刻字业务，个体刻字人员须在当地公安机关指定的地点经营刻字业务。

（二）指导建立健全治安管理基本制度

1. 审批备案制度

刻字企业开业需向公安机关申领《特种行业许可证》，歇业、转业、合并、迁移、变更名称或其负责人的，应向原发证公安机关备案。

2. 承接验证、登记制度

刻字企业承接公章（钢印、戳记）刻制业务时，应查验委托刻制单位的单位证明、委托刻制人的身份证件，以及县、市（区）级以上公安机关出具的《刻制印章通知单》。

刻字企业承刻单字、科目、账号、收发文件等印章时，应查验委托刻制单位的介绍信，个人委刻该类印章的，要凭本人身份证和个体营业执照。

刻字企业要建立专门的登记簿册，对承刻的印章由专人负责登记。登记内容包括委托单位证明、介绍信，要刻制什么样的印章，使用的是何种材料，是否监制，取货日期等。个体摊点承制个人名章，也必须进行登记，内容包括委刻人的姓名、性别、年龄、工作单位、住址、居民身份证号码等，并将登记簿册妥善保管，以备检查。

3. 监制、保管、交货制度

承刻重点单位、要害部门的公章时，要在指定的保密车间或特定的工作室指定专人刻制，委托单位派人监督。承制过程中的成品、半成品以及样品要专人专柜严格保管，防止被盗和丢失。试刻的样品和损坏的残品、废品，必须在监销人员的监督下进行销毁。底版、图案、设计样品，应全部归还委刻单位，刻字企业不允许留样或仿制。

委刻单位取货时要办理签字手续，取货人要持单位证明和本人身份证，在登记簿上签收，并注明件数。承制单位在交货时应严格把好关，仔细验证，在手续完备的条件下，才可以交货。

4. 情况报告制度

印章业经营者必须接受公安机关的治安管理和监督。负责人和从业人员在工作中应随时提高警惕，注意发现和控制违法犯罪嫌疑人，主动及时向公安机关治安管理部门报告情况，并应积极协助公安机关进行调查处理。

5. 安全保卫责任制度

依据"谁主管、谁负责"的原则，有条件的印章业应建立内部治安保卫组织或设置专人负责保卫工作，加强内部安全防范，发现私刻、伪造、仿造印章的违法犯罪活动和可疑情况，要及时报告公安机关。

（三）建立印章治安管理信息系统

2000 年 4 月 1 日公安部以公共安全行业强制性标准形式颁布实施的《印章治安管理信息系统标准》，对印章信息编码、印章信息代码、印章图像的数据格式、数据结果、数据交换格式、主页规范、基本功能、印章自动识别系统的性能指标和监测方法等都作了具体规定。印章治安管理信息系统采用信息和网络技术，是科技手段加强对印章业治安管理的一项新举措。

（四）依法处罚违反刻字业治安管理有关法规的行为

依据《治安管理处罚法》、《刑法》等有关法律、法规对违法、违规行为进行查处。

公安机关应对刻字业加强监督检查，堵塞漏洞，布建治安信息员，严密阵地控制、信息收集，建设治安管理数据库，为刻字业治安管理工作提供可靠的资料档案依据。

【特别提醒】

《治安管理处罚法》第五十二条规定，伪造、变造或者买卖国家机关、人民团体、企事业单位或者其他组织的印章的，处 10 日以上 15 日以下拘留，可以并处 1 000 元以下罚款；情节较轻的，处 5 日以上 10 日以下拘留，可以并处 500 元以下罚款。

《刑法》第二百八十条第二款规定，犯伪造公司、企业、事业单位、人民团体印章罪的，将被处以 3 年以下有期徒刑、拘役、管制或者剥夺政治权利。

项目四　印刷业治安管理

一、印刷业的治安管理含义和范围

【应知应会】

随着现代科学技术在印刷业中的应用，印刷、复印涉及的范围和内容日益广泛，情况日趋复杂。一些印刷企业见利忘义，被犯罪分子利用，印刷、复制淫秽书刊、封建迷信物品、反动宣传资料，甚至非法制作法定证件、有价证券、机密文件等，因此国家把印刷业纳入特种行业由公安机关进行特殊的治安管理。

印刷业是指使用机械、电子、激光、化学刻板技术从事印刷或复印各种出版物、包装装潢印刷品及其他印刷品等印刷经营活动的行业。

出版物包括报纸、期刊、书籍、地图、年画、图片、挂历、画册及音像制品、电子出版物的装帧封面等；包装装潢印刷品包括商标标识、广告宣传品及作为产品包装装潢的纸、金属、塑料等印刷品；其他印刷品包括文件、资料、图表、票证、名片等。

以营利为目的的专营或兼营印刷、复印各种出版物、包装装潢印刷品及其他印刷品的印刷经营活动的行业是公安机关对印刷业的管理范围。

《印刷业管理条例》、《印刷品承印管理规定》、《治安管理处罚法》及国家或地方现行的有关治安管理的法律、法规是印刷业治安管理过程中的法律依据。

《印刷品承印管理规定》第五条规定：县级以上出版行政部门、公安部门指导其行政区域内印刷业经营者建立各项管理制度，并负责监督检查印刷业经营者各项管理制度的实施情况，对印刷业进行特殊的治安管理仍是公安机关的法定职责。

二、印刷业的治安特点

【案例7-5】

某开发区组织新闻出版管理办公室、公安、工商、质检、"扫黄"办等部门联合对辖区印刷企业开展专项整治工作。发现某印刷有限公司"六项制度"不健全、违规印刷《某港湾》非法内部资料性出版物，执法部门下达了限期整改通知书，并按照有关规定分别给予8 000余元、10 000余元的罚款处理。

【问题思考】

（1）案例中的"六项制度"不健全指的是哪些管理制度？

（2）怎样才能对印刷业进行有效治安管理，即管好而不管死？

【应知应会】

（1）违反规定擅自成立印刷企业或者从事印刷经营活动的现象较为突出。

（2）印刷业内制假、贩假等违法犯罪活动较为突出。

（3）印刷、复制淫秽书刊、封建迷信物品、反动宣传资料等违法犯罪活动较为突出。

（4）印刷、复制国家机密文件、科技情报和企业商业秘密资料，严重失、泄、窃密的违法行为较为突出。

公安机关应针对印刷业的治安特点，对其定期和不定期进行治安安全检查，预防、发现和依法打击印刷业内发生的违法犯罪行为，积极构筑印刷业治安管理防控一体化机制。

三、印刷业治安管理的基本方法

（一）开业审批备案制度

国家实行印刷经营许可制度。未按规定取得印刷经营许可证的，任何单位和个人不得从事印刷经营活动。设立从事出版物、包装装潢印刷品和其他印刷品印刷经营活动的企业，应当向所在地省、自治区、直辖市人民政府出版行政部门提出申请；其中，设立专门从事名片印刷的企业，应当向所在地县级人民政府出版行政部门提出申请。申请人经审核批准的，取得印刷经营许可证；持印刷经营许可证向公安部门提出申请，经核准，取得特种行业许可证后，持印刷经营许可证、特种行业许可证向工商行政管理部门申请登记注册，取得营业执照。

（二）建立印刷业的特种行业治安管理档案

印刷业治安管理档案是公安机关管理印刷业的基础，公安机关应结合印刷业的特点，做好治安信息收集，建设治安管理档案信息数据库，为日常印刷业治安管理工作提供可靠的资料档案依据。

（三）建立治保组织，加强从业人员的安全教育培训

公安机关要指导印刷企业建立保卫或保安、治保组织，指导其做好本企业各项治安保卫工作。在印刷业的重要岗位布建治安信息员，及时掌握各类信息。对印刷业从业人员应进行定期和不定期的法制教育和业务培训，提高其法律意识和预防、发现、控制违法犯罪分子的能力；加强对从业人员的消防安全教育，减少火灾等治安灾害事故的发生。

（四）指导建立健全安全管理制度

1. 承印验证制度

印刷业经营者接受委托印刷各种印刷品时，应当依照《印刷业管理条例》等法规、规章的规定，验证委印单位及委印人的证明文件，收存相应的复印件备查。

2. 承印登记制度

印刷业经营者对承印的印刷品，应进行登记，写明委托印刷单位及委印人的名称、姓名、住址，经手人的姓名、身份证号码和联系电话，委托印刷的印刷品的名称、数量、交货日期等。

3. 印刷品保管制度

印刷业经营者对承印印件的原稿（或电子文档）、校样、印版、底片、半成品、成品及印刷品的样本应当妥善保管，不得损毁。

4. 印刷品交付制度

印刷业经营者每完成一种印刷品的印刷业务后，应当认真清点印刷品数量，登记台账，并根据合同的规定将印刷成品、原稿（或电子文档）、底片、印版、校样等全部交付委托印刷单位或者个人，不得擅自留存。

5. 印刷活动残次品销毁制度

对印刷活动中产生的残次品，应当按实际数量登记造册；对不能修复并履行交付的，应当予以销毁。属于国家秘密载体或者特种印刷品的，应当根据国家有关规定及时销毁。

6. 情况报告制度

印刷业经营者在印刷经营活动中发现违法犯罪行为，应当及时向所在地公安部门、出版行政部门报告。

（五）经常进行治安检查

检查印刷业各项安全管理制度是否健全，是否按要求进行经营活动，是否存在非法出版，是否涉及反动、淫秽、封建迷信等内容；检查安全保卫、消防设施是否齐全，制度是否健全。通过检查，发现有违法违规行为的，应依法给予处罚和责令限期整改。

（六）密切联系有关部门，齐抓共管

公安机关应积极与新闻出版、工商等有关职能部门建立协作网络，充分履行各自职能，努力实现印刷业治安问题的综合治理。

（七）依法处罚各种违法行为

公安机关应加大对印刷业日常的清理整顿力度，按照《印刷业管理条例》、《治安管理处罚法》、《刑法》等法律、法规的规定严肃查处违法、违规行为。公安机关在印刷业治安管理工作中应积极发挥行业自身的主观能动性，建立印刷业治安管理协会，建立与完善监督制约机制，实现行业自我管理和自我监督。

项目五　废旧金属收购业的治安管理

一、对废旧金属收购业实施治安管理的法律依据

生产性废旧金属是指用于建筑、铁路、通信、电力、水利、油田、国防及其他领域，并已失去原有使用价值的金属材料和金属制品，包括废钢铁、废合金钢、废有色金属、废稀贵金属等。非生产性废旧金属是指城乡居民及企事业单位用于生活资料和农村居民用于农业生产的小型农具，已失去原有的使用价值后的金属制品。

公安机关对废旧金属收购业实施治安管理的主要依据是经国务院批准（1994 年 1 月 5 日）、公安部于 1994 年 1 月 25 日发布实施的《废旧金属收购业治安管理办法》（公安部令第 16 号）。

【特别提醒】

为了规范收购废旧金属的经营活动，促进其健康发展，2007 年 3 月 27 日，商务部、国家发展和改革委员会、公安部、建设部、国家工商行政管理总局、国家环境保护总局联合发布了《再生资源回收管理办法》（以下简称《办法》），该《办法》对从事回收废旧金属的企业及回收经营者应当履行的程序作出了规定，规定回收生产性废旧金属的再生资源回收企业和回收非生产性废旧金属的再生资源回收经营者，应当在取得工商行政管理部门核发的营业执照后 15 日内，向所在地县级人民政府公安机关备案。该《办法》明确规定公安机关对回收废旧金属的再生资源回收经营者的备案制度，

其目的是有效遏制和查处生产性废旧金属回收过程中存在的违法犯罪活动。备案制度是事后备案，并非许可式备案，且备案不收取任何费用。

二、废旧金属收购业的治安特点

【案例 7-6】

1. 某市在开展打击盗窃、破坏电力设备等涉电犯罪专项行动中发现，一家废旧金属收购站点从 2010 年 4 月至 8 月收购铝线 1 000 多公斤，该站点经营者所出示的出售人员的 38 张居民身份证号码没有一个是真实的，以致公安机关无法确定收购铝线的真实来源。

2. 2011 年 2 月 3 日晚，广西壮族自治区某县农民石某（男，23 岁）与张某（男，45 岁）盗窃了西北电力建设第一工程公司广西分公司留守处仓库中的放射源材料并误以为是废铁球（体积有足球大小），石某连夜将该物品及盗窃的一扇铁门卖给了废品回收人员杨某，20 公斤的"废铁球"和铁门共卖得赃款 160 元。

【问题思考】

(1) 通过以上案例，总结我国废旧金属收购业存在怎样的特点？

(2) 如何对废旧金属收购业进行科学有效管理？

【应知应会】

(1) 非法从事废旧物资收购的活动突出。

随着改革开放政策的进一步深化，我国废旧金属收购业发展迅猛。一方面，它促进了再生资源的利用，解决了部分人员的就业等问题；另一方面，它也不可避免地带来一些新情况、新问题，特别是国家取消公安机关对申请经营废旧金属收购业务的许可制度之后，废旧金属收购业因无序发展，收赃、销赃等违法犯罪活动比较严重，从某种程度上诱发了以铁路、电力、通信、油田、城市共用设施等以及工业原材料为目标的盗窃案件的发生。

大多数废旧经营者不按照国家的有关规定经营，既不查验出售废旧金属人员的相关身份证件及有效证明，也不记录出售人的姓名住址、身份证号码以及收购物品的名称、数量、规格等，甚至没有登记台账，违法违规经营问题相当普遍。

(2) 直接危及广大人民群众的生命安全。

一些收购站点违法收购铁路、电力、通信、油田、城市公用设施等国家明令禁止物品，还有个别收购站点经营者及个人因无知竟然收购盗窃来的放射性物品。一些地方的收购站点经营者为了争夺收购权，招募社会闲散人员，以设卡堵厂、拦车打砸等非法手段，阻止其他同行与本地的工厂进行废旧物资的购销活动。个别地方的一些黑恶势力为了获取高额利润，甚至以参股、充当保护伞等手段向废旧金属收购行业进行渗透。

(3) 收赃、销赃、窝赃违法犯罪活动较严重，诱发盗窃工业设施、原料等案件发生。

由于从事废旧金属收购业务需要的成本低，且利润可观，导致经营者之间的竞争进一步加剧，部分废品收购站点经营者已从隐蔽逐步转向公开。一些废品收购经营者置国家法律、法规于不顾，大肆收赃、销赃，小到电线电缆，大到家电、机动车，只要有利可图，什么都敢收，少数废品收购站点更与不法分子相互勾结，收赃、销赃，从中渔利。

【特别提醒】

公安机关机关在办案过程中总结出废品收购站对其收购赃物处理的几种方法：一是将一些成品钢材、建材、电机等物资按照略低于成品的价格出售给一些商店、企业；二是将一些铁路、市政中的井盖、护栏、交通指示牌等公共设施毁坏，夹带在其他废料中，按照废铁价格出售给一些冶炼企业；三是将自行车、电视机、空调机等赃物改装处理后，出售给一些单位及市民；四是将一些电缆线、工具等赃物进行重新整理后，出售给一些施工单位。从近年来破获的一些收赃、销赃案件来看，废品收购人员的作用不容忽视。有的收购人员租赁私房用于存放来路不明的物品及赃物；有的收购人员与盗窃犯罪分子相互串通，预定时间及地点，交易后迅速转移赃物；有的收购人员使用切割设备将收购的赃物化整为零，给公安机关调查取证增加了难度。

三、废旧金属收购业治安管理的基本方法

（一）建立废旧金属收购业的特种行业治安管理档案

废旧金属收购业治安管理档案是公安机关重要的情报源，公安机关应结合废旧金属收购业的特点，对废旧金属收购业的开业备案情况、从业人员情况、企业的地址与联系方式情况、布建治安信息员情况等治安管理工作中形成的材料进行归档，做到逐户立卷、分类存放、专人管理。

（二）指导建立健全治安管理基本制度

1. 备案制度

公安机关对废旧金属收购业实行备案制度。收购生产性废旧金属企业和收购非生产性废旧金属企业和个体工商户，领取营业执照，向公安机关备案后，方准开业。

2. 专点收购制度

生产性废旧金属，按照有关规定由有权经营生产性废旧金属收购业的企业收购。收购废旧金属的其他企业和个体工商户只能收购非生产性废旧金属，不得收购生产性废旧金属。

3. "禁设区"和"禁收"制度

在铁路、矿区、油田、港口、机场、施工工地、军事禁区和金属冶炼加工企业附近，不得设点收购废旧金属。收购废旧金属的企业和个体工商户不得收购下列金属物品：枪支、弹药和爆炸物品，剧毒、放射性物品及其容器，铁路、油田、电信通信、矿山、测量和城市公用设施等专用器材以及公安机关通报寻查的赃物或者有赃物嫌疑的物品。

4. 登记和情况报告制度

收购废旧金属的企业在收购生产性废旧金属时，应当查验出售单位开具的证明，对出售单位的名称和经办人的姓名、身份证号码以及物品名称、数量、规格、新旧程度等信息如实进行登记。发现有出售公安机关通报寻查的赃物或者有赃物嫌疑的物品，应当立即向公安机关报告。

（三）建立保卫或治保组织和治安信息员

在经营者和从业人员中建立治保组织，物色和布建治安信息员，扩大治安信息源，及时掌握废旧金属收购业动态，化被动为主动，精确打击，以建立举报奖励制度等方

式发动从业人员举报，增强阵地控制能力。

（四）加强从业人员的教育培训

通过对废旧金属收购业从业人员进行定期和不定期的法制教育和业务培训，提高其法律意识，提高预防、发现、控制违法犯罪分子的能力，不断提高他们依法经营、遵纪守法的自觉性。

（五）经常性的治安检查

公安机关根据本地实际情况，加强对废旧金属收购业的日常巡查，随时掌握废旧金属收购业的治安状况，避免漏管、失控，实现对废旧金属收购业的实时、动态管理。

对废旧金属收购业实行治安管理，要掌握其经营特点和规律，做到"加强管理、经常检查、善于总结、发现规律"。

项目六　典当业的治安管理

一、典当业的发展历史

典当是指当户将其动产、财产权利作为当物质押或者将其房地产作为当物抵押给典当行，交付一定比例费用，取得当金，并在约定期限内支付当金利息、偿还当金、赎回当物的行为。当户与典当行之间通过质押、抵押借贷行为，形成了法律上的典当关系，即一种特殊的质押、抵押担保关系和一种特殊的债权债务关系，其特殊性在于这种关系起止生灭于典当行，双方关系成立于"当"，解除于"赎"。典当行是这两种特殊关系成立与解除、发生与停止的固定场所。

1987年12月，成都华茂典当行开业，标志着我国实施改革开放以来典当行的恢复。此后，各地典当行如雨后春笋般复出，为中小企业尤其是私营企业及个人融资等提供了方便。与此同时，典当行的经营业务容易被违法犯罪分子利用进行销赃等活动，一些不法分子利用其销赃等违法犯罪活动也正在凸显。

公安机关对典当业实施治安管理的主要依据是2004年7月1日国务院公布实施的《对确需保留的行政审批项目设定行政许可的决定》（国务院令第412号）（以下简称《决定》），在该《决定》中规定县级以上地方人民政府公安机关核发典当业《特种行业许可证》。

《典当管理办法》中对典当行的设立、变更、终止，经营范围，经营规则，监督管理，法律责任等作出了具体规定。该《办法》包含了典当行应当建立的安全制度；申请人申领公安机关核发的《特种行业许可证》；典当行如实记录质押当物和当户的信息，并按照所在地县级公安机关的要求报送备查等治安管理的规定。

【特别提醒】

商务主管部门对典当业实施监督管理，公安机关对典当业进行治安管理。

申请人领取《典当经营许可证》后，应当在10日内向所在地县级人民政府公安机关申请典当行《特种行业许可证》。

二、典当业的治安特点

【案例 7-7】

2009 年 7 月至 2011 年 1 月，犯罪分子张某采用翻墙、翻窗入室的手法，先后作案 20 余起，盗窃了价值 3 万余元的金戒指、金手镯等财物。张某除了将个别金器卖给了个体金银加工店之外，其余的赃物都通过金银加工店重新打制成金戒指典当给了典当行，并非法获赃款 10 000 余元。公安机关在调查取证过程中发现，尽管个别典当行要求张某典当金首饰时出具居民身份证，但是，张某几次都是借用他人的居民身份证照当不误，销赃十分顺手。

【问题思考】

（1）通过以上案例，分析当前我国典当业治安管理呈现怎样的特点？

（2）如何对典当业进行科学有效的管理？

【应知应会】

（1）非法经营或者变相经营典当业务，暗中从事高利贷活动。

商务部会同沿海某发达省份有关部门的调查显示，近年，典当行的质押利息通常在 10% 至 30%，个别的利息竟然高达 150%，主要采取缩短典当期限的手法，以掩盖其高利贷的本质。一些典当行经营者还向参赌人员放高利贷，为其提供赌资。一些典当行实际上已成为犯罪团伙及个人销赃的重要渠道，个别典当行经营者甚至通过放高利贷为赌博团伙提供赌资。一些地方因违规典当行发放高利贷发生的绑架、故意伤害等刑事案件也屡见不鲜。

（2）合法典当行违规经营，为销赃、洗钱等不法活动活动提供便利条件。

典当业由于其经营内容及其业务的特殊性，历来是不法分子销赃的重要处所。20 世纪 90 年代，我国典当业处于恢复时期，并逐步达到高峰，一些典当行销赃等违法犯罪活动是典当业中存在的主要治安问题，有的超范围经营，甚至开设地下钱庄，给当地社会治安留下了诸多隐患。进入 21 世纪以来，典当行销赃问题仍然存在，在一些地方还比较突出。

（3）典当行成为诈骗、盗窃、抢劫等违法犯罪活动的侵害目标。

近年来一些不法分子将典当行作为侵害的重要目标之一，实施以侵财犯罪活动，值得引起典当经营者的高度警惕。

【特别提醒】

典当行销赃有以下特点：

①案犯销赃的价值高。

当典当行经营者及从业人员发现当户所持证件、相关证明及当物来源有问题时，将对当户的疑点视而不见作为一种"条件"，尽力压低典金，待当物绝当后，从中牟取取暴利。这实际上是形成了彼此的"默契"。

②销赃对象固定。

一些犯罪分子经常在一个或者几个关系密切，并认为"可靠"的典当行中进行交易，成为这类典当行的常客，以防露出马脚；二是销赃手法隐蔽。

③单独与典当行交易，难以被发现。

一些典当行经营者与销赃者交易后不开发票，不留痕迹，也不将获取的赃物公开处理，而是通过私下转卖。这种不法经营方式因为隐蔽性较强，即便发现，处理时也有一定难度。

④赃物转移灵活。

一些犯罪分子到典当行销赃的物品分量较轻，携带方便，转卖也比较灵活。当公安机关人员发现线索时，赃物往往已被转卖。

三、典当业治安管理的基本方法

【案例7-8】

1. 2009年2月24日凌晨2时左右，犯罪分子张某进入某市和平区盘锦路某典当行盗窃了保险柜中的14公斤金饰品及10 000余元人民币、3部手机、1部照相机，总价值20余万元。2009年4月1日凌晨，张某进入某市和平区中山路某典当行，盗窃存入柜台准备寄售的价值38万元的劳力士满天星金表1块，后被抓获。

2. 2010年9月，案犯李某与秦某合伙诈骗典当行的钱财。李某通过专门贩卖假证件的庄某，花6万元高价购买了5张房产证和两张驾驶证后，由秦某出面实施了一系列针对典当行的诈骗活动。2010年11月8日，秦某到某市新南门华益典当行谎称其在金沙路的房屋是其私房，并带典当行工作人员到实地查看房，秦某用伪造的房产证及居民身份证作为抵押，骗取5万元现金。之后，在几天之内，秦某连续在某市的多家典当行作案6起，诈骗典当行的现金26万元及汽车1台。

【问题思考】

（1）从以上案例中，说明典当业治安管理过程中存在哪些问题？

（2）如何进一步加强典当业的治安管理？

（一）严格履行审批程序

申请人领取《典当经营许可证》后，应当在10日内向所在地县级人民政府公安机关申请典当行《特种行业许可证》，并提供下列材料：

（1）申请报告。

（2）《典当经营许可证》及复印件。

（3）法定代表人、个人股东和其他高级管理人员的简历及有效身份证件复印件。

（4）法定代表人、个人股东和其他高级管理人员的户口所在地县级人民政府公安机关出具的无故意犯罪记录证明。

（5）典当行经营场所及保管库房平面图、建筑结构图。

（6）录像设备、防护设施、保险箱（柜、库）及消防设施安装、设置位置分布图。

（7）各项治安保卫、消防安全管理制度。

（8）治安保卫组织或者治安保卫人员的基本情况。

（二）指导监督典当行建立、健全安全制度

根据《典当行管理办法》第九条规定，典当行应当建立、健全以下安全制度：

（1）收当、续当、赎当查验证件（照）制度。

（2）当物查验、保管制度。

（3）通缉协查核对制度。

（4）可疑情况报告制度。

（5）配备保安人员制度。

（三）定期或不定期对典当行进行安全、治安检查

典当行房屋建筑和经营设施应当符合国家有关安全标准和消防管理规定，具备下列安全防范设施：

（1）经营场所内设置录像设备（录像资料至少保存 2 个月）。

（2）营业柜台设置防护设施。

（3）设置符合安全要求的典当物品保管库房和保险箱（柜、库）。

（4）设置报警装置。

（5）门窗设置防护设施。

（6）配备必要的消防设施及器材。

（四）严格执行法律规定，禁止收当下列财物

（1）赃物和来源不明的物品。

（2）易燃、易爆、剧毒、放射性物品及其容器。

（3）管制刀具，枪支，弹药，军、警用标志、制式服装和器械。

（4）国家机关公文、印章及其管理的财物。

（5）国家机关核发的除物权证书以外的证照及有效身份证件。

【特别提醒】

长期以来，计划经济体制下公安机关对特种行业的管理呈现出重发证、轻管理、重管理、轻服务，重事前审批、轻事后监管的倾向，在对行业管理中也存在以罚代管的现象。在行政审批制度下，公安机关对特种行业的管理主要是审（发）证式管理，特别是开业前对场所经营场地标准、设施等要求的严格把关；行政禁止式管理，以限定经营时间、控制发证数量等方式来防范和控制可能增多的治安问题；吊证、停业式管理，即对有违法犯罪活动的行业予以关闭。《行政许可法》实行之后，公安机关原有的一些对娱乐场所、旧货业等特殊行业的审批权被取消了，其中包括报废汽车回收业特种行业许可证、互联网上网服务营业场所安全审核意见书、旧货业特种行业许可证等。这些行业原本就是最容易被违法犯罪分子利用的行业，审批取消后，市场的门槛降低，必将给特种行业的治安管理带来更大的挑战。当前形势下，特种行业的范围、经营内容和经营形式及特点较过去都发生了很大的变化，我们必须改革和创新特种行业管理模式，建立治安管理长效机制，切实做到"服务经济，依法管理，严格执法，综合治理，保障安全"。

项目七　技能训练

治安案件查处

一、训练内容

（1）接报案件、规范填写《报警情况登记簿》。

（2）审查报案材料，正确区分案件性质，规范填写《受案登记表》；对违反治安管理嫌疑人、被害人和证人进行询问并制作笔录；填写《行政处罚审批表》、《公安行政处罚告知笔录》、《行政处罚决定书》。

（3）对与案件有关的人员进行处理。

二、训练目的和要求

通过训练，参训学生掌握发生在特种行业中的治安案件的特点及办理治安案件的各项法律程序、内容和步骤，学会填制各种相应的法律文书，开展模拟询问，以提高动手能力。

三、训练前准备

（1）场地：模拟派出所或社区警务室。

（2）空白法律文书：《受案登记表》、《公安行政处罚告知笔录》、《公安行政处罚决定书》、《传唤证》、《治安管理处罚审批表》等。

四、训练方法步骤

（1）学生分组、分工，以8人为一小组，分别扮演当事人、警察等不同角色。

（2）按照老师提供的案例进行报案，由办案人员填写《报警情况登记簿》。

（3）应当受理案件的，填写《受案登记表》。

（4）对治安案件嫌疑人进行传唤训练，填写《传唤证》。

（5）对违反治安管理嫌疑人进行询问，制作《询问笔录》。

（6）由办案人员依法履行告知程序，制作《公安行政处罚告知笔录》。

（7）对违反治安管理的行为人作出处罚决定，制作《治安管理处罚审批表》、《公安行政处罚决定书》。

五、考核方式及标准

（一）考核方式

（1）教师与还未轮到训练的学生一同观察训练小组的模拟调查过程。

（2）各个模拟训练小组完成相关法律文书的填写。

（3）通过彼此之间的观摩，学生互相交流指出优点与不足，总结训练心得体会。

（4）教师总结。

优秀：能根据给定案例，合理分工组织报案、受案、调查询问并正确填写相关法律书；选择正确的治安案件查处程序与方法，处罚准确、恰当，能分析出特种行业存在的治安问题。

良好：能根据给定案例，合理分工组织报案、受案、调查询问并正确填写相关法律书；选择正确的治安案件查处程序与方法，处罚准确、恰当，基本能分析出特种行业存在的治安问题。

及格：能根据给定案例，分工组织报案、受案、调查询问并基本正确填写相关法律书；选择正确的治安案件查处程序与方法，处罚准确、恰当，不能分析出特种行业存在的治安问题。

不及格：无法完成任何一项训练内容。

六、示范案例及相关文书制作

【示范案例】

12岁的男孩军军（化名）拿着父母的黄金首饰与3个朋友到某典当行，对工作人员刘某谎称在路上捡到重19克的黄金首饰要求典当。刘某明知军军是未成年人，不具备典当资格，却为其估价后支付了2 000元当金，并教唆军军不要告诉他人在该典当行进行典当。次日，军军与朋友将当金挥霍一空。

5月15日上午，军军的母亲发现放在家中的项链、耳坠、戒指等黄金首饰不翼而飞，怀疑是儿子军军所为。经询问，军军向父母说出了实情。军军的父母立即带着孩子找到该典当行。工作人员刘某却矢口否认有此事。军军的父亲无奈之下，只有报警。

【训练问题】

（1）接到军军父亲报案，作为接警民警你该怎样做？

（2）该依照怎样的法律处理典当行？该怎样处理当事人之一陈某？

【提示】

首先调查核实刘某在收当过程中有无查验相关证明，有无履行登记手续，如果都没有，就是属于收购来历不明的典当物品。可以依据《中华人民共和国治安管理处罚法》第五十九条的有关规定，对刘某处以拘留10日并罚款1 000元的处罚。

12岁的出当人不具备民事行为能力，这是最起码的常识。现行的《典当管理办法》规定，典当行应当查验当户提供的当物来源的相关证明，有关操作规程还需当户签名，以确认其对典当物品拥有所有权或者被授权委托典当该物品。而刘某不仅违反最基本的职业道德，而且违反典当业管理的有关规定，擅自接收未成年人的当物。更为恶劣的是，刘某还教唆未成年人隐瞒真相，其违反治安管理的行为属于"情节严重"。

可以依法对刘某予以行政拘留，并处以罚款的处罚，符合治安管理处罚必须以事实为依据，与违反治安管理行为的性质、情节以及危害程度相当的原则。

报警情况登记簿

201　年　公（　）字第　号

报警 时间						
发生 时间						
报警人 姓名		工作单位 或住址			电话	
接警人 姓名		联系电话				
报警 类别	□治安　　□刑事　　□事故　　□救助　　□其他					
报警 方式	□口头报警　　□执勤巡逻　　□电话　　□投案　　□移送　　□其他					
报警情况：						
处理 意见	□本部门处理　　□移交其他部门处理　　□其他情况					
领导意见：						
接收 单位			接收人		接　收 时　间	

注：1. 报警人签名如报警人未在报警现场，由接警人签收。

　　2. 接警类别、报警方式按表中所列类别在□处打√。

市公安局　　　　区分局
受案登记表

公　　　行受字〔20　　〕第　　　号

案　由					
案件来源					
报案时间					
报案方式					
报案人	姓　名		性　别		出生日期	
	现住址					
	工作单位			联系电话		
接报人						
简要案情：						
受案意见	承办人：					
受案审批	办案部门负责人：					

注：一式二份，一份附卷，一份存根，办案人多人的，可加附页。

第　页　共　页

151 ■

单元七　特种行业管理

询问笔录

时间_____年___月___日___时___分至___年___月___日___时___分

地点_____

询问人_____工作单位_____

记录人_____工作单位_____

被询问人_____性别_____出生日期_____文化程度_____

户籍所在地_____

现住址_____

工作单位_____

联系电话_____

问：我们是_____的工作人员，现依法向你询问本案
的有关问题，请你如实回答。对与本案无关的问题，你有拒绝回答的权利。你听清楚
没有？

答：

_____

_____

_____

_____

_____

_____

签　名：

（　　　　）问笔录

第　页　共　页

_____

_____

_____

_____

_____

_____

_____

_____

_____审批表

公（   ）审字［   ］第   号

案　由		发案时间	
案件文号			

违法嫌疑人	姓　名		性　别		民　族	
	出生日期			文化程度		
	身份证件种类及号码					
	现住址					
	户籍所在地					
	工作单位					
	违法犯罪记录					

违法嫌疑单位	名称		法定代表人	
	地址			

同案其他人	
违法事实及证据	

承办人意见

承办人：　　　　　　　　_____年_____月_____日

153

单元七　特种行业管理

（续上表）

承办单位意见	负责人： ＿＿＿＿年＿＿＿＿月＿＿＿＿日
审核部门意见	负责人： ＿＿＿＿年＿＿＿＿月＿＿＿＿日
领导审批意见	领导： ＿＿＿＿年＿＿＿＿月＿＿＿＿日

市公安局　　　分局
公安行政处罚告知笔录

告知单位_____告知人_____

被告知人_____

被告知单位名称_____法定代表人_____

告知内容：

（1）根据《中华人民共和国行政处罚法》第三十一条规定，现将拟作出行政处罚决定的事实、理由、依据告知如下：

对上述告知事项，你（单位）有权进行陈述和申辩。

（2）拟作出的行政处罚：_____

对公安机关拟作出的上述行政处罚，根据《中华人民共和国行政处罚法》第四十二条规定，你（单位）有权要求听证。如果要求听证，你（单位）应在被告知后三日内向_____提出，逾期视为放弃听证。

问：对以上告知内容你听清楚了吗？

答：

问：对上述告知事项，你是否提出陈述和申辩？

答：

被告知人（签名）：

_____年_____月_____日

单元七　特种行业管理

市公安局　　　　分局
处 罚 决 定 书

编号：NO.

被处罚人：_____

性别_____出生日期_____法定代表人_____

身份证件种类及号码_____

现住址：_____

工作单位：_____

因_____

_____

根据 _____ 第____条第_____款第_____项和第_____条第

_____款第_____规定，决定给予的处罚。

履行方式：_____。

被处罚人如不服本决定，可以在收到本决定书之日起六十日内向_____市公安局或者

_____区人民政府申请行政复议或者在三个月内依法向_____提起行政诉讼。

处罚地点：_____。

办案人民警察：（签名或者盖章）_____

（处罚机关印章）

_____年_____月_____日

被处罚人（签名）：

_____年_____月_____日

注：一式两份，一份交被处罚人，一份交所属公安机关备案。

单元八
危险物品管理

【知识目标】

（1）了解危险物品的含义、性能和特点。

（2）理解枪支弹药和管制器具的管理范围和方法。

（3）掌握民用爆炸物品、剧毒化学品、放射性物品的管理范围和方法。

【能力目标】

（1）能按照法律规定准确认定危险物品管理的范围。

（2）能按照法律规定对枪支弹药和管制器具进行严格管理。

（3）能按照法律规定对民用爆炸物品进行严格管理。

（4）能按照法律规定对剧毒化学品进行严格管理。

（5）能按照法律规定对放射性物品进行严格管理。

【知识结构图】

```
危险物品管理 ┬ 危险物品管理概述 ┬ 危险物品的含义
             │                  └ 危险物品管理的范围
             │
             ├ 枪支弹药的管理 ┬ 枪支弹药管理的含义
             │                ├ 枪支弹药的配备
             │                ├ 枪支弹药的配置
             │                ├ 枪支的制造和配售
             │                ├ 枪支的日常管理
             │                ├ 枪支运输的安全管理
             │                └ 枪支的入境和出境管理
             │
             ├ 管制刀具的管理 ┬ 管制刀具的含义
             │                ├ 管制刀具的类型
             │                └ 管制刀具管理
             │
             ├ 民用爆炸物品的管理 ┬ 民用爆炸物品及其管理的含义
             │                    ├ 民用爆炸物品的管理
             │                    └ 烟花爆竹的管理
             │
             ├ 剧毒化学品的管理 ┬ 剧毒化学品及其管理的含义
             │                  └ 剧毒化学品的管理
             │
             ├ 放射性物品的管理 ┬ 放射性物品的含义
             │                  └ 放射性物品的管理
             │
             └ 技能训练
```

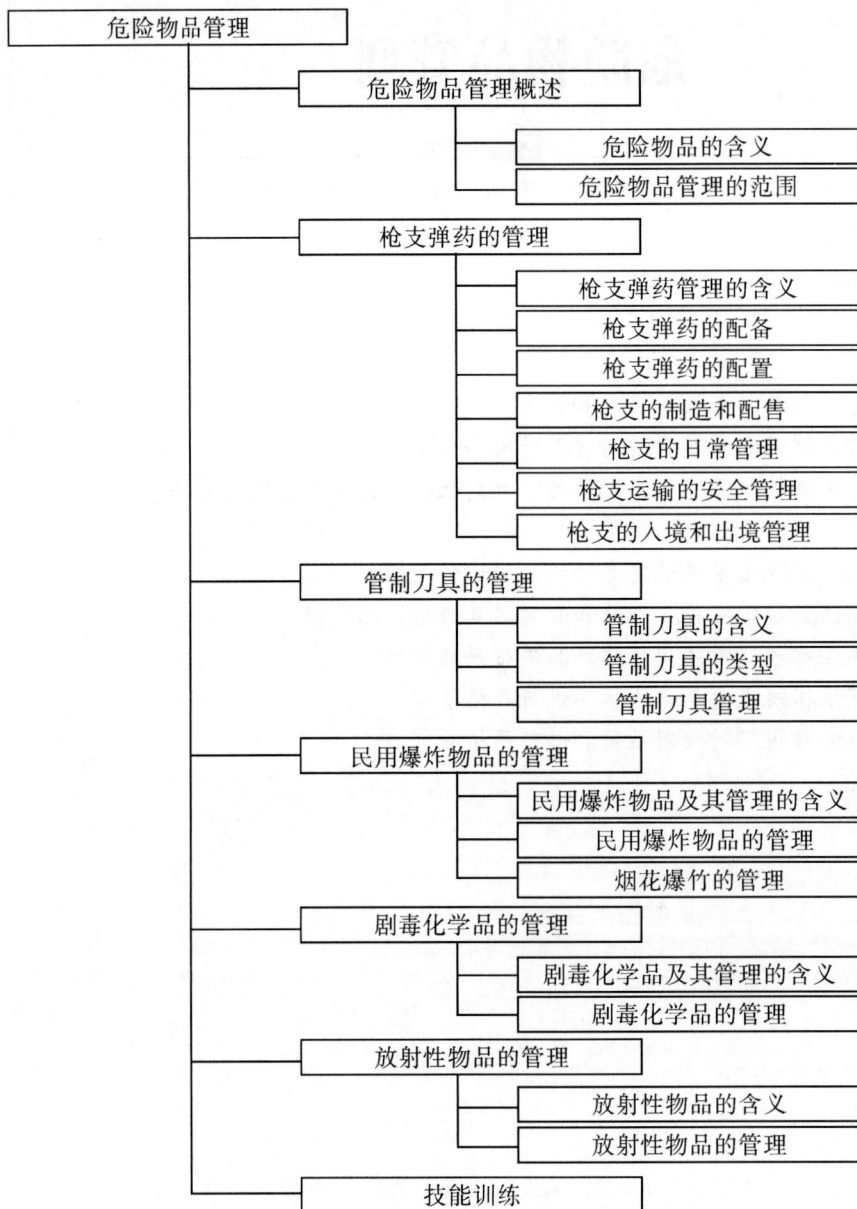

项目一　危险物品管理概述

一、危险物品的含义

【案例 8-1】

2010 年 6 月 22 日，公安部召开全国治安系统电视电话会议，对全国治安系统深入开展重点打击整治行动进行具体部署。公安部副部长黄明在会上强调，要认真贯彻落实全国社会治安综合治理工作会议和全国公安机关"2010严打整治行动"动员部署电视电话会议精神，要深入开展危险物品安全与治爆缉枪专项整治斗争，严厉打击涉爆涉枪违法犯罪活动。坚持"严"字当头、突出重点、因地制宜，狠抓各项打击、整治、管控措施的落实，为社会稳定、群众安居乐业提供良好的社会治安环境。

泗阳警方全面落实公安部关于危险物品的安全管理工作精神，以安全监管和治安整治工作为抓手，努力营造安定有序的社会治安环境。在涉危物品管控工作中，该局把民用爆炸物品专项整治作为国庆安保工作的重中之重，切实加强对危险物品、民用爆炸物品以及枪支、管制刀具等危险物品的监管力度。通过整理编辑相关法律法规、规定，分类印制《国庆安保告知书》，逐家发放张贴，签订安全管理责任状，建立《50家涉危、金融、重点单位要害部位国庆安保责任分解表》，向涉危单位宣传防范知识等措施落实监管责任；以"电子档案、跟踪监控、联席协作、考核奖罚"四项机制的"全程跟踪监督管理危险物品流向"模式，进一步把好危险物品的"源头、流向、处置、责任"四个重要关口；同时，多次专门召开"全县涉爆单位负责人会议"，"全县宾馆酒楼、卡拉OK负责人会议"，签订责任状，强化专题培训，有效预防和减少不法事件的发生。

【问题思考】

（1）什么是危险物品及危险物品的种类？

（2）危险物品安全管理工作的意义是什么？

（3）危险物品管理应包括哪几个环节？

【应知应会】

从法律的角度对危险物品进行界定。根据《中华人民共和国安全生产法》在第七章附则中第九十六条规定：危险物品，是指易燃易爆物品、危险化学品、放射性物品等能够危及人身安全和财产安全的物品。

根据《中华人民共和国刑法》第一百三十六条规定的司法解释，危险物品是指具有爆炸性、易燃性、放射性、毒害性、腐蚀性物品，在生产、储存、运输、使用等环节中，如管理不当，能够引起重大事故的发生，致人重伤、死亡或使公私财产遭受重大损失的物品。

从物质性质对危险物品进行界定。危险物品是指具有射穿性、爆炸性、燃烧性、毒害性、腐蚀性、放射性等性能，由于其化学、物理或者毒性特性，使其在生产、储存、装卸、运输、使用、销毁等过程中，容易导致火灾、爆炸或者中毒危险，可能引起人身伤亡、财产损害的物品。

从广义上讲，危险物品是指能够引起生命机体的重大损伤或死亡，造成物质财富损毁，导致人们心理恐惧，危害社会安宁，同时又是人类社会建设和发展中不可或缺的具有重要使用价值的物品。

通常来讲，危险物品主要包括：枪支弹药、爆炸物品、危险化学品、毒害性物品、放射性物品等。危险物品的性能有多种多样的表现形式，其最集中、最基本的性能是具有严重的杀伤和破坏能力。主要性能表现为以下几种：射穿性、爆炸性、燃烧性、腐蚀性、麻醉性、窒息性、放射性。

【特别提醒】

危险物品是社会建设中不可或缺的物质资源；危险物品具有利害两重性，严重的破坏性、极不稳定性、很大的隐蔽性等特点。

二、危险物品管理的范围

危险物品包括：①爆炸性物品，是指雷管、导火线、导爆管、非电导爆系统等各种起爆器材，雷汞、雷银、三硝基间苯二酚铅等各种起爆药，硝基化合物类炸药、硝基胺类炸药、硝酸类炸药、高能混合炸药、爆破剂等各类炸药，以及烟火剂、民用信号弹、烟花爆竹等。②易燃性物品，如汽油、酒精、液化气、煤气、氢气、胶片以及其他易燃液体、易燃固体、自燃物品等。③放射性物品，是指通过原子核裂变时放出的射线发生伤害作用的物质，如镭、铀、钴等放射性化学元素。④毒害性物品，如甲胺磷、磷化铝、砒霜、五氯酚、氯化钾、氰化钠、氧化乐果、敌敌畏、敌百虫等。⑤腐蚀性物品，如硫酸、盐酸、硝酸等。⑥枪支弹药，是指除军队、武警、民兵使用枪支以外的公务用枪、民用枪支等。⑦管制刀具。

由于危险物品本身所固有的高度危险性，在生产、储存、运输、使用过程中，一旦使用、管理不当，就可能发生重大事故，造成严重后果，危害公共安全。为了保障安全生产、储存、运输、使用上述危险物品，国家有关部门陆续颁发了一系列有关危险物品的管理规定，如《民用爆炸品安全管理条例》、《危险化学品安全管理条例》、《放射性同位素与射线装置安全和保护条例》、《核材料管理条例》、《核设施安全监督管理条例》、《医疗用毒性药品管理办法》、《农药安全使用规定》、《危险货物运输规则》、《关于搬运危险物品的几项办法》和《关于加强烟花爆竹企业安全生产管理的紧急通知》、《烟花爆竹安全管理条例》、《中华人民共和国枪支管理法》等。上述危险物品管理规定，就危险物品的范围、种类以及其生产、储存、运输、使用的具体管理办法等都作出了明确而具体的规定。

【应知应会】

危险物品管理是指公安机关为了维护社会秩序，保障公共安全，依法对危险物品实施的治安行政管理活动。危险物品管理的主体为公安机关，企事业各个部门、社会各界组织与群众是在公安机关的领导和指导下，对危险物品实施安全管理。

危险物品管理的范围：枪支弹药，管制刀具，民用爆炸物品，易燃易爆危险品，剧毒化学品，放射性物品。

危险物品具有利害两重性，一方面，它们是社会建设不可或缺的物质资源，其中很大一部分已用于国防建设、经济建设和人民的日常生活，它们可以造福人类，如爆炸性物品广泛用于筑路、采矿、军工事业，易燃性物品多用于交通和能源方面，放射性物品可用于发电和医疗卫生事业，毒害性物品广泛用于农业、林业杀虫，腐蚀性物品是重要的化工原料。并且，随着社会主义现代化建设事业的发展，上述危险物品的使用范围将更加广阔，用途也将更加多样。但是，另一方面，由于上述危险物品本身所固有的危险属性，如在生产、储存、运输、使用中稍有不当，便极易发生重大事故，损害不特定多数人的生命、健康和重大公私财产的安全。因此，法律规定：对于违反危害物品的管理规定，在生产、储存、运输、使用中发生重大事故，造成严重后果的行为，应依法追究刑事责任。

【特别提醒】

由于危险物品具有杀伤、爆炸、燃烧、毒害、腐蚀、放射等性质，安全事故频频发生，伤害生命、损毁财物、严重威胁公共安全。据统计，我国2004年到2006年的三年中，工矿商贸企业安全事故发生起数与死亡人数分别为：14 704 起，16 497 人；12 826 起，5 396 人；12 065 起，14 382 人。事故起数与死亡人数虽逐年下降，但事故频率仍然居高。为加强生产安全管理，国家安全生产监督管理总局2006年发布安全管理公文345件，从一个侧面反映了加强危险物品管理的重要性。必须按照国家有关危险物品管理规定严格管理，如果管理不善，就会发生各种安全事故和治安灾害事故；如果被违法人员利用，就会发生各种刑事案件，给人民的生命财产造成危害，更可能危害社会秩序和公共安全，甚至影响国家的政治声誉。公安机关必须对危险物品实施有效的治安管理和控制，才能维护社会秩序、保障公共安全，才能保护国家、集体和公民的合法权益，才能创造一个良好的社会治安环境。

项目二　枪支弹药的管理

一、枪支弹药管理的含义

《中华人民共和国枪支管理法》第四十六条中规定，本法所称枪支，是指以火药或者压缩气体等为动力，利用管状器具发射金属弹丸或者其他物质，足以致人伤亡或者丧失知觉的各种枪支。

所谓枪支、弹药是指足以致人伤亡或使人丧失知觉的各种枪支及其子弹，包括军用手枪、步枪、冲锋枪和机枪，射击运动用的各种枪支，狩猎用的有膛线枪、散弹枪、火药枪，麻醉动物用的注射枪和能发射金属弹丸的气枪、特种防暴枪以及这些枪支所使用的子弹、催泪弹等。

枪支弹药是进攻和防御的武器，具有较强的杀伤力，可以在瞬息之间造成伤害，夺走人的生命。为了维护社会治安秩序，保障公共安全，预防和减少伤亡事故，防止违法人员利用枪支弹药进行违法犯罪活动，公安机关必须依照《枪支管理法》的规定，加强对枪支弹药的安全管理。

【案例 8 - 2】

嫌疑人周某，男，31岁，江苏宜兴人。周某是个"枪支爱好者"，喜欢摆弄枪械，先后2次以考察的名义到境外参加狩猎活动。他通过网络低价买进猎枪，再高价转手卖给别人。他发现猎枪制造组件简单，成本才几百元，但是制成后贩卖，就能卖到上千元。在巨大利益的驱动下，他决定自己制造猎枪。周某借来双管猎枪，拆卸后绘制了图纸。周某利用自己曾经在技术学校学过机械制造等方面的知识，研究猎枪的零部件，然后将所画的猎枪部件图纸分散到十多个加工店进行制造加工。自2008年5月以来，周某在"中国狩猎论坛"开设网店、建QQ群、发布枪支弹药销售信息，案发时已贩卖猎枪57支和一大批猎枪部件和猎枪组件。鉴于案情重大，涉及全国30多个省（区、市），公安部治安管理局成立"6·8"专案组，组织指挥了一场从江苏"单兵突进"到全国30个省（区、市）"集团合围"的重大战役。2010年6月8日统一行动中，警方抓获周某等5名犯罪嫌疑人。警方不仅彻底查清了周某贩卖枪支弹药案，而且还破获非法制造、买卖、持有枪支弹药团伙4个，捣毁制贩枪支弹药窝点21个；缴获枪支、气枪等枪支 590 支，及一批猎枪弹、火药和枪支部件、弹药组件、制枪制弹工具。

【问题思考】

(1) 请思考制式枪支与自制枪支的区别是什么？

(2) 枪支管理的意义是什么？

(3) 民用枪支管理应包括哪几个环节？

【应知应会】

枪支弹药管理是指公安机关的治安管理部门为了维护治安秩序，保障公共安全，依照法律规定对枪支弹药实施的治安行政管理活动。

根据《枪支管理法》规定，除中国人民解放军、中国人民武装警察部队和民兵装备的枪支，按国务院、中央军事委员会有关规定管理外，其他所有枪支都由公安机关负责管理。具体包括：公务用枪、民用枪支。

【特别提醒】

公务用枪，是指属于法定配枪范围内的国家机关、企事业单位的工作人员因履行特定公务需要，经主管公安机关依法核准配备的枪支。目前配备的公务用枪有 7 类：手枪、冲锋枪、突击步枪、自动步枪、狙击步枪、防暴枪、班用机枪。

民用枪支，是指用于体育运动、游艺、狩猎及其他生产、生活等非执法、守护等公务活动使用的枪支。当前民用枪支主要有 5 类：射击运动枪、猎枪、麻醉注射枪、气步枪、彩弹枪。

二、枪支弹药的配备

《枪支管理法》和 2002 年 8 月 28 日公安部重新发布的《公务用枪配备办法》对公务用枪的配备范围作了明确规定。

【应知应会】

公安机关、国家安全机关、监狱、劳动教养机关的人民警察，人民法院的司法警察，人民检察院的司法警察和担负案件侦查任务的检察人员，海关的缉私人员，在依法履行职责时确有必要使用枪支的，可以配备公务用枪。

国家重要的军工、金融、仓储、科研等单位的专职守护，押运人员在执行守护、押运任务时确有必要使用枪支的，可以配备公务用枪。

【特别提醒】

配备公务用枪时，由公安部或省级人民政府公安机关核发公务用枪持枪证件。

三、枪支弹药的配置

《枪支管理法》和相关的法律法规对民用枪支的配置范围作出了明确规定。

【应知应会】

经省级人民政府体育行政主管部门批准专门从事射击竞技体育运动的单位、经省级人民政府公安机关批准的营业性射击场，可以配置射击运动枪支；经省级以上人民政府林业行政主管部门批准的狩猎场，可以配置猎枪；野生动物保护、饲养、科研单位因业务需要，可以配置猎枪、麻醉注射枪；猎民在猎区、牧民在牧区，可以申请配置猎枪。猎区和牧区的区域由省级人民政府划定。

【特别提醒】

配置民用枪支的单位和人员，向当地公安派出所提出申请后，由派出所按照上述配置民用枪支的规定和准予配置民用枪人员的条件进行严格的审核、审查，符合配置民用枪支条件的人员，填写《民用枪持枪证申请审批表》，逐级上报地、市级公安机关审批核发《民用枪支持枪证》，并向省级公安机关备案。

四、枪支的制造和配售

国家对枪支的制造、配售实行特别许可制度。未经许可，任何单位或者个人不得制造、买卖枪支。

【案例 8 – 3】

2011 年 11 月 25 日，东莞谢岗警方联合黄江、企石、樟木头等公安部门打掉了一个以单某为首的特大制贩枪支弹药犯罪团伙，捣毁地下制造枪支弹药窝点一个，抓获涉枪犯罪嫌疑人 11 名，缴获仿制枪支 116 把，半成品枪支 9 把，子弹 210 发，气枪铅弹 1 092 发，手枪和雷明登猎枪零部件共 2 930 件，制造枪支弹药的机械 5 台及弹头、弹壳、底火、火药等原材料一大批。

【问题思考】

私人可否拥有枪支？可否拥有仿真枪？

【应知应会】

（一）公务用枪的制造和配售

1. 公务用枪的制造

公务用枪由国家指定的企业制造。

2. 公务用枪的配售

公务用枪配备单位，要根据公安部《公务用枪配备办法》规定的公务用枪配备品种、数量，严格按照《年度公安机关公务用枪计划申请审批表》、《年度其他单位公务用枪计划申请审批表》编制、上报年度公务用枪购置计划。

公安系统公务用枪年度购置计划由各级公安机关装备部门编制，经同级公安机关治安部门审核后，逐级汇总上报公安部装备财务局，经其汇总后报公安部治安管理局审批。

其他配备公务用枪单位的公务用枪年度购置计划，经同级公安机关治安部门审查同意后，按系统逐级编制，上报省级公安机关治安部门，经其审核同意后，汇总上报公安部治安管理局审批。

（二）民用枪支的制造和配售

1. 民用枪支的制造

制造民用枪支的企业，由国务院有关主管部门提出，由国务院公安部门确定，核发有效期为 3 年的民用枪支制造许可证；有效期届满，需要继续制造民用枪支的，应当重新申请领取许可证。民用枪支的研制和定型，由国务院有关主管部门会同国务院公安部门组织实施。

制造民用枪支的企业不得超过限额制造民用枪支，所制造的民用枪支必须全部交由指定的民用枪支配售企业配售，不得自行销售。

制造民用枪支的企业，必须严格按照国家规定的技术标准制造民用枪支，不得改变民用枪支的性能和结构；必须在民用枪支指定的部位铸印制造厂的厂名、枪种代码和公安部统一编制的枪支序号，不得制造无号、重号、假号的民用枪支。

制造民用枪支的企业必须实行封闭式管理，采取必要的安全保卫措施防止枪支、零件的丢失。要按规定建立枪支制造账册，必要时，公安机关可以派专人驻厂对制造企业进行监督、检查。

2. 民用枪支的配售

配售民用枪支的企业，由省级人民政府公安机关确定。核发有效期为3年的民用枪支配售许可证。有效期届满，需要继续配售民用枪支的，应当重新申请领取许可证件。

配售民用枪支，必须核对配购证件，严格按照配购证件载明的品种、型号和数量配售；配售弹药，必须核对持枪证件。民用枪支配售企业必须按照国务院公安部门的规定建立配售账册，长期保管备查。

公安机关对制造、配售民用枪支的企业制造、配售、储存和账册登记等情况，必须进行定期检查；必要时，可以派专人驻销售企业进行监督、检查。

【特别提醒】
禁止制造、销售仿真枪。

五、枪支的日常管理

【应知应会】
（一）公务用枪的安全使用
（1）使用枪支的人员，必须经过专门培训，掌握枪支的性能，遵守使用枪支的有关规定，保证枪支的合法、安全使用。
（2）携带枪支必须同时携带《持枪证》件，未携带持枪证件的，由公安机关扣留该枪支。
（3）不得在禁止携带枪支的区域、场所携带枪支。
（4）枪支被盗、被抢或丢失的，立即报告公安机关。
（5）配备公务用枪的人员不再符合持枪条件时，由所在单位收回枪支和持枪证件。
（二）民用枪支的安全使用
（1）运动枪、弹，只限在有组织、有领导地开展射击运动、活动的单位内部，或在营业性的射击场内使用，严禁在射击运动单位或射击场外任何地区使用。除因特殊情况需要经过批准的以外，禁止使用运动枪支进行狩猎。
（2）猎民、牧民配购、使用的猎枪、弹药，不得携带出猎区、牧区。狩猎场配置的猎枪不得携带出狩猎场。
（3）严禁出租、出借民用枪支。
（三）枪支的安全保管
根据《枪支管理法》规定，配备、配置枪支的单位和个人，必须妥善保管枪支，确保枪支安全。配枪单位要明确枪支管理职责，指定专人负责，要有安全牢固的专用保管设施，枪支、弹药分开存放。对交由个人使用的枪支，必须建立严格的枪支登记、交接、检查、保养等管理制度，使用完毕，及时收回。配备、配置给个人使用的公务用枪、猎枪，必须采取有效措施，严防被盗、被抢、丢失或者发生其他事故。

（四）枪支的查验制度

《枪支管理法》第二十八条规定：国家对枪支实行查验制度。配备、配置枪支的单位和人员，应当在公安机关指定的时间、地点接受查验。公安机关在查验时，必须坚持人、枪、证"三见面"原则，严格审查持枪单位和个人是否符合《枪支管理法》规定的条件，检查枪支状况及使用情况；对违法使用枪支、不符合持枪条件或者枪支应当报废的，必须收缴枪支和持枪证件。拒不接受查验的，枪支和证件由公安机关收缴。

（五）枪支的报废销毁

根据《枪支管理法》第二十七条规定，不符合国家技术标准、不能安全使用的枪支，应当报废。报废的枪支登记后，由省级公安机关负责组织及时实施销毁。

（六）非法枪支的收缴

凡非法制造、买卖、运输、储存、持有的公务用枪、射击运动枪、猎枪、麻醉注射枪、气枪、催泪枪、仿真枪等各种枪支弹药及其零部件，均属非法枪支弹药，一律收缴。

【特别提醒】

销毁枪支应注意以下问题：

（1）要制订销毁枪支方案，确定销毁枪支的范围和数量，确定销毁方法和步骤，明确领导机关和有关部门的任务和职责。

（2）对销毁枪支要逐支检验，确定无安全问题后再进行销毁。

（3）运输、捆扎和装卸销毁枪支时，要轻拿轻放，枪口要朝无人方向，严禁用力磕碰、摔打，严防残留弹药走火伤人，要配备充足的押运力量。

（4）销毁现场要有足够的警卫力量，严防枪支丢失、被盗、被抢等情况发生。

收缴非法枪支弹药应注意以下问题：

（1）要严格依法进行，注意搜集证据，对收缴的非法枪支弹药要开具收缴手续。

（2）对收缴的非法枪支弹药要指定专人保管，并存放在专用枪、弹库中。

（3）对收缴的非法枪支要逐支登记、检验，确保枪内无子弹和火药，检验枪支要有专业人员在专门场所进行，严禁枪口对人。

六、枪支运输的安全管理

【应知应会】

《枪支管理法》规定，任何单位或个人未经许可，不得运输枪支。需要运输枪支的，必须向公安机关如实申报运输枪支的品种、数量和运输的路线、方式，领取运输枪支许可证。在本省、自治区、直辖市内运输的，向运往地设区的市级公安机关申领枪支运输许可证件；跨省、自治区、直辖市运输的，向运往地省级公安机关申领枪支运输许可证件。没有枪支运输许可证件的，任何单位和个人都不得承运，并立即向所在地公安机关报告有关情况。公安机关对没有枪支运输许可证件或没有按照枪支运输许可证件的规定运输枪支的，扣留运输的枪支。

【特别提醒】

枪支运输必须有专人专车押运；中途住宿必须报告当地公安派出所，并保证有专人看守运输车辆。

枪支、弹药必须依照规定分开分批运输；严禁邮寄枪支、弹药，或在邮寄的物品中夹带枪支、弹药。

七、枪支的入境和出境管理

为了加强对枪支的入境和出境管理，《枪支管理法》专章规定了枪支的入境和出境。明确规定国家严格管理枪支的入境和出境，任何单位或者个人未经许可，不得私自携带枪支入境、出境。

【应知应会】

（一）外国驻华外交人员携带枪支入境、出境管理

外国驻华外交代表机构、领事机构的人员携带枪支入境，必须事先报经中华人民共和国外交部批准；携带枪支出境，应当事先照会中华人民共和国外交部，办理有关手续。经批准携带入境的枪支，不得携带出所在的驻华机构。

（二）射击竞技体育活动参加人员携带枪支的入境和出境管理

外国体育代表团入境参加射击竞技体育活动，或者中国体育代表团出境参加射击竞技体育活动，需要携带射击运动枪支入境、出境的，必须经国务院体育行政主管部门批准。

（三）其他人员携带枪支的入境和出境管理

除外国驻华外交代表机构、领事机构的人员和参加射击竞技体育活动以外的其他人员携带枪支入境、出境，应当事先经国务院公安部门批准。

【特别提醒】

根据《枪支管理法》规定，外国交通运输工具携带枪支入境或者过境的，交通运输工具负责人必须向边防检查站申报，由边防检查站加封，交通运输工具出境时予以启封。

项目三　管制刀具的管理

一、管制刀具的含义

刀具是指具有切削功能的器具。管制刀具？是指匕首、三棱刀、弹簧刀（跳刀）及其他相类似的单刃、双刃、三棱尖刀。根据公安部《对部分刀具实行管制的暂行规定》第二条至第七条的规定，管制刀具的佩带范围和生产、购销均有法定手续。

管制刀具图片

【案例8-4】

某日，被告人胡某在广东湛江火车站广场对面的地摊上，购买了弹簧刀200把、跳刀50把，准备带回贵港市出卖。当晚23时许，胡携带上述250把管制刀具，乘坐湛江开往武昌的162次旅客列车，凌晨1时许，在车上被乘警查获。以上事实已为收缴的管制刀具和抓获案犯的笔录所证实，被告人也供认不讳。

南宁铁路运输法院经过公开审理认为：被告人胡某无视国家法律，携带大量管制刀具进站上车，危害铁路运输安全，其行为已构成非法携带管制刀具进站上车罪。胡某归案后认罪态度较好，可酌情从轻处罚。该院依照《中华人民共和国铁路法》第六十条第二款、比照《中华人民共和国刑法》第一百六十三条的规定，以非法携带管制刀具进站上车罪，判处被告人胡某有期徒刑六个月。

【问题思考】

（1）什么是管制刀具？管制刀具的种类有哪些？

（2）管制刀具管理工作的意义是什么？

（3）管制刀具管理应包括哪几个环节？

【应知应会】

凡符合下列标准之一的，可以认定为管制刀具。

匕首：带有刀柄、刀格和血槽，刀尖角度小于60度的单刃、双刃或多刃尖刀；三棱刮刀：具有三个刀刃的机械加工用刀具；带有自锁装置的弹簧刀（跳刀）：刀身展开后，可被弹簧或卡锁固定自锁的折叠刀具；其他相类似的单刃、双刃、三棱尖刀：刀尖角度小于60度，刀身长度超过150毫米的各类单刃、双刃和多刃刀具；其他刀尖角度大于60度，刀身长度超过220毫米的各类单刃、双刃和多刃刀具。

未开刀刃且刀尖倒角半径大于2.5毫米的各类武术、工艺、礼品等刀具不属管制刀具范畴。

二、管制刀具的类型

参照管理刀具认定标准，主要包括如下类型：

（1）匕首。

（2）三棱刀、三棱刮刀。

（3）带自锁装置的弹簧刀。

（4）武术用刀（能开刃的）、剑等器械。

（5）少数民族用的藏刀、腰刀、靴刀。

（6）其他可能危害社会治安的刀具。

三、管制刀具管理

管制器具管理是指公安机关为了加强治安管理，维护公民人身安全，防止不法分子利用各种器具作为凶器进行违法犯罪活动，依照法律规定对部分器具实行严格管制的治安行政管理活动。

【应知应会】

（1）匕首，除人民解放军和人民警察作为武器、警械配备以外，专业狩猎人员和地质、勘探等野外作业人员必须持有的，须由县以上主管单位出具证明，经县以上公安机关批准，发给《匕首佩带证》，方准持有佩带；三棱刮刀仅限机械加工人员使用，不得带出工作场所。

（2）制造管制刀具的工厂、作坊，须经县以上主管部门审查同意和所在地县、市公安局批准，发给《特种刀具生产许可证》，方准生产；管制刀具样品及其说明（名称、规格、型号、用途、数量）须送所在地县、市公安局备案。

（3）经销上述管制刀具的商店，必须经县、市以上主管部门审查同意和所在地县、市公安局批准。购销要建立登记制度，以备公安局检查。

（4）购买管制刀具的单位和个人，向所在地县、市公安局（公安分局）申请《特种刀具购买证》，凭证购买；军队和警察，由县、团以上单位凭上一级主管部门批准的函件，向指定单位定购；三棱刮刀，凭单位介绍信向批准经销的商店购买。

（5）少数民族使用的藏刀、腰刀、靴刀等，只准在民族自治地方销售。

【特别提醒】

非法携带枪支、弹药或者弩、匕首等国家规定的管制器具的，处5日以下拘留，可以并处500元以下罚款；情节较轻的，处警告或者200元以下罚款。

非法携带枪支、弹药或者弩、匕首等国家规定的管制器具进入公共场所或者公共交通工具的，处5日以上10日以下拘留，可以并处500元以下罚款。导致严重后果的，追究刑事责任。

项目四　民用爆炸物品的管理

一、民用爆炸物品及其管理的含义

【新闻8-1】

2012年6月27日法制日报报道，公安部、国土资源部、国家安监总局以及国家煤矿安全监察局将联手整治违法采矿以及非法制贩爆炸物品。四部门透露，此次专项整治旨在彻底捣毁非法制贩爆炸物品源头、网络，全面清查收缴非法爆炸物品，全力整治涉爆突出问题。同时，全面清理无证勘查开采等违法违规行为，全面整治非法采矿等违法犯罪活动。

爆炸物品具有很大的破坏、杀伤能力，如果在生产、储存、销售、运输、使用等方面忽视安全管理，就可能发生事故。加强民用爆炸物品管理，能预防和减少事故发生，保障爆炸物品的正常使用，服务经济建设、服务社会。

【案例8-5】

2012年6月22日上午8时许，一辆车牌号为湘B39428的红色东风厢式货车行驶至福银高速公路银川方向"枣阳服务区"附近路段（1171KM+100M处）发生爆炸，车身炸碎。该车驾驶员唐某，随车人员喻某、刘某当场死亡；1辆过往小型货车受损，2位司乘人员受轻微伤；爆炸造成附近2位村民受轻微伤、2栋民房部分倒塌，周边7公里范围内部分房屋玻璃受损；高速道路隔离带被炸出约5米长、3米深的大坑。该车属湖南省株洲市天意汽车运输有限公司所有，由湖南浏阳开往陕西。经现场勘查、分析比对，初步确定爆炸物系黑火药。该车司乘人员违反规定跨省运输黑火药，过境湖北时车辆撞击高速公路外侧护栏后反弹至中央隔离带，侧翻引发爆炸，涉嫌非法运输爆炸物罪。

【问题思考】

（1）什么是爆炸物品？爆炸物品的种类可分为哪些？

（2）爆炸物品安全管理工作的意义是什么？

（3）爆炸物品管理应包括哪几个环节？

【应知应会】

民用爆炸物品，是指用于非军事目的、列入民用爆炸物品品名表的各类火药、炸药及其制品和雷管、导火索等点火、起爆器材等。

民用爆炸物品管理，是指公安机关的治安管理部门为了维护社会秩序，保障公共安全，对非军事用爆炸物品依法实施的治安行政管理。

图 8 - 2　爆炸物品标志　爆炸物品包装标志

【特别提醒】

根据 2006 年 9 月 1 日实施的《民用爆炸物品安全管理条例》（以下简称《条例》）第二条规定，民用爆炸物品品名表，由国务院国防科技工业主管部门会同国务院公安部门制定、公布。第三条规定，国家对民用爆炸物品的生产、销售、购买、运输和爆破作业实行许可制度。

二、民用爆炸物品的管理

【案例 8 - 6】

龙岩公安为进一步贯彻落实 2010 年治爆缉枪专项行动工作，市公安局治安支队组织民警前往永定、抚市、下洋等地检查民爆物品安全管理工作。6 月 10 日下午，在永定下洋检查时发现，双永高速公路某标段施工工地查获炸药 18 箱加 3 袋（444 公斤）、雷管 368 发，及时消除了安全隐患。经初查，该火工材料是江西五洲爆破工程公司爆破员从仓库领出后和存放在工地的配料房内的。

【应知应会】

（一）民用爆炸物品的生产、储存管理

设立民用爆炸物品生产企业，应当遵循统筹规划、合理布局的原则。民用爆炸物品的生产，由国家实行严格管制，在统一规划下，合理布局，归口管理。按照国民经济发展的需要有计划地组织生产。严禁个人生产和加工民用爆炸物品。

民用爆炸物品生产企业应当在办理工商登记后 3 日内，向所在地县级人民政府公安机关备案。

民用爆炸物品应当储存在专用仓库内，并按照国家规定设置技术防范设施。

（二）民用爆炸物品的销售、购买管理

1. 销售管理

根据《条例》的规定，申请从事民用爆炸物品销售的企业，应当具备下列条件：符合对民用爆炸物品销售企业规划的要求，销售场所和专用仓库符合国家有关标准和规范，有具备相应资格的安全管理人员、仓库管理人员，有健全的安全管理制度、岗位安全责任制度，符合法律、行政法规规定的其他条件。

民用爆炸物品销售企业应当在办理工商登记后 3 日内，向所在地县级人民政府公安机关备案。

民用爆炸物品生产企业凭《民用爆炸物品生产许可证》，可以销售本企业生产的民用爆炸物品，但是不得超出核定的品种、产量。

2. 购买管理

民用爆炸物品属于国家严格控制的危险物品，未经许可不得随便买卖。民用爆炸物品使用单位申请购买民用爆炸物品的，应当向所在地县级人民政府公安机关提出购买申请，并提交下列有关材料：工商营业执照或者事业单位法人证书，《爆破作业单位许可证》或者其他合法使用的证明，购买单位的名称、地址、银行账户，购买的品种、数量和用途说明。

（三）民用爆炸物品的运输管理

运输民用爆炸物品要凭收货单位运达地县级公安局开出的《民用爆炸物品运输许可证》，按照许可的品种、数量、时间、路线、方式运输；运输必须有专人押运。

（四）民用爆炸物品的爆破作业管理

1. 严格审批制度

申请从事爆破作业的单位，应当按照国务院公安部门的规定，向有关人民政府公安机关提出申请，并提供能够证明其符合规定条件的有关材料。受理申请的公安机关应当自受理申请之日起的 20 日内进行审查，对符合条件的单位，核发《爆破作业单位许可证》；对不符合条件的单位，不予核发《爆破作业单位许可证》，书面向申请人说明理由。营业性爆破作业单位持《爆破作业单位许可证》到工商行政管理部门办理工商登记后，方可从事营业性爆破作业活动。爆破作业单位应当在办理工商登记后 3 日内，向所在地县级人民政府公安机关备案。

爆破作业人员应当经设区的市级人民政府公安机关考核合格，取得《爆破作业人员许可证》后，方可从事爆破作业。

2. 爆破作业管理

在城市、风景名胜区和重要工程设施附近实施爆破作业的，应当向爆破作业所在地设区的市级人民政府公安机关提出申请，提交《爆破作业单位许可证》和具有相应资质的安全评估企业出具的爆破设计、施工方案评估报告。受理申请的公安机关应当自受理申请之日起的 20 日内对提交的有关材料进行审查，对符合条件的，作出批准的决定；对不符合条件的，作出不予批准的决定，并书面向申请人说明理由。

实施爆破作业，应当由具有相应资质的安全监理企业进行监理，由爆破作业所在地县级人民政府公安机关负责组织实施安全警戒。爆破作业单位跨省、自治区、直辖市行政区域从事爆破作业的，应当事先将爆破作业项目的有关情况向爆破作业所在地县级人民政府公安机关报告。发现、拣拾无主民用爆炸物品的，应当立即报告当地公安机关。

【特别提醒】

销售和购买民用爆炸物品，应当通过银行账户进行交易，不得使用现金或者以物易物。

禁止携带民用爆炸物品搭乘公共交通工具或者进入公共场所，禁止邮寄民用爆炸物品，禁止在托运的货物、行李、包裹、邮件中夹带民用爆炸物品。一经查出立即没收，并追究当事人的法律责任。

三、烟花爆竹的管理

根据 2006 年 1 月 11 日国务院公布实施的《烟花爆竹安全管理条例》规定，公安机关为了预防爆炸事故发生，保障公共安全和人身、财产的安全，对烟花爆竹实行严格的安全管理。

【新闻 8－2】

《北京日报》报道，北京在 2005 年春节期间，因燃放烟花爆竹而受伤 551 人，2004 年同期是 667 人，因燃放死亡 5 人。2003 年死亡 2 人。2005 年春节期间引起火警378 起，2004 年是 270 起。在这些枯燥的数据背后是死伤者及其亲人的痛苦，是火灾给生命财产带来的损失，是巨大的社会资源的浪费。

【应知应会】

（一）加强烟花爆竹运输的安全管理

实行凭证运输制度。经由道路运输烟花爆竹的，托运人应当向运达地县级人民政府公安部门提出申请，并提交有关材料，受理申请的公安部门应当自受理申请之日起 3日内对提交的有关材料进行审查，对符合条件的，核发《烟花爆竹道路运输许可证》；对不符合条件的，应当说明理由。《烟花爆竹道路运输许可证》应当载明托运人、承运人，一次性运输有效期限，起始地点，行驶路线，经停地点，烟花爆竹的种类、规格和数量。

（二）加强烟花爆竹燃放的安全管理

县级以上地方人民政府可以根据本行政区域的实际情况，确定限制或者禁止燃放烟花爆竹的时间、地点和种类。

燃放烟花爆竹，应当按照燃放说明燃放，不得以危害公共安全和人身、财产安全的方式燃放烟花爆竹。

【特别提醒】

实行个人燃放"四限制"。即：限制燃放品种、限制燃放日期和时间、限制燃放地点、限制燃放方法。

实行焰火燃放许可制度。申请举办焰火晚会以及其他大型焰火燃放活动，主办单位应当按照分级管理的规定，向有关人民政府公安部门提出申请。受理申请的公安部门应当自受理申请之日起 20 日内对提交的有关材料进行审查，对符合条件的，核发

《焰火燃放许可证》；对不符合条件的，应当说明理由。从事焰火晚会燃放工程作业的单位及其工作人员必须持有公安机关核发的《焰火燃放许可证》，才可实施燃放作业。

项目五　剧毒化学品的管理

一、剧毒化学品及其管理的含义

【案例8-7】

2002年9月14日早晨，南京江宁区汤山镇作厂中学和东湖丽岛工地部分学生和民工因食用了饮食店内的油条、烧饼、麻团等食物后发生中毒事件。据初步调查，中毒者达200多人，经抢救无效有42人死亡。9月30日上午，南京市中级人民法院对震惊全国的"9·14"南京汤山特大投毒案的犯罪嫌疑人陈某进行公开审理。汤山特大投毒案嫌犯罪名"投放危险物质罪"罪犯陈某一审被判处死刑，剥夺政治权利终身。

【问题思考】

（1）什么是剧毒物品？剧毒物品的种类分为哪些？

（2）剧毒物品安全管理工作的意义是什么？

（3）剧毒物品管理应包括哪几个环节？

【应知应会】

剧毒化学品是指，按照国务院安全生产监督管理部门会同国务院公安、环保、卫生、质检、交通部门确定并公布的剧毒化学品目录中的化学品。一般是具有非常剧烈毒性危害的化学品，包括人工合成的化学品及其混合物（含农药）和天然毒素。

172

剧毒化学品标志

通常来讲，剧毒化学品是指少量或微量进入人或动物机体，迅速发生中毒反应，很快致人或动物死亡的物品。通常把致死量在1克以下的毒害品叫剧毒化学品。

剧毒化学品管理，是指公安机关的治安管理部门为了维护社会秩序，保障公共安全，对剧毒化学品依法实施的治安行政管理。

剧毒化学品种类很多，比较复杂，列入公安机关治安管理的主要有：氰化物类，如氯化钠、丙烯腈；砷化物类，如砒霜；汞化物类；农药类，如有机磷、农药赛美特、含氟农药氟化钠等；生物碱类，如阿托品、士的宁；其他毒害品。

二、剧毒化学品的管理

【案例 8 - 8】

某日，晚 6 时许，一辆装载有 20 吨剧毒化学品——甲基吡啶的货车在某路段发生翻车，车尾撞烂上百米护栏，同时部分甲基吡啶发生泄漏。事发后，某市消防部门派出 20 多辆消防车赶到现场抢险。

【问题思考】

公安机关为何要对剧毒化学品进行管理？

【应知应会】

公安部门负责危险化学品的公共安全管理，负责发放剧毒化学品购买凭证和准购证，负责审查核发剧毒化学品公路运输通行证，对危险化学品道路运输安全实施监督，并负责监督检查。

（一）剧毒化学品的备案登记

县级公安机关治安部门要加强日常监督检查工作，及时督促辖区内所有剧毒化学品生产、经营、储存、使用单位逐一填报《剧毒化学品从业单位备案登记表》，全面准确掌握辖区内剧毒化学品从业单位的底数和安全管理情况。各级公安机关治安部门要积极配合经贸等有关主管部门，督促所有剧毒化学品生产、经营、使用单位建立规范的销售、购买、使用登记制度，严格做好各环节的流向登记记录。

（二）剧毒化学品经销和购买的安全管理

1. 剧毒化学品经销的安全管理

（1）不得从未取得危险化学品生产许可证或者危险化学品经营许可证的企业采购剧毒化学品。

（2）不得经营国家明令禁止的剧毒化学品和用剧毒化学品生产的灭鼠药以及其他可能进入人民日常生活的化学产品进行生产和销售。

（3）不得销售没有化学品安全技术说明书和化学品安全标签的剧毒化学品。

（4）销售剧毒化学品时，应当记录购买单位的名称、地址和购买人员的姓名、身份证号码及所购剧毒化学品的品名、数量、用途，记录至少应当保留 1 年备查。应当每天核对剧毒化学品销售情况，发现丢失、被盗、误售等情况，立即向当地公安部门报告。

（5）不得向个人或者无购买凭证、准购证单位销售剧毒化学品。

2. 购买剧毒化学品的安全管理

（1）经常使用剧毒物品的生产、科研、医疗等单位，应当向设区的市级公安机关申请领取购买凭证，凭购买凭证购买。

（2）单位临时需要购买剧毒物品的，应当凭本单位出具的注明有品名、数量、用途的证明，向设区的市级公安机关申请领取准购证，凭准购证购买。

（3）个人不得购买农药、灭鼠药、灭虫药以外的剧毒物品。

（三）剧毒化学品运输的安全管理

（1）资质认定制度。国家对剧毒化学品运输实行资质认定制度。公安机关应当了解交通部门对剧毒化学品公路运输企业、驾驶、装卸、押运人员的资质认定情况。通过公路运输剧毒化学品的，托运人员只能委托有剧毒化学品运输资质的运输企业承运。

（2）划定禁行区域。根据本地实际情况，为了保障安全，由设区的市级公安机关划定剧毒化学品运输车辆禁止通行区域，并设置明显标志。

（3）凭证运输。通过公路运输剧毒化学品的，托运人应向目的地的县级公安机关申请办理剧毒化学品公路运输通行证。经审查符合规定核发公路运输通行证，方准运输。

（4）报告制度。运输剧毒化学品途中需要停车住宿或遇无法正常运输的情况，应当向当地公安机关报告；剧毒化学品在公路运输途中发生被盗、丢失、流散、泄漏等情况时，承运及押运人员必须立即向当地公安机关报告，并采取一切可能的警示措施。

（5）专人专车运输制度。通过公路运输剧毒化学品，必须配备押运人员，并随时处于押运人员的监管之下，不得超装、超载，不得进入剧毒化学品运输车辆禁止通行的区域；确需进入禁止通行区域，应事先向当地公安机关报告，由公安机关为其指定行车时间和路线，运输车辆必须按照公安机关规定的时间和路线运输。

（6）禁止托运人在托运的普通货物中夹带剧毒化学品以及将剧毒化学品匿报或谎报为普通货物托运。

（7）禁止任何单位和个人邮寄或在邮件内夹带剧毒化学品以及将剧毒化学品匿报或谎报为普通物品邮寄。

（四）剧毒化学品使用的安全管理

（1）建立健全剧毒化学品使用的安全管理规章制度，保证剧毒化学品的安全使用。

（2）根据剧毒化学品的种类、特点，在使用场所设置相应的监测、通风、防火、防爆、防静电、隔离操作等安全设施、设备，按规定进行维护、保养，保证符合安全运行的要求。并设置通信、报警装置，保证其在任何情况下处于正常适用状态。

（3）对剧毒化学品的用途如实记录，并采取必要的保安措施，防止剧毒化学品被盗、丢失或误用，发现剧毒化学品被盗、丢失或误用，必须立即向当地公安机关报告。

（4）禁止用剧毒化学品生产灭鼠药以及其他可能进入人民日常生活的化学产品和日用化学品。

（五）剧毒化学品事故的应急救援

公安机关接到发生剧毒化学品事故的报告后，应立即组织人员赶赴现场，会同环保、危险化学品安全监督管理综合工作部门、质检部门等实施救援，主要是迅速组织营救受害人员，组织撤离或采取其他措施保护危害区域的其他人，并维护好现场秩序，以便有关部门顺利地采取各种专业措施和手段进行应急救援。

【特别提醒】

剧毒化学品必须在专用仓库内单独存放，禁止性质相互抵触的化学危险品混存、混放。实行双人收发、双人保管制度和其他必要的保安措施，防止剧毒化学品被盗、丢失。储存单位应将储存剧毒化学品的数量、地点以及管理人员的情况，报当地公安机关和负责危险化学品安全监督管理综合工作的部门备案。

项目六　放射性物品的管理

一、放射性物品的含义

【案例 8 – 9】

世界上最严重的一次核污染事件是切尔诺贝利核泄漏。1986 年 4 月 26 日，苏联切尔诺贝利核电站第四号反应堆发生爆炸起火，大量放射性物质外泄，成为有史以来最严重的一次核污染。造成 31 人死亡，233 人受到严重的放射性损伤，附近 13 万居民紧急疏散，损失惨重。据苏联官方公布的数字，损失达 35 亿美元，事故造成的潜在损失和间接损失还难以计算，预计将有数千人因受辐射而致癌，事故产生的放射性尘埃，随风飘散，使欧洲许多国家受到不同程度的污染。这一重大事故不仅在欧洲，而且在整个世界引起强烈震动。事件发生至今，其后遗症并没有消除。德国、瑞典、土耳其、南斯拉夫，把不断出现的畸形胎儿归咎于那场灾难。有人认为，空气受到污染是产生怪婴的主要原因，环境污染已经危及后代，这点是确信无疑的。

2011 年 3 月 11 日，日本发生里氏 9.0 级特大地震。日本福岛第一核电站厂内供电在大地震中被破坏，造成大面积核泄漏，由大地震和海啸引发的日本福岛第一核电站事故目前已经演变成一场核电危机。如何防止有害有毒物质对人体健康和后代的危害，如何采取有效措施加大对各类危险物品的安全管理，是政府和社会面临的一项重大课题。

【问题思考】

（1）什么是放射物品？放射物品防护的种类有哪些？

（2）放射性物品安全管理工作的意义是什么？

（3）放射性物品管理应包括哪几个环节？

【应知应会】

（一）放射性物品的含义

放射性物品是指能自发连续辐射出人们感觉器官不能觉察到的射线的物品。

放射性同位素是指在不受外力作用下，其原子核能自发地、不断放射出射线和能量的同位素。

（二）放射性物品的种类

（1）根据放射性物品的物理状态不同，可分为固体放射性物品、液体放射性物品、气态放射性物品。

（2）根据放射性物品的应用品种不同，可分为放射性同位素、含有放射性元素的化学制品、放射性矿石和矿砂等。

（3）根据放出的射线类型的不同，可分为放射 α、β、γ 射线的放射性物品。

（三）放射源和射线装置的种类

根据 2005 年 12 月 1 日实施的《放射性同位素与射线装置安全和防护条例》（以下简称《条例》）规定，国家对放射源和射线装置实行分类管理。根据放射源、射线装置对人体健康和环境的潜在危害程度，从高到低将放射源分为 I 类、II 类、III 类、IV 类、

Ⅴ类；将射线装置分为Ⅰ类、Ⅱ类、Ⅲ类。

图 8-4 常用放射性物品标志

【特别提醒】

射线对机体的照射方式包括：内照射、外照射、混合照射。

射线对机体照射的有害生物效应包括：躯体效应、遗传效应。

二、放射性物品的管理

加强放射性物品的管理，可以防止和减少放射辐射事故，防止和减少不法分子利用放射性物品危害公共安全；在保障安全的前提下，使放射性物品为国家经济建设发挥更大的作用。

【案例 8-10】

2010 年某科技公司经理古某为报复同行，在刘某办公室安装 192 铱放射源，致使 75 人受到不同程度的放射伤害，在一审中，该犯被以投放危险物质罪判处死刑，缓期两年执行。

【应知应会】

公安机关在放射性物品管理中的主要职责：预防性监督审查，审批登记，放射性物品安全储存的监督检查，放射性物品安全运输的监督检查，放射性物品安全使用的监督检查，放射事故查处。

【特别提醒】

根据辐射事故的性质、严重程度、可控性和影响范围等因素，从重到轻将辐射事故分为特别重大辐射事故、重大辐射事故、较大辐射事故和一般辐射事故四个等级。

项目七　技能训练

大型娱乐活动场馆观众入场安全检查

一、训练内容

大型娱乐活动，如体育赛事、文艺活动、商贸活动等，对进入人员的随身携带物品及其人身进行安全检查。

二、训练目的和要求

使学生加深对危险物品知识和理论的理解，掌握危险物品安全检查的基本技能，具备随身携带危险物品的紧急处置能力。要求学生掌握常用安全检查仪器、设备的使用与调控，对危险物品的识别，对携带危险物品应急情况处置的基本能力。

三、训练前的准备

手持金属探测器、金属安全检查门、X光安全检查仪、各种刀具、各种石油产品等危险物品。

四、训练方法步骤

（1）教师讲解各种安全检查仪器操作规程及要求。

（2）学生分组进入实训室独立上机进行操作。

①手持金属探测器的使用训练。学生按教师规定的步骤和要求，先进行手持金属探测器的使用前调整，使手持金属探测器进入工作状态。学生根据教师设计，对检查对象进行安全检查。教师对训练进行指导。

②金属安全检查门的使用训练。学生按教师规定的步骤和要求，先进行安全检查门的使用前调整，使安全检查门进入工作状态。学生根据教师设计，对检查对象进行安全检查。教师对训练进行指导。

③X光安全检查仪的使用训练。学生按教师规定的步骤和要求，先进行X光安全检查仪的使用前调整，使X光安全检查仪器进入工作状态。学生根据教师设计，对检查对象进行安全检查。教师对训练进行指导。

（3）教师进行点评和总结。

五、注意事项

（1）按教师要求进行训练和操作。

（2）安全检查中重点要注意检查对象的神态和仪器报警，发现疑点重新复检。

六、思考题

（1）如何做好安全检查工作？

（2）安全检查中应注意的问题有哪些？

单元九
道路交通管理

【知识目标】

(1) 了解道路交通管理的含义、方法、指导方针和基本原则。

(2) 理解道路交通秩序管理以及车辆和驾驶人管理的基本规定。

(3) 掌握道路交通事故的处理方法、程序。

【能力目标】

(1) 能按照法律规定进行道路交通秩序管理。

(2) 能按照法律规定对机动车和非机动车驾驶人进行管理。

(3) 道路交通事故发生时能按照法定程序正确及时认定处理。

【知识结构图】

```
道路交通管理
    ├── 道路交通管理概述
    │       ├── 道路交通管理的概念
    │       ├── 道路交通管理的指导方针和基本原则
    │       └── 道路交通管理的任务
    ├── 道路交通秩序管理
    │       ├── 道路交通秩序管理概述
    │       ├── 机动车行驶秩序管理
    │       └── 非机动车和行人、乘车人交通秩序管理
    ├── 车辆和驾驶人管理
    │       ├── 车辆与驾驶人管理概述
    │       ├── 机动车与驾驶人管理
    │       └── 非机动车辆与驾驶人管理
    ├── 交通事故处理
    │       ├── 道路交通事故的基本概念
    │       ├── 道路交通事故的分类
    │       └── 道路交通事故的处理
    └── 技能训练
```

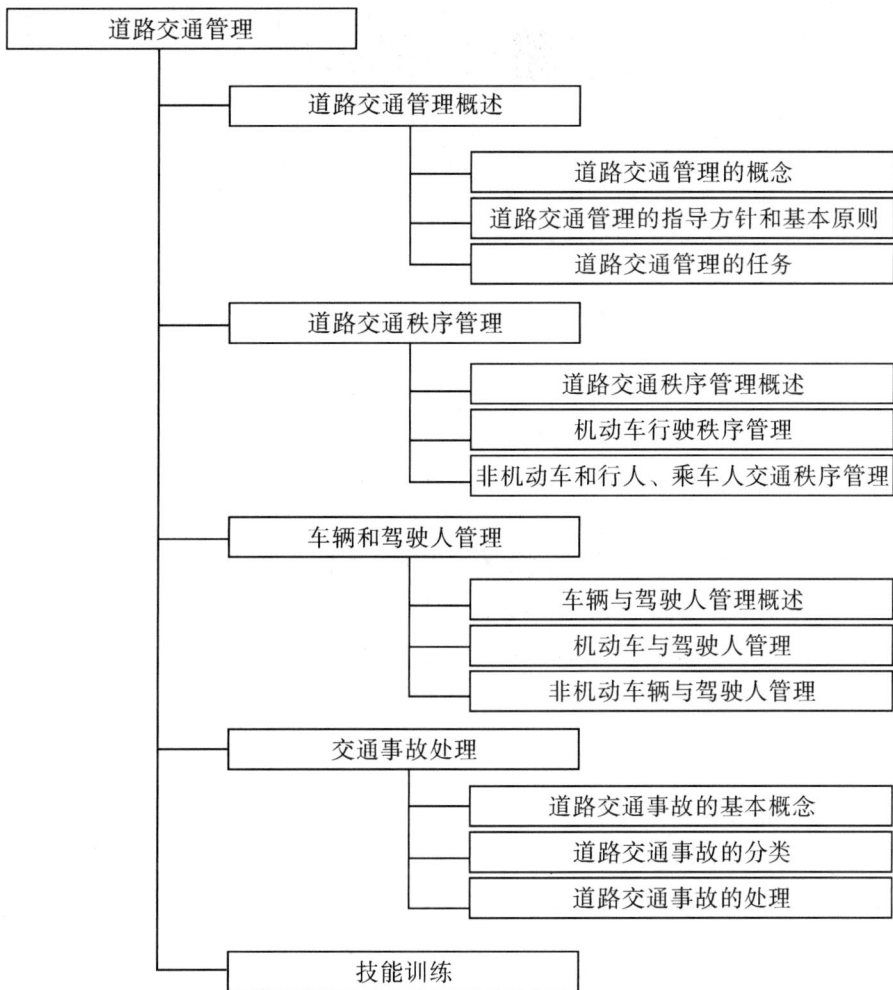

项目一　道路交通管理概述

一、道路交通管理的概念

【案例 9 - 1】

目前，大雾等恶劣天气逐渐增多，因大雾引发多起涉及客车的道路交通事故。2012 年 10 月 27 日，某市因突发大雾连续发生两起 1 人死亡 3 人重伤的道路交通事故。为进一步加强秋冬季节恶劣天气交通安全管理工作，有效预防和减少道路交通事故的发生，东城交警大队高度重视，充分结合辖区当前交管工作实际，以"压事故、保安全、保畅通"为原则，全警全力应对降温天气，切实保障辖区道路交通安全。

【问题思考】

（1）什么是道路交通管理？

（2）道路交通管理的指导方针和基本原则是什么？如何在具体工作中贯彻落实这些指导方针和基本原则？

【应知应会】

（一）道路的含义

道路是指公路、城市道路和虽在单位管辖范围但允许社会机动车通行的地方，包括广场、公共停车场等用于公众通行的场所。

（二）交通的含义

交通是各种运输活动的总称，是指借助某种运载工具，通过某种运行转移的方式，实现人或物空间位置移动的过程包括道路、铁路、航空等方式。

（三）道路交通的含义

道路交通，是指人、车在道路上移动或停驻的过程。

道路交通一般来说主要是与空中交通、铁路交通、水上交通和地下（地铁）交通区别而言的。它包括以运动为标志的动态交通和以相对静止为标志的静态交通。道路交通是现代大交通中的一个子系统、一个重要组成部分。

（四）道路交通管理的含义

道路交通管理是指公安机关交通管理部门为了维护道路交通秩序，预防和减少交通事故，保障道路交通安全畅通，根据有关法律、法规，运用行政管理的手段和科学管理的方法，对道路交通活动实行统一控制与管理的活动。道路交通管理是国家行政管理的一部分，是公安机关治安管理的一项重要业务。

从以上概念可知，道路交通管理的要素主要包括以下几个方面：

第一，道路交通管理的主体是各级公安机关交通管理部门。国务院公安部交管局负责全国道路交通安全管理工作；省级公安机关设交通警察总队或交通管理局，地市级公安机关设交通警察支队，县级公安机关设交通警察大队，具体负责本行政区域内的道路交通安全管理工作。

第二，道路交通管理的对象是道路交通系统，包括人、车辆、道路和交通环境。人包括驾驶员、乘车人、行人以及在道路上进行与交通有关的其他人员，车辆包括机动车和非机动车，道路包括公路、城市街道、公共广场等供车辆、行人通行的地方，交通环境包括交通参与者的活动空间及其周围的自然景观、建筑设施等。

第三，道路交通管理的目的是维护道路交通秩序，预防和减少交通事故，保护人身安全，保护公民、法人和其他组织的财产安全及其他合法权益，提高通行效率，降低公害和能源消耗。

第四，道路交通管理的依据是道路交通法律、法规、规章和有关技术规范。目前道路交通的基本法律依据是《中华人民共和国道路交通安全法》，除此之外，还有《道路交通事故处理程序规定》、《机动车驾驶证申领和使用规定》、《道路交通标志和标线》等法律依据。

二、道路交通管理的指导方针和基本原则

【应知应会】

(一) 道路交通管理的指导方针

公安部在 1989 年召开的第一次全国公安交通管理工作会议上，总结了公安交通管理工作实践，结合新时期公安交通管理工作的任务提出了"预防事故，缓解阻塞，综合治理，安全畅通"的指导方针。在该指导方针中，预防事故是基础，缓解阻塞是根本任务，综合治理是途径，安全畅通是出发点和基本目的。

(二) 道路交通管理的基本原则

道路交通管理的基本原则，是对道路交通管理自始至终都具有指导作用的规则，对道路交通管理工作具有现实的、普遍的指导价值。

1. 以人为本的原则

以人为本又叫"人本位"。交通管理中强调以人为本具有重要的现实意义。交通安全问题首先是人的安全问题，如果不把人的安全放在第一位，道路交通安全管理就失去了灵魂。目前，我国道路交通安全的形势是十分严峻的，交通事故死亡人数在世界上是第一位，而且呈不断增长的态势。因此，在道路交通管理中首先要坚持以人为本的精神，强调人的生命至高无上这一执法理念，确立人民生命安全第一的原则。

2. 依法管理的原则

依法管理，就是要求公安交通管理部门要把交通管理的一切活动，全部纳入法制轨道，严格执行交通法规，合法、及时、公正地解决和处理道路交通问题。既不允许交通参与者有违反交通法规的行为，也不允许民警有违反法律规定滥用执法权、侵犯公民权利的行为。

3. 科学管理交通的原则

所谓科学管理交通就是要采用先进的管理方法、技术去处理和协调道路交通中的人、车、路和环境之间的关系，以达到交通的高效畅通。若要改变目前交通管理水平低、效率不高、民警工作强度大的状况，就要坚持科学管理交通的原则。因此不但要采用先进的管理方法、技术，还要培训优秀管理人才，完善管理体制。

4. 方便群众的原则

方便群众的原则即便民的原则，就是交通管理部门及其民警在道路交通管理工作中尽可能地为交通参与者提供必要的便利，从而保障交通参与者进行交通活动的顺利实现。比如机动车登记时间过长、手续繁杂，程序不透明公开，这些都没有坚持方便群众这一原则。要克服"管理就是命令"的传统管理理念，真正做到权为民所用，利为民所谋，一心为方便群众而考虑。

5. 教育与处罚相结合的原则

教育与处罚相结合的原则，就是道路交通安全管理过程中，必须把对交通参与者的交通安全意识教育和对交通违法者的依法严格处罚紧密联系，相互配合，不可有任何偏废。交通实践中，轻教育重处罚，只处罚不纠正的现象比较严重，这背离了执法的目的。因此，虽然处罚不断，交通违法行为却不断增多，这与未能严格贯彻教育和处罚相结合的原则不无关系。只有加强交通安全教育，不断增强交通参与者的交通安全意识，才能获得广泛的群众基础，执法工作才能得到理解和支持。因此，在进行交

通处罚时，要注意方式方法，要注意教育和处罚相结合，缺一不可。

三、道路交通管理的任务

【应知应会】

（一）开展道路交通秩序管理

道路交通秩序管理是道路交通管理的核心组成部分，所以，必须大力开展道路交通秩序管理活动。这就要求做到：要制定和完善道路交通管理目标，实行全面系统控制管理；同时贯彻交通行为规范，正确协调道路交通活动中的的诸种关系，保障道路交通安全畅通。

（二）加强机动车和驾驶人管理

加强机动车和驾驶人管理是道路交通管理的基础工作，其内容包括：第一，机动车必须实行登记、检验和牌证管理，保证车况良好、安全技术性能可靠，使之能够有效运行。第二，驾驶人必须实行考试、审验和执照管理，保持驾驶人技术可靠、法制观念正确和交通道德良好，使之行车安全。

（三）处理道路交通事故

道路交通事故处理是道路交通管理工作的重要组成，道路交通事故处理要做到：正确进行道路交通事故现场勘查、调查取证、交通事故认定、处罚交通事故责任者以及道路交通事故档案管理，并分析通事故原因和制定预防对策。

（四）开展交通安全宣传教育

交通安全宣传教育是采取各种宣传形式，运用各种宣传工具，向社会各界和人民群众宣传、讲解道路交通管理工作的方针、政策、法律、法规、道路交通安全常识和经验教训，使广大人民群众增强道路交通安全意识，自觉遵守道路交通规则，维护道路交通秩序与安全。交通安全宣传教育应贯穿于道路交通管理的整个过程。

项目二　道路交通秩序管理

一、道路交通秩序管理概述

【案例 9-2】

2012 年 12 月 11 日凌晨 2 时许，两辆大客车在某市省道和某县交界处路段正面相撞，造成两车严重损坏、9 人死亡 18 人伤的特大交通事故。事故的发生过程是：刁某驾驶一辆载有 30 名旅客的大客车，由某县往另一县方向行驶。这是一辆某运输实业发展公司的客车，核载 32 人。此车途经一收费站交界处时，与相对方向行驶而来的、由司机徐某驾驶的空载大客车正面相撞，两车相撞后刁某驾驶的客车往右驶出路外。事故调查小组初步认定，事故原因是由于刁某刚驾驶的客车超速和越线行驶。事故造成两车严重损坏，7 人当场死亡，3 人重伤，15 人轻伤，后又有 2 人在送医院后抢救无效死亡。

【问题思考】

（1）此次交通事故发生的原因是什么？为什么要遵守交通秩序管理？

（2）在机动车行驶中驾驶人应该遵守什么样的秩序管理？

【应知应会】

（一）交通秩序的含义

车辆和行人在道路上有规则地运动或停止，并且不发生非交通干扰，呈现出一种有条不紊的状态，这就是道路交通安全管理所要求的交通秩序。

良好的交通秩序，不仅有利于交通安全，有利于道路畅通，有利于提高社会运输效益；更重要的是，它还能反映出一个城市、一个地区的精神文明风貌，反映出一个民族的整体素质，反映出当地的社会治安状况，反映出政府管理道路交通的水平。

（二）道路交通秩序管理的概念

道路交通秩序管理是指公安交通管理机关依据交通管理法律法规，运用宣传教育、现代管理科学、现代科学技术，对交通系统实施控制管理，以取得最佳的道路交通效能的工作。

1. 道路交通秩序管理的主体

道路交通管理机关是公安机关交通管理部门（简称公安交通管理部门或交警部门）。可以延伸到具体执行交通管理勤务的交通警察。

2. 道路交通秩序管理的内容

道路交通秩序管理的内容是道路交通秩序，最主要的是通行秩序和停车秩序，也包括道路的服务水平以及交通环境对道路交通的影响等内容。

3. 道路交通秩序管理的对象

道路交通秩序管理的对象是交通系统。交通系统的构成要素是人、车、路和交通环境。

4. 道路交通秩序管理的目的

道路交通秩序管理的目的是取得最佳的交通效能，即保障道路交通安全畅通，降低交通公害，节约能源消耗。具体目标是"各行其道，车不越线，人不乱穿，路无障碍，秩序井然"。

5. 道路交通秩序管理的依据

道路交通秩序管理的依据是交通安全法规。交通安全法规包括法律、行政法规、规章和其他标准、规范等科技法规，如《道路交通安全法》、《道路交通安全法实施条例》、《道路交通安全违法行为处理程序规定》、《机动车驾驶证申领和使用规定》以及国家标准的《机动车运行安全技术条件》、《道路交通标志标线》等。

6. 道路交通秩序管理的方法

道路交通秩序管理的方法是宣传教育、现代管理科学和现代科学技术的理论和方法。

二、机动车行驶秩序管理

【应知应会】

机动车行驶秩序管理是道路交通秩序管理的重要组成部分，是公安机关交通管理部门的主要任务之一。管理部门通过对机动车行驶秩序管理，来达到使机动车在允许的交通条件下，按合理的车速低事故、高效率运行的目的。为此，机动车行驶主要应遵循以下的规则：

（一）右侧通行规则

我国《道路交通安全法》第三十五条规定："机动车、非机动车实行右侧通行。"根据该规定，机动车在我国境内行驶的要求是：机动车在画有道路中心线的道路相对行驶时，一律在中心线右侧通行。在机动车朝同一方向行驶时，路上有标明路线的按标明路线行驶；无标明路线的，则按低速车置右原则行驶。

（二）各行其道规则

各行其道是指车辆、行人按照道路交通法规的规定，在准许通行的区域、道路或道路的某一部位上通行。根据道路条件和通行需要，道路划分为机动车道、非机动车道和人行道；没有划分机动车道、非机动车道和人行道的，机动车在道路中间通行，非机动车和行人在道路两侧通行。在道路同方向划有两条以上机动车道的，左侧为快速车道，右侧为慢速车道。在道路同方向划有两条以上机动车道的，变更车道的机动车不得影响相关车道内行驶的机动车的正常行驶。

（三）行车速度规则

根据《道路交通安全法》及其实施条例相关规定，我国机动车行车速度规则为：

（1）机动车在道路上行驶不得超过限速标志、标线标明的速度。在没有限速标志、标线的道路上，机动车不得超过下列最高行驶速度：①没有道路中心线的道路，城市道路为每小时30公里，公路为每小时40公里。②同方向只有1条机动车道的道路，城市道路为每小时50公里，公路为每小时70公里。

（2）机动车在夜间行驶或者在容易发生危险的路段行驶，以及遇有沙尘、冰雹、雨、雪、雾、结冰等气象条件时，应当降低行驶速度，最高行驶速度不得超过每小时30公里。

（四）超车规则

超车是在没有道路中心线或者同方向只有一条的道路上，后车从前车左侧超越的行为。如果从前车右侧超越，即属违法超车。

超车是一个复杂的过程。安全超车需要有四个条件：道路条件、车辆条件、视距条件和前车有效的配合。超车的基本操作如下：机动车超车时，应当提前开启左转向灯、变换使用远、近光灯或者鸣喇叭。在没有道路中心线或者同方向只有一条机动车道的道路上，前车遇后车发出超车信号时，在条件许可的情况下，应当降低速度、靠右让路。后车应当在确认有充足的安全距离后，从前车的左侧超越，在与被超车辆拉开必要的安全距离后，开启右转向灯，驶回原车道。

（五）会车规则

会车行驶是指相对方向行驶的机动车在同一地点、同一时间通过的交通现象。该现象意味着正面碰撞、侧面碰撞等危险，尤其是在路面较窄的路段危险性更大。因此机动车驾驶人必须遵守有关会车规定。

《交通安全法实施条例》第四十八条对会车行驶作了以下规定：

（1）在没有划中心线的道路和窄路、窄桥会车时，须减速靠右行驶，并与其他车辆、行人保持必要的安全距离。

（2）在有障碍的路段，无障碍的一方先行；但有障碍的一方已驶入障碍路段而无障碍的一方未驶入时，有障碍的一方先行。

（3）在狭窄的坡路，上坡的一方先行；但下坡的一方已行至中途而上坡的一方未上坡时，下坡的一方先行。

（4）在狭窄的山路，不靠山体的一方先行。

（5）夜间会车应当在距相对方向来车150米以外改用近光灯，在窄路、窄桥与非机动车会车时应当使用近光灯。

（六）掉头和倒车规则

机动车掉头和倒车若稍有疏忽，则不仅影响自身的行驶安全，而且妨碍其他车辆、行人的正常行驶、行走秩序和交通安全。《道路交通安全法》对机动车掉头和倒车的地点作了严格的限制：

（1）机动车在有禁止掉头或者禁止左转弯标志、标线的地点以及在铁路道口、人行横道、桥梁、急弯、陡坡、隧道或者容易发生危险的路段，不得掉头。机动车在没有禁止掉头或者没有禁止左转弯标志、标线的地点可以掉头，但不得妨碍正常行驶的其他车辆和行人的通行。

（2）机动车倒车时，应当察明车后情况，确认安全后倒车。不得在铁路道口、交叉路口、单行路、桥梁、急弯、陡坡或者隧道中倒车。

三、非机动车和行人、乘车人交通秩序管理

【应知应会】

（一）非机动车交通秩序管理

1. 遵守安全规定，按车道行驶

驾驶非机动车在道路上行驶应当遵守有关交通安全的规定。非机动车应当在非机动车道内行驶；在没有非机动车道的道路上，应当靠车行道的右侧行驶。

2. 行驶时速限制

残疾人机动轮椅车、电动自行车在非机动车道内行驶时，最高时速不得超过15公里。

3. 通过交叉路口

非机动车通过有交通信号灯控制的交叉路口，应当按照下列规定通行：

（1）转弯的非机动车让直行的车辆、行人优先通行。

（2）遇有前方路口交通阻塞时，不得进入路口。

（3）向左转弯时，靠路口中心点的右侧转弯（即大转弯）。

（4）遇有停止信号时，应当依次停在路口停止线以外。没有停止线的，停在路口以外。

（5）向右转弯遇有同方向前车正在等候放行信号时，在本车道内能够转弯的，可以通行；不能转弯的，依次等候。

非机动车通过没有交通信号灯控制也没有交通警察指挥的交叉路口，除应当遵守上述第（1）项、第（2）项和第（3）项的规定外，还应当遵守下列规定：

（1）有交通标志、标线控制的，让优先通行的一方先行。

（2）没有交通标志、标线控制的，在路口外慢行或者停车瞭望，让右方道路的来车先行。

（3）相对方向行驶的右转弯的非机动车让左转弯的车辆先行。

（二）行人交通秩序管理

1. 行人行走的基本规则

行人应当在人行道内行走，没有人行道的靠路边行走。

2. 路口通行和横穿道路通行的规则

（1）行人通过路口或者横过道路，应当走人行横道或者过街设施。

（2）通过有交通信号灯的人行横道，应当按照交通信号灯指示通行。

（3）通过没有交通信号灯、人行横道的路口，或者在没有过街设施的路段横过道路，应当在确认安全后通过。

（4）行人横过机动车道，应当从行人过街设施通过；没有行人过街设施的，应当从人行横道通过；没有人行横道的，应当观察来往车辆的情况，确认安全后直行通过，不得在车辆临近时突然加速横穿或者中途倒退、折返。

（5）行人列队在道路上通行，每横列不得超过两人，但在已经实行交通管制的路段不受限制。

3. 行人通行禁止行为

（1）不得跨越、倚坐道路隔离设施。

（2）不得扒车、强行拦车或者实施妨碍道路交通安全的其他行为。

（3）不得在道路上使用滑板、旱冰鞋等滑行工具。

（4）不得在车行道内坐卧、停留、嬉闹。

（5）不得进行追车、抛物击车等妨碍道路交通安全的行为。

（三）乘车人通行规定

作为交通参与者，乘车人在维护交通安全中也具有十分重要的地位和作用。要求乘车人自觉、严格遵守交通规则，不仅是为了保障自身交通安全，也是为了保障在车辆通行过程中其他人的交通安全。所以，《交通安全法》就此作出了相关规定：

（1）机动车行驶时，驾驶人、乘坐人员应当按规定使用安全带。

（2）摩托车驾驶人及乘坐人员应当按规定戴安全头盔。

（3）乘车人不得携带易燃易爆等危险物品，不得向车外抛洒物品。

（5）乘车人不得在机动车道上拦乘机动车。

（6）乘车人在机动车道上不得从机动车左侧上下车。

（7）乘车人开关车门不得妨碍其他车辆和行人通行。

（8）机动车行驶中，不得干扰驾驶，不得将身体任何部分伸出车外，不得跳车。

（9）乘坐两轮摩托车应当正向骑坐。

（10）不得有影响驾驶人安全驾驶的行为。

【特别提醒】

除以上对机动车、非机动车和行人、乘车人进行交通秩序管理外，交通秩序管理还包括车辆停放秩序管理、非交通性障碍秩序管理、高速公路秩序管理等。

项目三　车辆和驾驶人管理

一、车辆与驾驶人管理概述

【案例 9 - 3】

2012 年 9 月 7 日，某县发生一起特大道路交通事故，造成 3 人死亡，1 人受伤。当日 23 时 40 分许，蒙某搭乘另外三人，驾驶一辆五菱小型普通客车，沿国道 322 线行驶至 551 公里加 200 米路段时，因越过道路中心线驶入对向车道，与对向驶来的一辆由卢某驾驶的重型半挂牵引车发生正面相撞，造成两车不同程度损坏，小型普通客车上三人当场死亡、一人受伤，重型半挂牵引车上两人受伤的特大道路交通事故。经某县公安局交警大队调查，由某市疾病预防控制中心司法鉴定，客车小驾驶人蒙某血液内乙醇含量为 110mg／100mL，属于醉酒后驾驶机动车，且占道行驶是造成交通事故的主要原因。而卢某驾驶的重型半挂牵引车实际装载 83.1 吨，行驶证核载 32.5 吨，超重也是造成这次交通事故的原因之一。

【问题思考】

（1）导致此次交通事故的主要原因是什么？

（2）新修改的法律为什么要加重对醉酒驾驶的处罚？如何处罚？

【应知应会】

车辆与驾驶人管理是指公安交通管理部门依据国家有关法律、法规和政策，对车辆及驾驶人员进行检验、考核、审验、登记、核发牌证和对车辆制造、维修等相关行业进行安全认证、监督以及对驾驶人进行教育管理的一项专门工作。

车辆与驾驶人管理可分为机动车与驾驶人管理和非机动车与驾驶人管理。非机动车与驾驶人管理是对自行车、三轮车、残疾人专用车、畜力车、人力车等纳入非机动车范围的各种非机械动力车辆及其驾驶人的管理。

车辆与驾驶人管理制度包括：车辆牌证制度、车辆登记制度、驾驶证制度、车辆检验制度。

【特别提醒】

车辆与驾驶人是道路交通的主体，对交通的秩序、效率与安全起着决定性作用。加强车辆与驾驶人管理的目的在于提高运输效率，保证交通安全，预防犯罪分子利用车辆进行犯罪活动，维护社会治安秩序。

二、机动车与驾驶人管理

【应知应会】

（一）机动车管理含义

机动车管理，是公安交通管理机关依据国家法律、法规和规章，对正在使用的机动车辆进行登记、发牌、检验、审核以及采用技术手段对车辆制造、检验、保修单位进行监督指导的一项专门工作。

机动车管理作为公安交通管理机关的一项基本职能，其目的是确保交通安全，减少交通公害，延长车辆使用寿命，充分发挥运输效能。

（二）机动车管理的内容

机动车管理的内容主要有以下几个方面：①对机动车进行安全技术检验监督。②对机动车进行注册登记，核发号牌与行驶证。③对机动车进行变更、抵押、转移、注销等其他登记。④办理号牌与行驶证的补、换发手续。⑤建立、管理机动车档案。

（三）机动车驾驶人管理

机动车驾驶人管理是确保驾驶人的技术、业务素质，保证交通安全的重要措施，规定的主要内容有：培训考核、异动登记、年度审验、宣传教育、档案管理。

1. 申请机动车驾驶证的条件

（1）申请机动车驾驶证的年龄条件。

申请小型汽车、小型自动挡汽车、轻便摩托车准驾车型的，在18周岁以上，70周岁以下；申请低速载货汽车、三轮汽车、普通三轮摩托车、普通二轮摩托车或者轮式自行机械车准驾车型的，在18周岁以上，60周岁以下；申请城市公交车、中型客车、大型货车、无轨电车或者有轨电车准驾车型的，在21周岁以上，50周岁以下；申请牵引车准驾车型的，在24周岁以上，50周岁以下；申请大型客车准驾车型的，在26周岁以上，50周岁以下。

（2）申请机动车驾驶证的身体条件。

申请大型客车、牵引车、城市公交车、大型货车、无轨电车准驾车型的，身高为155厘米以上；申请中型客车准驾车型的，身高为150厘米以上。申请大型客车、牵引车、城市公交车、中型客车、大型货车、无轨电车或者有轨电车准驾车型的，两眼裸视力或者矫正视力达到对数视力表5.0以上。申请其他准驾车型的，两眼裸视力或者矫正视力达到对数视力表4.9以上；无红绿色盲；两耳分别距音叉50厘米能辨别声源方向；双手拇指健全，每只手其他手指必须有三指健全，肢体和手指运动功能正常；运动功能正常。申请驾驶手动挡汽车，下肢不等长度不得大于5厘米。申请驾驶自动挡汽车，右下肢应当健全；躯干、颈部无运动功能障碍。

2. 机动车驾驶人的培训、考试

按照中华人民共和国公安部第71号令《机动车驾驶证申领和使用规定》的要求，机动车驾驶人考试科目分为道路交通安全法律、法规和相关知识考试科目（以下简称"科目一"）、场地驾驶技能考试科目（以下简称"科目二"）和道路驾驶技能考试科目（以下简称"科目三"）。

考试顺序按照科目一、科目二、科目三依次进行，前一科目考试合格后，方准参加后一科目的考试。

3. 机动车驾驶证有效期和换证

机动车驾驶证的有效期为6年；机动车驾驶人在机动车驾驶证的6年有效期内，每个记分周期均未达到12分的，换发10年有效期的机动车驾驶证；在机动车驾驶证的10年有效期内，每个记分周期均未达到12分的，换发长期有效的机动车驾驶证。

4. 机动车驾驶证的注销

机动车驾驶人死亡的；身体条件不适合驾驶机动车，提出注销申请的；丧失民事行为能力，监护人提出注销申请的；超过机动车驾驶证有效期1年以上未换证的；年龄在60周岁以上或者持有大型客车、牵引车、城市公交车、中型客车、大型货车、无轨电车、有轨电车准驾车型的，在一个记分周期结束后，1 年内未提交身体条件证明的；年龄在 60 周岁以上，所持机动车驾驶证只具有无轨电车或者有轨电车准驾车型，或者年龄在 70 周岁以上，所持机动车驾驶证只具有低速载货汽车、三轮汽车、轮式自行机械车准驾车型的；机动车驾驶证依法被吊销或者驾驶许可依法被撤销的。若有以上情况之一，车辆管理所应当注销其机动车驾驶证。

5. 机动车驾驶证的审验

年龄在 60 周岁以上或者持有大型客车、牵引车、城市公交车、中型客车、大型货车、无轨电车、有轨电车准驾车型的机动车驾驶人，应当每年进行一次身体检查，在记分周期结束后 15 日内，提交县级或者部队团级以上医疗机构出具的有关身体条件的证明。换发机动车驾驶证时，公安机关交通管理部门应当对机动车驾驶证进行审验。

机动车驾驶人在一个记分周期内累积记分达到 12 分的，应当在 15 日内到机动车驾驶证核发地或者违法行为地公安机关交通管理部门接受为期 7 日的道路交通安全法律、法规和相关知识的教育。机动车驾驶人接受教育后，车辆管理所应当在 20 日内对其进行科目一考试。

机动车驾驶人在一个记分周期内两次以上达到 12 分的，车辆管理所还应当在科目一考试合格后 10 日内对其进行科目三考试。

【特别提醒】

2012 年 8 月，公安部发布了《机动车驾驶证申领和使用规定》，该规定将于 2013 年 1 月 1 日起正式施行。新规旨在加强对违法行为的处罚程度和驾驶人的管理力度。

一是完善驾驶人考试制度，突出实际驾驶能力。其中：将科目一理论考试拆分为两部分，第一部分主要考核道路交通安全法律法规、交通信号、通行规则等知识，仍作为科目一；第二部分作为安全文明驾驶考试项目，在实际道路考试后进行，考核安全文明驾驶要求、复杂条件下的安全驾驶知识等，加深驾驶人对安全文明驾驶常识的理解记忆。对申领大中型客货车驾驶证的，在科目二场地驾驶技能考试中，增加模拟高速公路、雨雾天、湿滑路、紧急情况处置等考试项目，提高了考试针对性和考试难度。

二是完善审验和实习期管理，严格重点驾驶人日常管理。除第一次领取驾驶证的人以外，规定将增驾新取得大型客车、中型客车、牵引车等驾驶证的驾驶人一并纳入实习期管理。特别是大中型客货车驾驶人，实习期结束后要参加安全文明驾驶等知识考试，接受交通事故案例警示教育；在实习期内违法记 6 分以上的，实习期限延长一年，再次记 6 分以上的，取消其实习车型的驾驶资格。在驾驶证审验方面，规定大中型客货车驾驶人每年参加审验，但没有记分的可以免于审验，以鼓励驾驶人守法驾驶。

三是加大对严重违法行为的处罚力度。对校车、大中型客货车、危险品运输车等重点车型驾驶人的严重交通违法行为提高了记分分值，记分项由 38 项增加至 52 项。新增：使用伪造和变造校车标牌、校车超员 20% 以上记 12 分、不按规定避让校车记 6 分等 14 个涉及校车管理的记分项；中型以上客货车、危险品运输车在高速公路、城市快速路行驶超速 20% 以上，或者在其他道路行驶超速 50% 以上，驾驶营运客车、校车超员 20% 以上、未取得校车驾驶资格驾驶校车的等行为记 12 分，以及疲劳驾驶载客汽车、危险品运输车记 12 分等记分项。同时，考虑到《道路交通安全法》已规定醉酒驾驶机动车的、吊销机动车驾驶证且 5 年内不得重新取得驾驶证，取消了原醉酒驾驶机动车违法行为记分。

三、非机动车辆与驾驶人管理

【应知应会】

（一）非机动车辆管理的概念

非机动车管理，是指公安车辆管理部门依据道路交通安全法律、法规，对辖区内各单位和个人所拥有的非机动车及其驾驶人进行的各项管理活动。

（二）非机动车的分类

非机动车辆是指以人力或者畜力驱动在道路行驶的交通工具，以及虽有动力装置驱动但设计最高时速、空车质量、外形尺寸符合有关国家标准的残疾人机动轮椅车、电动自行车等交通工具。

（三）非机动车牌证的申领

申领非机动车牌证时需要以下证明：车辆证明、车主证明、残疾人专用车由残联出具的残疾人办事证明等。

（四）非机动车驾驶人管理

驾驶助力自行车、有动力装置的残疾人专用车、营运三轮车时，驾驶人必须持有公安交通管理部门核发的操作证，并按规定接受公安交通管理部门的审验。操作证由市公安交通管理部门统一制作。

申领助力自行车、营运三轮车操作证一般要具备下列条件：①具有当地常住户籍或暂住证。②年满十六周岁以上。③无妨碍安全驾驶的生理缺陷。④经公安交通管理部门交通安全常识和操作技能考试合格。

申领有动力装置的残疾人专用车操作证除以上条件外还需要具备下面的条件：持有《中华人民共和国残疾人证》的下肢残疾者，且无妨碍安全驾驶的其他生理缺陷。

【拓展阅读】

2008 年世界卫生组织的事故调查显示，大约 50% ~ 60% 的交通事故与酒后驾驶有关，酒后驾驶已经被列为车祸致死的主要原因。在中国，每年因酒后驾车引发的交通事故高达数万起；而造成死亡的事故中 50% 以上都与酒后驾车有关，酒后驾车的危害触目惊心，已经成为交通事故的第一大"杀手"。因此，中国的法律对饮酒驾车加重了处罚力度。

2011 年修正后的《道路交通安全法》第九十一条对饮酒驾驶做了相关修改，规定饮酒后驾驶机动车的，处暂扣 6 个月机动车驾驶证，并处 1 000 元以上 2 000 元以下罚款。因饮酒后驾驶机动车被罚，再次饮酒后驾驶机动车的，处 10 日以下拘留，并处 1 000 以上 2 000 元以下罚款，吊销机动车驾驶证。醉酒驾驶机动车的，由公安机关交通管理部门约束至酒醒，吊销机动车驾驶证，依法追究刑事责任；5 年内不得重新取得机动车驾驶证。饮酒后驾驶营运机动车的，处 15 日拘留，并处 5 000 元罚款，吊销机动车驾驶证，5 年内不得重新取得机动车驾驶证。醉酒驾驶营运机动车的，由公安机关交通管理部门约束至酒醒，吊销机动车驾驶证，依法追究刑事责任；10 年内不得重新取得机动车驾驶证，重新取得机动车驾驶证后，不得驾驶营运机动车。饮酒后或者醉酒驾驶机动车发生重大交通事故，构成犯罪的，依法追究刑事责任，并由公安机关交通管理部门吊销机动车驾驶证，终生不得重新取得机动车驾驶证。

2011 年 5 月 1 日起正式通过的《刑法修正案（八）》已正式实施，其中规定："在道路上驾驶机动车追逐竞驶，情节恶劣的，或者在道路上醉酒驾驶机动车的，处拘役，并处罚金。"这也意味着，今后凡是在道路上醉酒驾驶机动车的，一旦被查获，将面临着最高半年拘役的处罚，其性质也由过去的行政违法行为衍变为刑事犯罪行为。而公务员醉驾几乎等同于砸掉自己的"铁饭碗"。《行政机关公务员处分条例》第十七条第二款规定，行政机关公务员依法被判处刑罚的，给予开除处分。

项目四 交通事故处理

一、道路交通事故的基本概念

【案例 9 - 4】

2012 年 5 月 23 日 22 时，石某驾驶京 HFXX＊＊号松花江号小客车，沿皇庄一村公路由东向西行驶至皇庄农业银行门口时，与对向行驶的郝某驾驶的电动三轮车相撞，肇事后，石某为了逃避责任，当场逃逸。

2012 年 5 月 23 日 22 时 37 分，某市公安局交警大队接到报案称：在三河皇庄农业银行附近发生一起重大交通肇事逃逸案件。一辆机动车与一辆电动三轮摩托车相撞，造成三轮摩托车乘车人中孙某、王某 2 人经抢救后无效死亡，驾驶人郝某、乘坐人马某 2 人重伤的严重后果，机动车肇事后逃逸。接到报警后，该交警大队民警立即赶赴现场，进行现场勘查及访问调查工作。经勘查：现场位于三河市皇庄镇农业银行门口，现场遗留有肇事逃逸车辆保险杠碎片、大灯碎片。经过对现场遗留物分析初步确定，肇事车辆应该为一辆松花江牌小型客车，左前角大灯、保险杠有明显损坏，由于事发突然，夜间能见度低，目击证人无法确定肇事车辆的车牌号码。为了尽快找到肇事车辆，办案民警兵分三路，有条不紊地开展排查工作。5 月 24 日，石某迫于压力，到交警大队投案自首。至此，一起致 2 人死亡、2 人重伤的重大交通肇事逃逸案件成功侦破。

【问题思考】

（1）什么是道路交通事故？该案例中的事故属于哪种交通事故？

（2）交通事故的现场应如何处置？

【应知应会】

在我国，根据《道路交通安全法》的规定，道路交通事故是指车辆在道路上因过错或者意外造成的人身伤亡或者财产损失的事件。

构成道路交通事故必须具备以下六个要素：

（一）车辆

车辆是构成交通事故的前提条件。这里的车辆，不仅包括机动车，还应包括非机动车。行人自己在走路过程中发生意外而造成伤亡，不属于交通事故。

（二）道路

道路是构成交通事故的基础条件。我国《道路交通安全法》中规定"道路是指公路、城市道路和虽在单位管辖范围但允许社会机动车通行的地方，包括广场、公共停车场等用于公众通行的场所"。在道路上，应以事态发生时车辆所在的位置来判定，而不是以事态发生后车辆所在的位置来判定是否在道路上。

（三）在运动中

在运动中即车辆在行驶或停放过程中，这里所说的停放过程，应理解为交通单元的停车过程，而交通单元之间的静止状态停放所发生的事故（如停车后装卸货物时发生的伤亡事故）不属于交通事故。停在路边的车辆，被过往车辆碰撞发生事故，由于对方车辆处在运动中，因而也是交通事故，所以关键是车辆是否运动。交通事故涉及的各方当事人中至少一方的车辆处于运动状态。

（四）发生事态

发生事态即发生有碰撞、碾压、刮擦、翻车、坠车、爆炸、失火等其中一种现象。如果未发生上述事态，而是由于行人或旅客因其他原因（如心脏病发作）而造成的死亡则不属于交通事故。

（五）过错或者意外

过错或者意外是指道路交通事故是由于车辆在道路上因过错或意外造成的。过错是指特定人员针对道路交通事故的主观心理态度，过错既包括过失，也包括故意的心理态度。意外是指地震、台风、山洪、雷击等不可抵挡的自然灾害。利用交通工具自杀不属于交通事故。

（六）人身伤亡或者财产损失

只有车辆在道路上因过错或意外造成了人身伤亡或者财产损失才构成道路交通事故。如没有造成人身伤亡，也没有造成任何财物损失的，不属于道路交通事故。

以上六个要素和一定的违反道路交通安全的行为可作为鉴别是否属交通事故的依据。

二、道路交通事故的分类

【应知应会】

按不同的要求，从不同的角度可以对道路交通事故作不同的分类，主要有以下几种：

（1）按道路交通事故的后果不同，可将交通事故分为轻微事故、一般事故、重大事故、特大事故；轻微事故指一次造成轻伤1～2人，或者财产损失机动车事故不足1 000元，非机动车事故不足200元的事故；一般事故指一次造成重伤1～2人，或者轻伤3人以上，或者财产损失不足30 000元的事故；重大事故指一次造成死亡1～2人，或者重伤3人以上10人以下，或者财产损失30 000元以上不足60 000元的事故；特大事故指一次造成死亡3人以上，或者重伤11人以上，或者死亡1人，同时重伤8人以上，或者死亡2人，同时重伤5人以上，或者财产损失60 000元以上的事故。

（2）按交通事故主要责任者可将道路交通事故分为：机动车事故，是指事故当事方中，汽车、摩托车和拖拉机等机动车负主要责任以上的事故；非机动车事故，是指自行车、人力车、三轮车和畜力车等按非机动车管理的车辆负主要责任以上的事故；行人事故，是指在事故当事方中行人负主要责任以上的事故。

（3）按损害后果的表现类型可分为：死亡事故，是指仅有人员死亡或既有人员死亡又有人员受伤和财产损失的事故；伤人事故，是指仅有人员受伤或既有人员受伤又有财产损失的事故；财产损失事故，是指仅有财产损失的事故。

（4）按交通事故的对象可分为：车辆间的交通事故、车辆与行人的交通事故、机动车与非机动车的交通事故、车辆自身事故、车辆对固定物的事故。

三、道路交通事故的处理

（一）当事人自行协商

【应知应会】

（1）道路交通事故发生后，当事人必须立即采取的措施。

《道路交通安全法》第七十条第一款规定："在道路上发生交通事故，车辆驾驶人应当立即停车，保护现场；造成人身伤亡的，车辆驾驶人应当立即抢救受伤人员，并迅速报告执勤的交通警察或者公安机关交通管理部门。因抢救受伤人员变动现场的，应当标明位置。乘车人、过往车辆驾驶人、过往行人应当予以协助。"因此，当交通事故发生后，当事人应该立即停车并采取措施保护现场，有人员受伤的必须立即抢救伤者并报警。

（2）当事人自行撤离现场和自行协商处理损害赔偿。

①当事人可以先行撤离现场的情形。

《道路交通安全法》第七十条第二款规定："在道路上发生交通事故，未造成人身伤亡，当事人对事实及成因无争议的，可以即行撤离现场，恢复交通，自行协商处理损害赔偿事宜；不即行撤离现场的，应当迅速报告执勤的交通警察或者公安机关交通管理部门。"根据本款的规定，对未造成人身伤亡的交通事故，当事人可以先行撤离现场、自行协商处理损害赔偿事宜，也可以报警处理。

②当事人应当先行撤离现场的情形。

《道路交通安全法》第七十条第三款规定："在道路上发生交通事故，仅造成轻微财产损失，并且基本事实清楚的，当事人应当先撤离现场再进行协商处理。"这里指的"应当"，即必须，对轻微财产损失的交通事故，当事人应当先行撤离现场，自行协商处理损害赔偿事宜。车辆可以移动的，当事人应当在确保安全的原则下对现场拍照或者标划事故车辆现场位置后立即撤离现场，将车辆移至不妨碍交通的地方再进行协商。

对应当自行撤离现场而未撤离的，交通警察应当责令当事人撤离现场；造成交通堵塞的，可以对驾驶人处理 200 元罚款。

（二）交通警察处理交通事故的程序

1. 简易程序

（1）适用简易程序处理的情形。

对仅造成人员轻微伤或者具有下列情形之一的财产损失事故，公安机关交通管理部门可以适用简易程序处理，但是有交通肇事犯罪嫌疑的除外。

①发生财产损失事故，当事人对事实或者成因有争议的，以及虽然对事实或者成因无争议，但协商损害赔偿未达成协议的。

②机动车无号牌、无检查合格标志、无保险标志的。

③载运爆炸物品、易燃易爆化学物品以及毒害性、放射性、腐蚀性、传染病病原体等危险物品车辆的。

④碰撞建筑物、公共设施或者其他设施的。

⑤驾驶人无有效机动车驾驶证的。

⑥驾驶人有饮酒、服用国家管制的精神药品或者麻醉药品嫌疑的。

⑦当事人不能自行移动车辆的。

适用简易程序的事故，可以由一名交通警察处理。

（2）处理程序。

交通警察适用简易程序处理道路交通事故时，应当在固定现场证据后，责令当事人撤离现场，恢复交通。拒不撤离现场的，予以强制撤离；对当事人不能自行移动车辆的，交通警察应当将车辆移至不妨碍交通的地点。

撤离现场后，交通警察应当根据现场固定的证据和当事人、证人叙述等，认定并记录道路交通事故发生的时间、地点、天气、当事人姓名、机动车驾驶证号、联系方式、机动车种类和号牌、保险凭证号、交通事故形态、碰撞部位等，并根据当事人的行为对发生道路交通事故所起的作用以及过错的严重程度，确定当事人的责任，制作道路交通事故认定书，由当事人签名。

当事人共同请求调解的，交通警察应当场进行调解，并在道路交通事故认定书上记录调解结果，由当事人签名，交付当事人。

有下列情形之一的，不适用调解，交通警察可以在道路交通事故认定书上载明有关情况后，将道路交通事故认定书交付当事人：

①当事人对道路交通事故认定有异议的。

②当事人拒绝在道路交通事故认定书上签名的。

③当事人不同意调解的。

2. 一般程序

【应知应会】

（1）交通事故的现场处置。

①交通事故现场的紧急措施。

《道路交通安全法》第七十二条规定，公安机关交通管理部门接到交通事故报警后，应当立即派交通警察赶赴现场，先组织抢救受伤人员，并采取措施，尽快恢复交通。

公安机关交通管理部门接到交通事故报警后，应当立即派交通警察直赴现场，并要注意两点：一是接到报案后，应当做好报案登记工作，详细地记录下事故发生的时间、地点、伤亡情况、报案人的姓名、单位、联系方式等，以便进一步核实，防止报假案影响公安机关的正常工作。二是确定事故发生后，立即组织警力及时、迅速出警。在实践中，往往是由交通指挥中心确定案发地点后，调派距离现场最近的警察前往处理，如果属于重、特大交通事故，则需要及时派遣技术人员等有关人员前往现场。

②交通事故的现场保护。

《道路交通事故处理程序规定》第二十一条对交通警察的现场保护义务作了具体规定，交通警察到达事故现场后，应当立即进行下列工作：

第一，划定警戒区域，在安全距离位置放置发光或者反光锥筒和警告标志，确定专人负责现场交通指挥和疏导，维护良好的道路通行秩序。因道路交通事故导致交通中断或者现场处置、勘查需要采取封闭道路等交通管制措施的，还应当在事故现场来车方向提前组织分流，放置绕行提示标志，避免发生交通堵塞。

第二，组织抢救受伤人员。

第三，指挥勘查、救护等车辆停放在便于抢救和勘查的位置，开启警灯，夜间还应当开启危险报警闪光灯和示廓灯。

第四，查找道路交通事故当事人和证人，控制肇事嫌疑人。

（2）交通事故的现场勘查。

①交通警察在现场应当查验道路交通事故当事人身份证件、机动车驾驶证及机动车行驶证、保险标志等，并进行登记，依法传唤交通肇事嫌疑人。当事人不在现场的，应当立即查找。

②交通警察在现场勘查过程中，可以使用呼气式酒精测试仪或唾液试纸，对车辆驾驶人进行酒精含量检测，检测结果应当在现场勘查笔录中载明。

发现车辆驾驶人有饮酒或者服用国家管制精神药品、麻醉药品嫌疑的，应当按照《道路交通事故处理程序规定》第二十五条的规定，及时提取血样或者尿样。提取血样或者尿样应当留有备份。

③交通警察应当按照有关法律、法规和《交通事故痕迹物证勘验》等标准的规定，客观、全面勘查现场，提取痕迹物证，通过照相、摄像、绘图、制作现场勘查笔录等方式固定证据。

④制作交通事故现场图，按照《道路交通事故现场图绘制》、《道路交通事故现场图型符号》等标准，绘制道路交通事故现场图。经核对无误后，由勘查现场的警察、当事人和见证人签名。

⑤现场访问调查，交通警察可以在现场对道路交通事故当事人、现场证人针对事故现场需要确认的问题分别进行询问，并作笔录。

（3）检验、鉴定。

现场勘查中对涉及交通事故的有关车辆的检验和鉴定，因其所形成的痕迹、黏附的物证，常常需要一定时间，对车辆的机械安全性能和状况需要在专门的场所由专门人员进一步检验，这也需要较长时间。进行这些工作需要将车辆暂时扣留一定时间，避免因时过境迁，痕迹、物证遗失，影响事故的正常处理。

需要对当事人生理、精神状态、人体损伤、尸体、车辆及其行驶速度、痕迹、物品以及现场的道路状况进行检验、鉴定的，公安机关交通管理部门应当自事故现场调查结束之日起三日内委托具备资格的鉴定机构进行检验、鉴定。尸体检验应当在死亡之日起三日内委托。对现场调查结束之日起三日后需要检验、鉴定的，应当报经上一级公安机关交通管理部门批准。对精神病的鉴定，应当由省级人民政府指定的医院进行。

（4）清理现场、恢复交通。

交通警察勘查事故现场完毕后，应当清点并登记现场遗留物品，迅速清理现场，尽快恢复交通。现场遗留物品能够现场发还的，应当现场发还并做记录；现场无法确定所有人的，应当妥善保管，待所有人确定后，及时发还。

（5）交通事故的认定。

《道路交通安全法》第七十三条规定："公安机关交通管理部门应当根据交通事故现场勘验、检查、调查情况和有关的检验、鉴定结论，及时制作交通事故认定书，作为处理交通事故的证据。交通事故认定书应当载明交通事故的基本事实、成因和当事人的责任，并送达当事人。"

①交通事故的责任划分。

公安机关交通管理部门应当根据当事人的行为对发生道路交通事故所起的作用以及过错的严重程度，确定当事人的责任。

a. 因一方当事人的过错导致道路交通事故的，过错方承担全部责任。

b. 因两方或者两方以上当事人的过错发生道路交通事故的，根据其行为对事故发生的作用以及过错的严重程度，分别承担主要责任、同等责任和次要责任。

c. 各方均无导致道路交通事故的过错，属于交通意外事故的，各方均无责任。

d. 一方当事人故意造成道路交通事故的，他方无责任。

②交通事故认定书的内容。

道路交通事故认定书应当载明以下内容：

a. 道路交通事故当事人、车辆、道路和交通环境等基本情况。

b. 道路交通事故发生经过。

c. 道路交通事故证据及事故形成原因的分析。

d. 当事人导致道路交通事故的过错及责任或者意外原因。

e. 作出道路交通事故认定的公安机关交通管理部门名称和日期。

道路交通事故认定书应当由办案民警签名或者盖章，加盖公安机关交通管理部门道路交通事故处理专用章，分别送达当事人，并告知当事人向公安机关交通管理部门申请复核、调解和直接向人民法院提起民事诉讼的权利、期限。

③交通事故认定书的制作期限。

公安机关交通管理部门应当自现场调查之日起 10 日内制作道路交通事故认定书。交通肇事逃逸案件在查获交通肇事车辆和驾驶人后 10 日内制作道路交通事故认定书。对需要进行检验、鉴定的，应当在检验、鉴定结论确定之日起 5 日内制作道路交通事故认定书。

发生死亡事故，公安机关交通管理部门应当在制作道路交通事故认定书前，召集各方当事人到场，公开调查取得证据。证人要求保密或者涉及国家秘密、商业秘密以及个人隐私的证据不得公开。当事人不到场的，公安机关交通管理部门应当予以记录。

（6）对交通事故认定复核。

当事人对道路交通事故认定有异议的，可以自道路交通事故认定书送达之日起 3 日内，向上一级公安机关交通管理部门提出书面复核申请。

复核申请应当载明复核请求及其理由和主要证据。

上一级公安机关交通管理部门收到当事人书面复核申请后 5 日内，应当作出是否受理决定。有下列情形之一的，复核申请不予受理，并书面通知当事人。

①任何一方当事人向人民法院提起诉讼并经法院受理的。

②人民检察院对交通肇事犯罪嫌疑人批准逮捕的。

③适用简易程序处理的道路交通事故。

④车辆在道路以外通行时发生的事故。

公安机关交通管理部门受理复核申请的，应当书面通知各方当事人。

（7）行政处罚与执行。

公安机关交通管理部门应当在作出道路交通事故认定之日起 5 日内，对当事人的道路交通安全违法行为依法作出处罚。

对发生道路交通事故构成犯罪，依法应当吊销驾驶人机动车驾驶证的，应当在人民法院作出有罪判决后，由设区市公安机关交通管理部门依法吊销机动车驾驶证；同时具有逃逸情形的，公安机关交通管理部门应当同时依法作出终生不得重新取得机动车驾驶证的决定。

【特别提醒】

交通警察调查时应当向被调查人员出示《人民警察证》，告知被调查人依法享有的权利和义务，向当事人发送联系卡。联系卡载明交通警察姓名、办公地址、联系方式、监督电话等内容。交通警察调查道路交通事故时，应当客观、全面、及时、合法地搜集证据。

除简易程序外，公安机关交通管理部门对道路交通事故进行调查时，交通警察不得少于二人。

项目五　技能训练

交通事故现场处置

一、实训目的和要求

交通事故现场处置综合实训，是对学生运用现场处置技术解决实际问题能力的综合测验，是一项操作性较强的实训。交通事故现场处置综合实训要求学生必须运用现场疏散、现场保护、现场调查、现场警戒和现场急救等处置技术，对交通事故现场进行合法、科学、前期的处置，为事故的最终调查处理创造良好的外部环境和提供一线资料。

实训目的：学生通过实际操作，掌握交通现场处置的程序，学会现场保护的步骤和方法，学会查找现场目击证人和制作现场笔录，学会现场警戒的范围划定，掌握现场急救的要领，培养在紧急状况下的应急心理品质。

实训要求：

（1）实训时间为4学时。

（2）模拟现场设计必须根据地理条件、道路、车辆情况，因地制宜地设计事故现场。

（3）参加实训的学生实训完毕后，必须按要求制作一份现场处置实验报告。

（4）实训时，应以实验小组为单位，以14人为一实训小组。按照交通事故现场处置的任务分工，由学生担任不同的角色，在教师的指导下有组织地开展。

二、实训器材

机动车、自行车、数码摄像机、数码照相机、粉笔、橡皮警棍、警用反光背心、警戒带、警戒柱、三角警告牌、告示牌、喊话器、对讲机、调查纸、调查夹、印泥、现场急救箱、担架、大型遮阳伞、人体模型及其他道具（玻璃、油漆碎片，刹车印痕，红墨水等）。

三、实训方法

交通事故现场处置综合实训采取操作性的实验方法进行。

四、实训内容

（1）交通事故现场处置的组织和实施。

（2）现场急救的原则、技术。

（3）现场疏散、警戒的范围和方法。

（4）查找目击证人的策略和方法，制作访问笔录。

（5）现场接待的方法和策略。

（6）交通事故现场物证保护、肇事人控制的方法。

五、实验要点

（1）模拟现场必须在室外布置，力求客观，努力营造逼真的氛围。模拟案情应体现实训内容的全面性、过程性和典型性。现场应当布设与案情相适应的各类痕迹物品、尸体、血迹等。

（2）参加实训的学生应迅速进入角色，强调身份意识和专业观念，加强纪律管理。

（3）选拔担任指挥的学生应具备良好的组织、协调及语言表达能力，还要有一定的威信。

六、实验步骤及要求

（1）案情的设计与现场布设。

某年 6 月 15 日，某交警大队接事故现场人报警称，在某学院西侧的飞翔路发生一起交通事故，有人员受伤。接警后，该大队迅速集合队伍，赶赴现场。

现场所见：现场位于某学院校园西侧的公共环形道路上，一辆本田小轿车与一自行车发生碰撞，本田车左前保险杠已被撞破，司机呆立一旁，不知所措；自行车前轮撞成"S"形，车载两人，一男青年倒卧在本田车两前轮之间，已不省人事，一女青年瘫坐一侧，表情痛苦。现场围观群众众多，且有不少进出车辆。

（2）实验的开展。

①担任指挥的学生（3 人，总指挥 1 人，副指挥 2 人）带领各路人马赶赴现场，快速巡视现场后，紧急发布集合、动员令。

要求：指挥人员要有现场角色意识；口令有力，声音洪亮，心理沉稳，控制局面能力好；分工明确，强调纪律和自身安全。

②各处置小组在总指挥的带领下，有序、迅速、合理地开展处置工作。

现场疏散、警戒组：4 人，适时疏散围观群众、合理划定范围，迅速布置警戒。

现场急救组：3 人，正确采取救护措施，合理选择急救地点，适时联系医疗单位。

物证保护组：2 人，搜索物品痕迹仔细，物证保护方法得当，控制肇事司机及时。

现场调查组：2 人，灵活、及时寻找目击证人，合理运用访谈技术（心理安抚，选择访问地点），笔录制作完整、清楚、快速。

现场接待组（由指挥组兼任）：主要对受害人及肇事人亲友进行及时的安抚和劝

导，对新闻媒体进行合理、有序的新闻发布和管理。

③担任指挥学生掌握各组进度，视情况清理现场，结束实训。

④学生写出操作性实训报告。内容包括：如何组织指挥、现场处置过程是怎样的，处置内容和措施有哪些，你担任的任务是什么？

（3）教师讲评与总结。

七、上交书面总结材料

单元十

消防管理

◆

【知识目标】

（1）了解消防管理的概念和特征。

（2）理解消防管理的方针和原则。

（3）掌握灭火的基本方法、火灾原因的调查和火灾事故的处理。

【能力目标】

（1）能按照法律规定准确认定火灾发生的原因。

（2）能按照法律规定进行消防监督检查。

（3）能按照法律程序调查火灾原因和处理火灾事故。

【知识结构图】

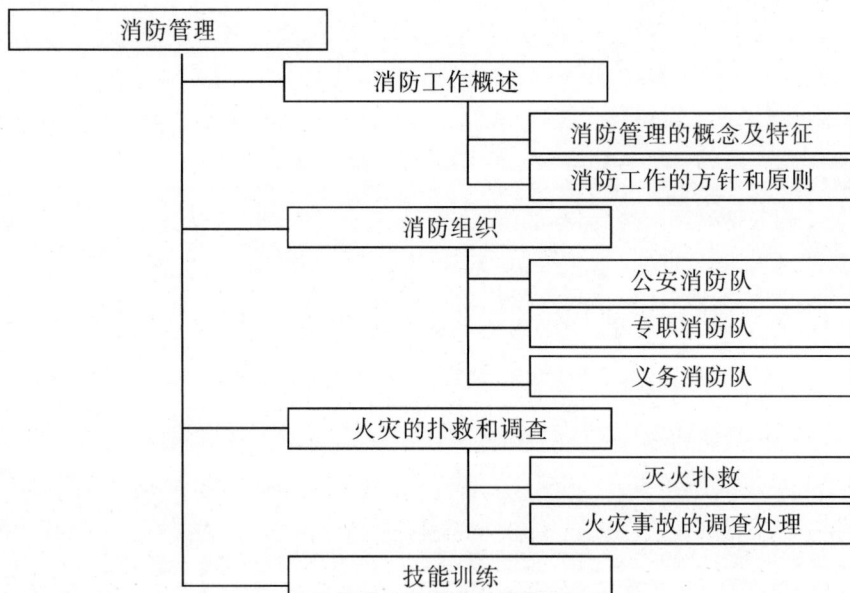

项目一　消防工作概述

一、消防管理的概念及特征

【案例 10 - 1】

2012 年 4 月 9 日清晨 4 时 30 分，东莞建晖纸厂发生了一起特大火灾。据了解，这起火灾是近年来广东省规模最大的一次火灾，也是扑救难度最大、耗时最长、最为艰辛的一次火灾。有关部门先后调派广州、东莞、深圳、佛山、中山等消防力量，共投入 133 辆消防车、2 艘消防船、640 多名消防官兵参加扑救。从着火那一刻起到完全扑灭，共用了 6 天时间。火灾原因也已初步查明，起火原因怀疑是地下电缆发生爆炸，引燃两个仓库的印刷用纸。对此，知情人士表示，确实有人称看到电缆爆炸起火，怀疑是用电负荷过载所致。该厂负责人对外宣称："有 3 万吨纸品被烧毁，损失一个亿左右。"

【问题思考】

（1）什么是消防管理？消防管理部门在此次火灾中起了什么作用？

（2）消防管理的原则在日常生活中如何贯彻？

【应知应会】

（一）消防管理的概念

消防是预防火灾和扑救火灾的简称。消防管理，顾名思义，就是对各种消防事务的管理。具体而言，现代消防管理是指国家行政机关和各单位安全管理部门，依照国家消防法规，遵循国民经济发展的规律和火灾发生的规律，运用科学的管理方法和技术，来维护消防安全的一系列组织活动。

（二）消防管理的特征

消防管理活动同其他管理活动相比较，由于用火用电的广泛性、普遍性，发生火灾时间、地点的不确定性及火灾的破坏性，大致可归纳为以下几个特征：

1. 全方位性

从消防管理的空间范围上看，消防管理活动具有全方位性的特征。在生产、生活中，可燃物、助燃物和着火源可以说是无处不在，凡是用火的场所，凡是容易形成燃烧条件的场所，都是容易造成火灾的场所，也是消防管理活动应该涉及的场所。

2. 全天候性

从消防管理的时间范围上看，消防管理活动具有全天候性的特征。人们用火的无时限性，形成燃烧条件的偶然性，决定了火灾发生的偶然随机性，也决定了消防管理活动每时每刻都不能放松警惕性。

3. 全过程性

从消防管理的活动过程上看，消防管理活动具有全过程性的特征。在生产、生活的各个环节都可能存在不同程度的燃烧条件，因而都应该实施有效的消防管理活动。

4. 全员性

从消防管理的人员对象上看，消防管理活动具有全员性的特征。消防管理的人员是不分男女老幼的，涉及用火场所或管理活动时的一切在场人员。

5. 强制性

从消防管理的手段上看，消防管理活动具有强制性的特征。由于火灾的破坏性很大，所以必须严格管理，甚至给予必要的法律制裁，以引起人们的高度重视。

二、消防工作的方针和原则

（一）消防工作的方针

依据《中华人民共和国消防法》（以下简称《消防法》）第二条的规定，消防工作的方针是"预防为主，防消结合"。

"预防为主"就是在消防工作的指导思想上，把预防火灾放在首位。只要坚定不移地依靠广大群众，做好动员工作，充分调动社会各方面的积极因素，认真贯彻落实各项预防火灾的措施，就可以取得同火灾斗争的主动权，从而达到防止和减少火灾发生的目的。要把火灾预防放在首位，积极贯彻落实各项防火措施，防止火灾的发生。无数事实证明，只要人们具有较强的消防安全意识，自觉遵守和执行消防法律、法规以及国家消防技术标准，遵守安全操作规程，大多数火灾是可以预防的。

"防消结合"是指我们在消防工作的实践中，要把同火灾作斗争的两个基本手段——"防"与"消"，也就是预防和扑救有机地结合起来，在做好各项防火工作（如监督、检查、建审、宣传等）的同时，还要加强灭火队伍的建设。不但要加强专业消防队伍（即公安消防队伍）革命化、正规化和现代化的建设，还要抓紧企业、事业专职消防队伍和群众义务消防队伍的建设，随时做好灭火的准备，以便火灾一旦发生，能够及时、迅速、有效地扑灭，最大限度地减少火灾所造成的人身伤亡和财产损失。

【特别提醒】

"防"与"消"是辩证统一，相辅相成，缺一不可的有机结合整体。"重消轻防"和"重防轻消"都是片面的。"防"与"消"是同一目标下的两种手段，只有全面、正确地理解了它们之间的辩证关系，并且在实践中认真地贯彻落实，才能达到有效地同火灾作斗争的目的。

（二）消防工作的原则

（1）"政府统一领导"，是做好消防工作的核心。

《消防法》要求各级人民政府应当将消防工作纳入国民经济和社会发展计划，保障消防工作与经济社会发展相适应；将消防规划纳入城乡规划并组织实施；开展消防宣传教育和消防安全检查，督促或者组织整改重大火灾隐患；建立多种形式的消防组织，增强火灾预防、扑救和应急救援能力；建立应急反应和处置机制，落实人员、装备等保障；根据火灾扑救需要，组织支援灭火等。公安消防干警要当好政府的参谋和助手，真正促使政府切实加强对消防工作的领导，解决本行政区域内存在的消防方面的重要问题。

（2）"部门依法监管"，是做好消防工作的关键。

《消防法》规定公安机关依法对消防工作实施监督管理，并由公安机关消防机构负责实施。这标志着公安消防机构将发挥着职能部门作用。公安消防机构负责实施本行政区域内消防工作，但作为公安消防机构工作人员，在日常消防工作中，不能以老大自居，对待群众不能盛气凌人，要按照法定的职权和程序实施消防监督管理，务必做到有法必依、执法必严、违法必究，切不可滥用职权、玩忽职守、徇私舞弊。同时，要充分发挥公安消防机构职能作用，加强消防业务指导，督促和协调其他各部门依法监管，推动其他部门做好各自系统、行业的消防工作。

（3）"单位全面负责"，是做好消防工作的根本。

《消防法》强调每个单位要对本单位的消防安全负责，单位的主要负责人是本单位的消防安全责任人；单位应当落实消防安全责任制，制定本单位的消防安全制度、消防安全操作规程，制定灭火和应急疏散预案并组织演练；按规定配置消防设施器材等。《消防法》明确了消防工作单位主体责任以及单位必须履行的职责和义务。但作为公安消防机构工作人员要负责普及消防基础知识，提高职工群众消防意识；开展消防安全检查，督促整改火灾隐患，帮助落实消防安全措施；加强对工企单位专职、义务消防队的业务指导，完善灭火和应急疏散预案，不断提高单位自防自救能力。

（4）"公民积极参与"，是做好消防工作的基础。

《消防法》规定任何人都有维护消防安全、保护消防设施、预防火灾、报告火警的义务；任何成年人都有参加有组织的灭火工作的义务；任何人不得损坏、挪用或者擅自拆除、停用消防设施器材，不得埋压、圈占、遮挡消火栓或者占用防火间距，不得占用、堵塞、封闭疏散通道、安全出口、消防车通道；任何人都有权对公安消防机构及其工作人员在执法中的违法、违纪行为进行检举、控告。实践证明，消防工作是一项群众基础很强的工作。公安消防机构及其工作人员应通过上消防课、开展灭火和疏散逃生演练、消防安全知识竞赛、消防文艺节目演出等多种方式方法进行消防安全宣传教育，提高公民消防意识，增强群众参与消防工作的积极性和主动性，做到人人防火，时时防火，处处防火，并不断增强群众灭火和应急救援能力。只有这样，才能把消防工作落到实处。

项目二 消防组织

消防组织是完成消防任务、实施消防活动的主体。目前，我国消防组织队伍整体已形成以公安现役消防队伍为主体，地方政府专职消防队伍和企事业专职消防队伍为补充，其他多种形式消防力量并存的消防保卫力量体系。具体来说主要有三种组织形式，即公安消防队、专职消防队和义务消防队。

一、公安消防队

【新闻链接10-1】

2012年中秋、国庆期间，全国公安消防部队深入推进平安消防行动，加强执勤备战，预防火灾。9月29日16时至10月7日12时，全国共发生火灾2 680起，直接财产损失约2 000万元，全国公安消防部队共参加灭火救援行动9 699起，出动车辆22 879辆次、官兵13 1919余人次，营救遇险被困群众2 301人、抢救财产价值约3.3亿元。

节日期间，各级公安消防部门加大节日期间火灾隐患排查力度，重点加强对节庆活动、公共娱乐、餐饮住宿、商业购物等人员密集场所的消防安全检查，消除了一大批火灾隐患。据统计，各地共组成检查组 28 979 个，检查单位 1.8 万余家，发现火灾隐患 3.37 万余处，当场整改 3.13 万余处。

【问题思考】

公安消防队的性质是什么？

【应知应会】

公安消防队是中国人民武装警察部队的一个组成部分，实行现役制，其成员由按《兵役法》应征入伍的义务兵和招聘的专业技术人员两部分组成，享受中国人民解放军同等待遇，属于公安机关消防部门和武警部队基层组织的性质，实行军事化管理，承担组织、实施火灾预防和火灾扑救，减少火灾危害，保卫社会主义现代化建设和人民生命财产的重要任务。

1. 公安部消防局

公安消防局是直属公安部领导的业务局，主要职责是负责全国消防工作的统一组织、指挥、领导、协调。

2. 各省、自治区、直辖市消防总队或消防局

各省、自治区、直辖市消防总队或消防局的主要职责是：制定本辖区内的消防工作规则，拟定地方消防法规，指导各市（地、州、盟）公安消防机构的消防监督管理工作，领导管理消防部队。

3. 各市（地、州、盟）消防支队或消防局（处）

各市（地、州、盟）消防支队或消防局（处）的主要职责是：对本辖区的消防工作实施消防监督管理，组织指导各县区公安局（分局）消防科的消防监督管理工作，领导所属消防部队，组织与指挥火灾扑救和抢险救援工作，对专职消防队和义务消防队进行业务指导等。

4. 县（区、县级市、旗）消防大队或消防科

县（区、县级市、旗）消防大队或消防科的主要职责是：对本辖区的消防工作实施消防监督管理，帮助专职消防队和义务消防队开展消防工作等。

5. 公安消防中队

城市市区和县镇通常设有公安消防中队，主要职责是执勤训练、扑救火灾、抢险救援等。

【特别提醒】

在部分经济较发达地区，地方政府采取增加行政公安编制建立非现役公安消防队伍，人员享受人民警察待遇，全国目前共有 950 多人。

二、专职消防队

【资料 10-1】

目前，广州市共有专职消防队 123 支，消防队员 1 961 人，执勤车辆 238 台，消防船 2 艘；企事业单位专职消防队 44 个，共有专职消防员 1 780 名，消防车 194 辆。作为公安消防队的重要补充力量，这些专职消防队很好地解决了远水救不了近火的问题。可以说他们是本区域内灭火救援的生力军。

【问题思考】

哪些企事业单位应当设置专职消防队？

【应知应会】

专职消防队是指地方政府的专职消防队和企事业单位的专职消防队。专职消防队负责本地区或本单位的火灾预防和灭火救援工作，并协同公安消防队扑救其他地区和单位的火灾。在业务上接受当地公安消防机构的指导。

地方政府专职消防队是按照"政府投资、多种体制、公开招聘、公安管理"的形式，以合同制用工方式招收专职消防队员而组建的地方政府专职消防队，有政府投资、企业联合投资、政府和企业联办、乡村独办、乡村联办等形式。地方政府专职消防队主要负责本地区的消防保卫任务。

企事业单位的专职消防队是由企事业单位投资建立，包括从事防火工作的消防科、保卫科、安全科之类，主要负责企事业单位内部的消防保卫任务。在机场、港口、油田、电厂火灾危险性较大的大型企事业单位应当设有专职消防队。

【特别提醒】

根据《消防法》和有关规章的规定，下列单位应当建立专职消防队：一是核电厂、大型发电厂、民用机场和大型港口；二是生产、储存易燃易爆化学物品的大型企业；三是储备可燃重要物资的大型仓库、基地；四是距公安消防队较远的其他大型企业；五是距公安消防队较远的国家重点文物保护单位和古建筑群。

三、义务消防队

【新闻链接 10 - 2】

海口市加强多种形式消防队伍建设，农村火灾防范有了保护伞。2012 年以来，海口市结合椰城特色，因地制宜，合理规划，坚持标准，积极推进全市多种形式消防队伍的建设和发展，构建多元化消防力量体系。目前，全市建立了农村、社区义务消防队 256 个，应急救援队员达 2 860 人，大大提升了社会面防控火灾事故的整体能力。

据了解，全市农村（社区）消防队伍已从以往的"一村、一泵、一站"模式，发展到今天由综治队员、治安联防队员、森林防火队员、村（居）"两委"干部和享受低保且有一定劳动能力的人员等组成的义务消防队。目前，全市建立了农村、社区义务消防队 256 个，应急救援队员达 2 860 人，并配置了消防摩托车、手台机动泵、灭火器等器材共计 2 800 余件，基本承担起了消防巡查、消防宣传和初起火灾扑救等任务，大大改善了农村（社区）消防安全条件。

【问题思考】

义务消防队是属于什么性质的治安管理组织？

【应知应会】

义务消防队是预防和扑救火灾的群众性自防自救消防组织。机关、团体、企业、事业等单位以及村民委员会、居民委员会可根据需要，建立由职工、居民或村民等组成的义务消防队，开展群众性自防自救工作。而某些火灾危害较大的企事业单位、林区居民点和易燃建筑物密集的乡镇、街道、村寨，不具有建立专职消防队条件的单位，应当建立义务消防队。

这种群众性的义务消防队，是在企事业单位、乡镇人民政府和街道办事处的领导下，由所在单位的保卫组织、居民委员会、村民委员会或者当地公安派出所管理，同时接受当地公安消防机构的指导，负责本单位、本地区的消防工作。

【特别提醒】

除以上消防组织外，社会上还有其他消防组织，如志愿者消防队、消防科研机构以及从事消防装备、产品研究和生产的组织等。

项目三　火灾的扑救和调查

一、灭火扑救

【应知应会】

（一）扑救火灾的基本原则

1. 救人第一的原则

救人第一的原则，是指火场上如果有人受到火势威胁，消防队员的首要任务就是把被火围困的人员抢救出来。运用这一原则，要根据火势情况和人员受火势威胁的程度而定。在灭火力量较强时，人未救出之前，灭火是为了打开救人通道或减弱火势对人员威胁程度，从而更好地为救人脱险、及时扑灭火灾创造条件。在具体实施救人时应遵循"就近优先，危险优先，弱者优先"的基本要求。

2. 先控制、后消灭的原则

先控制、后消灭的原则，是指对于不可能立即扑灭的火灾，要首先控制火势的继续蔓延扩大，在具备了扑灭火灾的条件时，再展开全面进攻，一举扑灭。消防队灭火时，应根据火灾情况和本身力量灵活运用这一原则。对于能扑灭的火灾，要抓住战机，就地取材，速战速决；如火势较大，灭火力量相对薄弱，或因其他原因不能立即扑灭时，就要把主要力量放在控制火势发展或防止爆炸、泄漏等危险情况的发生上，以防止火势扩大，从而为彻底扑灭火灾创造有利条件。先控制，后消灭，在灭火过程中是紧密相连的，不能截然分开，只有首先控制住火势，才能迅速将火灾扑灭。控制火势要根据火场的具体情况，采取相应措施。

3. 先重点，后一般的原则

先重点、后一般的原则，是就整个火场情况而言的。运用这一原则，要全面了解并认真分析火场的情况，主要是：人和物相比，救人是重点；贵重物资和一般物资相比，保护和抢救贵重物资是重点；火势蔓延猛烈的方面和其他方面相比，控制火势蔓延猛烈的方面是重点；有爆炸、毒害、倒塌危险的方面和没有这些危险的方面相比，处置这些危险的方面是重点；火场的下风向与上风、侧风向相比，火场的下风向是重点；可燃物资集中区域和这类物品较少的区域相比，这类物品集中区域是保护重点；要害部位和其他部位相比，要害部位是火场上的重点。

（二）扑救火灾的基本方法

【案例 10 - 2】

某年9月2日上午10时23分，广东某市公安消防支队麦地中队接到119指挥中心命令：称某区三环路河南岸汽车站往市区方向有一大型货车着火，急需处置。接警后，消防中队迅速出动一台多功能抢险救援车、一台水罐泡沫车及12名指战员火速赶赴现场进行处置。10时29分中队官兵到达现场，发现事故车辆车头正处在猛烈燃烧的阶段，所幸的是车上司机和乘员于火灾发生后安全逃离。了解情况后，中队指挥员迅速下达战斗全面展开的命令，由一班战斗员铺设一条水带干线，在事故车辆的上风方向出一支水枪灭火；为避免车头发生爆炸，同时由特勤班队员拉起警戒线，对现场群众和车辆进行疏散。通过中队官兵10多分钟的共同努力，火势终于得到控制，大火被扑灭。为防止死灰复燃，中队在火灾扑灭后对事故车辆进行了冷却，确保无复燃可能后，中队清点人员、整理器材后归队。

【问题思考】

该案例中使用了哪种灭火方法？

【应知应会】

灭火的基本方法，就是根据起火物质燃烧的状态和方式，为破坏燃烧必须具备的基本条件而采取的一些措施。主要有以下几种：

1. 冷却灭火法

冷却灭火法，就是将灭火剂直接喷洒在可燃物上，使可燃物的温度降低到自燃点以下，从而使燃烧停止。用水扑救火灾，其主要作用就是冷却灭火。一般物质起火，都可以用水来冷却灭火。

火场上，除用冷却法直接灭火外，还经常用水来冷却尚未燃烧的可燃物质，防止其达到燃点而着火；还可用水冷却建筑构件、生产装置或容器等，以防止其受热变形或爆炸。

2. 隔离灭火法

隔离灭火法，是将燃烧物与附近可燃物隔离或者疏散，从而使燃烧停止。这种方法适用于扑救各种固体、液体、气体火灾。

采取隔离灭火的具体措施很多。例如，将火源附近的易燃易爆物质转移到安全地点；关闭设备或管道上的阀门，阻止可燃气体、液体流入燃烧区；排除生产装置、容器内的可燃气体、液体，阻拦、疏散可燃液体或扩散的可燃气体；拆除与火源相毗连的易燃建筑结构，形成阻止火势蔓延的空间地带等。

3. 窒息灭火法

窒息灭火法，即采取适当的措施，阻止空气进入燃烧区，或用惰性气体稀释空气中的氧含量，使燃烧物质因缺乏或隔绝氧而熄灭，适用于扑救封闭式的空间、生产设备装置及容器内的火灾。

4. 抑制灭火法

抑制灭火法，是将化学灭火剂喷入燃烧区参与燃烧反应，中止链反应而使燃烧反应停止。采用这种方法可使用的灭火剂有干粉和卤代烷灭火剂。灭火时，将足够数量的灭火剂准确地喷射到燃烧区内，使灭火剂阻断燃烧反应，同时还要采取冷却降温措施，以防复燃。

【特别提醒】

在火场上选择灭火方法，应根据燃烧物质的性质、燃烧特点和火场的具体情况，以及灭火器材装备的性能进行选择。

根据《消防法》和有关法规、规章规定，当发现火灾时，任何人都有义务迅速、准确地向消防队报警。法律严禁谎报火警，否则要追究法律责任。

火场总指挥员由公安消防机构在火灾现场的最高负责人担任。凡参加灭火救援的单位和个人，都必须服从火场总指挥员的统一指挥。

二、火灾事故的调查处理

【案例10－3】

上海胶州路特大火灾事故造成58人死亡，71人受伤，直接经济损失1.58亿元。2010年11月15日14时，在上海市静安区胶州路718号胶州教师公寓外，正在进行外立面墙壁施工的高层住宅脚手架起火，引发大火。该住宅楼多为教师，包括数十名退休教师。

后事故调查组查明，该起特别重大火灾事故是一起因企业违规造成的责任事故。事故的直接原因：在胶州路728号公寓大楼节能综合改造项目的施工过程中，施工人员违规在10层电梯前室北窗外进行电焊作业，电焊溅落的金属熔融物引燃下方9层位置脚手架防护平台上堆积的聚氨酯保温材料碎块、碎屑而引发火灾。依照有关规定，依法对54名事故责任人作出严肃处理，其中26名责任人被移送司法机关依法追究刑事责任，28名责任人受到党纪、政纪处分。

【问题思考】

(1) 引起该特大火灾事故的原因是什么？

(2) 火灾事故的调查处理程序是如何进行的？

【应知应会】

《消防法》第五十一条规定："公安机关消防机构有权根据需要封闭火灾现场，负责调查火灾原因，统计火灾损失。火灾扑灭后，发生火灾的单位和相关人员应当按照公安机关消防机构的要求保护现场，接受事故调查，如实提供与火灾有关的情况。公安机关消防机构根据火灾现场勘验、调查情况和有关的检验、鉴定意见，及时制作火灾事故认定书，作为处理火灾事故的证据。"

【应知应会】

（一）火灾事故调查的管辖分工

根据公安部《火灾事故调查规定》，火灾事故调查由本级公安机关消防机构负责实施。其具体分工如下：

一般火灾事故，由火灾事故发生地的县级人民政府公安机关消防机构负责调查，重大火灾事故由设区的市或者相当于同级的人民政府公安机关消防机构负责调查，特大火灾事故由省、自治区人民政府公安机关消防机构负责调查。

跨行政区域的火灾，由最先起火地的公安机关消防机构负责调查，相关行政区域的公安机关消防机构予以协助。

【特别提醒】

按照一次火灾事故所造成的人员伤亡、受灾户数和直接财产损失，火灾事故等级划分为三类。①特大火灾：死亡十人以上（含本数，下同），重伤二十人以上，死亡、重伤二十人以上，受灾五十户以上，直接财产损失一百万元以上。②重大火灾：死亡三人以上，重伤十人以上，死亡、重伤十人以上，受灾三十户以上，直接财产损失三十万元以上。③不具有前列两项情形的火灾，为一般火灾。

（二）火灾事故的调查处理

火灾事故的调查处理，应从以下几个方面进行：

1. 封闭、保护火灾现场

通常情况下，现场的保护范围应包括燃烧的全部场所及与火灾有关的一切地点。保护范围确定后，发生火灾时，火灾调查人员要迅速赶赴火灾现场，观察、记录火灾一切情况，包括燃烧的部位、物质，火焰的颜色、气味，火势变化情况，风向、风力、气温等气候状况，灭火进展情况及现场人员的特殊表现和可疑行为等。灭火后，要立即保护好现场，封闭与火灾现场有关的一切地点，设置警戒标志，禁止任何人（包括现场保护人）进入保护区，更不能擅自移动火场中的任何物品，对火灾痕迹和物证应采取有效措施，妥善保护。

2. 建立火灾调查组织

一般火灾由所在地的公安消防机构负责调查处理，疑难火灾案件和重大、特大火灾事故，可成立火灾调查组。火灾调查组由公安消防机构和发生单位的上级主管部门有关人员组成。必要时，可邀请劳动、监察、检察、法院、工会、科研单位以及有关技术专家参加。调查组的负责人应由公安消防机构的领导或火灾调查业务部门负责人担任，统一领导，科学分工，有条不紊地开展工作。影响大、伤亡大、火灾原因复杂、涉及的部门和责任者较多的特大火灾事故，必要时由上级公安消防机构、省人民政府或国务院组织调查。火灾调查组织负责人的职责是：听取火灾事故知情人的陈述，了解火灾发生、发展的具体过程；进行现场保护；对火灾调查组人员实施分工；视察现场，确定勘查范围、勘查重点和勘查程序；召集调查会议，根据调查、勘查获得的资料，对火灾基本情况作分析判断和决策；决定必须采取的紧急措施；审定调查进程中向上级报送的情况反映。

3. 实施现场勘查和访问

对起火点明显，原因较简单、清楚的一般火灾，可以简化勘查步骤，即可直接与有关人员进入火灾现场，笔录，拍照，绘图，迅速地达到验证现场情况和提取物证的目的。对于火灾情况复杂，破坏较大，重点不突出的火场，通常按环境勘查、初步勘查、细项勘查、专项勘查程序各内容进行勘验。调查访问要查清火灾发生的时间，查清最初的起火部位，查清火灾现场的原来情况，检清起火后现场的情况，查清物质引燃的过程情况，查清火灾性质和火灾责任者，获得证人证言。认定属于放火嫌疑案件的，应移交由公安刑事侦查部门管辖，消防机构予以配合。

4. 技术鉴定

现场提取的痕迹、物品需要进行技术鉴定的，公安机关消防机构应当委托依法设立的鉴定机构进行。有人员死亡的火灾，公安机关消防机构应当立即通知本级公安机关刑事科学技术部门进行尸体检验。公安机关刑事科学技术部门应当出具尸体检验鉴定文书，确定死亡原因。

5. 核定火灾损失

按公安部、劳动部、国家统计局颁布的《火灾统计管理规定》，火灾损失包括火灾事故所造成的人员伤亡、受灾户数和财产损失，其计算方法应当执行公安部的有关规定。任何单位或个人都应当如实提供火灾统计资料，不得瞒报、虚报和拒报火灾损失。

6. 拟定火灾原因调查报告

在火灾调查基本结束时，由火灾调查负责人组织有关人员，综合现场勘查、调查访问、取证材料、物证鉴定等各方面资料，对起火时间、起火源、起火物等进行全面的分析研究，确定火灾原因，分清火灾责任，进行处理并总结经验教训。综合分析之后，要写出《火灾调查报告》，填发《火灾事故责任书》并上报有关部门。同时也要整理存档，作为火灾档案。

7. 制作火灾档案

火灾档案的内容应包括：火灾报告表、火灾扑救报告表、火灾现场勘查笔录、火灾调查报告、火灾调查证明材料、技术鉴定书、火灾原因认定书、火灾原因重新认定决定书、火灾事故责任书、火灾事故责任重新认定决定书、火灾现场图、火灾现场照片、火灾扑救总结和火灾处理报告。

8. 火灾事故调查工作时限

公安消防机构对一般火灾的调查处理时限为十日，对重大火灾调查时限为二十日，对特大火灾调查时限为三十日，情况复杂、疑难的，经上一级公安机关消防机构批准，可以延长三十日。火灾事故调查中需要进行检验、鉴定的，检验、鉴定时间不计入调查期限。

【特别提醒】

除普通程序外，对同时具备下列情况的，可适用简易调查程序，由一名火灾事故调查人员调查：没有人员伤亡的，直接财产损失轻微的，当事人对火灾事故事实没有异议的，没有放火嫌疑的。

项目四　技能训练

灭火器的使用

一、训练内容

常用灭火器的分类、构造、使用方法及设置注意事项。

二、训练目的和要求

通过训练，使学生能够根据不同性质的火灾正确地选择、使用灭火器。

三、训练前的准备

准备干粉灭火器若干，一定量的可燃物。

四、训练方法与步骤

教师示范讲解灭火器的分类、构造、使用方法以及设置的注意事项，指导学生实际操作。

（一）干粉灭火器的类型

干粉灭火器是指充装干粉灭火剂的灭火器。干粉灭火器可分为 BC 干粉灭火器和

ABC 干粉灭火器。BC 干粉灭火器充装的是普通干粉，如钾盐（磷酸氢钾）、钠盐（碳酸氢钠）；ABC 干粉灭火器充装的是多用干粉，如磷酸铵盐干粉（磷酸二氢铵）、硫酸铵盐干粉等。由于固体物质火灾又称为 A 类火灾，甲乙丙类液体火灾又称为 B 类火灾，可燃气体火灾又称为 C 类火灾。所以根据这两种干粉使用范围的不同，分别称为 BC 干粉灭火器、ABC 干粉灭火器。

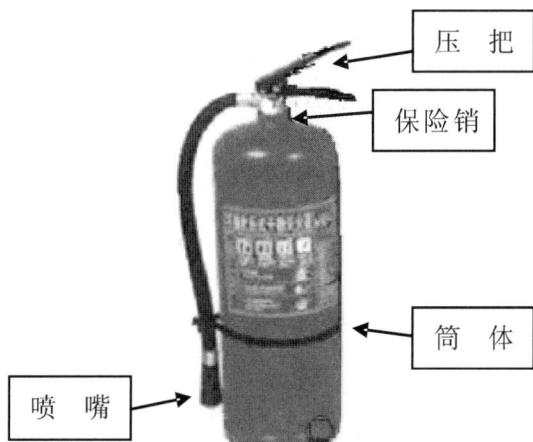

图 10 - 1　手提式干粉灭火器

手提式干粉灭火器，见图 10 - 1。

手提式干粉灭火器根据二氧化碳动力气体配置的形式分为内装式、外置式和贮压式三种形式。

手提式干粉灭火器又分为 1 千克、2 千克、3 千克、5 千克、6 千克、8 千克和 10 千克等规格。

（二）干粉灭火器的使用

使用手提式干粉灭火器时，应手提灭火器的提把，迅速赶到着火处，在距离起火点 5 米左右处，放下灭火器。在室外使用时，应占据上风方向。使用前，先把灭火器上下颠倒几次，使桶内干粉松动。如使用的是内装式和贮压式干粉灭火器，应先拔下保险销，一只手握住喷嘴，另一只手用力压下压把，干粉便会从喷嘴喷射出来。可将此过程简称为"一摇，二拔，三喷"。如使用的是外置式干粉灭火器，则一只手握住喷嘴，另一只手提起提环，握住提柄，干粉便会从喷嘴喷射出来。

用干粉灭火器扑救流散液体火灾时，应从火焰侧面，对准火焰根部喷射，并由近而远，左右扫射，快速推进，直至把火焰全部扑灭。

用干粉灭火器扑救容器内可燃液体火灾时，也应从火焰侧面对准火焰根部，左右扫射。当火焰被赶出容器时，应快速向前，将余火全部扑灭。灭火时要把喷嘴直接对准液面喷射，以防干粉气流的冲击力使油液飞溅，引起火势扩大，造成灭火困难。

用干粉灭火器扑救固体物质火灾时，应使灭火喷嘴对准燃烧最猛烈处，左右扫射，并应尽量使干粉灭火剂均匀地喷洒在燃烧物表面，直至大火全部扑灭。

（三）干粉灭火器使用注意事项

使用干粉灭火器时应注意以下两点：第一，干粉灭火器在灭火过程中应始终保持直立状态，不得横卧或颠倒使用，否则不能喷粉；第二，使用干粉灭火器灭火后要注意防止复燃，因为干粉灭火的冷却作用甚微，在着火点存在着炽热物的条件下，灭火后容易产生复燃。

五、考核方式及标准

（一）考核方式

（1）学生轮流使用手提式干粉灭火器进行灭火，老师观察学生操练并进行点评。

（2）学生完成训练作业。

（3）教师总结。

（二）考核标准

（1）优秀：能熟练使用手提式干粉灭火器，并将火源彻底消灭。

（2）良好：能够使用手提式干粉灭火器进行灭火。

（3）及格：在其他学生的帮助下能够完成手提式干粉灭火器的使用。

（4）不及格：无法完成手提式干粉灭火器的操作。

六、思考题

（1）干粉灭火器有哪些类型？适用范围有什么不同？

（2）手提式干粉灭火器的使用步骤是怎样的？

（3）使用干粉灭火器灭火时有哪些注意事项？

单元十一
出入境管理

【知识目标】

（1）了解出入境的含义和一般内容。

（2）理解护照、签证的基本知识。

（3）掌握中国公民出入境管理的基本内容以及外国人入出境管理的内容。

【能力目标】

（1）能处理中国公民的出境申请并提供相应咨询。

（2）能依据法律对外国人入境、出境、居留、旅行等实施管理活动。

（3）能依据法律基本完成对涉外案件的处置。

【知识结构图】

```
出入境管理 ┬─ 出入境管理的概述 ┬─ 出入境管理的概念
          │                  ├─ 出入境管理的特点
          │                  ├─ 出入境管理的任务
          │                  └─ 出入境管理的基本原则
          │
          ├─ 中国公民出入境管理 ┬─ 中国公民出入境概述
          │                    ├─ 中国公民出境管理
          │                    ├─ 中国公民入境管理
          │                    └─ 出入境证件
          │
          ├─ 外国人入出境管理 ┬─ 外国人入出境概述
          │                  ├─ 外国人入境管理
          │                  ├─ 外国人居留与旅行管理
          │                  └─ 外国人出境管理
          │
          ├─ 涉外治安案件处置 ┬─ 涉外治安案件的概念和种类
          │                  ├─ 涉外治安案件处置程序
          │                  └─ 涉外治安案件处置应注意的问题
          │
          └─ 技能训练
```

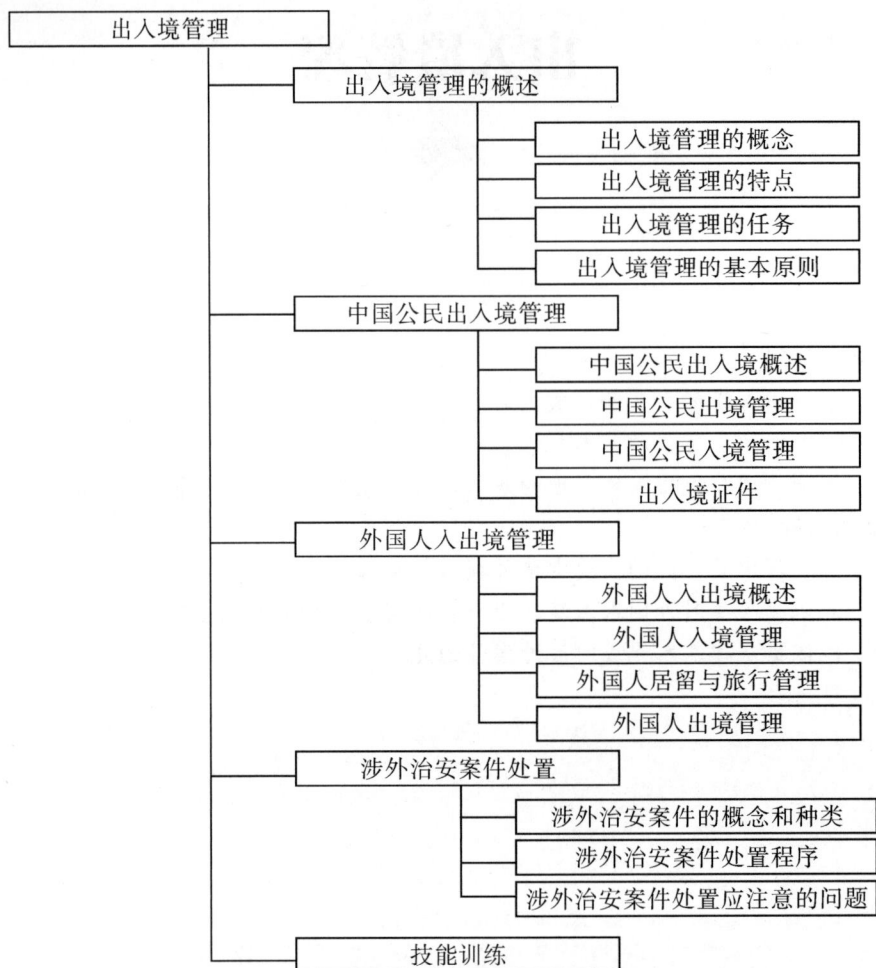

项目一　出入境管理的概述

一、出入境管理的概念

【案例 11-1】

2006 年 3 月 22 日，一名中年妇女带着一男一女两个孩子，企图经美兰国际机场乘坐飞往香港的班机偷渡到国外。该妇女原以为事情办得天衣无缝，却没想到被美兰边检人员识破。海南省边防总队刑事侦查大队在审理过程中，发现这是一个 3 人内外勾结以假涉外婚姻组织他人偷越国（边）境团伙。边防民警乘胜追击，一举打掉了这个特大非法组织他人偷渡团伙，抓获偷渡人员 3 人，抓获团伙成员 5 人，缴获护照 60 余本，涉嫌交易金额 100 万元人民币。

214

【问题思考】

目前我国的出入境活动，是否仅是指出入我国国境的活动？

出入境管理是跨国边界的流动人口管理，是公安机关的一项职权。公安机关行使出入境管理职权涉及国家主权、外交与外事工作等，在公安工作实践中必须给予高度重视。

（一）出入境的概念

出入境是指一国的公民为进入另一国家或从另一国家返回本国而跨越两国或多国国界的活动。简单地说，出入境就是一种跨越国界的人口流动。

出入境活动包括本国公民出入境和外国公民入出境两个方面，表现为三种形态：一是一国的国内公民离开本国前往其他国家，或从目的地国返回本国；二是一国侨民自侨居国返回本国或再次返回侨居国；三是外国公民从其国籍国或其他国家进入另一国家领土或离去。前二者均属于本国公民出入境，后者是外国人入出境。

出入境活动对于任何人来说，都是必须连续发生的两个行为，即一个出境行为和一个入境行为。对于离开的国家来说是出境，对于进入的国家来说是入境，对于途经的第三国来说是过境。就我国出入境管理工作而言，出入境是指中国或外国人员进出我国国（边）境的行为；公民进入前往国和从前往国出境，则属于前往国的出入境管理范围。

【特别提醒】

从狭义上来说，出入境就是出入国境，不仅指国内公民出入我国国境，同时也包括海外华侨返国内和外国人出入我国国境，因为世界上大多数国家的过境和边境是一致的。但在我国有所不同，我国目前存在香港、澳门及台湾三个比较特殊的地区，中国公民往来这三个地区与内地之间，虽属于国内间旅行，但仍需要办理一定的出入境手续。因此，"出入境"一词在我国有着广义的理解：除了包含狭义出入境的含义外，还包括中国公民往来香港、澳门、台湾地区。公民出入国境，可称为出入国，也可称为出入境；公民往来香港、澳门、台湾与内地之间，只能称为出入境，而不能称之为出入国。这是"一国两制"在我国的具体体现，也是坚持一个中国的基本原则问题。

（二）出入境管理的概念

出入境管理，是指一国的出入境管理部门依据有关的法律规定，对本国公民和外国人离开、进入、返回本国国境活动实施的调节、控制、指导等行政管理活动的总称。[①]

【应知应会】

出入境管理的主体是公安机关，其他机关没有出入境管理权。出入境管理是公安机关的一项法定职权，这项权力的行使关系到我国的外交、外事工作，必须严格依据法律的有关规定，依法行使职权。

---

① 本教材编写时，正值《中华人民共和国出境入境管理法》由中华人民共和国第十一届全国人民代表大会常务委员会第二十七次会议在 2012 年 6 月 30 日通过；该法自 2013 年 7 月 1 日起施行，届时《中华人民共和国外国人入境出境管理法》和《中华人民共和国公民出境入境管理法》同时废止。考虑到教材使用的延续性，对此，本教材在法律法规上主要参考《中华人民共和国出境入境管理法》。

出入境管理的法律依据包括国际法和国内法。国际法主要是指我国参加、签订或承认的与出入境管理有关的国际条约、公约、协定等。国内法主要是指我国制定的有关出入境管理的法律规范，主要有《中华人民共和国公民出境入境管理法》（以下简称《公民出境入境管理法》）、《中华人民共和国外国人入境出境管理法》（以下简称《外国人入境出境管理法》）、《中华人民共和国护照法》（以下简称《护照法》）、《中国公民因私事往来香港地区或澳门地区的暂行管理办法》、《中国公民往来台湾地区管理办法》和《中华人民共和国归侨侨眷权益保护法》等法律、法规。

出入境管理的对象是出入国境的中国公民（包括港澳台居民、华侨）和入出中国国境的外国人（包括无国籍人）。

出入境管理的性质是治安行政管理。

【拓展阅读】

出入境是世界各国普遍实行的一种行政管理制度。这一制度所调整的对象大致相同，但是出入境管理机构的设置、名称、隶属关系等方面不完全相同。从世界多数国家来看，属于移民输入国的国家出入境管理机构一般称为移民局，如美国政府主管出入境事务的机构是移民归化局，隶属于司法部；加拿大政府主管出入境事务的机构是移民部；日本政府负责出入境事务的机构是出入国管理局；等等。属于移民输出国的国家，该机构一般称出入国（或出入境）管理局。虽然其称谓不完全一样，但其性质和职能基本上是相同的。

二、出入境管理的特点

（一）构成因素的涉外性

涉外因素，又称外国因素、国际因素，主要是指法律关系各要素中存在外国的成分。从法学理论来说，出入境管理关系的诸因素（主体、客体、法律事实）中有一个或者几个与外国有联系，即构成出入境管理的管辖范围。例如，对中国公民的出入边境活动的审批和物品的检查，即是具备涉外因素的警务范围之一。

（二）违法主体的复杂性

在出入境管理中，作为承担法律责任的主体比较复杂。有自然人也有法人违法犯罪；既涉及中国公民，又涉及外国公民。在中国公民中，有一般人员，也有国家工作人员，甚至有公安人员违法犯罪。在外国公民中，既涉及普通外国人，又涉及享有外交特权、领事特权、豁免权的外国人。内外勾结、法人和自然人纠合，是我国涉外案件，尤其是偷渡案件的一个突出特征。例如，企事业单位、机关团体等单位以劳务输出、经贸往来或其他名义，弄虚作假，从而骗取护照等证件，组织非法出境活动。

（三）法律依据的多元性

一般性的犯罪活动在认定是否追究法律责任时，只需依据本国的有关法律规定处理。而出入境管理的法律依据比较繁多，而且法律类别和层次也不同。既要依照我国制定的各种法律规范，又要根据我国参加或签订的国际条约的规定；不仅有最高国家权力机关制定的法律，还有国务院颁布的各项规定，以及各地颁布的地方性法规等。例如，《国务院关于管理外国新闻机构常驻记者的暂行规定》、《云南省中缅边境地区境外边民入境出境管理规定》等。

（四）执法程序的特殊性

出入境管理处理涉外案件，除了须依照法律规定的一般程序外，还必须遵守我国政府规定的特殊性程序。特殊性程序主要是指为遵守国际条约的有关规定，主管机关依法定程序办理的同时，将案情通报外事机关并适时通知有关国家驻华使、领馆。这种附加的特殊程序，有利于提高办案水平，防止错拘、错捕，避免造成不良的国际影响；同时，也是为了保证外交工作上的主动和稳妥，便于从国际关系及国家对外政策的角度提出处理意见。此外，也利于在对等互惠原则的基础上，严格履行我国所承担的国际条约义务。

（五）国家管辖的双重性

公民在跨国界交流活动中，常常处在本国和所在国政府的双重管辖之下，这是来源于国际法上的属地管辖权和属人管辖权。从属地管辖权出发，所在国政府对领域内的一切人和物都有行使法律管辖的权力，无论何国人发生何种性质的案件，都必须无条件地置于所在国政府主管机关的管辖之下。但是，依照国际惯例，国籍国根据国籍管辖权，负有提供保护的义务。也就是说，所在国在行使属地管辖权时，亦应尊重外国人国籍所属国的属人管辖权。

三、出入境管理的任务

【案例 11 - 2】

2006 年 2 月 1 日上午 10 时 30 分，凤凰边检站在对由三亚至香港的 KZ3029 航班检查时，对一名儿童所持美国护照存疑。经查，持照人真实姓名叫李某（男，福建人，3 岁），其父母均在北京工作，持有有效的《往来港澳通行证》，想在香港旅游过年。因其年龄太小无法申领出境证件，其父母便冒名借用好友儿子的美国护照出境。边检站依法阻止其出境。

【问题思考】

（1）转让出入境证件的行为是否构成违法？

（2）出入境管理的任务包括哪些？

【应知应会】

出入境管理是国家行政管理的一个组成部分，是公安机关的一项重要职责，其任务就是通过出入境管理工作，维护国家主权和安全，维护社会秩序和社会稳定，保护中国公民和外国人的合法权益。

（一）依法受理、审批出境和入境申请

中国公民或外国人的出入境活动，都必须按照法定的程序和要求提出申请。经公安机关受理后，对他们提交的申请材料进行审查和必要的调查，按照法律规定的条件和管理权限进行审批，作出批准或不予批准的决定。这项任务既关系到国家的安全利益，也关系到申请人的合法权益，是出境管理的第一道程序。

（二）依法签发出境和入境证件

出入境管理部门受理出境入境申请后，经审查批准出入境的，依法给申请人签发相应的证件。主要有：国内公民出国，签发普通护照；内地公民去港澳地区，签发前往港澳通行证或来往港澳通行证；内地公民去台湾，签发大陆居民来往台湾通行证；华侨回国定居和港澳台居民到内地定居，核发华侨定居证明；港澳居民来往内地，签

发港澳居民往来内地通行证；台湾居民来往大陆，签发台湾居民来往大陆通行证；边境居民出入边境地区，按照我国与有关国家协议或我国政府规定，签发边境通行证；外国人入境，按其来华事由分别签发各类签证；外国人在华居留时间超过半年的，分别签发外国人居留证或临时居留证；外国人在华期间前往不对外国人开放地区的，签发外国人旅行证。

（三）出入境检查

公安机关在出入境口岸对出入境的人员和交通工具实行监督控制。出入境检查主要包括：证件检查、行李物品检查、交通运输工具检查以及出入境控制等。出入境检查是公安机关出入境管理的一个重要方面。

（四）处理国籍事务

根据国籍法的规定，公安机关依法受理加入、退出、恢复中国国籍的申请。经审核批准的，由公安部颁发国籍证书。由于各国国籍法规定不同，造成一些人的国籍冲突，公安机关依照我国国籍法并参照国际惯例，正确处理国籍冲突问题。

（五）出入境违法活动的管理

在出入境管理活动中，少数人进行违法活动，如伪造、涂改、倒卖、冒用、转让出入境证件；非法出入境或者组织他人非法出入境；国内公民伪造申请材料骗取护照；外国人非法居留、非法就业、非法旅行等。这些违法活动扰乱了正常的出入境秩序，严重危害了国家安全和利益，公安机关必须加强管理，严肃查处。

（六）正确、妥善处置涉外事件

公安机关处置的涉外事件一般包括涉外刑事案件、涉外治安案件、涉外群体性突发事件、外国人伤亡事件等其他涉外事件。正确处置涉外事件对维护国家主权、安全和利益，保障中外公民的合法权益，保持国家间的正常交往具有重要意义，是公安出入境管理的任务之一。

四、出入境管理的基本原则

出入境管理的基本原则是指我国公安机关在进行出入境管理工作中必须遵守的行为准则。这是依法进行出入境管理的基础。

【应知应会】

（一）维护国家主权、安全和利益原则

国家主权是一个国家最重要的属性，国家对出入境实行治安行政管理，是行使国家主权的体现。在出入境管理中，依照我国出入境管理的相关法律规定，中国公民出境、入境，受到我主权国家的保障和保护；外国人入境、出境，必须遵守我国的法律规定，不得危害中国国家安全，损害社会公共利益，破坏社会公共秩序。国家安全、利益和国家主权是统一的整体，有了国家主权，才能从各个方面保卫国家安全，维护国家的利益。

（二）保障相对人合法权益原则

作为出入境管理的相对人，无论是中国公民，还是外国人，其所履行的义务和享有的基本权利是一致的。我国政府要求出入境人员必须遵守国家法律，履行法律规定的义务；同时对于他们的合法权益，也从实体到程序上依法给予保障。

（三）依法管理原则

出入境管理是一项公安行政执法活动，必须在法律（包括国际法和国内法）的范围内进行，依法行使出入境管理权。

（四）方便往来，促进开放原则

出入境管理活动要在依法管理的基础上，简化程序、手续，对一切有利于国家经济建设和从事友好往来的人员尽可能给予方便。方便往来的目的在于促进我国同世界各国的友好交往，促进改革开放的深入发展，便于经济往来和友好交流。

项目二　中国公民出入境管理

一、中国公民出入境概述

【案例 11 - 3】

2004 年 8 月初，海南边防总队刑事侦查大队在一起刑事案件的侦破过程中意外发现，海口市某交流服务中心在办理出国业务的过程中存在大量违规运作行为。经初步调查，民警发现，该中心主任李大江和来自广州的一些行踪诡秘的人员接触频繁。经调查，该中心利用非法手段，组织人员以出国商务考察、旅游、办理涉外婚姻形式进行偷渡。帮助该中心进行违法活动的是一个犯罪网络。李大江等人分工非常明确，该网络成员高喜山（化名）负责介绍偷渡者，王东（化名）负责联系青岛、广州、北京等地的公司办理出境签证，李大江则负责向偷渡者收取 3.3 万至 6.3 万元不等的代办费，从中牟取暴利。

【问题思考】

海口市某交流服务中心主任李大江，利用中国公民哪些出入境的权利，非法组织偷渡？

（一）中国公民出入境的含义

中国公民出入境，是指具有中国国籍的人，依据我国的法律规定，出入我国国境的活动。广义上的中国公民出入境，还包括了内地公民往来香港、澳门地区，港澳居民回内地，往来台湾地区，以及华侨入境、出境。

中国公民出入境，可分为因公务和因私事两类。公民因各种公共事务的需要，由各级政府、机关、团体派遣到国外从事各种公务活动的，称为因公务出入境。公民因私事出入境，是指因为个人或者家庭事务而申请出国，前往其他国家探亲、访友、旅游、治病、奔丧、祭祀、就业、自费留学或者移居外国长期居留，以及因其他各种非公务而出国的一种活动。

（二）中国公民出入境的权利和义务

为了促进我国的对外开放，扩大中国与世界各国人民的友好往来，我国政府十分重视对公民出入境自由权利的确认与维护。在《中华人民共和国出境入境管理法》、《中华人民共和国国籍法》以及《中华人民共和国归侨侨眷权益保护法》等一系列法律中，都对公民出入境自由权利问题作出明确的规定。包括：公民享有出境探亲的权利，公民享有出境定居的权利，公民享有出境自费留学的权利，公民享有出境继承财产的权利，公民享有涉外婚姻与收养的权利，公民享有出境就业的权利，公民享有出境旅游的权利，公民享有国籍选择权，华侨享有回国定居的权利。除了在出入境活动中的基本权益外，在申请批准出入境的具体程序中，公民还依法享有查询权、申诉或提起诉讼的权利。

我国出入境法律在规定公民享有各项出入境权利的同时，也相应地规定了公民必须履行的义务。包括履行申请手续的义务，接受边境检查的义务，办理户口登记的义务，维护国家安全、荣誉和利益的义务。

二、中国公民出境管理

【案例 11 - 4】

2003 年某日晚由三亚飞往香港的某航班中，一名吉林女子（44 岁，中国吉林朝鲜族人）企图利用国庆黄金周出境旅客多的机会蒙骗边防检查，被边防民警截获。这位中年女子虽然会说一口流利的韩语，但所持证件是经揭换相片、拆装护照页、仿造沈阳边检站 2003 年某日的入境验讫章，花了 13.5 万元从"蛇头"手中买来的韩国护照。

【问题思考】

（1）案例中的吉林女子，因何种行为不准出境？

（2）在哪些情形下，公民不准出境？

（一）中国公民出境申请受理

居住在国内的公民因私事出境，须向户口所在地的市、县公安机关出入境管理部门提出申请，并履行相关手续：交验户口簿或者其他户籍证明，填写出境申请表，提交所在工作单位对申请人出境的意见，提交与出境事由相应的证明。中国公民往来内地与香港特别行政区、澳门特别行政区，中国公民往来大陆与台湾地区，也须依法申请办理通行证件，并遵守法律有关规定。

【特别提醒】

内地公民短期前往港澳地区的，向户口所在地的市、县公安机关出入境管理部门提出申请，经公安机关审查后，签发《往来港澳通行证》，申请人凭该证及有效签注前往；内地居民前往香港或澳门特别行政区定居的，向户口所在地的市、县公安机关提出申请，凭公安机关签发的《前往港澳通行证》前往。大陆居民前往台湾地区定居或从事其他活动的，须向户口所在地的市、县公安机关提出申请，履行必要的手续和提交相应的证明，凭公安机关出入境管理部门签发的《大陆居民往来台湾通行证》及有效签注前往。

（二）中国公民出境审批

审查公民出入境申请，并作出是否批准的决定，是公安机关实施公民出入境管理的核心环节。审查的内容主要是审查申请人的申请材料是否完备，是否符合规定，是否真实有效，同时要审查申请人的身份。公安机关在审查结束后，作出批准或不批准的决定。

根据法律相关规定，以下情形不准出境：未持有效出境入境证件或者拒绝、逃避接受边防检查的；被判处刑罚尚未执行完毕或者属于刑事案件被告人、犯罪嫌疑人的；有未了结的民事案件，人民法院决定不准出境的；因妨害国（边）境管理受到刑事处罚或者因非法出境、非法居留、非法就业被其他国家或者地区遣返，未满不准出境规定年限的；可能危害国家安全和利益，国务院有关主管部门决定不准出境的；以及法律、行政法规规定不准出境的其他情形。

三、中国公民入境管理

【案例 11-5】

2003 年 8 月 21 日，一名持伪造的多米尼加护照的中国福建籍公民经香港入境三亚，企图迂回偷渡到韩国打工，在三亚凤凰国际机场被截获。据了解，这是三亚市口岸开放以来查获的首例中国人入境偷渡嫌疑案件，也是一起典型的骗取中国入境验讫章迂回偷渡的案件。

【问题思考】

（1）中国公民入境是否需要办理申请手续？

（2）港澳台区的居民入境，是否需要办理申请手续？

【应知应会】

（一）公民短期出国后回国

国内公民出国后，多数在国外居留一段时间后，都要返回国内。按照我国公民出境入境管理法的规定，我国公民出国后，除定居国外的，在护照等出入境证件有效期内回国，不受时间和入境地点的限制，也不需要办理签证等任何申请手续。

（二）定居国外的中国公民回国

定居国外的中国公民，不包括临时居住在外国的中国人，如留学生和中国驻外使领馆的外交官员、工作人员以及他们的家属等。定居国外的中国公民回国，分为短期回国、回国定居。

定居国外的中国公民短期回国入境条件与短期出国公民回国一样，入境时持有效护照证件，从开放或指定口岸通行，接受出入境边防检查，无须办理入境签证。如护照、证件已过期失效，可以向居住国的中国使领馆申请新护照或证件。

定居国外的中国公民要求回国定居的，应当在入境前向中华人民共和国驻外使馆、领馆或者外交部委托的其他驻外机构提出申请，也可以由本人或者经由国内亲属向拟定居地的县级以上地方人民政府的侨务部门提出申请。

（三）港澳居民回内地管理

港澳居民来内地，需申请领取港澳居民往来内地通行证，由广东省公安厅签发。港澳居民申请回内地定居的，应当事先向拟定居地的市、县公安机关提出申请，经省级公安机关批准后，持有回乡定居签注的《港澳居民来往内地通行证》入境，并在法定的时间内到定居地的公安机关办理常住户口登记。

（四）台湾地区居民往来大陆管理

台湾地区居民申请来大陆的，有三种申请途径：第一，从台湾地区直接来大陆的，向公安部出入境管理局派出的或委托的有关机构申请；有特殊事由的，也可以向指定口岸的公安机关申请。目前，公安部授权福州、厦门、海口、三亚四个口岸直接受理审批台湾居民入境申请。第二，台湾居民如果到香港、澳门后申请来大陆，向公安部出入境管理局派出或者委托的香港、澳门中国旅行社和外交部驻香港特派员公署、驻澳门签证办事处申请。第三，台湾地区居民经由外国来大陆的，向中国驻外使领馆或者外交部授权的其他驻外机关申请。

台湾居民要求来大陆定居的，应当在入境前向公安部出入境管理局派出的或者委托的有关机构提出申请，或者经由大陆亲属向拟定居的市、县公安机关提出申请。批准定居的，公安机关发给定居证明。

四、出入境证件

【应知应会】

（一）护照

1. 护照的含义

护照的英文为"Passport"，意为"口岸通行证件"。中华人民共和国护照是中华人民共和国公民出入国境及在国外证明国籍和身份的证件。任何组织或者个人不得伪造、变造、转让、故意损毁或者非法扣押护照。

2. 护照的种类

在国际社会中，各国的护照种类不同，主要有：外交护照、公务护照、官员护照、普通护照、特别护照、海员护照（或海员证）、团体护照和临时护照。一些国家还颁发代用护照的证件，以及为本国公民或外国人颁发的通行证、旅行证等。

现行中国护照分为外交护照、公务护照和普通护照。

外交护照（Diplomatic Passport），由外交部签发，外交官员、领事官员及其随行配偶、未成年子女和外交信使持用，封面为红色。

公务护照（Service Passport），由外交部，中华人民共和国驻外使馆、领馆或者外交部委托的其他驻外机构以及外交部委托的省、自治区、直辖市和设区的市人民政府外事部门签发。在中华人民共和国驻外使馆、领馆或者联合国、联合国专门机构以及其他政府间国际组织中工作的中国政府派出的职员及其随行配偶、未成年子女持用。封面为墨绿色，有5年多次有效和2年一次有效两种版本。

普通护照（People's Republic Of China Passport），是公民因私前往外国定居、探亲、学习、就业、旅行、从事商务活动等非公务原因出国的，由本人向户籍所在地的县级以上地方人民政府公安机关出入境管理机构申请的护照。由公安部出入境管理机构或者公安部委托的县级以上地方人民政府公安机关出入境管理机构以及中华人民共和国驻外使馆、领馆和外交部委托的其他驻外机构签发。从1997年版护照开始，封面为玫瑰红色，目前已有10年多次有效的版本。

另外，根据香港和澳门特别行政区基本法规定，中央人民政府将分别授权香港和澳门特别行政区政府，给持有香港和澳门特别行政区永久性居民身份证的中国公民，分别自1997年7月1日和1999年12月20日起，颁发中华人民共和国香港特别行政区护照和中华人民共和国澳门特别行政区护照。

3. 护照的变更、换发与补发

护照持有人所持护照的登记事项发生变更时，应当持相关证明材料，向护照签发机关申请护照变更加注。

护照有效期即将届满的、护照签证页即将使用完毕的、护照损毁不能使用的、护照遗失或者被盗的、有正当理由需要换发或者补发护照的其他情形，护照持有人可以按照规定申请换发或者补发护照。护照持有人申请换发或者补发普通护照，在国内，由本人向户籍所在地的县级以上地方人民政府公安机关出入境管理机构提出；在国外，由本人向中华人民共和国驻外使馆、领馆或者外交部委托的其他驻外机构提出。定居国外的中国公民回国后申请换发或者补发普通护照的，由本人向暂住地的县级以上地方人民政府公安机关出入境管理机构提出。

4. 不予签发护照的情形

根据《护照法》的规定，申请人不具有中华人民共和国国籍的，无法证明身份的，在申请过程中弄虚作假的，被判处刑罚正在服刑的，人民法院通知有未了结的民事案件不能出境的，属于刑事案件被告人或者犯罪嫌疑人的，国务院有关主管部门认为出境后将对国家安全造成危害或者对国家利益造成重大损失的，护照签发机关不予签发护照。

对于因妨害国（边）境管理受到刑事处罚的以及因非法出境、非法居留、非法就业被遣返回国的，护照签发机关自其刑罚执行完毕或者被遣返回国之日起 6 个月至 3 年以内不予签发护照。

（二）中国区域证件

1. 往来港澳地区的证件

《因公往来香港、澳门特别行政区通行证》，自 1999 年 12 月 20 日起，内地因公赴港澳人员持用该证件。证件分为红皮和蓝皮两种，颁发机关为：国务院港澳事务办公室及被授权的各地方外办，外交部驻香港、澳门特派员公署。

《前往港澳通行证》，俗称单程证。用粉红色花印纸印制，单页对折，无论成人、儿童，均每人一证。发给内地居民前往香港、澳门定居使用的出境证件，由内地居民向户口所在地的市、县级公安机关申请，一次使用有效。持用该证件有通行口岸的限制，往香港的是深圳，往澳门的是拱北。

《往来港澳通行证》，俗称双程证。发给内地居民前往香港、澳门并需返回内地使用的证件。由内地居民向户口所在地的市、县公安机关申请，同时每次赴港澳须有有效签注。

《港澳居民来往内地通行证》。1999 年 1 月 15 日以前，港澳居民往来内地，由公安部委托广东省公安厅向港澳同胞签发《港澳同胞回乡证》（以下简称《回乡证》）。由于该证件设计较早，在防伪性能、使用效率、管理水平等方面已不适应形势发展的需要。为加快口岸验放速度，公安部决定将《回乡证》改为具备机读码的卡片式《港澳居民来往内地通行证》，并于 1999 年 1 月 15 日启用。

2. 往来台湾的证件

《台湾居民来往大陆通行证》。该证是发给台湾居民前来大陆定居、探亲、访友、旅游，接受和处理财产、处理婚丧事宜，参加经济、科技、文化、教育、体育、学术交流等活动使用的通行证件。

《大陆居民往来台湾通行证》。该证是发给大陆居民前往台湾定居、探亲、访友、旅游，接受和处理财产、处理婚丧事宜，参加经济、科技、文化、教育、体育、学术交流等活动使用的通行证件。由大陆居民向户口所在地的市、县级公安机关申请，实行在证件上逐次签注的办法。

（三）其他出入境证件

《护照法》规定了其他出入境证件的管理。这些证件包括旅行证、出入境通行证、海员证。

短期出国的公民在国外发生护照遗失、被盗或者损毁不能使用等情形，应当向中华人民共和国驻外使馆、领馆或者外交部委托的其他驻外机构申请《中华人民共和国旅行证》。

公民从事边境贸易、边境旅游服务或者参加边境旅游等情形，可以向公安部委托的县级以上地方人民政府公安机关出入境管理机构申请《中华人民共和国出入境通行证》。

公民以海员身份出入国境和在国外船舶上从事工作的，应当向交通部委托的海事管理机构申请《中华人民共和国海员证》。

项目三 外国人入出境管理

一、外国人入出境概述

【案例 11 - 6】

一些外国人利用合法签证入境，从事与签证不符活动的情况也成为新趋势。有外国人以来中国留学学习语言的名义来到广州，交了学费后就"消失"，利用签证时间做生意。2008 年，在一次联合查处行动中，广州市出入境管理部门联合工商部门对设立在广州的 17 家外企代表处突击检查，发现其中 3 家代表处存在非法就业的情况。在环市路某大厦某办公室内，工作人员发现一名 20 多岁的中东籍男子正在工作。经调查，该男子向广州某大学申请了汉语学习留学一年，在学习汉语之际"顺便"做起了贸易生意。

另外在广州某高校还发现了 3 名外籍人士缴纳了留学学费后就"消失"了，没来上过一堂课。经过多方查找，广州市出入境管理部门找到了这 3 名外籍人士，原来他们也是利用留学签证的便利，进入中国后立即变身商人，从事起了贸易生意。最后，该 3 人被出入境部门缩短停留期。

【问题思考】

（1）案例中的外国人利用合法签证入境，从事与签证不符活动的行为是否违法？

（2）案例中的外籍人士从事与签证不符活动的行为该如何处理？

（一）外国人的概念

外国人，一般是指在一国境内，不具有居留国的国籍，而具有其他国家国籍的人，既包括具有其他国家国籍的人，又包括无国籍的人。在我国，外国人就是指不具有中国国籍的人。进出我国国境的外国人，因身份不同，而区别为享有外交特权和豁免权的外国人和普通外国人。

（二）外国人入出境要素

1. 护照

外国人进出我国国境，必须持有本国政府或第三国政府颁发的有效的护照或者代替护照的证件。

2. 签证

签证是主权国家准许外国人入出或经过本国国境的一种许可证明，是在申请人的护照或其他护照替代证件上盖印签注的一种法律手续，同时，又是一国主管机关对入出境或居留的外国人，检验其身份和目的的法律依据。根据不同的分类方法，可以将签证分为不同的种类。根据申请人的身份，可以分为外交签证、公务签证、礼遇签证和普通签证四种；根据申请人的目的划分，可以分为出境签证、入境签证、出入境签证和过境签证；根据签证的效力划分，可以分为一次有效签证、二次有效签证和多次有效签证；根据居留的资格划分，可以分为移民签证、观光旅游签证、留学签证、就业签证、投资签证、商务签证和偕行配偶签证；根据签证签发的机构划分，可以分为领事签证、口岸签证等。此外还有团体签证、另纸签证等。

【应知应会】

我国签证的种类主要有外交签证、礼遇签证、公务签证和普通签证。在普通签证中，有 11 种：

（1）定居签证（D 字签证），发给来中国定居的人。

（2）职业签证（Z 字签证），发给来中国任职或者就业的外国人及其随行家属。

（3）学习签证（X 字签证），发给来中国留学、进修、实习 6 个月以上的外国人。

（4）访问签证（F 字签证），发给应邀来中国访问、考察、讲学、经商、进行科技文化交流、短期进修、实习等不超过 6 个月的人。

（5）旅游探亲签证（L 字签证），发给来中国旅游、探亲或者因其他私人事务入境的外国人，其中 9 人以上组团来中国旅游的，可以发给团体签证。

（6）过境签证（G 字签证），发给经过中国国境的外国人。

（7）乘务签证（C 字签证），发给执行乘务、航空、航运任务的国际列车的乘务员、国际航空器机组人员和国际航行船舶的海员及其随行家属。

（8）常驻记者签证（J – 1 字签证），发给常驻中国的外国记者。

（9）临时记者签证（J – 2 字签证），发给临时来中国采访的外国记者。

（10）返回签证（H 字签证），发给持有外国人居留证件的人，在其居留证有效期间出境并返回中国的，又称再入境签证、回头签证。

（11）随行签证（W 字签证），发给驻华使领馆和联合国系统组织驻华代表机构随行人员的父母、其配偶的父母等人员以及成年子女（已满 18 周岁）等来华随行常驻者。

3. 边防检查

边防检查，是指在口岸对出入国境人员的证件、行李物品和交通工具实施的检查，由公安机关在口岸设立的边防检查站负责实施。边防检查目的在于确认持证人的合法出入境资格，查处违反出入境管理的行为，实施出入境控制，维护口岸正常秩序，掌握出入境信息。在出入境管理工作中边防检查有着极其重要的作用。

二、外国人入境管理

外国人入境管理，是指我国公安机关出入境管理部门，为了保障国家安全、维护社会治安秩序，依据我国有关法律规定，对外国人的入境、出境、过境、居留、旅行以及其他事务实施的行政管理活动。

【应知应会】

（一）外国人入境申请

外国人进入我国国境，必须向我国政府的主管部门提出申请。外国人提出入境申请签证的方式有以下几种：

1. 一般方式

外国人入境，应当向中国的外交代表机关、领事机关或者外交部授权的其他驻外机关申请办理签证。

2. 特殊方式

在特定的情况下，外国人也可以向中国政府指定口岸的签证机关申请签证，申请办理口岸签证。口岸签证机关签发的签证一次入境有效，签证注明的停留期限不得超过三十日。

3. 协议方式

同中国政府签订签证协议的国家的公民进入我国境内的，按照协议执行。协议方式分为两种，一种是同我国签订签证协议的国家的公民申请进入我国国境的，按照协议互免签证或简化签证手续。另一种是同我国签订关于边境地区居民相互往来协定的，按照协议对居住在两国边境地区的外国边境居民临时进入我国国境的，可以凭边境通行证进入我国一侧的边境地区。

4. 优惠方式

我国政府对一些属于特定身份的外国人，或者是在一定的限制条件下，对于一些具有特定事由的外国人，实行一种免除入境申请的优惠的方式。如，持联程客票搭乘国际航行的航空器、船舶、列车从中国过境前往第三国或者地区，在中国境内停留不超过二十四小时且不离开口岸，或者在国务院批准的特定区域内停留不超过规定时限的可以免办签证。

（二）拒绝入境的情形

为了保证国家安全和社会秩序的稳定，外国人如果存在法定的某个情形之一，则不准进入我国国境。这些情形包括有：被处驱逐出境或者被决定遣送出境，未满不准入境规定年限的；患有严重精神障碍、传染性肺结核病或者有可能对公共卫生造成重大危害的其他传染病的；可能危害中国国家安全和利益、破坏社会公共秩序或者从事其他违法犯罪活动的；在申请签证过程中弄虚作假或者不能保障在中国境内期间所需费用的；不能提交签证机关要求提交的相关材料的；未持有效出境入境证件或者拒绝、逃避接受边防检查的；入境后可能从事与签证种类不符的活动的；以及其他法律、行政法规规定不准入境情形。其中前五项也属于不予签发签证的情形。对不准入境的，出入境边防检查机关可以不说明理由。

【特别提醒】

签证制度是一项入境许可制度，但签证本身并不等于准许入境。在我国，入境许可包含了两层含义：一是签证机关发给的入境签证，二是入境口岸边防检查机关签发的入境查验证明。即使发给了签证，但入境人未持有有效的护照或证件、持有的是伪造涂改的他人的护照或证件、入境时拒绝查验证件的，以及公安部或国家安全部通知不准入境的，仍然不能入境。

三、外国人居留与旅行管理

（一）外国人居留管理

外国人居留管理是指我国公安机关为了保障国家安全、维护社会秩序，依法对外国人在我国境内居留期间的有关事务所实施的管理活动。

1. 外国人居留的种类

外国人在华居留一般分为短期居留、长期居留和永久居留三种类型。短期居留，也称停留，是指来我国旅游、探亲、访问、经商及进行科技文化交流的外国人，在我国居留时间一般在 6 个月以内。长期居留，是指来我国任职、就业、留学、进行技术合作，以及外国的常驻机构代表、记者等的外国人，在我国居留 5 年以下。永久居留，也称定居，一般指在我国定居的外国侨民。

2. 外国人居留证件管理

外国人居留证是我国政府主管部门发给居住在我国境内的外国人的合法居住证明。来中国的外国人申请居留证要按照规定的时间和程序进行。外国人居留证件管理，主要包括居留证件的申办、延期、变更、查验等内容。

（1）居留证的申办。

外国人所持签证注明入境后需要办理居留证件的，应当自入境之日起三十日内，向拟居留地县级以上地方人民政府公安机关出入境管理机构申请办理外国人居留证件。外国人工作类居留证件的有效期最短为九十日，最长为五年；非工作类居留证件的有效期最短为一百八十日，最长为五年。

（2）居留延期登记。

在中国境内居留的外国人申请延长居留期限的，应当在居留证件有效期限届满三十日前向居留地县级以上地方人民政府公安机关出入境管理机构提出申请，按照要求提交申请事由的相关材料。经审查，延期理由合理、充分的，准予延长居留期限；不予延长居留期限的，应当按期离境。

（3）居留变更登记。

外国人在我国居留期间，如果其姓名、国籍、职业或身份、工作单位、住址、护照号码、偕行儿童等登记事项发生变化时，持证件人应当自事项发生变更之日起十日内向居留地县级以上地方人民政府公安机关出入境管理机构申请办理变更。

（4）居留证件的查验与交验。

人民警察在执行公务时，因工作需要，有权查验外国人的护照及居留证件。在我国居留的外国人，应当在规定的时间内到居留地县级以上地方人民政府公安机关交验外国人居留证件。

（5）居留证的换发与补发。

外国人入境后，所持的普通签证、停留居留证件损毁、遗失、被盗抢或者有符合国家规定的事由需要换发、补发的，应当按照规定向停留居留地县级以上地方人民政府公安机关出入境管理机构提出申请。

3. 外国人境内就业管理

外国人在中国境内工作，应当按照规定取得工作许可和工作类居留证件，任何单位和个人不得聘用未取得工作许可和工作类居留证件的外国人。国务院教育主管部门会同国务院有关部门建立外国留学生勤工助学管理制度，对外国留学生勤工助学的岗位范围和时限作出规定。

聘用外国人工作或者招收外国留学生的单位，应当按照规定向所在地公安机关报告有关信息。

外国人未按照规定取得工作许可和工作类居留证件在中国境内工作的；超出工作许可限定范围在中国境内工作的；外国留学生违反勤工助学管理规定，超出规定的岗位范围或者时限在中国境内工作的，属于非法就业。公民、法人或者其他组织发现外国人有非法入境、非法居留、非法就业情形的，应当及时向所在地公安机关报告。

（二）外国人旅行管理

外国人旅行是指在我国境内外国人离开居住地或停留地到另一个地方的行为。外国人旅行管理是指公安机关出入境管理部门依据有关法律规定，对外国人在我国旅行的时间、区域、路线、方式等实施的管理。

【案例 11－7】

美国某报社记者伯恩，未经许可，擅自进入不准外国人进入的地区大量拍照、记录，被公安机关依法拘留，并处以限期离境。

【问题思考】

伯恩的行为触犯了我国出境管理法律法规中的哪些规定？

【应知应会】

1. 外国人旅行区域

旅行区域是指允许外国人前往旅行的范围。我国对外国人的旅行区域划分为开放地区和非开放地区。外国人前往开放地区旅行的，持有效证件或者居留证件即可。前往非开放地区旅行的，必须经我国公安机关批准。

2. 外国人旅行许可

外国人前往非开放地区旅行的，必须事先向旅行地的县、市公安机关申请旅行证件，取得旅行许可证明，再前往该地区。外国人申请旅行许可证时，应当提交本人的身份证明，如本人护照和签证或外国人居留证件，并需要出示接待单位出具的公函，说明前往事由；如果是前往探亲，还需提供被探亲人的邀请信件。

3. 旅行证件管理

外国人的旅行证件有效期最长为一年，但不得超过外国人所持签证或居留证件的有效期限。外国人领取旅行证后，如果要求延长旅行证的有效期，增加非开放的旅行区域、增加偕行人数，须申请延期或变更。

【特别提醒】

2013 年 7 月开始实施的《中华人民共和国出境入境管理法》中虽然没有涉及开放区和非开放区的具体内容，但是该法第四十四条规定："根据维护国家安全、公共安全的需要，公安机关、国家安全机关可以限制外国人、外国机构在某些地区设立居住或者办公场所；对已经设立的，可以限期迁离。未经批准，外国人不得进入限制外国人进入的区域。"

四、外国人出境管理

外国人出境，是指外国人持合法的入境证件、签证，从我国对外开放或指定的口岸离开我国国境。外国人出境时，应当向出入境边防检查机关交验本人的护照或者其他国际旅行证件等出境入境证件，履行规定的手续，经查验准许，方可出境。特定情形下会发生对外国人的限制出境、强制出境和不准出境。

【案例 11 – 8】

华侨张女士与其美国丈夫带着一岁半的美籍儿子 Jack（化名），欲从首都机场返回美国，由于 Jack 未申领中国签证，被依法阻止出境。据了解，Jack 出生于北京，此前从未离开过中国。父母为其选择了美国国籍，并托人在美国为其办理了合法的美国护照，寄回中国。张女士与美国移民机关联系后，得知 Jack 持空白美国护照可以入境美国，于是准备直接乘飞机离境。但她忽略了我国关于外国人出入境管理的相关法律，没有为 Jack 办理中国签证。根据我国法律，Jack 被阻止出境，一家三口的行程无奈被延误。

对于在中国出生、在中国丢失护照、在中国签证过期的外国人，应向地方公安机关出入境管理部门提出申请，办理中国签证。出境时，凭有效中国签证办理边防检查手续。

【问题思考】

（1）外国人如何实现正常出境？

（2）外国人限期出境和强制出境的情形有哪些？

【应知应会】

（一）外国人的正常出境

正常出境，是指外国人自愿、合法地离开一国国境。凡是不存在法定的不准出境情形的外国人，只要持有本人的有效护照或者其他有效证件，以及我国主管机关签发的有效签证或者居留证件，就可以从我国对外开放的口岸自由地离开中国国境，中国政府对其享有的这种权利不加任何干涉。

（二）外国人的限期出境

限期出境，是指对有某种违法行为的外国人，责令其在指定的时间内，通过指定的口岸离开中国。一些入境居留的外国人，因不遵守中国法律，其继续居留不利于维护中国的国家利益或社会秩序，而被出入境管理公安机关缩短停留期限或者取消居留资格的，必须在限定的时间内从指定的口岸离开中国国境。对于非法入境、非法居留或者非法就业的外国人，还可以责令其限期出境。

（三）外国人的强制出境

强制出境，是指对非法入境、非法居留或者违法中国法律的外国人，采取一定的措施迫使其离开中国国境。这种强制包括遣送出境和驱逐出境。

【案例 11 – 9】

某市公安机关出入境管理部门在一次对外国人的检查过程中，发现某酒楼来自印度的抛饼师傅阿兰，不能出示入境打工证明，还是一名艾滋病毒携带者，公安机关立即将其遣送出境。

【问题思考】

（1）印度抛饼师傅阿兰是否存在法定的拒绝入境的情形？

（2）公安机关将印度抛饼师傅阿兰遣送出境的依据是什么？

【特别提醒】

遣送出境，是将不符合居留条件的外国人强制送出国境。它是出入境管理的一种行政强制措施，旨在把不具备居留资格的某些外国人送出国境，不是制裁方式。遣送出境由县级以上公安机关出入境管理部门执行，被遣送对象在外事警察的监护下，离开中国国境。

驱逐出境，是对违法行为情节严重的外国人所采取的一种强制出境措施。它是一种制裁方式，是对外国人追究法律责任的一种处罚手段。对被驱逐出境的外国人，是以裁决方式通知本人的，并且要宣布被驱逐出境后不准入境的年限，由外事民警押解至出境口岸。

（四）外国人的禁止出境

禁止出境，是指对某些违反法律而又尚未追究刑事责任的外国人，在一定时期内，不准许其出境或者阻止其出境。外国人不准出境的情形有：被判处刑罚尚未执行完毕或者属于刑事案件被告人、犯罪嫌疑人的（但是按照中国与外国签订的有关协议，移管被判刑人的除外）；有未了结的民事案件，人民法院决定不准出境的；拖欠劳动者的劳动报酬，经国务院有关部门或者省、自治区、直辖市人民政府决定不准出境的；法律、行政法规规定不准出境的其他情形。

项目四　涉外治安案件处置

一、涉外治安案件的概念和种类

【新闻链接 11 - 1】

据新快报 2008 年 9 月 18 日报道，某市天河区金帝社区有境外人员近千人，占社区总人口的 1/10，他们来自 25 个国家和地区。以前外国人除了不愿进行入住登记外，还常常让走访的民警吃闭门羹，"境外人员认为自己没犯法，警察来干嘛"。金帝社区的民警通过将入住登记前移至小区物管处、送证上门等服务，使得社区境外人员登记率达到 100%，近四年来未发生过涉外案件。

2005 年，石牌派出所两名民警集思广益，相继推出了一系列服务措施。送证上门和办证前移服务的作用立竿见影，这使民警拉近了和外国人的关系。小区内的纠纷也越来越少，近四年来未发生过涉外案件。

【问题思考】

（1）什么是涉外案件？

（2）涉外案件的处理要注意哪些问题？

（3）金帝社区民警如何将治安管理原则贯彻于境外人员的管理工作中？

（一）涉外治安案件的概念

涉外治安案件，是指公安机关依法查处的具有涉外因素的违反治安管理案件，这里仅指涉外行政性案件。

【应知应会】

发生在中国境内的涉外治安案件主要有三种形态。一是违法主体为外国人的案件。

这是较为常见的涉外案件，随着入境来华外国人的大量增加，以外国人为违法主体的涉外案件不断发生。二是侵害对象为外国人的案件。外国人在我国居留、旅行、经商、留学、就业，其合法权益受到我国的法律保护，发生侵犯外国人合法权益的案件时，要依法追究有关人员的责任。三是违法行为地或违法结果在中国境内的案件。违法行为地和违法结果地涉及案件的属地管辖问题，凡是在我国境内发生的具有涉外因素的案件，都应当置于我国的法律管辖下。

（二）涉外治安案件的种类

1. 专属管辖案件

专属管辖案件，是指某类涉外行政案件，只能由某一部门的主管机关负责处置。从现行法律规定来看，由公安机关主管的涉外治安案件有：违反出入境管理案件、违反治安管理案件、违反枪支弹药管理案件、违反交通管理案件、外国人组织或参与游行示威案件、外国人死亡案件，以及其他由公安机关主管的案件。

2. 共同管辖案件

共同管辖案件，是指某类涉外行政案件，由公安机关和其他行政机关共同主管的案件。这类案件主要有：违反外国记者管理的案件、违反外国人宗教管理的案件、违反文物管理的案件、违反外汇管理的案件、违反野生动物管理的案件、违法劳动管理的案件。

3. 协助管辖案件

协助管辖案件，是指某类涉外行政案件，由公安机关配合其他行政机关实施管辖的案件。这类案件主要有：违反艾滋病监测管理案件、违反工商行政管理案件、违反军事设施管理案件。

二、涉外治安案件处置程序

涉外治安案件的处置程序主要有两种类型：一般处置程序和特殊处置程序。一般处置程序，又称普通处置程序，是指公安机关对某些违法行为的处理，采取法律规定确立的通常性的处置方法。这些处置方法主要有：调查、传唤、取证、裁决、执行等。特殊处置程序，是指公安机关在涉外案件处理过程中对某些重大案件的查处或某些特定措施的适用，采取法律规定的特定处置方法，它是区别国内案件处理的特定处置程序。

【特别提醒】

公安机关办理涉外治安案件，应当按照国家有关办理涉外案件的规定，严格执行请示报告、内部通报、对外通知等各项制度。

【应知应会】

（一）内部协调程序

考虑到涉外治安案件本身所具有的特殊性，为了提高我国公安机关的执法水平，保证案件处理的公正性和合法性，避免或减少不必要的外交纷争，我国政府对公安机关处理涉外治安案件，设定了严格的内部处置程序。这种特殊性程序包括案件情况的呈报、抄报和通报三种。实际上，这也是一种特定的内部协调制度。对外国人予以行政拘留处置时，除了要依照法定程序处罚外，还应当将有关案件情况、处理情况和对外表态等及时呈报上级公安机关，并同时通报当地的外事部门。

（二）外部协调程序

外部协调程序，是指公安机关在涉外治安案件处置过程中，对外国人采取限制其人身自由措施时，将处置的有关情况及时通知有关国家外交、领事机关的步骤。

按照《维也纳领事关系公约》和我国与有关国家签订的领事条约的规定，有关国家的公民在中国居留期间，如果由于法律原因而被公安机关予以拘留的，应当在条约规定的时间内，及时将有关情况通知有关国家的驻华大使馆或领事馆。正确处理涉外治安案件中的限时通报问题十分重要，它不仅关系到国家的主权和利益，还关系到维护外国人的合法权益，也关系到中国与外国的关系。所以，在办案过程中，既要注重维护我国的管辖权，也要承认和尊重外国的管辖权。这是我国履行国际条约和双边协定所应承担的义务。

三、涉外治安案件处置应注意的问题

（一）坚持实事求是，充分取证，严格执法

坚持实事求是，是正确处理涉外治安案件的重要保证。在处理涉外治安案件中，核实案件的起因和具体过程；做到事实清楚，证据确凿，定性准确，处理正确，杜绝产生不良的政治影响和严重后果。

（二）原则性与灵活性相结合

把国家利益摆在优先地位加以考虑，是处理涉外治安案件的根本出发点。在实际工作中，涉外案件是非常复杂的，公安机关在处理时要严格依法办案，坚持原则；要区别事件的性质，在法律允许的范围内区分不同情况，区别对待，灵活处理。把原则性和灵活性有机结合起来，才能最大限度地维护国家利益。

（三）及时迅速，不使事态扩大

及时迅速的反应是为了争取主动，也是案件能否顺利处理的重要条件。处理涉外治安案件，必须做到及时发现情况，及时赶赴现场，及时调查处理，及时汇报情况，及时结案，及时移送起诉或释放。

涉外案件一般影响较大，特别是涉及中外人员纠纷或群众之间矛盾的案件，如不及时采取措施，就可能使事态扩大，矛盾激化。因此，对涉外案件，特别是对那些容易激起人们义愤的案件，绝不能掉以轻心，要及时采取果断措施，把问题解决在萌芽状态。

项目五　技能训练

外国记者非法采访处置模拟训练

一、训练内容

在涉外治安案件中，对外国记者非法采访的处置。

二、训练目的和要求

通过训练，学生能基本按照涉外治安案件处置的相关程序与要求进行处理。

三、训练前的准备

（一）参考案例

美国某报社记者 Lily（女）、Jonas（男）、Paul（男），未经许可擅自进入限制外国人进入的地区进行大量拍照、记录等非法采访工作，被公安机关依法处置。

（二）相关法律法规

《中华人民共和国外国人入境出境管理法》第二十、二十一条规定："外国人持有效的签证或者居留证件，可以前往中国政府规定的对外国人开放的地区旅行"；"外国人前往不对外国人开放的地区旅行，必须向当地公安机关申请旅行证件"。

2013 年 7 月开始实施的《中华人民共和国出境入境管理法》第四十四条规定："根据维护国家安全、公共安全的需要，公安机关、国家安全机关可以限制外国人、外国机构在某些地区设立居住或者办公场所；对已经设立的，可以限期迁离。未经批准，外国人不得进入限制外国人进入的区域。"

四、训练方法与步骤

学生 5～10 人组成小组，交替、轮流进行模拟训练。

（1）涉外治安案件处置人员的分工。根据给定的案例，将小组成员进行分工，包括盘问、检查、警戒等。

（2）制止涉外人员的非法采访活动。

（3）查验涉外人员的身份证件与相关物品。

（4）根据实际情况，向外国人说明其违法行为。一般情况下，可当场没收其文字采访资料、胶片、录音或录像，但不能没收采访设备。

（5）区别不同对象，分别处理。

五、注意事项

（1）人身检查时注意"男不查女"。

（2）不可轻易将外国记者采访的相关内容销毁，注意保留证据。

（3）控制好事态，避免冲突，并且及时报告情况。

六、考核方式及标准

（一）考核方式

（1）教师与还未轮到训练的学生一同观察训练小组的模拟涉外治安案件处置过程。

（2）各个模拟训练小组讨论训练中存在的不足，交流训练经验，并完成训练作业。

（3）教师总结。

（二）考核标准

（1）优秀：能根据给定案例，处理好涉外治安案件；认真观摩其他小组的模拟操作，积极与其他同学交流训练经验。

（2）良好：能根据给定案例，处理涉外治安案件；积极与其他同学交流训练经验。

（3）及格：能根据给定案例，处理涉外治安案件。

（4）不及格：无法完成对外国记者非法采访的处置。

七、思考题

（1）涉外治安案件处置的程序是怎样的？

（2）涉外治安案件处置时应注意哪些问题？

（3）外国人入境后，应随身携带的证件有哪些？

单元十二

治安案件查处

【知识目标】

（1）了解治安案件、治安案件查处的含义及其管辖和回避条件。

（2）理解违反治安管理行为的含义及其构成要件。

（3）掌握治安案件证据收集的方法和原则、治安管理处罚、治安案件的办案程序及治安案件的法律救济。

【能力目标】

（1）能按照法律规定准确认定治安案件的性质、收集治安案件的证据。

（2）能按照普通程序查处治安案件。

（3）能按照简易程序查处治安案件。

（4）能按照法律程序适用治安案件的法律救济。

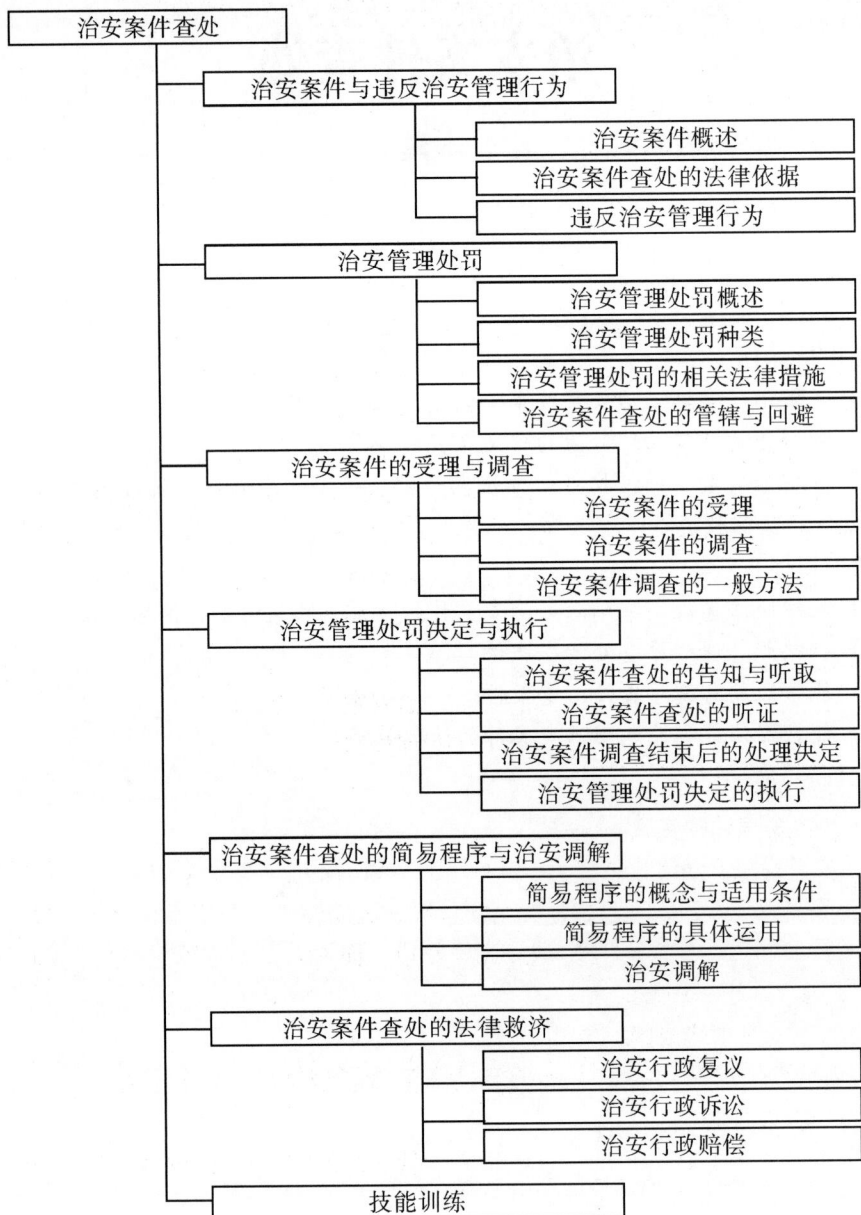

治安案件查处

治安案件与违反治安管理行为
治安案件概述
治安案件查处的法律依据
违反治安管理行为

治安管理处罚
治安管理处罚概述
治安管理处罚种类
治安管理处罚的相关法律措施
治安案件查处的管辖与回避

治安案件的受理与调查
治安案件的受理
治安案件的调查
治安案件调查的一般方法

治安管理处罚决定与执行
治安案件查处的告知与听取
治安案件查处的听证
治安案件调查结束后的处理决定
治安管理处罚决定的执行

治安案件查处的简易程序与治安调解
简易程序的概念与适用条件
简易程序的具体运用
治安调解

治安案件查处的法律救济
治安行政复议
治安行政诉讼
治安行政赔偿

技能训练

项目一　治安案件与违反治安管理行为

一、治安案件概述

【案例 12 - 1】

王某，某地的养殖专业户。由于王某鱼塘内的鱼常在夜间被偷，直接经济损失达 5 000 余元。2005 年 6 月，王某请来本村电工李某在鱼塘周围设置了电网，每到傍晚便将电网通电。2006 年 4 月某晚，王某和李某正在鱼塘附近喝酒，忽然听到一声惨叫，王某连忙拉闸断电。二人出门查看，发现村民赵某被击倒，王某遂找来一辆农用车，将赵某送往医院。因抢救及时，赵某短暂休克之后，即苏醒过来，后恢复正常。公安机关在向赵某调查取证时，赵某称去年五一期间曾在此偷过鱼，到市场上卖了 200 元钱，经查证属实。公安机关作出以下处理：王某擅自安装并使用电网的行为，违反《治安管理处罚法》第三十七条的规定，依法应予处罚。李某帮助王某在鱼塘周围私设电网，与王某构成共同违反治安管理行为，应按照《治安管理处罚法》第十七条规定分清责任，分别处罚。王某、李某对电伤赵某的行为应当承担赔偿责任。

【问题思考】

（1）针对此案例理解治安案件的含义和治安案件的构成要件。

（2）本案中的赵某是否应当给予治安管理处罚？

【应知应会】

（一）治安案件的定义

治安案件是指公安机关根据《中华人民共和国治安管理处罚法》（以下简称《治安管理处罚法》）和国家现行的有关治安管理的法律法规，对违反治安管理的行为决定受理并进行审查，认为应当受到治安管理处罚，而由公安机关或有权调查处理的其他部门依法予以立案的法律事实。

（二）治安案件构成的实质要件

（1）构成治安案件的核心内容是行为人实施了违反治安管理行为之一，而不是违反其他行政管理行为。

（2）构成治安案件的依据是《治安管理处罚法》，以及与查处治安案件相关的法律规范。

（3）确认治安案件成立时，必须是行为人所实施的违反治安管理行为依照《治安管理处罚法》和其他相关法律法规规定应当受到治安管理处罚。当然，立案是公安机关在立案时的一种初步确认，即公安机关在当时根据通常情况，认为违反治安管理的行为人应当受到治安管理处罚。至于立案后经过调查，发现该行为具备某种法定条件而作出不予处罚或免于处罚等决定的，则是另外一回事，并不影响治安案件的成立。

（4）治安案件必须是由法律授权的法定主体，即公安机关依法以立案的方式确认成立。其他任何机关、组织和个人均无权确认治安案件和立案。

【特别提醒】

从治安案件的定义可以看出，治安案件的成立必须同时具备以下条件：有治安违法行为的事实产生，公安机关或有关组织通过一定的法律程序受理立案。这两点分别从客观方面和主观方面揭示了构成治安案件的必要和充分条件。

二、治安案件查处的法律依据

【案例 12-2】

2006 年中国足球超级联赛于 3 月 11 日揭幕。在重庆力帆队与辽宁队的比赛中，连续两年在联赛积分榜垫底的力帆队以 2 : 1 击败对手，久违的胜利让球队和球迷狂喜不已。50 岁的重庆知名球迷陈某在比赛刚结束时冲进球场，想与球队共同庆祝，但 3 名球场保安人员迅速赶来，将他带离现场。陈某在以前的比赛中曾有冲进赛场推搡裁判的"前科"。这一次，50 岁的重庆球迷陈某大概没有想到，自己只不过跑进球场庆祝球队比赛胜利，却因此而成为中国足球历史上一个"创造纪录"的人物。《中华人民共和国治安管理处罚法》颁布施行后，他成为第一个因此受到法律处罚的球迷。重庆市公安局江北区分局治安支队对 50 岁的重庆球迷陈某开出了《中华人民共和国治安管理处罚法》颁布施行后的第一张"球迷罚单"：依法对陈某处以拘留 10 天、罚款 500 元的处罚，同时禁止他在一年内进入体育场观看同类比赛。

【问题思考】

本案中治安案件查处的法律依据是什么？

【应知应会】

公安机关查处治安案件的原则、职责、职权、程序等都由宪法和有关法律、法规规定，查处治安案件必须遵循下列法律法规。

（一）《宪法》

《宪法》是国家的根本大法，它由国家最高权力机关——全国人民代表大会制定、通过和修改，具有最高的权威和法律效力，是制定和实施一切法律、法规的根本依据。公安机关在办理治安案件的过程中，必须以《宪法》为根本依据、基本活动准则。

（二）法律

法律是由全国人民代表大会及其常务委员会制定的，可以设定各种行政处罚，而限制人身自由的行政处罚，只能由法律设定。

公安机关在治安案件查处中常用的法律包括：《中华人民共和国治安管理处罚法》、《中华人民共和国行政处罚法》、《中华人民共和国行政复议法》、《中华人民共和国行政诉讼法》、《中华人民共和国道路交通安全法》、《中华人民共和国消防法》、《中华人民共和国居民身份证法》、《中华人民共和国公民出入境管理法》、《中华人民共和国外国人入境出境管理法》等，其中《中华人民共和国治安管理处罚法》是治安案件调查与处理的基本法律。现行的《中华人民共和国治安管理处罚法》由第十届全国人民代表大会常务委员会第十七次会议于 2005 年 8 月 28 日通过，自 2006 年 3 月 1 日起施行。

（三）行政法规

行政法规是指国务院以宪法和法律为依据制定的具有普遍约束力的规范性文件，其具体的名称有条例、规定、决定、办法和实施细则等。行政法规可以设定除限制人身自由以外的其他行政处罚，是治安行政执法的重要法律依据。

治安行政执法中常用的行政法规文件主要有：《中华人民共和国道路交通安全法实施条例》、《中华人民共和国公民出入境管理法实施细则》、《中华人民共和国外国人入境出境管理法实施细则》、《劳动教养试行办法》、《中华人民共和国出境入境边防检查条例》、《国务院关于严禁淫秽物品的规定》、《旅馆业治安管理办法》、《娱乐场所管理条例》、《中华人民共和国民用爆炸物品管理条例》等。

（四）地方性法规

地方性法规是指省、自治区、直辖市人民代表大会及其常务委员会，省、自治区人民政府所在地的市及经济特区所在地的市和经国务院批准的较大的市的人民代表大会及其常务委员会制定的在管辖区内有普遍约束力的规范性文件。地方性法规可以设定除限制人身自由、吊销证照以外的行政处罚。法律、行政法规对违法行为已作出行政处罚规定，但地方性法规还需要作出具体规定的，必须在法律、行政法规规定的给予行政处罚的行为、种类和幅度的范围内规定。如重庆市人大常委会制定的《重庆市禁止赌博条例》。

（五）自治条例和单行条例

我国五个民族自治区的权力机关可依照法定权限和程序制定、颁布适合本自治行政区的特殊性地方法规——自治条例和单行条例。这些条例中有关治安处罚的规定，也是民族自治区公安机关在本自治区内查处治安案件的法律依据。

（六）规章

规章包括部门规章和政府规章。部门规章是由国务院各部、委员会、中国人民银行、审计署和具有行政管理职能的直属机构，根据法律和行政法规在本部门的权限内制定的规定、办法、实施细则等规范性文件。如公安部制定的《公安机关办理行政案件程序规定》、《火灾事故调查规定》、《暂住人口管理办法》等。政府规章是由省、自治区、直辖市人民政府以及省、自治区人民政府所在地的市和经国务院批准的较大的市的人民政府根据法律和行政法规，按照规定的程序所制定的普遍适用于本地区行政管理的规范性文件。部门规章和政府规章可以在法律、行政法规规定的给予行政处罚的行为、种类和幅度的范围内作出具体规定。对尚未制定法律、法规的违反治安秩序的行为，规章可以设定警告或者一定数量罚款的行政处罚。如重庆市人民政府制定的《重庆市人民警察巡警执勤规定》。

【特别提醒】

当调整同一对象的两个或两个以上的法律规范因规定不同的法律后果而产生冲突的，一般情况下应当按照上位法优于下位法、后法优于先法，以及特别法优于一般法等法律适用规则，判断和选择所应适用的法律规范。

三、违反治安管理行为

【案例 12-3】

2009 年 3 月 28 日，银川市西夏区公安分局宁华路派出所接到辖区某单位一职工报案称，他的同事张某以其女同事的名义，频繁给他的手机发送内容淫秽、暧昧的短信，导致他与同事、家人之间关系不和。宁华路派出所办案民警经过调查走访，查询手机短信记录，认定张某的行为严重干扰了同事的正常生活，遂依据治安管理处罚法对其作出拘留 7 日并处 300 元罚款的处罚。

【问题思考】

（1）根据违反治安管理的行为的含义，本案中的张某侵犯了他人的什么权利？

（2）张某的行为符合违反治安管理行为的哪些特征？

【应知应会】

（一）违反治安管理行为的含义

根据《治安管理处罚法》第二条的规定："扰乱公共秩序，妨害公共安全，侵犯人身权利、财产权利，妨害社会管理，具有社会危害性，依照《中华人民共和国刑法》的规定构成犯罪的，依法追究刑事责任；尚不够刑事处罚的，由公安机关依照本法给予治安管理处罚。"

依据这一法律规定可以看出，违反治安管理行为，是指违反治安管理法律、法规，扰乱公共秩序，妨害公共安全，侵犯人身权利、财产权利，妨害社会管理，对国家、集体、公民造成危害或可能造成危害，尚不够刑事处罚，由公安机关依照有关治安管理的法律、法规给予处罚的行为。

违反治安管理行为具有以下特征：

（1）具有一定的社会危害性。

社会危害性，是违反治安管理行为的本质特征。这种社会危害性既可以表现为对一定客体造成实际危害的实害性，也可以表现为虽未对一定客体造成实际危害，但对其有相当威胁的危险性。

认定违反治安管理行为，除了依据行为是否具有社会危害性来判定外，还要根据行为对社会的危害程度来认定。违反治安管理行为对社会的危害还没达到构成犯罪的程度。也就是说，违反治安管理行为不具有严重的社会危害性，是具有一定社会危害性的行为。

（2）具有违反治安管理法律规范的违法性。

具有违反治安管理法律规范的违法性，是违反治安管理行为的法律特征。行为的违法性是其社会危害性在法律上的表现，只有当某种行为具有一定的社会危害性并应当受法律制裁时，国家才有必要通过立法禁止这种行为，规定其违法。治安违法性是衡量是否应受到治安处罚的最直观的外在标准，如果行为不是违反治安管理法律规范，就不构成违反治安管理行为。

（3）应受治安处罚性。

违反治安管理行为应当受到治安管理处罚这一特征，是由违反治安管理行为的前两个特征衍生出来的，它是行为的社会危害性和违反治安管理法律规范必然的法律后果。社会危害性是对违反治安管理行为质的规定，应当受到治安管理处罚则是对其社会危害程度在量上的要求。它表明这种行为的社会危害性达到了需要用国家强制力加以制裁的程度。法律所规定的各种违反治安管理行为，都必然是这种质与量的统一。

（二）违反治安管理行为的构成

【案例12-4】

2012年7月7日上午10时22分，成都双流机场，已延误的国航CA4205航班（成都—西宁）正在登机。"请问您的箱子里面是什么东西？"机组人员向正在摆放行李的一位旅客姚某问道。这名旅客随口答道："是炸弹。"空警当即严正告知该旅客不要乱开玩笑。该旅客听后，随手将行李放置在经济舱第一排行李架上后便向后舱自己的座位走去。面对这一情况，空警立即将这名旅客拦住并带出机舱，同时向机场公安报警。接到报警后，公安民警立即赶往现场将该男子带回候机楼派出所作进一步审理，并取消了其该航班的登机资格，同时按照相关规定，立即组织对该架飞机进行清舱。12 时 32 分，在再次延误两个小时后，CA4205 航班终于起飞。据姚某交代，之所以谎称箱子里有炸弹是因为航班延误，登机口更换，再加上携带的箱子又很重，当乘务员询问其箱子内物品时，他心情不好随口乱说的。但其一句无心的玩笑话，造成航班又延误了两个多小时，干扰了航班的运行以及其他旅客的出行，已构成散布谣言扰乱公共秩序的违法行为。根据《中华人民共和国治安管理处罚法》相关规定，民航四川机场公安局候机楼派出所因姚某散布谣言扰乱公共场所秩序给予其行政拘留 5 天的处罚。

【问题思考】

（1）本案中的姚某的行为侵犯的直接客体是什么？

（2）姚某违反治安管理的行为在其主观方面是什么心态？

【应知应会】

1. 违反治安管理行为的客体

违反治安管理行为的客体是指为我国治安管理法律规范所保护的而被违反治安管理行为所侵犯的社会关系。从法理上，往往把违反治安管理行为客体分为三种，即一般客体、同类客体和直接客体。

一般客体是指一切违反治安管理行为所共同侵害的客体。

同类客体是指某一类违反治安管理行为所共同侵害的客体。根据《治安管理处罚法》的规定，可以把同类客体划分为四类：①扰乱公共秩序的行为，同类客体是社会的公共秩序。②妨害公共安全行为，同类客体是社会的公共安全。③侵犯人身权利、财产权利的行为，同类客体是公民的人身权利和公私财产权利。④妨害社会管理秩序行为，同类客体是社会管理秩序。

直接客体是指某一具体违反治安管理行为直接侵害的客体，即治安管理法律规范所保护的社会关系的具体部分。直接客体揭示具体的违反治安管理行为所侵害的社会关系的性质，以及行为的社会危害性程度，是区分不同违反治安管理行为界限的依据。

2. 违反治安管理行为的客观方面

违反治安管理行为的客观方面，是指《治安管理处罚法》所规定的，说明主体违反治安管理行为并造成社会危害性的客观事实特征。客观事实特征是多种多样的，其要素包括危害行为，危害结果，危害行为与危害结果之间的因果关系，行为的特定时间、地点、方法等。这些要素有些是违反治安管理行为构成的必备要件，有些是违反治安管理行为构成的选择要件。

危害行为包括作为（行为人的积极行为）、不作为（行为人的消极行为）两种。我国《治安管理处罚法》规定的违反治安管理行为，大多以作为为构成要件，少数以不作为为构成要件，如第三十一条规定的"未按规定报告"、"故意隐瞒不报的"行为等。危害行为是违反治安管理行为构成的必备要件。

危害结果可分为物质性危害结果和非物质性危害结果两类。危害结果是违反治安管理行为构成的选择要件。如《治安管理处罚法》第四十三条规定的"殴打他人的"和"故意伤害他人身体的"行为，前者不以结果为构成要件，后者以结果为构成要件。危害结果是一个相对且颇有争议的概念，"行为"是否造成危害"结果"，要具体情况具体分析。

因果关系，是指行为人的危害行为与危害结果之间的客观、内在、必然的联系，是选择性的事实特征。对于那些必须要有危害结果才能构成的违反治安管理行为，这种因果关系是十分必要的；否则，就不构成该行为，或行为人不负违反治安管理法律责任。

违反治安管理行为的时间、地点、方法，是违反治安管理行为构成客观方面的选择性事实特征。

3. 违反治安管理行为的主体

违反治安管理行为的主体，指实施了违反治安管理行为，具有责任能力，依法应当负治安行政法律责任的人，包括自然人和单位。

《治安管理处罚法》第十八条规定，单位违反治安管理的，对其直接负责的主管人员和其他直接责任人员依照本法的规定处罚。其他法律、行政法规对同一行为规定给予单位处罚的，依照其规定处罚。可见，自然人主体是我国治安管理处罚法中最基本的、具有普遍意义的违反治安管理行为主体。单位主体以其他法律、行政法规明确规定为限，在治安管理处罚法中，不具有"主体"的普遍意义。

影响自然人主体责任能力的因素有四个方面：责任年龄、精神障碍、生理功能缺陷和生理醉酒。《治安管理处罚法》第十二条、第十三条、第十四条、第十五条对此分别作出了明确规定。

关于责任年龄，《治安管理处罚法》采用了三分法，即已满18周岁的是完全责任年龄，已满14周岁不满18周岁的是从轻或减轻责任年龄，不满14周岁的是完全不负治安行政法律责任年龄。

关于精神障碍，法律规定以行为发生时，行为人"能否辨认或者控制自己的行为"为衡量责任能力的标准。"能辨认或控制"，即有责任能力，否则便没有责任能力。因此，当精神病人的精神疾病尚未达到不能辨认或者不能控制自己行为的程度，或间歇性精神病人在精神正常时违反治安管理的，都不能视为无责任能力，而应给予处罚。

关于生理功能缺陷，盲人或又聋又哑的人是限制责任能力的人。他们由于生理缺陷，辨认事物、接受教育和控制行为的能力都受到某些影响与限制，但毕竟没有达到丧失辨认和控制自己行为的能力，故法律规定，"盲人或者又聋又哑的人违反治安管理的，可以从轻、减轻或者不予处罚"。

关于生理醉酒，法律规定，"醉酒的人违反治安管理的，应当给予处罚"。

以主体是否要求特殊身份为要件，自然人主体可分为一般主体与特殊主体。治安管理处罚法不要求以特殊身份作为主体要件的主体，称为一般主体，要求以特殊身份作为主体要件的主体称为特殊主体（也称身份主体）。《治安管理处罚法》规定的违反治安管理行为，其主体构成大多是一般主体。少数行为的构成，要求主体具有特殊身份（法定身份与自然身份），如《治安管理处罚法》第三十九条、第五十六条、第五十七条、第五十九条第一项、第六十条第四项、第七十四条所规定的行为，其主体身份要求为特定的"经营管理人员"、"房屋出租人"或"依法被执行管制、剥夺政治权利或者在缓刑、保外就医等监外执行中的罪犯或者被依法采取刑事强制措施的人"。第四十五条第一、二项所规定的行为，其主体身份要求为"家庭成员"或具有"扶养关系的人"。

在理论上，身份主体还可分为"行为构成要件身份"和"量罚身份"。"行为构成要件身份"，指某种身份是某一具体违反治安管理行为构成的必备要素，如前面所说的

"经营管理人员"身份等。"量罚身份"是指影响治安管理处罚程度或执行的身份，如"盲人或者又聋又哑的人"、"70周岁以上的人"、"怀孕或者哺乳自己不满一周岁婴儿的妇女"等。

4. 违反治安管理行为的主观方面

违反治安管理行为的主观方面，指行为人实施违反治安管理行为时的主观心态，包括故意或过失。如果行为人主观上没有过错，即使行为客观上违反了治安管理，不认为构成违反治安管理行为。

《治安管理处罚法》规定的违反治安管理行为，在主观方面构成上大多都是故意。但在法律规范用语上，明确标上"故意"二字的很少，这是因为大多违反治安管理行为无须标明"故意"二字，就知道只能由故意才能构成，不可能由过失构成。少数明确标明"故意"的行为，是为了区分违反治安管理行为与一般行为的界限，说明这种行为在主观方面既可以是故意的，也可以是过失的，只有故意才构成违反治安管理行为。如《治安管理处罚法》第二十九条第四项中规定的"传播计算机破坏性程序"行为，第四十三条第一款中"伤害他人身体的行为"、第四十九条中"损毁公私财物的"行为等，如果行为人出于过失，则不认为是违法行为或只是一般民事行为。

极少数违反治安管理行为，在主观方面构成上既可以是故意，也可以是过失。如第三十一条规定的"未按规定报告的"行为，第三十七条第二项规定的"对沟井坎穴不设覆盖物、防围和警示标志的"行为等。

理论上，行为人故意或过失、行为目的和动机都是行为主观方面所涵盖的基本内容。在治安管理处罚法中，行为目的只是个别违反治安管理行为构成所必备的主观要件，被称为主观方面的选择要件，如《治安管理处罚法》第七十条规定的"为赌博提供条件的行为"，明确要求"以营利为目的"是其构成要件。行为动机不是违反治安管理行为主观方面的构成要件。认定行为人主观方面的故意，要避免与行为动机和行为目的相混淆，如行为人因坐公共汽车坐过了站，要求司机违规停车未被接受而不满（刺激行为人实施行为的内在冲动或内心起因——动机），于是辱骂或殴打司机，以期迫使司机就近停车（行为目的），该行为构成了"扰乱公共汽车上的秩序"行为。对此，我们不能因为行为人辩称"我不是有意扰乱公共汽车上的秩序"，而否认该行为的构成。这里，所谓故意是指行为人明知自己的行为会扰乱公共汽车上的秩序，而客观上实施了"辱骂或殴打"行为，造成了扰乱公共汽车上的秩序的结果。

【特别提醒】

违反治安管理行为必须是一种以作为或不作为等形式表现出来的行为，任何思想如果未表现为外在的行为，就不可能构成违反治安管理行为。

对单位违反治安管理的处罚，在法律有明文规定的情形下，采取双重处罚的原则，既处罚违反治安管理的单位，又处罚直接负责的主管人员和其他直接责任人员。在处罚单位时，以经济罚（罚款）为限。

项目二　治安管理处罚

一、治安管理处罚概述

【案例 12 - 5】

2006 年 3 月 17 日，罗某驾驶东风卡车正常行驶，通过某交叉路口时，发现申某驾驶摩托车闯红灯，遂紧急制动，申某驾车撞上东风卡车，经抢救无效死亡。经查，申某系酒后无证驾驶。3 月 20 日，某县公安局交警大队作出交通事故认定书，认定申某负全部责任。申某的妻子杨某不服，多次到交警大队办公场所吵闹，严重影响办公秩序。3 月 22 日上午 8 时，杨某又将申某的尸体抬至交警大队门口，要求交警大队重新作出交通事故认定，经处警民警教育劝阻，仍不同意将尸体抬走，致数十人围观。杨某多次在交警大队办公场所吵闹，扰乱交警大队工作秩序，已构成"扰乱单位秩序"；此外，杨某在上班时间将申某的尸体抬至交警大队门口，且不听劝阻，造成数十人围观影响交警大队工作秩序，已构成"因停放尸体影响他人正常工作秩序，不听劝阻"，对杨某上述两种违反治安管理行为，公安机关根据《治安管理处罚法》第十六条的规定，分别决定，合并执行，决定对杨某行政拘留 16 日。

【问题思考】

（1）本案中公安机关对杨某进行治安管理处罚的依据是什么？

（2）根据本案理解治安管理处罚的基本特征。

【应知应会】

治安管理处罚即治安行政处罚，是指法定的治安管理主体依照法定权限和程序对违反治安管理尚未构成犯罪的行为人予以治安行政裁决的措施。

治安管理处罚是公安机关对违反治安管理行为人依法适用的一种行政制裁措施，是公安行政管理处罚的重要组成部分。它是国家治安行政管理的一种重要手段。

治安管理处罚具有以下特征：

（1）从处罚主体来看，我国治安管理处罚实行"一元制"的处罚体制。

我国治安管理处罚权集中由公安机关行使。人民法院只有对治安管理处罚的司法监督权，而没有治安管理处罚的决定权。根据《治安管理处罚法》和其他治安管理法律规范，治安管理处罚的处罚主体只能是国家公安机关，任何其他国家机关和组织都不拥有治安管理处罚权。因此，公安机关是我国行使治安管理处罚权的唯一主体。

（2）从处罚程序来看，我国治安管理处罚完全采用行政处理程序。

行政处理程序通常规定在行政程序法、有关行政处罚的特别法，以及单行法律之中，一般包括当场处罚的简易程序以及事后处罚的普通程序。我国《治安管理处罚法》和《行政处罚法》也规定了简易程序、一般程序（普通程序）和听证程序。与大陆法系国家不同的是，若当事人对公安机关依简易程序作出的处罚决定不服，公安机关不再改用一般程序进行调查处理，而是由当事人依法提起行政复议或者行政诉讼。在治安管理处罚的一般程序方面，听证程序不是一般程序的法定必经程序。综上所述，我国治安管理处罚完全采用行政处理程序，且程序的司法化程度相对不高，是现阶段成本较低、效率较高的一种处罚制度。

（3）从制裁的角度来看，我国治安管理处罚属于中间制裁。

我国治安管理处罚法规定的违反治安管理行为和实施的治安管理处罚，都与维护公共秩序、公共安全和保护公民人身、公私财产安全有关。因此，治安管理处罚定位在刑罚和一般行政处罚之间，低于刑罚，高于一般行政处罚，属于较重的一种行政处罚，其中包括限制人身自由的行政拘留。我国《治安管理处罚法》规定的"违反治安管理的行为和处罚"中，适用行政拘留处罚的占98%，适用罚款处罚的占92%，适用警告处罚的仅占13%。因此，我国的治安管理处罚作为一种较重的行政处罚，与刑罚有着密切的关系。在我国法定的制裁手段体系中，治安管理处罚属于中间制裁。

（4）从处罚的强制性来看，我国治安管理处罚具有警察强制性。

我国的治安管理处罚具有警察强制性主要表现在三个方面：一是治安管理处罚的实施主体是拥有警察权力的公安机关，不需要借助其他司法途径就可以直接强制执行，这是一般行政机关不具有的法定权力；二是治安管理处罚种类中包括其他行政处罚没有的行政拘留，这是体现治安管理处罚警察强制性的一种标志，说明治安管理处罚可以依法在短期内限制人身自由；三是公安机关依法决定的罚款、拘留处罚，被处罚者没有正当理由不能拒不接受处罚，公安机关有权直接强制执行。

二、治安管理处罚种类

【案例 12 - 6】

2007 年 6 月 1 日晚，南京市一男子王某在新街口一地下过街通道内尾随一名身穿短裙的女青年偷拍其"裙底风光"时，被巡逻民警抓获。警方在他的数码相机内，发现 60 多张女性穿着内裤的照片。公安机关依据《治安管理处罚法》，针对偷窥、偷拍、窃听他人隐私等行为，对该男子处以行政拘留 10 日并处 200 元罚款。

【问题思考】

（1）本案中公安机关对王某进行治安管理处罚，适用了哪些种类的处罚？

（2）除案中适用的处罚种类外，公安机关还有权适用哪些处罚种类？

【应知应会】

根据《治安管理处罚法》第十条规定：治安管理处罚的种类分为：警告，罚款，行政拘留，吊销公安机关发放的许可证。对违反治安管理的外国人，可以附加适用限期出境或者驱逐出境。见表 12 - 1。

12 - 1　治安管理处罚的种类

名　称	含　义	性　质	适　用
警告	是指公安机关依法对违反治安管理行为人以书面方式作出谴责和告诫，指出其行为违法，教育行为人不得再犯的一种治安管理处罚。	申诫罚	是治安管理处罚中最轻的一种处罚，主要适用于违反治安管理情节轻微的人。警告应单独适用。

（续上表）

名　称	含　义	性　质	适　用
罚款	是指公安机关依法责令违反治安管理行为人在一定期限内向国家缴纳一定数量金钱的治安管理处罚。	财产罚	是对违法行为人在经济上给予制裁，罚款可单独适用，罚款可与拘留并处。
行政拘留	是公安机关对违反治安管理行为人，依法在一定时间内剥夺其人身自由的一种治安管理处罚。	人身自由罚	是治安管理处罚中最重、最严厉的一种。行政拘留可以单独适用；可以同罚款并处，但不能同警告并处。
吊销公安机关发放的许可证	是指公安机关撤销行为人已获得的由公安机关发放的从事某种活动的资格证书，剥夺行为人从事某种特许活动的权利和资格的一种治安管理处罚。	资格罚	对法人或其他组织而言，吊销许可证是一种最严厉的行政处罚。因此，当事人可在公安机关决定前，要求举行听证。
附加限期出境、驱逐出境	是指对在我国境内的外国人由于违反我国法律，在依法追究其法律责任、给予民事制裁或行政处罚或刑事处罚的同时，由公安部依法对其附加限期出境、驱逐出境的行政处罚。	人身罚	此种处罚只能由公安部依据《外国人入境出境管理法》决定，可单独或附加适用。

【特别提醒】

要注意吊销许可证和暂扣许可证的区别。吊销许可证是公安机关对违反治安管理的行为人取消从事某种活动的权利或享有的资格。法律、法规还规定了被吊销许可证、执照后若干年内不能重新申请从事该项活动的许可，违法行为严重的可依法对违法行为人予以终身取消其从事该项活动的资格和权利的处罚。而暂扣许可证则是由公安机关依法暂时中止行为人从事某项活动的资格，待行为人改正以后或经过一定的处罚时期后，再发还许可证，仍可继续从事该项活动的资格和权利。

三、治安管理处罚的相关法律措施

【案例 12 - 7】

2011 年 6 月，某市 A 区某中学学生甲（13 岁）因同班同学丙举报自己考试时作弊而心怀不满。甲告诉了自己的表哥乙（17 岁，某企业职工），并要乙教训丙，为自己出气。次日下午，甲、乙一起将放学回家的丙拦下，甲、乙对丙拳打脚踢。丙回家后，被父母发现其伤情，其父母报警。经鉴定，丙的伤情构成轻微伤。公安机关认定甲、乙殴打丙的行为属于故意伤害（轻微伤）的违反治安管理行为。甲实施违反治安管理时未满 14 周岁，不予处罚，但是应当责令其监护人严加管教。乙实施违反治安管理行为时已满 16 周岁未满 18 周岁，且系初次违反治安管理，不执行行政拘留处罚。

【问题思考】

（1）本案中的乙应当给予什么样的治安管理处罚？

（2）对本案中的甲不予处罚，但责令其监护人严加管教。除此之外，与治安管理处罚相关的法律措施还有哪些？

【应知应会】

与治安管理处罚相关的法律措施包括以下内容：

（一）收缴和追缴

收缴是公安机关对公民、法人或其他组织非法生产、储存、运输、买卖、使用、持有、携带的违禁品依法予以查收缴获。应当收缴的包括查获的毒品、淫秽物品等违禁品，赌具、赌资，吸食、注射毒品的用具，以及直接用于实施违反治安管理行为的本人所有的工具。

追缴，对违反治安管理所得的财物，公安机关依法予以收回缴获。其中，属于被侵害人的物品要依法退还；对于查无被侵害人的，要登记造册，公开拍卖或按国家有关规定处理，所得款项上缴国库。

收缴和追缴都属于带有结论性的行政强制措施。

收缴由县以上公安机关决定。但是，违禁品、吸食、注射毒品的器具，以及非法财物价值在五百元以下且当事人对财物价值无异议的，公安派出所可以收缴。

追缴由县以上公安机关决定。但是，追缴违法所得的财物应当退还被侵害人的，公安派出所可以追缴。

（二）约束

约束是指公安机关限制特定行为人人身自由的一种保护性和预防性行政强制措施。约束有两种情况：一是醉酒的人在醉酒状态中，对本人或对他人有危害的情况下，对其所采取的限制行动到酒醒的一种措施；二是对严重危害公共安全或他人人身安全的精神病人所采取的保护性限制行动的安全措施。

（三）责令监护人严加管教、严加看管和治疗

责令监护人严加管教是指公安机关依法对不满 14 周岁的违反治安管理行为人，作出不予处罚的同时，责令其监护人要严格进行教育管理的措施。

责令监护人严加看管和治疗，是指公安机关依法对不能辨认或控制自己行为的时候违反治安管理的精神病人，责令其监护人严加看管和治疗的措施。

这两项措施是公安机关对特定的违反治安管理行为人依法采取的治安管理处罚的辅助措施。

（四）取缔

取缔，是公安机关对未经批准取得法定许可证、执照或未经依法注册登记而非法开展经营活动、社团活动的单位或组织，依法取消并禁止其开展非法经营活动或社团活动的治安行政强制措施。

（五）禁止进入特定场所

为了有效维护体育场馆的秩序，防止行为过激人员对比赛场馆的危害，《治安管理处罚法》第二十四条规定，因扰乱体育比赛秩序被处以拘留处罚的，可以同时责令其十二个月内不得进入体育场馆观看同类比赛；违反规定进入体育场馆的，强行带离现场。

（六）强制性教育措施

根据《治安管理处罚法》第七十六条的规定，"有本法第六十七条、六十八条、七十条规定的行为，屡教不改的，可以按照国家规定采取强制性教育措施"，即"有引诱、容留、介绍他人卖淫的"，"有制作、运输、复制、出售、出租淫秽的书刊、图片、影片、音像制品等淫秽物品或者利用计算机信息网络、电话以及其他通信工具传播淫秽信息行为的"，"有以营利为目的，为赌博提供条件的，或者参与赌博赌资较大的"三类行为。根据我国法律法规的规定，目前的强制性教育措施主要有：

1. 劳动教养

劳动教养，是根据国务院《关于劳动教养问题的决定》的规定，由市（地级）劳动教养管理委员会依法对屡次违反治安管理行为，经处罚教育不改，或虽有犯罪行为但不够追究刑事责任的人，实行强制性教育改造的一种特殊的行政措施。

2. 收容教育

收容教育，是根据国务院《关于卖淫嫖娼人员收容教育办法》的规定，对卖淫嫖娼人员依法予以治安管理处罚后，强制其在专门收容教育场所接受教育，进行性病检查、治疗而采取的行政强制教育措施。

【特别提醒】

对于卖淫嫖娼人员既可以采取劳动教养措施，也可以采取收容教育措施。通常情况下，实施了卖淫嫖娼行为，尚不够劳动教养的，均可以实行收容教育。

对下列卖淫嫖娼人员，可以不予收容教育：一是年龄不满 14 周岁的，二是患有性病及其他急性传染病的，三是怀孕或哺乳本人所生 1 周岁以内婴儿的，四是被拐卖、强迫卖淫的，五是外国人（包括无国籍人）。

四、治安案件查处的管辖与回避

【案例 12-8】

纺织女工林某因与工友袁某发生口角而怀恨在心，回家后将此事告知了丈夫许某，并要丈夫教训袁某为自己出气。次日晚，许某在厂门口（位于 A 区）拦下袁某，对其拳打脚踢。经医疗诊断，袁某身上多处受伤，伤势轻微。袁某报案后，A 区公安分局派民警肖某负责此案。但袁某以自己住在 B 区为由，提出 A 区公安分局无权管辖；又提出肖某系林某的同学，两人交往甚密为由，申请肖某回避。

【问题思考】

（1）本案中袁某提出的管辖异议是否成立？该如何处理？

（2）本案中袁某提出的回避申请是否成立？该如何处理？

【应知应会】

（一）治安案件查处的管辖

治安案件查处的管辖，是指公安机关在查处治安案件方面的权限分工。治安案件查处工作中常用的管辖原则有：

1. 地域管辖

地域管辖，是指根据公安机关的管理区域，确定其查处治安案件的地域范围，是横向划分同级公安机关之间在各自管辖区内查处治安案件的权限分工。它是确定公安机关之间对治安案件的管辖分工问题。由于公安机关对治安案件实行属地管辖，所以，治安案件由违反治安管理行为发生地的公安机关管辖；就同一公安机关所辖的两个或者两个以上公安派出所而言，治安案件由违反治安管理行为发生地的公安派出所管辖。

2. 级别管辖

级别管辖，是指根据公安机关的级别，确定其查处治安案件的范围，是纵向划分不同级别公安机关之间在各自管辖范围内查处治安案件的权限分工。治安案件的级别管辖，包括两个方面的内容：一是指受案的级别管辖，二是指治安管理处罚权的级别管辖。根据《治安管理处罚法》第九十一条的规定，"治安管理处罚由县级以上人民政府公安机关决定；其中警告、五百元以下的罚款可以由公安派出所决定"。可以看出，治安案件的级别管辖主要有以下几种情况：

（1）县、市公安局、公安分局或者铁道、交通、民航、林业部门相当于县一级以上的公安机关，对任何治安案件（包括涉外治安案件）都有管辖权和处罚决定权。其处罚权限为：警告、罚款、行政拘留和吊销公安机关发放的许可证。但对外国人的限期出境和驱逐出境的处罚应由办案的公安机关逐级上报公安部或者公安部授权的省级人民政府公安机关决定，由承办案件的公安机关执行。

（2）公安派出所在级别管辖上，应当将案件的受案管辖和处罚决定权区分开。其处罚决定权为警告、五百元以下罚款，而对大多数治安案件（包括可能处五百元以上罚款或拘留处罚的）拥有管辖权，在具体案件处理上，经过受案、调查，若认为需要给予500元以上罚款或拘留处罚的，报县、市公安机关决定。但公安派出所对涉外治安案件不具有管辖权。

3. 指定管辖

指定管辖就是上级公安机关以决定的方式指定下一级公安机关对某一治安案件行使管辖权。当几个公安机关都有权管辖的治安案件，由最初受理的公安机关管辖。若出现管辖争议，即两个或者两个以上公安机关对同一治安案件都认为属于自己管辖或者都认为不属于自己管辖而发生的冲突，对此，应当由有关公安机关协商指定管辖；如协商不成，则应当按照《行政处罚法》第二十一条和《公安机关办理行政案件程序规定》第十一条的规定执行，即："对管辖权发生争议的，报请共同的上一级公安机关指定管辖。对于重大、复杂的案件，上级公安机关可以直接办理或者指定管辖。"

4. 专门管辖

专门管辖，是指某一治安案件依照规定只能由某一机关内的某一职能部门管辖的制度。即铁路、交通、民航、林业系统的公安机关和海关侦查走私犯罪的公安机构（现为缉私机构）对治安案件的管辖分工，应当按照《公安机关办理行政案件程序规定》第十四条和《海关行政处罚实施条例》第六条的规定执行，即：①铁路公安机关负责管辖列车上，火车站工作区域内，铁路建设施工工地，铁路系统的机关、厂、段、所、队等单位内发生的案件，以及在铁路线上放置障碍物或者损毁、移动、盗窃铁路设施等可能影响铁路运输安全的案件。②港航公安机关负责管辖港航系统如轮船上、港口、码头工作区域内和机关、厂、所、队等单位内发生的案件。③民航公安机关负责管辖民航管理机构管理的机场工作区域以及民航系统的机关、厂、所、队等单位内和飞机上发生的案件。④国有林区的森林公安机关负责管辖林区内发生的案件。⑤抗拒、阻碍海关侦查走私犯罪公安机构依法执行职务的，由设在直属海关、隶属海关的海关侦查走私犯罪公安机关依照治安管理处罚的有关规定给予处罚。抗拒、阻碍其他海关工作人员依法执行职务的，应当报告地方公安机关依法处理。根据相应治安案件的特殊性，本着便于查处的原则，规定由某些特定的机关和部门管辖。

（二）治安案件的回避

1. 治安案件回避的概念

治安案件的回避，是指办理治安案件的人民警察因与所办案件或者案件当事人有利害关系或其他关系，可能影响案件公正处理，而退出或不参加该案件调查、处理工作的制度。

2. 回避的对象

根据《治安管理处罚法》和《公安机关办理行政案件程序规定》，适用回避的对象主要有：

（1）公安机关负责人。尽管他们不一定直接参与办案，但他们同样可以参与案件调查、审核和审批等工作中，可能影响案件的公正处理。

（2）办案的人民警察。

（3）鉴定人和翻译人员。

3. 回避的条件

根据《治安管理处罚法》第八十一条规定：人民警察在办理治安案件过程中，遇有下列情形之一的，应当回避；违反治安管理行为人、被侵害人或者其法定代理人也有权要求他们回避：

（1）是本案当事人或者当事人的近亲属的。

（2）本人或者其近亲属与本案有利害关系的。

（3）与本案当事人有其他关系，可能影响案件公正处理的。

【特别提醒】

人民警察的回避，由其所属的公安机关决定；公安机关负责人的回避，由上一级公安机关决定。在公安机关作出回避决定前，办案民警不能停止对行政案件的调查。

项目三　治安案件的受理与调查

一、治安案件的受理

【案例 12-9】

某日，某派出所接到了一起发生在本辖区内的受害人报案的治安案件，民警王某在填写了《报警案件登记表》后，经审查发现案件的一方当事人涉外。按法律规定不属于公安机关派出所的受案范围，于是将该案件的相关材料移送至区公安分局，并将这一情况告知报案人。

【问题思考】

（1）本案中的派出所民警是否一定需要填写《报警案件登记表》呢？

（2）民警王某的做法是不是正确的？

【应知应会】

（一）治安案件受理的含义

《治安管理处罚法》第七十七条规定："公安机关对报案、控告、举报或者违反治安管理行为人主动投案，以及其他行政主管部门、司法机关移送的违反治安管理案件，应当及时受理，并进行登记。"

治安案件的受案，是指公安机关对单位或个人的报案、控告、举报或者违反治安管理行为人主动投案，不管是否属于自己管辖的范围，都应接受并作登记及审查的活动。

治安案件的受理，是指公安机关对在业务过程中发现的或群众和单位控告、检举、揭发、自首的违反治安管理法律法规行为，以及其他行政主管部门、司法机关移送的违反治安管理案件，表示接受并拟立案调查的法律活动。

要注意区分治安案件受案与受理的区别。受案仅仅是对案件材料的接受。受理则是确定了案件的成立，这种确认行为，是一种带有约束性的行政行为，一经确定之后，即发生法律效力，必须认真进行查处，不得随意撤销或更改，要履行审批手续的整个过程。

（二）治安案件受理的条件

（1）有违反治安管理行为的事实或嫌疑存在。

（2）符合治安案件受案标准，需要给予行为人治安管理处罚。

（3）必须属于公安机关治安管理的职权、职责管辖范围。

（三）治安案件的受理程序

（1）认真接待，填写《报警案件登记表》，注意并不是需要采取相关处置措施；审查受理材料，确定是否属于违反治安管理行为。

（2）对属于本单位管辖范围的应予以治安处罚的违反治安管理的行为，填写《治安案件受案登记表》，履行审批手续，并且应及时指派专人查处，负责案件的查破。

（3）对属于公安机关职责范围，但不属于本单位管辖的，应当在受理后24小时内移送有管辖权的单位处理，并告知报案人。

（4）对不属于公安机关职责范围内的事项，告知当事人向其他有关主管机关报案或投案。

【特别提醒】

基层公安机关并不是对所有的接警案件都需要填写《治安案件受案登记表》，但对所有的接警案件要先在报警情况登记簿上登记。其中，属于本公安机关管辖的治安案件，应在24小时内填写《治安案件受案登记表》；不属于本公安机关管辖的治安案件或其他案件，在报警情况登记簿上按要求详细登记，予以注明处置方式即可。

二、治安案件的调查

【案例12－10】

王某，男，某村村民，1975年8月出生。某日，王某因怀疑自家的鸡被邻居周某等人偷吃，与周某发生口角。争吵中，王某趁周某不注意，从地上随手捡起一块砖头朝周某头上砸去，造成周某头破血流，后经鉴定周某为轻微伤。民警遂将王某传唤到当地派出所接受询问。王某正在被询问时，突然语无伦次，两眼发呆，精神恍惚。经鉴定，王某系精神分裂症。后经查，王某家族有精神病史，其本人一直精神正常，此次系因受刺激而发病。

【问题思考】

针对本案例理解治安案件调查的含义。

【应知应会】

（一）治安案件调查的含义

治安案件的调查，是公安机关依法了解、查证案件事实真相的法律活动，是通过对诸多与案情相关的事实的查证，对整个案件由不知到知的认识过程，也是治安案件受理后的继续和发展。主要包括以下几层含义：

（1）治安案件的调查主体只能是公安机关的人民警察，且人数不得少于两人。

（2）治安案件调查的内容是案件客观事实及与案件相关的客观事实。

（3）治安案件的调查目的是查清案件客观事实，取得证据，及时结案，为肯定或否定案情提供充分、准确的依据。

（4）治安案件调查必须坚持依法调查原则。

（二）治安案件调查的基本要求

公安机关对案件进行调查时，应当全面、及时、合法地收集、调取有关的证据材料，并予以核实。在进行调查时，公安机关应当做到：

（1）公安机关向有关单位或个人收集、调取证据时，应当告知凡是知道案件情况的人，都有作证的义务，且必须如实提供证据。

（2）公安机关及其人民警察在办理案件时，对涉及国家秘密、商业秘密或个人隐私的内容应当保密。

（3）公安机关在调查收集证据时，要全面，既要收集行为人有无违法行为的证据，又要收集违法行为情节轻重的证据；要及时，必须尽可能快地收集证据；要合法，禁止以非法手段收集证据。

（4）公安机关在调查期间，需要查清的案件事实包括：违法行为人的基本情况，违法行为是否存在，违法行为是否为违法嫌疑人实施，实施违法行为的时间、地点、手段、后果及其他情节；违法嫌疑人有无法定从重、从轻、减轻或不予处理的情形；与案件有关的其他事实。

（5）公安机关在调查取证时，人民警察不得少于两人，并应当向被调查取证人员表明执法身份。

三、治安案件调查的一般方法

【案例 12 - 11】

某县公安局在一日晚间接到群众举报，称王某在家中开设了一个地下赌场，从中收取场地费，遂到王某家中进行检查，发现赌资 700 余元，麻将若干，用作输赢的珍贵字画两幅，淫秽书刊和录像带若干。于是公安机关当场扣押了这批物品。王某要求在场的警察李某开具扣押物品的清单，而李某认为王某违法已经是事实，拿了清单也没有用了，东西反正是要不回来的，于是拒绝了王某的请求。后王某就李某的行为向公安机关提出了异议。

【问题思考】

（1）本案例中公安机关应使用哪些治安案件调查的方法？

（2）王某的异议是否成立？为什么？

【应知应会】

（一）传唤

传唤是指公安机关依照《治安管理处罚法》的规定，通知违法行为人按指定的时间和地点到案接受询问的措施。

（1）传唤的对象：只能是违反治安管理的行为人。

（2）传唤的地点：既可以是违法行为人的住所、单位，也可以是违法嫌疑人所在市、县的"指定地点"，但严禁以传唤的借口进行异地抓人。

（3）传唤的方式包括口头传唤、书面传唤和强制传唤三种。

在使用传唤措施时应注意以下问题：

口头传唤限于现场发现的违法治安管理行为人，传唤时，人民警察必须出示工作证件，且应当在询问笔录中注明违法行为人到案经过、到案时间和离开时间；书面传唤经公安机关办案部门负责人批准，使用传唤证传唤；而强制传唤则是指公安机关对被传唤人进行合法传唤后，被传唤人无正当理由拒绝接受传唤或者逃避传唤，而由公安机关强制其到案接受询问的一种行政强制措施。

公安机关应当及时将传唤原因和处所通过电话、手机短信、传真等方式通知被传唤人家属。

使用传唤证传唤的，违法行为人被传唤到案后和询问查证结束后，应当由其在传唤证上填写到案时间和询问查证结束时间并签名。

不得以连续传唤的形式变相拘禁违法行为人。

（二）询问违反治安管理行为人

询问违反治安管理行为人是公安机关为了查明和证实治安案件的事实真相，依法对涉嫌违反治安管理的行为人进行询问，以获取其供述和辩解的一种调查方法。

根据《治安管理处罚法》第八十三条的规定，公安机关在传唤违反治安管理行为人后应及时询问，询问查证的时间不得超过八小时；情况复杂的，依照《治安管理处罚法》规定可能适用行政拘留处罚的，询问查证的时间不得超过二十四小时。

询问时，在文字记录的同时，可以根据需要录音、录像；被询问人要求就被询问事项自行提供书面材料的，应当准许；必要时，人民警察也可以要求被询问人自行书写。

（1）对特殊对象的询问：询问不满十六周岁的违反治安管理行为人，应履行通知义务，即通知其父母或者其他监护人到场。如果公安机关经多方查找，找不到其监护人或者其监护人拒绝到场的，办案民警应当在询问笔录中注明。询问聋哑人，应当有通晓手语的人参加，并在询问笔录中注明被询问人的聋哑情况以及翻译人的姓名、住址、工作单位和联系方式；对不通晓当地通用的语言文字的被询问人，应当为其配备翻译人员，并在询问笔录中注明翻译人的姓名、住址、工作单位和联系方式。

（2）询问笔录应当交给被询问人进行核对；对没有阅读能力的，应向其宣读。记载有遗漏或者差错的，被询问人可以提出补充或者更正。被询问人确认笔录无误后，应签名或者盖章，询问的人民警察也应在笔录上签名。

（三）询问被侵害人或者其他证人

询问被侵害人或者其他证人，是指公安机关为了查明案件事实情况，收集、核实证据，而向被侵害人或其他证人进行查询的一种调查活动。

（1）询问地点：可以到其所在单位或者住处进行；必要时，也可以通知其到公安机关提供证言。

（2）人民警察在公安机关以外询问被侵害人或者其他证人，应当出示工作证件。

（3）询问规则：根据《治安管理处罚法》第八十五条的规定，询问被侵害人或者其他证人应注意的问题与询问违反治安管理行为人时应注意的问题相同，在此不再赘述。

（四）勘验、检查

勘验是指公安机关的办案人员为了查明案件事实，依据法律的规定，对案件发生的场所及其物品、痕迹等进行实地勘测、检验，以发现和收集证据，从而达到认定治安案件事实的活动。

根据《行政案件程序规定》，现场勘验参照刑事案件现场勘验的有关规定执行；保护案件现场，及时提取与案件有关的证据材料，判断案件性质，确定调查方向和范围；按照现场勘验规则的要求拍摄现场照片，制作《现场勘验笔录》和《现场图》，必要时可以录像。

检查是指公安机关的办案人员为了证实某种嫌疑，对违法嫌疑人的人身及其随身物品进行检验、查证的活动或者为收集证据、查明案件事实，对特定的场所或住所进行检验查证的活动。

检查时，人民警察不得少于两人，并应当出示工作证件和县级以上公安机关开具的检查证。对确有必要立即进行检查的，人民警察经出示工作证件，可以当场检查。

检查妇女的身体，应当由女性工作人员进行。依法对卖淫、嫖娼人员进行的性病检查，应当由医生进行。

（五）鉴定、检测

鉴定、检测，都是公安机关为了查明案情，解决行政案件中有争议性的专门技术性问题，而指派或者聘请具有专门知识的人或者机构进行鉴别、检测、判断并作出结论的一种调查活动。

从办案实践看，公安机关通过鉴定解决的专门性问题主要包括伤情鉴定、价格鉴定、淫秽物品鉴定、精神病鉴定、会计问题鉴定、音像资料鉴定及其他涉及工业、运输、建筑等技术问题鉴定等。

公安机关在治安案件调查取证过程中，主要对两种情形运用检测这种调查方法：①对有吸毒嫌疑的人，公安机关可以对其进行人体毒品成分检测。②对有酒后驾驶机动车辆嫌疑的人，交通民警可以对其进行酒精度检测。一般认为，通过检测，车辆驾驶人员血液中的酒精含量大于或等于 20mg/100ml，小于或等于 80mg/100ml 的驾驶行为为饮酒驾车，车辆驾驶人员血液中的酒精含量大于或等于 80mg/100ml 的驾驶行为为醉酒驾驶。

鉴定人、检测人进行鉴定和检测后，应当出具书面鉴定结论和检测结论。公安机关应当将鉴定意见、检测结论告知违法嫌疑人和被侵害人。

（六）扣押

扣押是指公安机关在办理治安案件过程中，对发现的可用于证明案件事实的物品和文件依法予以扣留的调查措施。

1. 扣押的范围

根据《治安管理处罚法》第八十九条的规定，公安机关办理治安案件，对与案件有关的需要作为证据的物品，可以扣押；对被侵害人或者善意第三人合法占有的财产，不得扣押，应当予以登记；对与案件无关的物品，不得扣押。

2. 扣押的法律手续

（1）对扣押的物品，应当会同在场见证人和被扣押物品持有人查点清楚，当场开列清单一式二份，写明扣押的理由，被扣押物品的名称、规格、数量、特征，由办案人民警察和被扣押物品的持有人签名后，一份交给被扣押物品的持有人，一份附卷。有见证人的，还应当由见证人签名。对可以作为证据使用的录音带、录像带、电子数据存储介质，在扣押时应当予以检查，记明案由、内容以及录取和复制的时间、地点等，并妥善保管。

（2）人民警察扣押物品，应当在扣押后的十二小时内向所属公安机关办案部门或者公安派出所负责人报告；公安机关办案部门或者公安派出所负责人认为不宜扣押的，应当立即解除扣押；属于违禁品的，可以当场收缴。

（3）扣押期限。根据《公安机关办理行政案件程序规定》第九十二条的规定："扣押的期限为三十日，案情重大、复杂的，经公安机关负责人批准可以延长三十日；法律法规另有规定的除外。逾期不作出处理决定的，公安机关应当将被扣押物品退还当事人。对扣押物品需要进行鉴定、检测、检验的，鉴定、检测、检验期间不计入扣押期间，但应当将鉴定、检测、检验时间告知当事人。"

【特别提醒】

对精神病的鉴定，由省级人民政府指定的医院、公安机关的安康医院或者其他有鉴定资格的精神病医院进行；对人身伤害的鉴定由法医进行。卫生行政主管部门许可的医疗机构具有执业资格的医生出具的诊断证明，可以作为公安机关认定人身伤害程度的依据。

若违法嫌疑人或者被侵害人对鉴定结论有异议，可以在三日内提出重新鉴定的申请，经公安机关审查批准后，进行重新鉴定。申请重新鉴定以一次为限。

项目四　治安管理处罚决定与执行

一、治安案件查处的告知与听取

【案例12-12】

公安机关接到群众的举报，李某在其出租屋内容留多人卖淫。根据这一举报，公安机关在李某的出租屋内将李某及卖淫女、嫖娼人员一举抓获。经过调查，公安机关认为李某违反治安管理的行为事实清楚，证据确凿，对李某作出拘留10日并处3 000元罚款的决定。李某当即向公安机关表示对这一处罚决定申请听证。

【问题思考】

（1）本案中，公安机关作出处罚决定前应当告知李某哪些事项？

（2）李某是否有权申请听证？为什么？

【应知应会】

（一）治安案件查处中的告知

告知是指公安机关在作出治安管理处罚决定之前，将拟作出治安管理处罚决定的事实、理由和依据以及当事人依法享有的权利，告知当事人的法律活动。

（二）告知成立的条件

（1）告知的对象是当事人。

（2）告知的实质内容，是拟作出治安管理处罚决定的事实、理由和依据以及当事人依法享有的权利。

（3）必须在作出治安管理处罚决定前告知。

（三）制作《公安行政处罚告知笔录》

《公安行政处罚告知笔录》是记载公安机关作出行政处罚决定，告知被处罚人拟作出行政处罚决定的事实、理由和法律依据以及被处罚人享有的权利等内容的法律文书。

《公安行政处罚告知笔录》要填写告知单位名称、告知人姓名、被告知人姓名（个人）或名称（单位）、被告知单位法定代表人姓名。

"告知内容"第一栏填写时应当写明对违反治安管理行为人拟作出行政处罚决定的事实、理由及依据。按要求填写清楚，但不要求写明拟作出处罚的种类和幅度。

"告知内容"第二栏仅在公安机关拟作出符合听证范围的行政处罚决定之前，向违法嫌疑人告知有要求听证的权利时才填写。"拟作出的行政处罚"后面的横线上填写处罚的种类和幅度，"提出"前面的横线上填写受理听证申请的具体部门。

最后由被告知人签名并注明具体日期。

（四）治安案件查处中的听取

听取是指公安机关在作出治安管理处罚决定之前，违反治安管理行为人有权陈述和申辩，公安机关应当充分听取核实，理由成立的，应当采纳。

根据《治安管理处罚法》第九十四条的规定："违反治安管理行为人有权陈述和申辩。公安机关必须充分听取违反治安管理行为人的意见，对违反治安管理行为人提出的事实、理由和证据，应当进行复核；违反治安管理行为人提出的事实、理由或者证据成立的，公安机关应当采纳。"

【特别提醒】

在公安机关作出治安管理处罚决定之前，违法行为人对自己的行为进行陈述或申辩是法律规定的一项法定权利，公安机关应当保障当事人这一权利的充分行使，并且不得因违反治安管理行为人的陈述、申辩而加重处罚。

二、治安案件查处的听证

【案例 12 - 13】

某日晚，典当行马上要关店时，一青年男子到店内要求典当几件白金镶钻首饰。店员觉得男子提供的首饰与近日电视新闻中展示的珠宝行特大盗窃案中的被盗首饰十分相似，于是向典当行老板申某报告此事。申某也有所怀疑，但因男子开价很低，申某在高额利润的诱惑下，将首饰收下。后被公安机关查获。公安机关对申某处以五日拘留，一千元罚款，并吊销申某所开典当行的许可证。申某以自己当时确实不知是赃物而要求听证，而公安机关认为有店员为证人，申某的违法事实确凿，拒绝了其听证的要求，直接对其进行了处罚。对此，申某向公安机关提起了行政复议。

【问题思考】

（1）本案中的申某是否有权要求听证？为什么？

（2）公安机关的做法对不对？为什么？

【应知应会】

（一）听证的含义

听证是指公安机关办理治安案件，在拟作出特定的治安管理处罚决定前，依法由非本案调查人员主持，召开听证会，听取当事人对拟作出治安管理处罚决定的事实、理由、依据进行申辩、质证的法律程序。

（二）听证的适用条件

《治安管理处罚法》第九十八条规定："公安机关作出吊销许可证以及处二千元以上罚款的治安管理处罚决定前，应当告知违反治安管理行为人有权要求举行听证；违反治安管理行为人要求听证的，公安机关应当及时依法举行听证。"

《公安机关办理行政案件程序规定》第九十七条规定："公安机关在作出下列行政处罚决定之前，应当告知违法嫌疑人有要求举行听证的权利：①责令停产停业。②吊销许可证或者执照。③较大数额罚款。④法律、法规和规章规定违法嫌疑人可以要求举行听证的其他情形。前款第三项所称'较大数额罚款'，是指对个人处以二千元以上罚款，对单位处以一万元以上罚款，对违反边防出入境管理法律、法规和规章的个人处以六千元以上罚款。对依据地方性法规或者地方政府规章作出的罚款处罚，适用听证的罚款数额按照地方规定执行。"

通过上述法律法规，可以看出在下列情况下应当举行听证：

1. 属于法定处罚范围

处罚决定属于《治安管理处罚法》第九十八条和《公安机关办理行政案件程序规定》第九十七条中规定的处罚决定类型的，当事人可以要求听证。

2. 当事人要求听证

被处罚人对公安机关违反治安管理事实的认定，如案情轻重环节、证据真实程度、量罚幅度大小等有异议，要求听证，且符合法定处罚范围，公安机关应当组织听证。

3. 由法律确认的具有治安管理处罚决定权的公安机关组织进行

根据《公安机关办理行政案件程序规定》规定："听证由公安机关法制部门组织实施；公安机关内设机构依法以自己的名义作出行政处罚决定的，由该机构非本案调查人员组织听证。"

（三）听证的告知、申请和受理

1. 听证的告知

根据《公安机关办理行政案件程序规定》规定："对适用听证程序的行政案件，办案部门在提出处罚意见后，应当告知违法嫌疑人拟作出的行政处罚和其有要求举行听证的权利。"

2. 听证的申请

根据《公安机关办理行政案件程序规定》规定:"违法嫌疑人要求听证的,应当在公安机关告知后三日内提出申请,如在三日内不提出申请,则视为当事人放弃要求听证的权利,公安机关可依法作出处罚决定。"

3. 听证的受理

根据《公安机关办理行政案件程序规定》规定:"公安机关收到听证申请后,应当在两日内决定是否受理。认为听证申请人的要求不符合听证条件,决定不予受理的,应当制作不予受理听证通知书,告知听证申请人。逾期不通知听证申请人的,视为受理。"

公安机关受理听证后,应当在举行听证的七日前将举行听证通知书送达听证申请人,并将举行听证的时间、地点通知其他听证参加人。

4. 听证主持人与听证参加人

(1)听证主持人。

听证主持人是负责听证活动组织工作的调节和控制,使听证活动按法定程序合法完成的工作人员。听证主持人是听证人员中的最主要成员,整个听证会举行的质量和效率直接决定于听证主持人的工作。

根据《公安机关办理行政案件程序规定》规定:"听证设听证主持人一名,负责组织听证;记录员一名,负责制作听证笔录。必要时,可以设听证员一至二名,协助听证主持人进行听证。"

听证主持人由公安机关负责人指定。

本案调查人员不得担任听证主持人、听证员或者记录员。

(2)听证参加人。

根据《公安机关办理行政案件程序规定》规定:"听证参加人包括四类人:当事人及其代理人,本案办案人民警察,证人、鉴定人、翻译人员,其他有关人员。"

(四)听证的举行

1. 听证的组织

听证由公安机关法制部门组织实施。公安机关内设业务部门依法以自己名义作出处罚决定的,由该机构非本案调查人员组织听证。除涉及国家秘密、商业秘密和个人隐私的案件外,听证公开举行。听证应在公安机关收到听证申请之日起十日内举行。

2. 听证的步骤

(1)听证开始阶段。听证开始时,主持人应当做好以下工作:核对听证参加人;宣布案由;宣布听证员、记录员、翻译人员名单;告知当事人在听证过程中的权利和义务;询问当事人是否提出回避;对不公开听证的案件,说明理由。

(2)听证调查阶段。

①由办案民警提出听证申请人违法的事实、证据和法律依据及治安管理处罚意见。

②听证申请人可以就办案民警提出的违法事实、证据、法律依据以及治安管理处罚意见进行陈述、申辩和质证,并可以提出新证据。

③第三人可以陈述事实,提出新证据证实自己的陈述。

(3)听证辩论阶段。

①听证申请人、第三人、办案民警各方进行综合性发言。

②听证主持人明确各方争议。

③各方就事实、证据、程序、法律适用、处罚种类和幅度等问题进行辩论。

④听证主持人听取各方最后陈述意见。

3．听证的中止与终止

（1）中止听证。听证过程中，遇有下列情形之一，听证主持人可以中止听证：

①需要通知新的证人到会、调取新的证据或者需要重新鉴定或者勘验的。

②因当事人提出回避申请，致使听证不能继续进行的。

③其他需要中止听证的。

中止听证的情形消除后，听证主持人应当及时恢复听证。

（2）终止听证。听证过程中，遇有下列情形之一，应当终止听证：

①听证申请人撤回听证申请的。

②听证申请人及其代理人无正当理由拒不出席或者未经听证主持人许可中途退出听证的。

③听证申请人死亡或者作为听证申请人的法人或者其他组织被撤销、解散的。

④听证过程中，听证申请人或者其代理人扰乱听证秩序，不听劝阻，致使听证不能正常进行的。

⑤其他需要终止听证的。

4．审查决定

听证结束后，听证主持人应当写出听证报告书，连同《听证笔录》一并报送公安机关负责人。公安机关负责人应当根据听证情况及查证的事实，进一步确认违法行为的性质、行为的具体种类和名称，审查违法行为人的责任能力以及违法行为是否具有《治安管理处罚法》规定的从轻、减轻、不予处罚或者从重处罚的情节，作出处罚决定。

【特别提醒】

违法嫌疑人放弃听证或者撤回听证要求后，如果在处罚决定作出前，又提出听证要求的，只要在听证申请有效期限内，应当允许其要求。

三、治安案件调查结束后的处理决定

【案例 12 - 14】

2012 年 5 月 8 日下午，李某（男，1995 年 10 月生）因宅基地纠纷与邻居郑某发生争吵，李某殴打了郑某。郑某报案后，民警前往调查处理。民警甲于当晚 19 时口头将李某传唤到派出所后，对李某进行了询问，李某对自己殴打郑某的行为供认不讳，并表示愿意悔改。此外，李某还向公安机关提供了其邻居杨某制造假冒伪劣产品的情况。后经调查，认定李某的揭发属实，并根据李某所提供线索成功侦破了杨某制造假冒伪劣产品案。公安机关认为李某属于未满 18 周岁的未成年人，应当从轻或减轻处罚；且李某有立功表现，应当减轻或不予处罚。最终，公安机关作出对李某不予处罚的决定。

【问题思考】

（1）本案中公安机关的处理决定是否合理？为什么？

（2）除本案中的处理决定外，还有哪些处理方式？

【应知应会】

（一）治安管理处罚的审核

治安管理处罚的审核是指公安机关的案件审核部门对调查终结的治安案件，就违反治安管理行为的事实、证据、认定依据、程序和处理意见进行审查核实，提出处理结论的过程。

治安管理处罚审核的内容包括以下几个方面：

（1）审核违反治安管理行为人的基本情况是否清楚。

（2）审核案件事实是否清楚，证据是否确实充分。

（3）审核案件处理的程序是否合法。

（4）审核案件定性和适用法律是否准确。

（5）审查量罚是否适当。

（6）审查法律文书是否规范、完备。

（二）治安案件的处理决定

在对调查结束的治安案件进行审核后，公安机关依据《治安管理处罚法》第九十五条和《公安机关办理行政案件程序规定》第一百四十七条的规定，对不同的案件可以作出以下处理决定：

（1）决定治安管理处罚。公安机关在对治安案件进行调查后，认为确有应当给予治安管理处罚的违法行为，就应当根据违法行为的情节轻重及具体情况，依照法律法规相关规定，给予相应的治安管理处罚。

（2）决定不予处罚。公安机关对当事人作出不予处罚的决定，有两种情况：

一是当事人的行为已经构成违法，但情节特别轻微，依法可以不予治安管理处罚的，决定不予处罚。

二是公安机关对违法事实不能成立的案件，作出不予处罚的决定。违法事实不能成立，通常包括三种情形：①有充足证据证明违反治安管理的事实不存在。②没有充分的证据证明违法事实成立。③没有证据证明当事人实施了违法治安管理行为。

（3）决定给予其他处理。公安机关对卖淫嫖娼人员、吸毒行为人需要给予强制戒毒、收容教育等其他处理的，依法作出决定。

（4）决定移送司法机关。对于违法行为涉嫌构成犯罪的案件，公安机关应转为刑事案件办理或移送有权处理的主管机关、部门办理。

（5）发现违反治安管理行为人有其他违法行为的，在对违反治安管理行为作出处罚决定的同时，通知有关行政主管部门处理。

四、治安管理处罚决定的执行

【案例 12 - 15】

2006 年 4 月的一天，张某与家人从益阳到长沙办完公事后，前往长沙烈士公园游玩。但他们乘坐的出租车刚在公园南门停下，两名妇女就跑过来，一前一后拉开出租车前后门，用身体挡在门口，一边念叨着听不懂的话，一边伸手索要钱物。当遭到拒绝后，两名乞讨妇女又是扯衣服又是拦路，跟着张某纠缠了十几米，直到附近巡逻的民警上前制止，张某才得以脱身。根据《治安管理处罚法》规定，"追逐、拦截他人""强拿硬要"私人财物，均属扰乱公共秩序的行为，"可以处五日以上十日以下拘留，可以并处五百元以下罚款"。这两名职业乞讨的妇女被长沙市城市管理警察支队处以 3 日的行政拘留，并处 200 元罚款。

【问题思考】

（1）本案例中的罚款处罚能否当场执行？

（2）本案例中的拘留处罚应由哪个部门执行？

【应知应会】

（一）治安管理处罚决定的执行的含义

治安管理处罚决定的执行是指公安机关依照法定程序，根据《治安管理处罚决定》，依靠行政强制力量实现治安管理处罚及其相关法律措施的一种行政执法活动。

（二）治安管理处罚决定执行的种类

1. 罚款的执行

罚款是公安机关对违反治安管理行为人处以经济制裁的行政处罚，在实践中，罚款有以下三种执行方式。

（1）罚款处罚的自动履行。

受到罚款处罚的人自收到处罚决定书之日起十五日内，到指定的银行缴纳罚款。但是，有下列情形之一的，人民警察可以当场收缴罚款：

①对违反治安管理行为和违反交通管理行为的行为人处五十元以下罚款，被处罚人对罚款无异议的。

②在边远、水上、交通不便地区，公安机关及其人民警察依照本法的规定作出罚款决定后，被处罚人向指定的银行缴纳罚款确有困难，经被处罚人提出的。

③被处罚人在当地没有固定住所，不当场收缴事后难以执行的。

执行人员当场收缴罚款的，必须向被处罚人出具省、自治区、直辖市财政部门统一制发的罚款收据；不能出具的，被处罚人有权拒绝缴纳罚款。

（2）罚款的强制执行。

被处罚人无正当理由逾期不交纳罚款或拒不交纳罚款的，公安机关可以采取强制措施执行：第一，到期不缴纳罚款的，每日按罚款数额的3%加罚罚款；第二，依法查封、扣押被处罚人的财物予以拍卖或变卖抵缴罚款；第三，对法律没有规定由公安机关强制执行的，申请人民法院强制执行。

（3）罚款处罚的延期执行。

被处罚人如果确有经济困难，需要延期或分期缴纳罚款的，经被处罚人申请和作出治安管理处罚决定的公安机关批准，可以暂缓或分期缴纳。

2. 行政拘留的执行

行政拘留应当在县级以上拘留所内执行。作为治安管理处罚中对人身自由最严厉的处罚方法，包括以下执行方式：

（1）常规执行。对被决定行政拘留的人，由作出决定的公安机关送拘留所执行。

（2）强制执行。如果被处罚人无正当理由拒绝执行行政拘留的，应当予以强制执行，其强制性以能够将被拘留人送达拘留所执行为限。

（3）暂缓执行。适用行政拘留暂缓执行应当同时符合下列四个条件：第一，被处罚人不服行政拘留处罚决定，依法申请行政复议或提起行政诉讼；第二，被拘留人本人提出了暂缓行政拘留执行的申请；第三，公安机关认为对被拘留人暂缓执行行政拘留不致发生社会危险；第四，被拘留人或其近亲属依法找到担保人或交纳保证金。

3. 其他治安管理处罚的执行

（1）警告的执行。

公安机关对行为人作出警告决定，要制作处罚决定书，向行为人宣布并送达决定书，同时将决定书副本交给违反治安管理行为人所在单位或常住地公安派出所。认为警告无需执行的认识是不正确的。

（2）吊销公安机关发放的许可证的执行。

吊销公安机关发放的许可证的执行，剥夺了被处罚人的行为能力和资格，是一种较为严厉的治安管理处罚，故《治安管理处罚法》规定吊销许可证必须经过听证程序。

公安机关作出吊销许可证处罚的，应当在被吊销的许可证上加盖吊销印章后收缴。被处罚人拒不缴销证件的，公安机关可以公告宣布作废。

（3）附加限期出境或驱逐出境处罚的执行。

依法对外国人或无国籍人适用限期出境或驱逐出境处罚的，由承办案件的公安机关逐级上报公安部或者公安部授权的省级人民政府公安机关决定，由承办案件的公安机关执行。被决定限期出境、缩短在华停留期限或者取消在华居留资格的外国人，未在指定期限内自动离境的，公安机关可以遣送出境。

【特别提醒】

对外国人的限期出境或驱逐出境只能附加适用，不能独立适用。即对违法治安管理的外国人，依法作出决定警告、罚款或行政拘留的处罚，再视需要决定是否附加限期出境或驱逐出境。注意，应当在警告、罚款、行政拘留执行完毕后，再执行限期出境或驱逐出境。

项目五　治安案件查处的简易程序与治安调解

一、简易程序的概念与适用条件

【案例 12 - 16】

2006 年 7 月 5 日晚上 7 点半，丰庄派出所到辖区内的蓝天宾馆检查治安工作，检查完旅客登记表后，到房间进行核对。在检查过程中警察发现 623 和 625 房间的客人没有登记。警察找到值班服务员小王，小王承认由于疏忽，忘记了这两个房间的登记。警察根据《治安管理处罚法》第五十六条的规定，当场对小王处以一百五十元罚款。

【问题思考】

本案中公安机关适用治安案件简易程序的做法是否正确？为什么？

【应知应会】

（一）简易程序的概念

简易程序也叫当场处罚，它是指公安机关依照法律的规定，对在执行公务中发现的部分轻微违反治安管理行为，当场进行处罚的办案程序。

（二）简易程序的适用条件

1. 简易程序适用的范围

根据《治安管理处罚法》第九十七条的规定："违反治安管理行为事实清楚，证据确凿，处警告或者200元以下罚款的，人民警察可以当场做出治安管理处罚决定。"

根据《公安机关办理行政案件》第三十条的规定："违法事实确凿，且具有下列情形之一的，人民警察可以当场作出处罚决定，有违禁品的，可以当场收缴：①对违反治安管理行为人或者道路交通违法行为人处200元以下罚款或警告的。②对有其他违法行为的个人处50元以下罚款或者警告、对单位处1 000元以下或者警告的。③法律规定可以当场处罚的其他情形。"

2. 简易程序的适用条件

因为简易程序的局限性，《行政处罚法》、《治安管理处罚法》等法律法规都对简易程序的适用作出了严格的规定：

（1）必须是公安人员在执行公务时当场发现的"违反治安管理的行为"。

（2）必须是情节轻微的违反治安管理行为。

（3）必须是案情简单、因果关系明确的违反治安管理行为。凡是案件涉及需要使用扣押财物、检验、检测、法医鉴定等调查取证措施的，不能适用简易程序作出治安管理处罚。

（4）必须符合法律规定的处罚幅度和处罚种类。根据上述的法律法规中关于简易程序适用范围的规定可以看出，简易程序仅限于数额较小的罚款和警告。除此之外的治安管理处罚，因为较严厉，涉及的案件较为复杂，对当事人影响较大，故要慎重而不适用简易程序。

（5）不属于法律法规规定的不能适用简易程序的案件。公安部规定，卖淫嫖娼案件，引诱、容留、介绍卖淫的案件，拉客招嫖案件和赌博案件，不适用当场处罚。

二、简易程序的具体运用

【案例12-17】

2011年8月9日晚上，张某与女朋友在湖边散步，由于其行为过于亲热，被某市公安局值勤警察以卖淫嫖娼为由带回派出所询问。因为张某及其女朋友非常反感警察的行为，和警察发生了激烈的争吵。公安局认为虽然二人卖淫嫖娼的事实不成立，但其态度极其恶劣，当场决定对两人处以200元处罚。事后，张某以罚款没有事实根据为由，向法院起诉要求撤销罚款决定并且赔偿其损失。

【问题思考】

（1）张某的诉求是否合理？为什么？

（2）公安机关作出的处罚决定违反了什么程序？

【应知应会】

根据《治安管理处罚法》第一百零一条和《公安机关办理行政案件程序规定》第三十一条、三十二条的规定，公安机关当场作出治安管理处罚决定的，应当履行下列程序。

（一）表明执法身份

执法人员向当事人出示其执法身份证件，用以证明其行为属于公务行为而非个人行为，具有合法性和正当性；同时，执法身份证件也用于确定执法人员执法的范围和职权。

（二）告知

公安机关人员在作出治安管理处罚决定之前，应当告知当事人作出治安管理处罚决定的事实、理由和依据。无论是适用一般程序还是简易程序，告知程序都是执法人员的法定义务。

（三）听取陈述和辩解

执法人员在履行告知之后，应当充分听取违法行为人的陈述和申辩。这是当事人的一项法定权利，不得因当事人的申辩而加重处罚。同样，对于不应处罚的当事人，也不能因为申辩而给予处罚。如案例 12 - 17 中，当事人不存在卖淫嫖娼的事实，就应当立刻释放，而不能因其态度不好而给予处罚。

（四）制作当场处罚决定书并交付被处罚人

执法人员制作当场处罚决定书并将决定书交付给被处罚人，是当场处罚的主要标志，也是当场处罚的唯一书面证据材料。因此，应当有被处罚人在决定书备案联上签名。决定书一式两份，一份交被处罚人，一份留公安机关备案。如果有被侵害人的，应将处理结果当场抄告被侵害人。当场收缴罚款的，同时填写罚款收据，交付被处罚人；不当场收缴罚款的，应当告知被处罚人在规定期限内到指定的银行缴纳罚款。

（五）向所属行政机关备案

《治安管理处罚法》第一百零一条规定："当场作出治安管理处罚决定的，经办的人民警察应当在 24 小时内报所属公安机关备案。"其具体形式是：由经办民警上交治安管理处罚决定书的存根和副本，或者在所属机关就基本事项进行登记。

（六）法律救济

当事人对适用简易程序作出的治安管理处罚决定不服的，可以依法申请行政复议或提起行政诉讼。

【特别提醒】

人民警察当场作出治安管理处罚决定时，是由一名警察直接作出决定，还是需要两名或者两名以上警察才能作出决定，《治安管理处罚法》并未对此作出具体规定。根据《公安机关办理行政案件程序规定》第三十四条第一款规定，适用简易程序处罚的，可由办案人员一人作出行政处罚决定。

三、治安调解

【案例 12 - 18】

2011 年 7 月 10 日中午，李某在家里喝了半斤白酒，想到和隔壁饭店老板刘某素来不和，就跑到刘某的饭店闹事。李某不顾刘某和多位服务员的阻拦，将饭店内的许多桌椅、餐具和门窗玻璃打坏，共造成直接损失 1 000 余元。派出所警察接到报警后赶到饭店，制止了李某的行为，并且批评了李某，对二人进行了调解。李某同意赔偿刘某损失 1 100 元，警察没有处罚李某。但第二天李某反悔了，拒绝赔偿。

【问题思考】

（1）本案是否适用调解？

（2）本案中，李某在调解后反悔，拒绝赔偿，公安机关对此应当如何处理？

【应知应会】

（一）治安调解的概念

治安调解是指对于因民间纠纷引起的殴打他人、故意伤害、侮辱、诽谤、诬告陷害、故意损毁财物、干扰他人正常生活、侵犯隐私等情节较轻的治安案件，在公安机关主持下由各方当事人协商，并以书面形式达成解决争议的协议，而可以不进行治安管理处罚的一种处理方法。

（二）治安调解适用的条件

（1）行为的性质必须是因民间纠纷而引起的违反治安管理的行为。包括：亲友、邻里、同事、在校学生之间因琐事发生纠纷引起的；行为人的侵害行为系由被侵害人事前的过错行为引起的；其他适用调解处理更易化解矛盾的。

（2）行为的主要方式限于殴打他人、故意伤害、侮辱、诽谤、诬告陷害、故意损毁财物、干扰他人正常生活、侵犯隐私等。

（3）行为的结果是已构成违反治安管理行为，且情节较轻。对不构成违反治安管理行为的民间纠纷，应当告知当事人向人民法院或人民调解组织申请处理。

（4）当事人双方或多方自愿。在实践中，只要有当事人一方不同意对案件作治安调解处理的，公安机关就不能强制适用治安调解。

（5）案件不能适用治安调解案件的范畴。根据《公安机关办理行政案件程序规定》第一百五十三条："有下列情形之一的，不适用调解处理：一是雇凶伤害他人的，二是结伙斗殴或者其他寻衅滋事的，三是多次实施违反治安管理行为的，四是当事人明确表示不愿意调解处理的，五是其他不宜调解处理的。"

（三）治安调解的程序

（1）全面进行深入细致的调查取证。

这是做好治安调解工作的前提和基础。公安机关办案人员在进行调解前，首先应当查明案情，全面调查并获取相关证据，在此基础上展开治安调解工作。这既有利于分清当事人各方是非对错，也便于在调解不成后迅速转入法定处罚程序作出治安管理处罚决定。

（2）公安机关依法决定是否适用治安调解方式结案。

公安机关可根据案件实际情况，从是否有利于妥善解决民间纠纷，是否有利于促进人民群众间的团结及社会安定，是否有利于减少处罚面及诉累，是否有利于增进警民鱼水关系，作出相应决定。在实践中，由公安机关主动调解的方式占了大多数。

（3）治安调解的方式。

公安机关调解治安案件的方式，通常采取公开进行的方式。但有两种情况除外，一是涉及各方当事人个人隐私的，二是各方当事人都要求不公开调解的。

（4）治安调解由公安民警主持。

在调解过程中，要有针对性地对各方当事人进行法制教育。对于主动承认违法错误的当事人，公安民警应当进行鼓励；对于态度蛮横、无理取闹的当事人，则应当进行严肃的批评教育，为达成治安调解协议打下良好的思想认识基础。当事人中有不满16周岁未成年人的，调解时应通知其监护人到场；对因邻里纠纷引起的治安案件调解时，可邀请当事人居住地的居（村）委会的人员或各方当事人熟悉的人员参加帮助调解。

（5）经调解协商达成治安调解协议。

调解一般为一次，必要时可以增加一次。在公安民警的主持下，讲清案情，阐明法律，推动各方的沟通与协商，最后在公安民警的指导下达成治安调解，并制作《治安调解协议书》，作为履行协议、结案处理的依据。

（四）治安调解的法律效力

（1）通过治安调解达成协议并履行的，公安机关不再对违反治安管理行为人予以治安管理处罚。

（2）对虽然经过治安调解，但是最终未达成治安调解协议或者达成治安调解协议后当事人在履行之前反悔的，公安机关应当对违反治安管理行为人依法予以治安管理处罚。

（3）对违法行为造成的损害赔偿纠纷，应当告知纠纷各方当事人依法向人民法院提起民事诉讼，由法院对财产损害、负担医疗费用等民事争议依法裁定。

项目六　治安案件查处的法律救济

一、治安行政复议

【案例 12 - 19】

陈某（男，23 岁，农民，一腿残疾）为谋生计，经常贩鱼到某集市上销售。由于和个体户杨某谈得比较投机，便在杨某的摊位旁设了个小摊点卖鱼，二人平时彼此相互照应。一天上午，某市国税局 A 区分局税务征管员钱某到该集贸市场依法征税。当征收到杨某的大摊位时，杨某想以残疾人陈某的名义纳税而得到照顾和优惠，便谎称该摊位是陈某的，并把陈某叫了过来。陈某因不知实情，态度比较生硬并与税收征管员钱某顶撞争吵了起来。杨某见此情景，不敢得罪税收征管人员，即承认摊位是自己的，并依规定交纳了应纳的 200 元税款，还替正在气头上的陈某代交了 30 元的税款。但钱某收款后并未向陈某出具 30 元的纳税凭证。次日上午 8 点左右，钱某同单位另外两名同事径直到陈某的摊位上征税。陈某见自己昨天刚纳完税金，今天又被征收，认为是钱某成心和自己过不去，苦于手上没有纳税后的凭证，便赌气地说道："我不卖了，收摊子走人总可以吧？"接着将自己的鱼盆掀翻，腥水溅落到钱某的裤子和鞋上。陈某准备离开时，钱某揪住他不让走。陈某即推了钱某一把，随后二人扭打在一起。事后，A 区公安分局以阻碍执行公务行为为由，决定给予陈某行政拘留 10 日的处罚。陈某认为处罚过重，因而不服，向某市公安局申请复议。某市公安局复议后认为原行政处罚显失公正，裁定变更 A 区公安分局对陈某作出的治安管理处罚决定，改为对陈某治安罚款 100 元，并建议 A 区税务分局对工作人员钱某作纪律检查。

【问题思考】

（1）结合本案例谈谈对什么行为可以申请行政复议？

（2）本案中复议机关作出的是哪种类型的复议决定？除此之外，还有哪些不同类型的复议决定？

【应知应会】

（一）治安行政复议的概念和特征

治安行政复议是指公民、法人或其他组织认为公安机关在治安管理活动中所作出的具体行政行为侵害了其合法权益，依法定程序申请复议，由法定的行政机关进行复查并作出决定的法律活动。

治安行政复议具有以下特征：

（1）从性质上看，治安行政复议具有行政性、监督性和救济性的特征。

（2）从成立基础来看，治安行政复议具有被动性的特征。它是由行政管理的相对人提出，只能是一种依据申请而进行的行政行为。

（3）从复议的范围来看，治安行政复议的范围具有特定性。它要解决的必须是公安机关与行政相对人之间在有关治安管理处罚过程中出现的行政争议，它必须以治安管理相对人不服公安机关作出的治安管理处罚决定为前提。治安管理相对人对公安机关作出的下列具体行政行为不服，可以申请复议。

①对警告、罚款、拘留、没收违法所得和非法财物、暂扣或吊销许可证及停业整顿等行政处罚不服的。

②对财产的查封、扣押、冻结、划拨等治安行政强制措施不服的。

③对限制人身自由的行政强制措施不服的，如强制传唤、留置、收容治疗和收容教育等。

④认为公安机关在查处治安案件过程中，侵犯了其他合法权益的具体行政行为，如公安机关某些不作为行为，实际上已侵犯了其合法权益。

（二）治安行政复议的程序

根据我国《行政复议法》的规定，治安案件行政复议的程序包括以下四个阶段。

1. 治安行政复议的申请

（1）概念。

治安行政复议的申请，是指有权提出复议申请的治安案件的当事人，认为公安机关的决定或裁定侵犯了其合法权益，在法定的时间内，向法定的复议机关提出申诉，请求复议机关对案件进行重新审查和处理的行为。

（2）申请的条件。

①复议申请人必须具备合法的资格。②有明确的被申请人。③有具体的复议请求和事实依据。④属于可申请复议的范围。⑤必须在法定的复议期限内提出。

（3）复议申请的方式与期限。

根据《行政复议法》的规定，申请人申请行政复议，可以书面申请，也可以口头申请。

关于复议申请的期限，依据《行政复议法》第九条规定："公民、法人和其他组织认为具体行政行为侵犯其合法权益的，可以自知道该具体行政行为之日起六十日内提出行政复议申请；但是法律规定的申请期限超过六十日的除外。"

2. 治安案件行政复议的受理

行政管理相对人对公安机关的具体行政行为不服，应在 60 日内向上一级公安机关的法律部门申请复议。上一级公安机关在接到复议申请后，应在 5 日内作出处理决定：①复议申请符合条件的，复议机关应当予以受理。②复议申请不符合条件的，复议机关裁定不予受理，并告知申请人不予受理的理由；申请人对复议机关不予受理的决定不服，可以在收到不予受理裁定书之日起 15 日内向人民法院提起行政诉讼。③复议机关对复议申请审查后发现不属于本机关管辖权限时，应当告知申请人向有管辖权的复议机关提出复议申请。

3. 治安案件行政复议的审查

治安案件行政复议的审查，是指治安行政复议机关依法对受理的行政复议案件进行实质性审查的活动，它是治安案件行政复议的中心环节和核心阶段。

在审查阶段，行政复议机关主要的审查内容包括：①审查具体行政行为的合法性和适当性。②审查具体行政行为所依据的规范性文件。③需要审查的其他事项。

根据《行政复议法》的规定，公安行政复议机关应当在受理申请之日起 60 日内作出行政复议决定，但是由于案情情况复杂，不能在法律规定的期限内作出行政复议决定的，可以延长 30 日，并告知申请人和被申请人。

4. 治安案件行政复议的决定

治安案件行政复议的决定，是指治安行政复议机关在审理案件事实的基础上，根据事实和法律，对有争议的具体行政行为的合法性和适当性所作出的复议审查决定。

（1）维持决定。认为原处罚行为认定事实清楚，证据确凿，适法准确，程序合法，过罚相当从而作出维持原治安管理处罚的决定。

（2）变更决定。虽然原处罚行为认定事实清楚，证据确凿，程序合法，但适用法律不当，过罚不相当，显失公正，则由复议机关变更原处罚行政行为的法律依据，变更原处罚行为的决定。

（3）撤销决定。复议机关认为原处罚行为有下列情形之一的，决定撤销、部分撤销或者变更，并可以责令被申请人重新作出具体治安行政行为：第一，主要事实不清，证据不足的；第二，适用法律、法规等错误的；第三，违反法定程序的；第四，超越或者滥用职权的；第五，具体治安行政行为明显不当的。

（4）决定限期履行法定职责。它是指复议机关通过对原处罚行为进行审查，认定被申请人具有不履行或者拖延法定职责的情形，作出责令被申请人在一定期限内履行法定职责的决定。

（5）确认违法。它是指公安行政复议机关通过对办案行为的审查，确认相应行为违法的决定。确认执法机关赔偿相对人损失的责任。

（6）责令赔偿（补偿）的决定。申请人申请时一并要求赔偿（补偿）的复议案件如果被复议机关撤销、变更或确认违法，如果符合国家法律规定应当责令责任主体给予赔偿。

（三）治安案件行政复议决定的执行

执行是治安案件行政复议程序的最后一个环节，直接关系到治安案件行政复议宗旨的最终实现。治安案件行政复议的执行包括对被申请人执行和对申请人执行两方面。

1. 对被申请人执行

《行政复议法》第三十二条规定："被申请人应当履行行政复议决定。被申请人不履行或者无正当理由拖延履行行政复议决定的，行政复议机关或者上级行政机关应当责令其限期履行。"

2. 对申请人执行

《行政复议法》第三十三条规定："申请人逾期不起诉又不履行行政复议决定的，或者不履行最终裁决的行政复议决定的，按照下列规定分别处理：①维持具体行政行为的行政复议决定，由作出具体行政行为的行政机关依法强制执行，或者申请人民法院强制执行。②变更具体行政行为的行政复议决定，由行政复议机关依法强制执行，或者申请人民法院强制执行。"

【特别提醒】

行政复议在一般情况下，不能适用调解。但是，根据《行政复议法实施条例》第五十条的规定，有下列情形之一的，行政复议机关可以按照自愿、合法的原则进行调解：

（1）公民、法人或者其他组织对行政机关行使法律、法规规定的自由裁量权作出具体行政行为不服申请行政复议的。

（2）当事人之间的行政赔偿或行政补偿纠纷。

二、治安行政诉讼

【案例 12-20】

向某，男，36岁，M市N区保温瓶厂工人。2002年至2004年曾因多次参与赌博被公安机关处以罚款或拘留处罚。2005年因保温瓶厂效益不佳，向某下岗在家。由于没有工作，向某便多次聚众赌博，并以自己的住所为赌博的窝点。2006年6月18日，M市N区公安分局在治安检查中，查获向某聚众赌博，当场缴获赌资近3 000元。对于向某多次参与赌博并聚众在自家赌博的行为，N区公安分局依据《治安管理处罚法》第七十六条之规定和有关劳动教养的其他法规，经M市劳动教养管理委员会批准，对向某作出劳动教养两年的决定。向某不服，于2006年11月6日向M市N区人民法院提起行政诉讼，要求撤销劳动教养管理委员会所作出的决定。N区人民法院经过审理后，维持了劳动教养管理委员会关于对向某劳动教养两年的决定。

【问题思考】

（1）结合本案例，谈谈哪些情况可以提起行政诉讼？

（2）本案的诉讼结果是什么？还有哪些不同类型的诉讼结果？

【应知应会】

（一）行政诉讼的概念和特点

治安行政诉讼，是指公民、法人或其他组织认为公安机关在治安管理活动中所作出的具体行政行为侵害了其合法权益，依法提起诉讼，由人民法院依法进行审理并作出判决的司法活动。

治安案件行政诉讼的特征是：

（1）治安行政诉讼属于解决争议的司法行为。

（2）治安行政诉讼中的被告只能是具有办理治安案件的有执法主体资格的公安机关。在治安案件行政诉讼中，直接办案的人民警察并不能直接成为被告。

（3）治安行政诉讼中的原告，是认为公安机关及其人民警察在办理治安案件过程中侵犯了其合法权益的公民、法人或其他组织。

（4）治安行政诉讼是针对公安机关行政行为的外部的、司法的监督制度。

（二）治安案件行政诉讼的程序

1. 治安案件行政诉讼的起诉

治安案件行政诉讼的起诉是指与公安机关的治安管理过程中作出的具体行政行为有直接利害关系的公民、法人或其他组织，不服该行为，认为其侵犯了自己的合法权益，而依法请求人民法院保护其权益的诉讼行为。

依据《行政诉讼法》的规定，起诉的条件包括：

（1）原告必须是不服公安机关的治安管理处罚决定或上一级公安机关的复议决定的公民、法人或组织。

（2）必须有明确的被告。

（3）有具体的诉讼请求和相关的事实根据。

（4）属于人民法院受案范围和受诉人民法院管辖。

（5）必须在法定的期限内。

2. 治安案件行政诉讼的应诉

（1）公安机关在治安案件行政诉讼中的法律地位是恒定的被告。

（2）公安机关在治安案件行政诉讼中负有举证责任。

公安机关作为被告且负有举证责任，是行政诉讼不同于其他诉讼的一项基本特征。由于行政行为双方是不平等主体，行政机关处于相对强势的地位，让其承担举证责任可以让双方达到相对的公平。但是，并不排除原告也负有一定的举证责任，主要是在公安机关不作为案件或行政赔偿诉讼中，原告要对不作为行为及损害事实承担初步的证明责任。

（3）公安机关应当在收到应诉通知之日起10内提交答辩状，并在此期间一并提交办案过程中形成的证据材料。否则，视为涉诉的办案行为没有证据，公安机关要承担举证不能的责任。

3. 治安案件行政诉讼的审理

治安案件行政诉讼的审理程序和一般的行政诉讼审理并无二致。开庭审理大致都分为法庭调查、法庭辩论、休庭合议、宣判四个阶段，并实行两审终审制。

（三）治安案件行政诉讼的判决和执行

1. 治安案件行政诉讼的判决

根据《行政诉讼法》第五十四条的规定，人民法院对治安行政案件依法审理后，可以根据不同情况作出以下判决：

（1）判决维持。

（2）判决撤销或部分撤销。如果被诉的治安办案行为有主要证据不足、适用法律法规错误、违反法定程序、超越职权、滥用职权五种情形之一的，应当判决撤销或部分撤销。

（3）判决被告公安机关限期履行法定职责。

（4）判决变更。对于自由裁量权运用不当，畸轻畸重的治安管理过程中的具体行政行为，人民法院可以直接判决变更原处罚决定。

（5）确认判决。有下列情形之一的，人民法院应当作出确认被诉具体行政行为违法或无效：被告不履行法定职责，但判决责令其履行职责已无实际意义的；被诉具体治安办案行为违法，但不具有可撤销内容的；被诉具体治安办案行为依法不成立或无效的；被诉具体治安办案行为违法，但撤销该行政行为将会给国家利益和公共利益造成重大损失的，人民法院应当作出确认被诉治安办案行为违法的判决，并责令被诉公安机关采取相应的补救措施；造成损害的，依法判决承担赔偿责任。

2. 治安案件行政诉讼的执行

根据《行政诉讼法》的规定，公民、法人或其他组织拒绝履行判决、裁定的，治安办案机关可以向第一审人民法院申请强制执行，或者依法强制执行，但公安机关拒绝履行判决、裁定的，人民法院可以依法采取措施强制其履行。

三、治安行政赔偿

【案例 12 - 21】

2008 年 7 月 19 日，原告肖某去攸县城关镇购买装饰材料，在该县城关交通旅社登记住宿，先被安排住三楼 305 房，后因嫌三楼热而变换至二楼的 201 号单间。次日上午8 时许，肖某离开旅社时被攸县公安局所属鸭塘铺派出所着便衣的干警拦住盘问是否嫖娼，肖某否认有嫖娼行为。随后，攸县公安局将肖某带至城关刑侦中队进行辨认。辨认人陈某指认肖某在交通旅社 305 房间与其发生了性关系。21 日上午，攸县公安局将肖某押至拘留所后，向肖某出示了《收容教育通知书》，对其进行收容教育。肖某不服，向衡东县人民法院提起诉讼。经庭审质证，法院认定证人陈某向被告的陈述与向本院的陈述，主要事实前后矛盾，而且有关房间布置、房屋结构的陈述与事实不符，故证词不予采信。被告认定原告有嫖娼行为，主要证据不足。作出判决如下：

一、撤销被告湖南省攸县公安局攸公教字第 65 号收容教育通知书。

二、被告赔偿限制原告人身自由 44 日的损失，按湖南省 2007 年度职工日平均工资50.06 元计算，计人民币 2 202.64 元。

【问题思考】

(1) 结合本案例理解，什么是治安行政赔偿及其特征？

(2) 本案中采取的赔偿方式是什么？除此之外，还有哪些赔偿方式？

【应知应会】

（一）治安行政赔偿的概念和特征

治安行政赔偿，是指治安行政执法机关及其工作人员违法行使治安管理处罚职权，侵犯公民、法人或其他组织的合法权益而造成损害的，由公安机关承担赔偿责任的法律制度。

治安行政赔偿的特征是：

(1) 治安行政赔偿案件的被告方为恒定的公安机关。

(2) 侵权行为必须发生在公安机关及其人民警察行使职权办理治安案件的过程中。

(3) 治安案件行政赔偿的损害后果是由公安机关具体的违法行为造成的。如果是公安机关合法行为造成损害的，则属于国家补偿的范畴，不构成公安行政赔偿的问题。

(4) 治安案件行政赔偿的主体是国家，赔偿义务机关是承担赔偿责任的具有行政主体资格的公安机关。

（二）治安行政赔偿的范围、标准和方式

1. 治安案件行政赔偿的范围

(1) 对侵犯公民人身权的赔偿。主要包括：违法拘留或者违法采取限制公民人身自由的行政强制措施的，非法拘禁或者以其他方法非法剥夺公民人身自由的，以殴打等暴力行为或者唆使他人以殴打等暴力行为造成公民身体伤害或者死亡的，违法使用武器、警械造成公民身体伤害或者死亡的其他违法行为。

（2）对侵犯公民财产权的赔偿。主要包括：有违法实施罚款、吊销许可证和执照、责令停产停业、没收财物等治安行政处罚的；违法对财产进行查封、扣押、冻结等行政强制措施的；违反国家规定征收财物、摊派费用的；造成财产损害的其他违法行为。

（3）不予赔偿的情形。主要包括：警务人员行使与职权无关的个人行为，治安管理相对人自己的行为致使的损害结果。

2. 治安案件行政赔偿的标准

（1）侵犯公民人身自由的，每日赔偿金按照国家上年度职工日平均工资计算。

（2）侵犯公民生命健康权的，赔偿金按照下列标准计算：①造成公民身体伤害的，应支付医疗费以及赔偿因误工减少的收入，因误工减少收入的每日赔偿金按照国家上年度职工日平均工资计算，最高额为国家上年度职工日平均工资的5倍。②造成部分或全部丧失劳动力的，应支付医疗费以及残疾赔偿金，残疾赔偿金根据丧失劳动能力的程度确定，部分丧失劳动能力的为国家上年度职工年平均工资的10倍，全部丧失劳动能力的为国家上年度职工年平均工资的20倍，造成全部丧失劳动能力的对其抚养的无劳动能力的人，还应支付生活费。③造成死亡的，应当支付死亡赔偿金、丧葬费，总额为国家上年度职工年平均工资的20倍，对死者生前抚养的无劳动能力的人，还应支付生活费。

（3）侵犯公民财产权的，财产损害以赔偿直接损失为原则，对于间接损失和信赖利益暂不赔偿。

3. 治安案件行政赔偿的方式

根据《国家赔偿法》的规定，治安案件行政赔偿的方式主要有以下几种：支付赔偿金、返还财产、恢复原状，违法限制人身自由或违法采取行政强制措施的可以结合赔礼道歉、恢复名誉、消除影响等方式进行。

（三）治安行政赔偿的决定和执行

根据《国家赔偿法》的规定，治安案件行政赔偿的义务机关应自收到赔偿申请之日起两个月内作出赔偿或不赔偿的决定。赔偿义务机关收到请求赔偿的申请后，要对之进行审查。如果审查结果认为该申请符合赔偿条件，则应在收到申请之日起两个月内依法给予赔偿；依法不应予以赔偿的，赔偿义务机关应自收到赔偿申请之日起两个月内作出明确的不予赔偿的书面决定。

赔偿义务机关逾期不予赔偿或者赔偿请求人对赔偿数额有异议的，赔偿请求人可以自期间届满之日起三个月内向人民法院提起治安行政赔偿诉讼。

（四）治安案件行政赔偿的追偿和追究

1. 治安案件行政赔偿的追偿

治安案件行政赔偿的追偿，是指治安行政赔偿义务机关赔偿受害人损失后，依法责令有故意或重大过失行为的工作人员或者受委托的组织或个人承担部分或全部赔偿费用的法律制度。

根据《国家赔偿法》的规定，治安行政赔偿义务机关行使追偿权，应具备的条件是：①治安行政赔偿义务机关对受害人的损失已经给予赔偿，即履行赔偿义务在前，行使追偿权力在后。②作为被追偿对象的人民警察行为违法且有故意或重大过失行为。

2. 治安案件行政赔偿的追究

根据我国《国家赔偿法》第十四条的规定，赔偿义务机关赔偿损失后，除应当责令有故意或重大过失行为的工作人员承担部分或全部赔偿费用外，对有故意或重大过失行为的责任人员，有关部门应当依法给予行政处分；构成犯罪的，应当依法追究刑事责任。

项目七　技能训练

治安案件调查取证

一、训练目的和要求

通过训练，使参训学生掌握治安案件调查取证的基本方法，正确传唤行为人、嫌疑人，掌握询问、现场检查及搜集证据的方法。要求参训学生能够规范填写《呈请传唤审批表》、《传唤证》；询问时，规范制作《询问笔录》，依法履行相关法律手续；对需要勘验检查的现场，进行勘验、检查，能够规范填写《呈请检查审批表》、《检查证》，规范制作《勘验/检查笔录》；对需扣押的物品，规范填写《呈请扣押审批表》、《扣押物品清单》。

二、训练内容及要点

（1）口头传唤。

（2）使用《传唤证》传唤，规范填写《呈请传唤审批表》、《传唤证》。

（3）强制传唤，依法履行相关手续。

（4）现场访问、询问证人和行为人，规范制作《询问笔录》。

（5）现场勘验。对治安案件现场进行勘验、检查，规范填写《呈请检查审批表》、《检查证》，规范制作《勘验/检查笔录》，规范填写《呈请扣押审批表》、《扣押物品清单》。

三、训练前的准备

（1）《呈请传唤审批表》、《传唤证》、《询问笔录》、《呈请检查审批表》、《检查证》、《勘验/检查笔录》、《呈请扣押审批表》、《扣押物品清单》等相关法律文书，钢笔，印泥。

（2）手铐、警绳等约束性警械。

四、训练方法与步骤

（一）对治安案件嫌疑人进行传唤训练

（1）对现场的治安案件嫌疑人进行口头传唤。

（2）使用《传唤证》传唤离开现场的治安案件嫌疑人。

传唤时应注意：

①《传唤证》中指定的询问查证地点应当是违法嫌疑人所在市县内的某个地点，可以是违法嫌疑人所在市县的公安机关办公场所，也可以是该市县的其他地点。

②严格把握使用对象和方式，《传唤证》只能针对治安案件的违法嫌疑人，不得针对其他人员。

③填写《呈请传唤审批表》、《传唤证》。

（3）强制传唤训练。

强制传唤的对象是无正当理由不接受传唤或者逃避传唤的违反治安管理嫌疑人，强制传唤应慎重使用手铐、警绳等约束性警械。当嫌疑人表示愿意配合传唤时，可以不使用手铐、警绳等警械。

（二）询问训练

对违反治安管理嫌疑人进行询问，制作《询问笔录》。注意事项有：

（1）询问必须由办案人员进行。

（2）同一案件有两人以上嫌疑人的，必须分开进行单独询问。

（3）询问未成年的违法嫌疑人的，应当通知其监护人或教师到场，确实无法通知的，应当记录在案。

（4）必须依法履行法律手续。

（三）现场访问训练

对案件现场的知情人、受害人和其他见证人进行询问，规范制作《询问笔录》。

（1）询问不得少于两人，并应当出示工作证件。

（2）询问前，应当了解证人、受害人的身份，以及证人、受害人、违法嫌疑人之间的关系，并告知其如实提供证据。

（3）询问证人应当个别进行。

（4）办案人员不得向证人、受害人透露案情，不能表示自己对案件的倾向性意见，不能引导、暗示证人或受害人陈述，严禁使用威胁、引诱和其他非法方法询问证人、受害人。

（5）询问内容如果涉及国家秘密、商业秘密及个人隐私，办案人员应当保密。

（四）治安案件现场勘验、检查训练

依据案情对现场进行勘验和检查，规范制作《呈请检查审批表》、《勘验/检查笔录》、《检查证》。

（1）检查时，办案人员不得少于两人，并应当出示工作证件。

（2）对违法嫌疑人的人身和随身携带的物品进行检查，不需要检查证。

（3）检查公民处所应当出示县级以上公安机关开具的检查证。

（4）对违法嫌疑人进行人身检查时，必须尊重被检查人的人格尊严，对卖淫、嫖娼人员的性病检查，应当由医生进行。

（5）检查时，应当有被检查人或其家属或其他见证人在场。

（6）规范填写《呈请检查审批表》、《勘验/检查笔录》、《检查证》。检查证一次有效，不得多次重复使用。

（五）对现场勘验中需要处理的有关证据进行处理训练

规范填写《扣押物品清单》。

在案件调查中发现的可用以证明案件事实的物品和文件，适用先行登记保存不足以防止当事人销毁或转移证据的，可以予以扣押。扣押时应注意：

（1）扣押必须遵循法定程序。

（2）与案件无关的物品，不得扣押。

（3）对扣押物品，应当会同被扣押物品的持有人查点清楚，当场开列扣押清单，一式两份，写明被扣押的物品名称、规格、数量、特征，由办案人员和被扣押物品的持有人或见证人签名后，一份交被扣押物品的持有人，一份附卷备查。

（六）教师指导

教师充当派出所所长，对学生填写制作的《呈请传唤审批表》、《传唤证》、《询问笔录》、《呈请检查审批表》、《检查证》、《勘验/检查笔录》、《呈请扣押审批表》、《扣押物品清单》等进行审批、检查，检查学生的填写、制作情况，及时对学生进行指导。

五、注意事项

（1）参训学生要按照自己的角色办事，并互换角色进行训练。

（2）慎用强制传唤。

（3）对人和场所检查的程序。

（4）扣押的使用和相关规定。

六、相关法律文书写作格式规范

在训练中，各类相关法律文书的规范填写十分重要，参与训练的同学必须依据法律的相关规定在指导老师的指导下，正确填写、制作。

1. 《询问笔录》

询问笔录

第　页共　页

询问时间____年____月____日____时____分至____年____月____日____时____分

询问地点_____

询问人（签名）_____工作单位_____

记录员（签名）_____工作单位_____

被询问人_____性别_____出生日期_____

户籍所在地_____

现住址_____

被询问人员身份证件种类及号码_____

联系方式_____

（口头传唤的被询问人_____月_____日_____时_____分到达，_____月_____日_____时_____分离开，本人签名确认：_____）

（①询问时，人民警察要告知被询问人依法享有的权利和承担的义务。②首次询问违法嫌疑人时要询问是否受过刑事处罚、行政拘留或劳动教养、收容教育、强制戒毒、收容教养等情况，必要时，还应问明其家庭主要成员、工作单位、文化程度等情况。询问外国违法嫌疑人的，还应问明其国籍、出入境证件种类及号码、签证种类、入境时间和事由等有关情况，必要时，还应问明其在华关系人等情况。③笔录末尾应由被询问人写明"以上笔录我看过，与我说的相符"，并签名或按指印，注明日期。④可加附页，并标明页码。）

问：_____

答：_____

问：_____

答：_____

问：_____

答：_____

问：_____

答：_____

治安管理实务
ZHIANGUANLISHIWU

276

2. 《呈请传唤审批表》

领导批示	
审核部门意见	
承办单位意见	

呈请　　　传唤　　　审批表
（正文叙写传唤的事由和传唤的法律依据）

3. 《传唤证》

＊＊公安局

传唤证

＊公（　　）行传字【＊＊】第　号

被传唤人_____性别_____

出生日期_____

身份证件种类及号码_____

现住址_____

工作单位_____

传唤理由_____

指定到达时间_____

承办人_____

批准人_____

填发人_____

填发日期_____

（存根）

＊＊公安局

传唤证

＊公（　　）行传字【＊＊】第　号

因你涉嫌_____，根据_____

限你于_____年___月___日___时

_____分前到_____接受询问。

（公安机关印章）

＊年＊月＊日

被传唤人到达时间_____年_____月

___日___时___分

询问查证结束时间_____年___月

___日___时___分

被传唤人（签名）：_____

（一式两份，一份交被传唤人，一份附卷）

4. 《呈请检查审批表》

领导批示	
审核部门意见	
承办单位意见	

呈请　　检查　　审批表
（正文主要叙写检查的事由）

5. 《检查证》

＊＊公安局	＊＊公安局
检查证	检查证
＊公（　　）检字【＊＊】第　号	＊公（　　）行传字【＊＊】第　号
案由＿＿＿＿＿＿＿＿＿＿＿	根 据 ＿＿＿＿＿＿＿＿＿＿＿＿，
检查对象＿＿＿＿＿＿＿＿＿	兹派我局＿＿＿对＿＿＿＿进行检查。
检查原因＿＿＿＿＿＿＿＿＿	
检查人＿＿＿＿＿＿＿＿＿＿	（公安机关印章）
批准人＿＿＿＿＿＿＿＿＿＿	＊年＊月＊日
批准时间＿＿＿＿＿＿＿＿＿	被检查人确认（签名）：＿＿＿＿＿
指定到达时间＿＿＿＿＿＿＿	
填发人＿＿＿＿＿＿＿＿＿＿	（检查完毕后附卷）
填发日期＿＿＿＿＿＿＿＿＿	
（存根）	

6. 《勘验/检查笔录》

＊＊公安局

勘验/检查笔录

时间＿＿＿年＿＿＿月＿＿＿日＿＿＿时＿＿＿分至＿＿＿年＿＿＿月＿＿＿日
＿＿＿时＿＿＿分

勘验地点/检查对象＿＿＿＿＿＿＿＿＿＿＿＿＿＿＿＿＿＿＿＿＿＿

检查证或工作证件号码＿＿＿＿＿＿＿＿＿＿＿＿＿＿＿＿＿＿＿＿

勘验/检查人员姓名、工作单位、职务（职称）＿＿＿＿＿＿＿＿＿＿

过程及结果（检查笔录要首先表明是否当场检查）＿＿＿＿＿＿＿＿

＿＿＿＿＿＿＿＿＿＿＿＿＿＿＿＿＿＿＿＿＿＿＿＿＿＿＿＿＿＿＿

＿＿＿＿＿＿＿＿＿＿＿＿＿＿＿＿＿＿＿＿＿＿＿＿＿＿＿＿＿＿＿

＿＿＿＿＿＿＿＿＿＿＿＿＿＿＿＿＿＿＿＿＿＿＿＿＿＿＿＿＿＿＿

勘验/检查人（签名）：＿＿＿＿＿＿＿＿＿＿＿＿＿＿＿＿

记录人（签名）：＿＿＿＿＿＿＿＿＿＿＿＿＿＿＿＿＿＿

被检查人或者见证人（签名）：＿＿＿＿＿＿＿＿＿＿＿＿＿＿＿＿

7. 《扣押物品清单》

（此处加盖公安机关印章）

＊＊公安局

扣押物品清单

物品持有人_____（性别_____年龄_____单位法定代表人_____现住址及联系方式_____）持有的下列物品与_____案件有关，需要作为证据，依法予以扣押。

编号	名称	规格	数量	特征	发还情况 （接收人签收）

物品持有人、见证人（签名）： ＊年＊月＊日	承办人（签名）： ＊年＊月＊日

七、考核方式及标准

（一）考核方式

指导老师一名，学生三人一组，考核学生传唤过程、询问过程、勘验检查过程，并制作《呈请传唤审批表》、《传唤证》、《询问笔录》、《呈请检查审批表》、《检查证》、《勘验/检查笔录》、《呈请扣押审批表》、《扣押物品清单》等相关法律文书。

（二）考核标准

（1）优秀：准备充分，操作熟练，文书格式合法规范，记录内容清晰完整，证据材料收集齐全，法律手续完善。

（2）良好：准备较充分，操作较熟练，文书格式合法规范，记录内容清晰，证据材料收集比较齐全，法律手续完善。

（3）合格：准备基本充分，操作基本熟练，文书格式基本合法，记录内容基本清晰，证据材料收集基本齐全，法律手续完善。

（4）不合格：未达合格标准。

八、训练案例

【案例】 某市东区个体摊贩王某与另一个体摊贩李某在某地段因为争地盘招揽生意颇有"宿怨"，双方均为当地的"土霸王"，通过打斗，各自摆平了不少对手，人们敢怒不敢言。某日，个体摊贩王某约个体摊贩李某前往某茶社饮茶，言下之意是找一个安静的地方，坐下来解决一些矛盾，合作合作，李某随即呼应，说他早就有这个打算。当晚九时，王某带上文某、史某共三人先到该茶社，并事先约定谈不成"划界"问题时，就揍李某一顿，杀杀李某的威风。十多分钟后，李某带上秦某、单某共三人来到该茶社，李某事先也与死党秦某约定谈不成"划界"问题，就带上棍棒好好收拾王某，摆摆自己的威风。双方共饮约半小时后，在谈及"划界"问题时，发生口角争吵，继而发生多人斗殴，引来群众围观，地段巡警闻讯赶到，将双方带至派出所。该案造成茶社物品损失价值二百余元。

训练要求与提示：

（1）办案人员口头传唤五名嫌疑人到公安派出所接受询问，不接受传唤的，使用强制传唤，并制作《询问笔录》。

（2）办案人员进行现场检查，填写《勘验/检查笔录》。

（3）办案人员对围观群众徐某、茶社老板赵某进行现场询问，调查取证，制作《询问笔录》。

（4）对涉案物品进行处理，填写《扣押物品清单》

（5）按办案程序对五名违法嫌疑人作出具体处罚。

群体性治安事件的预防和处置

【知识目标】

（1）了解群体性治安事件的含义、分类、发展态势及特点。

（2）理解群体性治安事件的成因及预防。

（3）掌握群体性治安事件处置的原则和方法。

【能力目标】

（1）能按照有关法律规定准确认定群体性治安事件的性质。

（2）能按照有关规定对群体性治安事件进行分类。

（3）能按照法律规定和有关要求，掌握常见的群体性治安事件的处置方法。

【知识结构图】

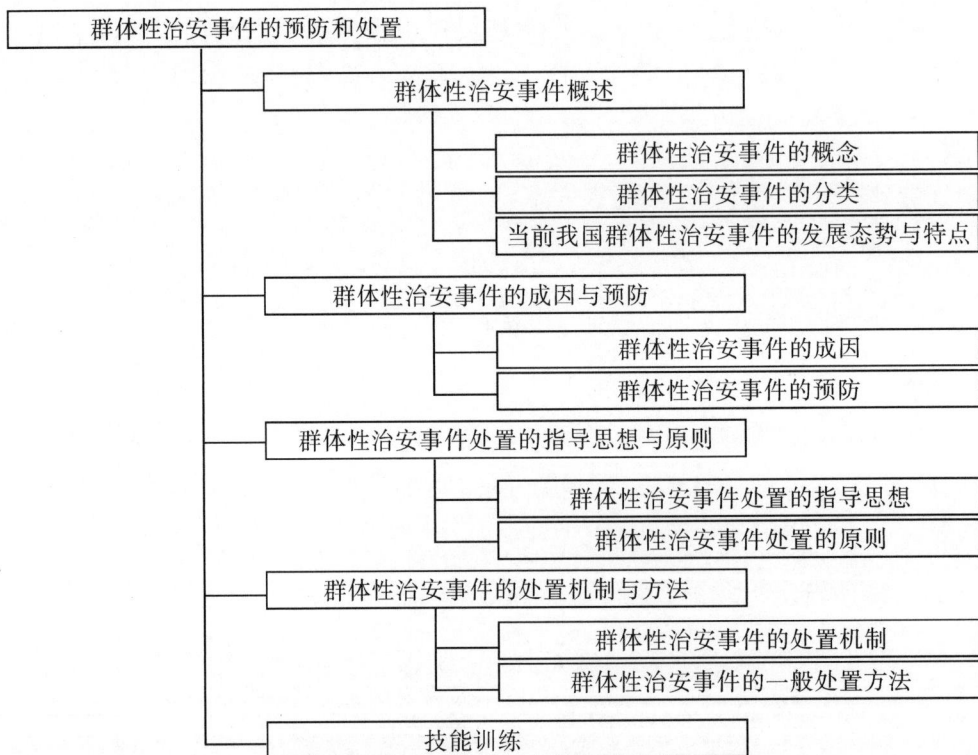

项目一 群体性治安事件概述

一、群体性治安事件的概念

【案例 13 – 1】

2009 年 12 月 28 日，因对天津市静海县集中治理非法运营电动和燃油三轮车的措施不满，几百名开三轮车的司机就在静海县政府门口聚集，当时官方答应下午四点会给他们答复，但下午四点政府没有答复。下午五点左右，据目击者称，已经聚集了上千人。由于久久得不到答复，被激化的人群开着三轮车去交警队大门口堵路。在交警大队门口聚集近一个小时后，还没有等到政府方面的答复，加上和警方的肢体冲突愈加剧烈，在寒风中久久等待的人群开始躁动。于是有一部分人来到旁边的东兴建材市场外铁道线上，试图拦火车，以此引起关注。晚上八点十五分左右，近百名运营三轮车司机冲上京沪铁路 178 公里加 750 米处堵火车。一辆路过的和谐号动车 D38 次疾速开过，众人逃避不及，造成 4 人死亡，5 人受伤。

【问题思考】

本案的行为性质是什么？

随着市场经济体制改革的深入发展，现阶段我国由于多种经济矛盾和社会矛盾的交织作用，上访、请愿、示威、冲击党政机关，甚至堵塞铁路等群体性治安事件不断发生，规模不断扩大，表现形式日趋激烈，组织程度愈来愈高，涉及的社会面愈来愈广，处置的难度也愈来愈大。群体性治安事件已成为各级党委、政府最为关注的热点问题，对群体性治安事件的妥善处置，也成为公安机关最重要的工作任务。

【应知应会】

根据 2000 年 4 月公安部《公安机关处置群体性治安事件规定》，群体性治安事件是指群众共同实施违反国家法律，扰乱社会秩序，危害公共安全，侵犯公民人身安全、公私财产安全的行为。

【特别提醒】

研究群体性治安事件，离不开对"群体"的特定认识。大量事实表明，作为当代中国社会问题之一的群体性事件的发生，在其中起支配、主导作用的是"非常态群体"，非常态群体在追求利益的诉求时通过非正常的形式来表现，是导致群体性事件频发的重要因素。

二、群体性治安事件的分类

【案例 13 – 2】

2008 年 6 月 28 日，贵州省瓮安县一些人因对女学生李某的死因鉴定结果不满，聚众到县公安局办公楼前。公安民警拉起警戒线并开展劝说工作，但站在前排的人员情绪激动，在少数人的煽动下，一些人准备了砖头、汽油、刀棒等物品，将停放在大楼前的车辆全部砸烂、烧毁，并将汽油倒在公安大楼一楼点火焚烧。抢走、烧毁办公室资料以及电脑若干，并打伤数十名公安干警，然后将公安大楼一至二楼全部砸烂。后因火势太大，肇事者从公安局退出后，趁乱攻击了瓮安县政府大楼，将所有车辆全部砸烂，又烧毁县委、县政府大楼及县政协大院，接着将民政局旁边地下停车场停放的私人车辆也全部砸烂，然后蜂拥至邮电大楼，将通信设施破坏。整个过程持续近7小时。

【问题思考】

本案例属于群体性治安事件中的哪一种类型？

【应知应会】

（一）群体性治安事件的法定种类

根据2000年4月公安部颁布的《公安机关处置群体性治安事件规定》，现阶段群体性治安事件的种类包括：

（1）人数较多的非法集会、游行、示威。

（2）集会、游行、示威和集体上访活动中出现的严重扰乱社会秩序或者危害公共安全的行为。

（3）严重影响社会稳定的罢工、罢课、罢市。

（4）非法组织和邪教等组织的较大规模聚集活动。

（5）聚众围堵、冲击党政机关、司法机关、军事机关、重要警卫目标、广播电台、电视台、通信枢纽、外国驻华使馆、领事馆以及其他要害部门或者单位。

（6）聚众堵塞公共交通枢纽、交通干线、破坏公共交通秩序或者非法占据公共场所。

（7）在大型体育比赛、文娱、商贸、庆典等活动中出现的聚众滋事或者骚乱。

（8）聚众哄抢国家仓库、重点工程物资以及其他公私财产。

（9）较大规模的聚众械斗。

（10）严重危害公共安全、社会秩序的其他群体性行为。

（二）群体性治安事件的法理分类

【案例13-3】

2006年12月30日凌晨4时许，四川省大竹县竹阳镇莱仕德酒店一名女员工杨某因不明原因死亡。在公安机关调查侦破期间，死者亲属与酒店方发生争执，矛盾激化。2007年1月15日下午，死者亲属及数百名群众在莱仕德酒店门前聚集，要求尽快查明死因。但由于公安机关迟迟没有给出明确答复，到了2007年1月17日下午四时左右，近万名围观者在莱仕德酒店门前聚集，其中的少数人员冲入酒店打、砸、烧，晚上八点左右，火被扑灭时，莱仕德商务酒店已被烧得面目全非。酒店的损失估计有几千万。但事后一些劫掠者慑于法律的威严，主动将所抢物品送回，使损失有所减少。

【问题思考】

本案例中的行为属于群体性治安案件分类中的哪一种？

【应知应会】

根据目的、特征和行动指向，近十年来中国的群体性事件可以划分为以下五种类型：维权行为、社会泄愤事件、社会骚乱、社会纠纷和有组织犯罪。

（1）维权行为包括：农民维权、工人维权和市民维权。农民维权中，土地问题约占65%以上，村民自治、税费等方面都占一定的比例；工人维权中主要是国有企业改制、拖欠工资、社会保险残缺、破产安置不当、劳动时间过长、殴打工人等方面的问题；市民维权中房屋拆迁是主要问题。无论是农民，还是工人及市民，都把具体的利益诉求作为行动的目标，没有明确的政治目的。

（2）社会泄愤事件主要是因偶然事件引起，一般都没有个人上访、行政诉讼等过程，突发性极强，从意外事件升级到一定规模的冲突的过程非常短。绝大多数参与者与最初引发的事件并没有直接利益关系，主要是路见不平或借题发挥，表达对社会不公的不满、以发泄为主。这种所谓的"无直接利益冲突"或"泄愤性冲突"是社会泄愤事件区别维权事件和其他事件的最主要特点。案例13-3中提到的大竹事件中，据事后调查，"1·17"事件中的参与人员和在网上发布不实信息的人员中，并无死者的亲属，大都是和杨某死亡事件无关且"无直接利益冲突"的群众。

（3）社会骚乱在形式上和上面提到的社会泄愤事件有很多共同之处，但是其性质已经出现了变化。比如2008年9月底，在湘西因非法集资而发生的事件（见下文案例13-4），就具有骚乱性质。它不仅把政府的招牌砸了，还把与案件根本无关的商店抢了，致使这个城市的商店在国庆节期间不敢开门。这说明它们不同于社会泄愤事件，也不同于维权事件。怎么样界定泄愤和骚乱，有一个最重要的指标就是参与群体性治安事件的人员与攻击的目标是否具有相关性。

（4）关于社会纠纷。如某省金兰交界地的"汤瓶州"，由于历史遗留问题及大水的不断冲刷，造成界线不明确；过去由于沙石不值钱，也未发生大矛盾，而如今沙石行情一路上扬，故当地不同村镇的群众不断发生冲突，引发群体性治安事件。

（5）有组织犯罪。如某两个不同的黑社会性质组织为了争夺"势力范围"而组织的聚众斗殴事件。

由于社会纠纷和有组织犯罪特征比较明显，也不是转型社会特有的现象，比较容易进行区分；而维权事件、泄愤事件和骚乱事件这三类群体性事件在表现形式上存在相似之处，但有本质上的区别，因此要注意区分。

三、当前我国群体性治安事件的发展态势与特点

【案例13-4】

湖南省吉首市在2000年出台了旧城改造计划，急速扩张的城市建设，催生了民间借贷的活跃。吉首市大规模的非法民间集资始于2002年，到2004年形成了全民集资的局面。自2008年8月底开始，随着福大、三馆、荣昌等吉首市主要融资大户资金链断裂，一系列群体事件随之发生。从2008年9月3日开始，吉首市因非法集资问题多次引发群体性事件。9月4日，2 000余名集资人员冲击火车站、阻拦火车，造成枝柳线中断6个小时。随后事件逐步升级。2008年9月9日，因担心政府冻结非法集资者账户，大量集资者蜂拥至吉首市内的各家银行，支取以前集资公司向集资者账户中发放的利息，一时之间各家银行人满为患。部分参与集资的政府官员获知信息，提前支取本息，加剧了集资链的紧张。9月20日、24日、25日，湘西再次爆发大规模群体性事件，数万群众涌上街头，打砸商店，公安武警遭袭，湘西州政府也遭遇冲击。

【问题思考】

（1）结合本案例理解当前群体性治安事件的发展态势。

（2）结合本案例思考当前群体性治安事件有哪些特征。

【应知应会】

（一）当前群体性治安事件的发展态势

1. 数量大幅度上升

近年来，全国频繁发生因人民内部矛盾而引发的上访、集会、请愿、游行、示威、罢工等群体性事件，从发生数量来看，呈现出阶段性高发、频发的趋势。有关部门提供的数据表明，从 1993 年到 2003 年间，我国群体性事件数量已由一万起增加到六万起，2004 年已增至 74 000 起，2005 年上升至 87 000 起，2006 年超过九万起，并一直保持上升势头。当前我国群体性事件发生的频率在加快，规模在逐步升级，已经进入了群体性事件的高发期和多发期，这意味着社会矛盾碰头叠加，社会风险因素增多，社会安全形势日益复杂严峻。

2. 参与主体日益多元化

在传统的群体性事件中，参加的主体主要是弱势群体，他们往往具有受教育程度低、法律知识缺乏、相对剥夺感较强等特点，处于社会的底层。目前，在一些群体性事件中，参加主体已经渐渐超越了其本身作为"弱者的武器"这一范畴。当前群体性事件参与主体的特征表现：一是出现了知识性、跨阶层性等特点。在 2007 年厦门 PX 项目事件中，厦门大学教授、人大代表、政协委员等都是群体性事件中的利益主体。群体性事件参加的主体不再集中于某一阶层，而是涉及多个阶层。二是"无直接利益冲突"现象明显。群体性事件的许多参与者既与事件本身无关，也没有切身的利益关联，他们参与其中，只是借机表达和宣泄某种情绪。

3. 对抗程度逐渐加剧

从近期爆发的群体性事件的冲突形式来看，对抗性程度逐渐加剧。有些公众抱着"不闹不解决、小闹小解决、大闹大解决"的心态，越来越多地采取诸如冲击党政机关、堵塞公共交通、群体上访、示威游行等偏激行为，甚至通过采取打、砸、抢、烧等暴力手段向政府和有关部门施压，造成了恶劣的社会影响和重大的人员财产损失。案例13－2中的瓮安事件导致瓮安县委、县政府、县公安局等160多间办公室、42 辆警车等交通工具被烧毁，150 余人受伤，直接经济损失 1 600 多万元。群体性事件的暴力对抗明显加剧了矛盾性质转化的可能性，即由经济问题或者是非问题转化为敌我问题、从非对抗性演化为对抗性的可能性增大，严重妨碍了局部地区的社会稳定。

4. 波及范围、社会影响更为广泛

随着我国社会化程度的推进，群体性事件的形成途径和传播方式都发生了显著变化，通过互联网和短信传播等现代通信手段，不仅使群体性事件的策动者更容易操持言论的宣传和散布，能够以最快的速度找到具有共同诉求的集合体，并迅速建立起一种新型关系，而且还大大降低了参与主体因非理性行为而可能承担的风险成本，使之更加积极而踊跃地参与其中。现在看来，网络、手机极大地颠覆了传统的社会动员方式，拓宽了群体性事件的表达平台，现实矛盾网络化、个别问题社会化已成为群体性事件研究中必须正视的新问题。

（二）群体性治安事件的特点

不同的群体性治安事件，尽管其引发的诱因不同，参与主体不同，表现形式不一，规模大小不一，危害程度不同，但从其发生、发展变化的过程来分析，一般都具有类似的几个特点。

1. 事件的引发具有突然性

群体性治安事件的起因，往往是复杂而有层次的，由量变到质变的演化过程十分短促，在人们毫无准备的情况下猝然发生。出乎意料、突然爆发是群体性治安事件的显著特点。

2. 事件的形式公开、目的明确

纵观各类群体性治安事件，事件主体的指向目标都具有明确性，即选择社会较敏感的地区、以公开的形式、引起社会关注，形成社会舆论，给政府施压，从而力求使自己的各种要求得到满足。

3. 事件目的的演化性

群体性治安事件一般都有一定的目的指向性，这也是整个群体的凝结点。随着事态的发展，这种目的性逐渐暴露出来，但这时的群体成员往往已经丧失自我，处于盲从阶段，这些失控的群体往往成为别有用心者的操纵对象，致使原有目的发生根本性改变。

4. 事件的参与者的层次性

事件初始，人员混杂无序，难以区别，随着事件的发生、发展、变化，不同的层次便显现出来，包括核心层、附和层、围观层、缓流层。而在特定情况下，这些不同层次还会发生相互变化。

5. 事态的发展具有扩张性

群体性治安事件往往是由一定的社会矛盾所引起的。大多数群体性治安事件在发生之初，并非是大规模的群体行为，但各种消极因素的相互作用常常会对群体性治安事件的爆发起催化作用，从而使更多的人卷入事件当中，致使事态扩大。

6. 事件的危害后果具有严重性

群体性治安事件一旦发生，往往出现群体性过激行为：打砸抢；挟持、扣压人质；杀人；放火；爆炸等。这就严重危害了人民的生命财产安全和社会的稳定，较一般性的刑事案件、治安案件等后果更为严重。

项目二　群体性治安事件的成因与预防

一、群体性治安事件的成因

【案例 13 - 5】

2009 年发生在广东韶关的"6·26"事件，是广东韶关旭日玩具厂发生的一起新疆籍员工与当地员工数百人群体斗殴事件，造成 120 人受伤。这原本是一般的治安事件，却被以热比娅为首的"世界维吾尔代表大会"所利用，歪曲事实、蒙骗群众、蛊惑人心、挑起事端，制造了令世人震惊的乌鲁木齐"7·5"事件，在"世维会"的策划、组织和煽动下，数千名暴徒分散在乌鲁木齐市区多处猖狂地打砸抢烧，杀害无辜群众。这次事件造成 192 人死亡（其中绝大多数为无辜群众）、1 721 人受伤、627 辆车被烧毁、331 间店铺被砸被烧，给国家和人民生命财产造成巨大损失，对社会政治稳定产生极大冲击。

【问题思考】

本案例中的"6·26"事件主要是由哪些原因引起的?

新时期群体性治安事件的表现形式多种多样,诱发因素也不尽相同,但大多与群众的现实利益和需要有关。

【应知应会】

(一) 群体性治安事件产生的经济原因

当前,我国的政治和经济体制改革正处在整体推进与重点突破的攻坚阶段,利益格局的调整和社会财富的再分配,在一定时期内,损害了一部分人的利益,导致其产生不满情绪,且由于社会控制与协调工作的相对滞后,易引发群体性治安事件。这类事件集中发生在国有企业的关停并转、行业裁员分流等改革过程中,以及农村中许多地区大规模征用农民土地,土地补偿过少且不到位等情况中。这都是在短时间难以解决的影响社会稳定的经济隐患。

(二) 群体性治安事件产生的社会原因

随着我国产业结构的升级,生产技术的革新以及市场经济的转型,失业人口规模不断扩大,失业率不断上升,因此不利群体、弱势群体和边缘群体规模不断扩大,他们的生活水平长期处于最低标准线以下,但以我国现有的社会保障能力远远不能满足人民群众的要求,特别是失业保险覆盖面低于养老保险,而农村的社会保障水平更低。社会保障法律机制不健全,各种侵吞、挪用保险金的违法行为屡禁不止,难以得到有力惩处,所有这些都成为群体性治安事件的隐性诱因。

(三) 群体性治安事件产生的机制原因

1. 立法机制不完备

按照国外的一些观点,"自力救济"是群体性治安事件的法律和意识渊源,法律不适合社会发展是群体性治安事件频发的一个重要原因。近年来,我国因劳资纠纷引发的群体性治安事件频频发生,欠薪成为劳动者投诉最集中的问题。当前,我国的法制建设还不够健全,相应的立法机制亦不完备,因而构成诱发群体性治安事件又一潜在因素。

2. 社会冲突化解机制不健全

在社会急剧变革时期,尤其要畅通民意的表达渠道。当前,许多群体性事件是在群众的切身利益受到损害,诉求无人理会,实际问题长期得不到解决的情况下发生的。群众之所以闹事,甚至把事态扩大化,是想通过这种极端的方式反映和表达民情民意,以引起高层领导的关注。

(四) 群体性治安事件产生的民族、宗教原因

民族与宗教问题,是世界范围内影响社会稳定的突出因素。由于历史原因,民族之间、各宗教教派之间的矛盾和对立是群体性治安事件的诱因;另外,因落实民族与宗教政策的某些失误,涉及个别民族或宗教的敏感问题,也极易引发群体性治安事件。我国民族地区的民族关系总体上是和谐的,但由于各民族间在宗教信仰、文化传统、思想观念、风俗习惯、语言及民族心理等方面存在差异,现实生活中影响民族关系的一些不和谐因素依然存在,容易诱发一些群体性事件。加之西方敌对势力肆意插手我国民族宗教事务,境内外民族分裂分子借机兴风作浪。以我国新疆地区为例,由于民族矛盾和纠纷所引发的群体性突发事件屡屡发生。从 1989 年 5 月到 2009 年 9 月，新疆发生了多起有预谋、有组织的涉及民族宗教因素的动乱和上百起暴力恐怖案件。比如，1989 年在乌鲁木齐发生的"5·19"冲击自治区党委事件，1990 年在南疆阿克陶县发生的"4·5"巴仁乡武装暴乱事件，1992 年在乌鲁木齐发生的系列爆炸案，1993 年在喀什、和田地区发生的"6·17"系列爆炸案，1994 年在阿克苏地区发生的"7·18"系列爆炸案，1995 年在和田发生的"7·7"打砸地委、行署、公安处的骚乱事件，2009 年在乌鲁木齐发生的打砸抢烧严重暴力犯罪事件，都可以看到西方敌对势力、极少数民族分裂分子企图在民族、宗教问题上打开突破口，利用群众朴素的民族情感和宗教情感，策动群众闹事，煽动民族仇恨和民族分裂。

（五）群体性治安事件产生的观念原因

（1）由于部分干部行为腐败，作风粗暴、官僚，对群众的合理要求不问不理，不关心群众的冷暖疾苦，因而引发群体性治安事件。近年来，部分领导一方面贪污、受贿，以权谋私；另一方面对职工群众的生产、生活毫不关心，漠然置之，有的甚至对群众态度粗暴，方法简单，加上这些地方的政务、厂务、村务、财务公开不够，多种矛盾经过长期积淀，引起群众的强烈不满，群众因而闹事。

（2）我国的市场经济即权利经济，随着市场经济的深入，公民个人的权利越发得到社会的重视，公民个人的权利意识也在不断加强。为了维护合法权利，采取过激的、非法的抗争形式，是当前大多数群体性治安事件的模式。然而，大多数公民不知道《信访条例》、《中华人民共和国集会游行示威法》、《行政复议法》、《行政许可法》等法律规范的存在，不知道聚众上访、未经批准集会游行示威是违法的。公民法制观念相对薄弱，再加上在"大闹大解决，小闹小解决"的不正确心理的支配下，就容易采用过激方式来表达自己的要求。

【特别提醒】

明确群体性治安事件形成的原因，有助于我们更好地认识群体性治安事件形成、发展、变化的过程，从而使我们能针对群体性治安事件中不同的主体、不同的原因，采取有针对性的预防措施和更加有效的处置策略及方法。

二、群体性治安事件的预防

【案例 13-6】

2009 年兰州某国有公司分离破产重新组合后，部分公司职工被剥离新公司，在公司引起极大震动。在新公司成立前，被剥离的职工 300 余人，围堵公司领导办公大楼，并打出横幅"同是公司人，我们要吃饭，生存要平等、要和谐"，要求重回公司上班，并扬言如果不能回总公司上班，就将在新公司成立大会上砸新公司的牌子。市公安局及时掌握相关情报，在协助做好大量宣传疏导工作的同时，建议有关市领导和厂方调整会议地点，缩小会议规模，对参加会议人员进行精选，统一组织入场，防止被剥离人员混入等；并且投入了警力千余人，分别控制了所有要害部位和重要场所，对闹事组织者逐个进行控制，使得新公司成立大会顺利进行。

【问题思考】

结合本案例理解群体性治安事件预防的基本方针。

世界上任何事物的发生发展都有一个过程，都有其发展变化的内在规律可循。群体性治安事件作为社会各种矛盾在一定历史条件下相互作用的产物，当然也有其内在的发展变化过程。如果我们能够把握住群体性治安事件的内在规律、特点，及时分析、研究和预测引发群体性治安事件的原因及趋势，从政治、经济等各个方面采取积极有效的防治措施，就能及时预防或减少群体性治安事件的发生。

【应知应会】

（1）坚持党委、政府领导，与有关部门密切合作，落实领导责任制。

落实领导责任制是预防和处置群体性事件的基本保证。第一，要落实和完善地方党政领导责任制，各地党政领导统管本地区工作，是维护本地区稳定的第一责任人，各级党政领导要从上到下层层签订领导责任状，把维护社会稳定、预防和处置群体性事件作为干部考核的一项重要内容。第二，要完善和落实"谁主管，谁负责"的部门责任制。明确各部门的责任，对于有效预防和妥善解决群体性事件至关重要，因为各部门对其内部的事务最易掌握。第三，要完善领导责任制的具体内容，明确规定党政领导与各部门领导在预防和处置群体性事件中的责任类别及责任大小。

（2）建立和完善社会保障体系，切实解决社会弱势群体问题。

在社会转型期，由于利益结构变动而出现的社会弱势群体是社会不稳定的因素之一。因而世界各国普遍重视社会保障体系的建立和完善，以保护低收入者和有特殊困难者。为了减少利益结构变动对社会稳定的影响，解决社会边缘群体和弱势群体存在的生存危机，避免利益结构失调而引发的群际利益冲突，以维护社会稳定，应建立和不断完善符合中国国情的社会保障制度。

（3）疏通民意表达渠道，建立社会冲突的化解机制。

研究实现宪法赋予公民民主权利的具体形式，通过一定的机制及时释放社会中的不满情绪，严格禁止违法的释放渠道和途径，使正常的化解机制越来越健全，越来越完善，形式多样化，已成为当前治理群体性治安事件的一个重要突破口。当前我国建立社会冲突的化解机制主要应从以下两方面的工作入手：一是加强信访工作，二是加强集会游行示威管理。

（4）建立反映准确及时的社会监控和预警机制。

群体性治安事件虽具有突发性，事件发生一般都比较急，但任何群体性治安事件的爆发，大都有一个较长时间的酝酿过程。如果我们对此做到有效监控，及时反映，作出科学正确的判断，就能及早地预防和纠偏，为解决、防范社会问题提供先决条件，防患于未然。因而，社会预警机制是防范和解决社会矛盾的基础，是社会稳定和发展的指示器，是科学决策的可靠手段。要建立健全重大问题预警排查机制和重大信息报告制度，集中时间和精力，定期排查和及时掌握本地区、本系统、本单位的不稳定性因素，超前预测可能发生的群体性治安事件，有针对性地采取防范和控制措施。因此，要强化各级领导的预警意识，建立社会稳定预警系统的科学指针体系，对可能出现的群体性矛盾或群体性治安事件作出科学预测，提前预警，超前预防。

（5）进一步加强公安机关妥善处置群体性治安事件的能力。

公安机关作为处置群体性治安事件的重要角色，同样应当在预防此类事件的发生上发挥自己应有的作用。公安机关要进一步加强预防群体性治安事件发生的能力应着重做好以下几方面的工作：第一，加强法制宣传教育，提高公民的法制观念；第二，加强信息情报工作，密切掌握社会动态；第三，坚持排查不安定因素，增强预警能力；第四，引入评估机制，科学使用警力。

【特别提醒】

正确区分敌我矛盾和人民内部矛盾，积极预防并妥善处置因人民内部矛盾引发的群体性治安事件，是摆在各级党委、政府及有关职能部门面前的一项极为重要的政治任务，是公安机关重中之重的工作。公安机关在预防工作中，应当充分发挥情报信息的预警作用，当好党委、政府的参谋和助手，协助有关部门化解矛盾，积极预防群体性治安事件的发生，促进社会和谐发展，维护社会稳定。

项目三 群体性治安事件处置的指导思想与原则

【案例 13 - 7】

2008 年 6 月 15 日早上 6 点，贵州省德江县公安局接到群众报警，称在德江县城郊灌木林中发现一具男尸。该局刑侦大队民警迅速赶到现场，确认死者系德江一中 6 月 7 日高考前失踪的高三学生魏某，便通知其亲属等人员到现场。在征得死者亲属同意后，将尸体移至县医院太平间进行了尸检。次日，由其亲属将尸体运回煎茶安葬。6 月 18 日，德江县公安局作出了不予立案的决定，死者母亲张某签字认可。6 月 25 日，受个别人的唆使煽动，张某到德江县城街上举牌喊冤，短时间引来上千不明真相的群众围观。

德江县公安局获悉后，在迅速向县委、政府和铜仁地区公安局汇报的同时，立即启动处置突发事件工作预案，局长魏某带领 70 余名民警赶赴现场，宣传疏散围观群众，将张某劝至公安局解释疏导，有效控制了事态。为更广泛地澄清事实真相，引导社会舆论，防止事件反弹，6 月 27 日，德江县公安局在德江一中多媒体教室召开了由县直部门负责人、新闻单位、城区中小学校长、一中全体教师学生代表、社区居民和死者亲属参加的案情通报会，通过播放幻灯片和文字、口述的方式，对魏某自缢死亡情况作了详尽的讲解和分析，充分说明了公安机关不予立案的理由和法律依据。之后，又通过当地报纸、电视等媒体作了广泛报道，让更多群众及时了解真相，消除了负面影响，事件得以成功处置。

【问题思考】

(1) 本案例中这一群体性治安事件处置的指导思想是什么？

(2) 本案例中事件的成功处置使用了哪些方法？

一、群体性治安事件处置的指导思想

当前群体性治安事件的预防和处置要求高、难度大，是公安机关面临的重大课题，预防和处置群体性治安事件是对公安机关提高执法能力的重大考验，因此必须坚持以下指导思想。

(一) 抓住一个"防"字，防患于未然

群体性事件都有酝酿、发生、发展三个过程，一般是可以预防的。而预防群体性事件主要分为基础性预防、机制性预防和针对性预防三种。

基础性预防主要要做好两个方面的工作：一是抓好矛盾纠纷的排查调处工作。随着经济和社会各项事业的快速发展，社会各个领域、各个阶层的矛盾愈来愈突出，解决不好就可能造成局部动荡。因此矛盾纠纷的排查和调处工作十分重要，它是预防群体性事件发生的首要任务。二是要抓住一些典型案例对群众进行宣传教育，以提高群众的思想觉悟和抵制违法犯罪的能力。

机制性预防主要要抓好三个方面的工作：一是责任倒查追究机制。发生群体性事件之后，必须严肃地进行责任倒查。查事件发生有关单位对引发事件的矛盾纠纷是否排查调处到位，是否存在渎职失责现象，对有责任的单位和个人坚决进行责任追究，以切实提高相关单位领导及民警的责任心。二是建立预警机制。要切实加强情报信息的收集反馈工作，充分发挥各有关单位的职能作用，及时收集一些深层次的情报信息，真正做到发现得了，控制得住，从而掌握处置群体性事件的主动权。同时还要认真做好群体性事件的处置预案，周密部署处置群体性事件的各项准备工作。三是要密切警民关系，努力提升民警的亲和力。实践表明，良好的警民关系既有助于我们及时发现一些群体性事件的苗头，从而达到预防的目的；又可以在处置群体性事件中发挥积极的作用。

针对性预防主要要注意两个方面：一是要及时做好聚众斗殴、故意伤害、凶杀等类的刑事案件及一些因矛盾纠纷引发的非正常死亡等事件的善后工作。二是要慎重处理党政干部、行政执法部门与群众因计划生育、土地征用、房屋拆迁、税费征收等问题发生的治安纠纷，切忌在处理这类治安纠纷中以长官意志为转移，从而引起民愤，导致群体性事件的发生。

（二）立足于一个"理"字，以理服人

群体性事件中群众所提出的要求都存在合理或不合理的问题。而我们在处理群体性事件中就要立足于讲理，分清群众的要求有理还是无理，做到以理服人。对于群众有理的要求，要报告党委、政府或协调相关部门及时解决，一时解决不了的也要向群众说清楚，取得群众的理解。对于群众无理的要求要向群众讲道理，指出其为什么无理，错在什么地方，不能无原则地迁就，作出错误的承诺。我们应该要相信大多数群众是讲理的，聚众闹事不是他们的目的，而是要求解决问题的手段。某些时候群体性事件中一些群众表现出言词过激，不讲道理的现象，一般是不明真相被人挑拨煽动，或对某项政策法律的误解，或不懂政策法律所致。对待这种情况，我们更要认真地做好说服教育工作，耐心向群众讲清道理，使大多数群众明白自己的行为可能带来的严重后果，从而自觉地遵守法律，依靠党委政府解决问题。

（三）突出一个"法"字，依法处置

群众性事件中无论群众的要求合理或不合理，都存在违法的问题，严重的还有犯罪行为的发生。因此，处理群体性事件时既要依法处置，同时又要充分运用法律这个强有力的武器，去震慑那些为首分子和违法犯罪分子，达到迫使参与闹事者遵守法律，依据法律和政策解决问题的目的。具体说来，一是做到依法办事，文明执法，防止授人以柄激化矛盾。二是要向群众讲法，指出其行为的违法性质、可能造成的后果和应承担的法律责任，使大多数群众能认识自己的错误及可能给自己带来的后果，从而达到控制事态，平息事态的目的。三是对于群体性事件中发生的违法犯罪要坚决依法处理，该追究刑事责任的一律追究刑事责任，该按治安管理处罚条例进行处罚的就要坚决处罚，不能姑息迁就，更不能拿闹事群众的法律责任作为平息事态的条件进行交换。否则就会后患无穷，会引发更多的群体性事件。

（四）讲求一个"策"字，掌握主动、因势利导

群体性事件一般都属于人民内部矛盾，应该可以处理得好，关键是看能不能运用好策略。实践中通常有如下几种策略。

1. 晓以利害、因势施压策略

使用该策略就是要集中优势警力，形成强大的攻势对闹事者形成巨大心理压力；然后对为首分子和积极参与者晓以利害，使其明白如果坚持下去，灾难性的后果正在等着他。

2. 借机造势、因势利导策略

在群体性事件的处置过程中，为首人物和积极参与者往往会在语言、行为中出现错误，有时也会发生一些意外情况。在这种情势下，要抓住机会，大造舆论，把群众的注意力引向对我方有利的方向，从而扭转局面。

3. "擒贼先擒王"策略

在参与闹事的大多数人的情绪不是很激烈，在警力够用的情势下，要果断决策抓捕有违法犯罪行为的为首分子和积极参与者，驱散聚集的群众，从而达到迅速控制局面平息事态的目的。

4. 分化瓦解、各个击破策略

有的群体性事件情况非常复杂，比较好的策略是对为首分子和积极参与者分化瓦解，各个击破。实施这一策略既可采用"抓把柄"的方法，也可运用迂回战略。

（五）把握一个"机"字，选准时机、果断处置

群体性事件的处置关键是把握好处置时机。一般来说群体性事件的处置可以分为四个阶段：群众起哄阶段，处置人员从事群众工作进行说服教育讲理阶段，双方相峙阶段，平息阶段。在双方相峙阶段是寻找处置机会的最好时机。因为群众的不满情绪已有不同程度的发泄，对群众的说服教育讲理工作也会产生一定的效果，大部分群众的情绪不会再如初始阶段那般激烈，此时强烈对抗的可能只是少数甚至个别的为首分子和顽固分子。这个时候只要态度坚决，对为首分子和顽固分子采取果断措施，整个事件就会迅速平息。如果抓不住这个最好时机，事态势必会出现反复，不但不能及时平息，反而会进一步恶化，造成更严重的后果。

二、群体性治安事件处置的原则

【案例 13－8】

某日上午 10 时，某乡政府前聚集百余名粮农，手持卖粮白条，要求兑付现金，并在乡镇府门前静坐、围堵，不让乡镇府工作人员出入，致使某国道交通堵塞。接到报警后，某公安局迅速向县委、县政府报告，并组织警力赶到现场配合乡政府领导做疏导、劝解工作。县委、县政府接报后，当即发款 9 万元兑换粮农手中的白条。下午 3 时，聚集的群众全部散去，交通恢复。

【问题思考】

本案例中这一群体性治安事件处置的原则是什么？

【应知应会】

（一）坚持党委、政府领导下"谁主管，谁负责"的原则

群体性事件是社会问题，需要社会力量共同解决。处置群体事件是一项系统工程，仅靠公安一方是难以奏效的，必须在党委、政府的统一领导下，组织、协调各部门统一行动。第一，各级党委、政府领导要始终保持清醒头脑，做到"稳定压倒一切"，注意发现和善于发现各种潜在的社会不安定因素。第二，对一些企事业单位不顾群众利益，制造不安定因素，甚至鼓动群众闹事的领导要严肃处理。第三，建议各级党政领导对影响发展和稳定的群体性事件及时妥善地处置。第四，坚持矛盾就地化解不上交，并将此作为考核所在单位领导的重要内容。

（二）坚持抓早抓小的预警原则

群体性事件的最初表现形式一般为群体无秩序的上访、请愿、哄闹、哄抢、打砸以及暴力抗拒执法。群体性事件的诱发原因往往具有一定的征兆，暴发也一般都有迹象，并非临时集结在一起，总会表现出发生群体性事件的苗头和倾向。公安机关如果能够及时获取信息，反应敏锐，抓住良机，及时向党委、政府汇报，就有可能把事件控制或制止在初始阶段。公安机关处置群体性事件必须在拓宽情报信息渠道、提高情报信息质量上下功夫。对倾向性、苗头性或热点问题，要组织专门力量深入调查研究，查清原因，制定对策，妥善处理。只有这样，才能把握处置工作的主动权。

（三）慎用警力和强制措施原则

近年来，一些地方发生群体性事件，总是将民警推到前面，要求公安机关出动警力解决问题，这是不对的。因为公安机关不可能了解所有群体性事件的起因，无法向群众作出解释，做群众的思想工作。这种简单化的做法不仅解决不了群体性上访问题，还可能将事态扩大，更重要的是会造成警民关系紧张。对待群体性事件，公安机关必须慎用警力、规范警力调动，上级公安机关应制定有关处置群体性事件使用警力的规定，经党委、政府批准，防止滥用警力。群体性事件绝大多数属于人民内部矛盾，因此在处置中，公安机关必须依据准确及时的情报信息，正确地分析判断矛盾的性质，对于属于人民内部矛盾的群体性事件，应运用说服教育的方法加以解决，绝不能动辄抓人，采取压制的方法，造成非对抗性矛盾转化为对抗性矛盾，非政治问题转化为政治问题。

（四）坚持可散不可聚、可顺不可激、可解不可结的原则

中央曾多次指出："对人民内部矛盾要区别不同情况，正确运用经济、行政和法律等手段加以处理，防止矛盾激化。"因此，公安机关在处置这类事件中，应积极配合党委、政府采取疏导的工作方法，缓解群众的情绪，规劝群众离开现场，并掌握现场态势的主动权。对群众提出的符合法律法规和政策规定的要求，要当场表明解决问题的态度，无法当场表态解决的，要责成相关部门限期解决，对确因决策失误或者工作不力而损害群众利益的，要实事求是地向群众讲明情况，公开承认失误，尽快予以纠正；对群众提出的过分要求，要讲清道理，耐心细致地做好说服教育工作。

（五）坚持体恤民情的思想原则

群体性事件中往往是合理与不合理的要求交织在一起，而且大部分要求是合理的。虽然这种反映要求的方式是非法的，但群众的要求和意见有合理的成分，这也要求公安机关在处置中要心中装着老百姓，体谅群众的难处，体察群众的疾苦，维护群众的利益，不能一味地压制、推诿；否则，只能加剧事态的发展。有关领导要抓住主要症结，实事求是地解决群众提出的问题或引起群众不满而应予解决的问题。对应当解决而暂时解决不了的问题，要向群众说明原因，明确答复解决的时间、办法和措施，要取信于民；对于工作失误造成的问题，要诚恳检讨，争取群众的谅解，只有这样，才能起到降"温"消"火"的作用。要做到以人为本，从民众角度出发去解决根本问题。

（六）坚持严格执法、不枉不纵的处理原则

在处置中，公安机关要正确区分两类不同性质的矛盾，对事件中的绝大多数群众要做团结争取工作；对事件煽动者、首要分子要进行严格的控制，使其立即放弃非法组织行为，而且在事件中要设法将其和参与事件的群众分离开来，使其失去"龙头"的作用。对那些插手事件的敌对分子、敌对势力和具有犯罪行为的个别人员，要在矛盾基本缓和、绝大多数群众醒悟，并征得上级有关领导同意的基础上，以事实为依据，以法律为准绳，依法严肃处理，并造成声势，以儆效尤。

（七）依法果断处置的原则

依法果断处置是指公安机关在处置群体性治安事件过程中，要抓住时机，坚决依法果断处置，防止事态扩大和蔓延。具体应用的条件有以下几点：一是有利于稳定大局；二是处置的时机和条件成熟；三是已处于危险关头；四是既可能彻底解决治安事件，又不会留下严重的后遗症；五是不会产生较大的负面影响。要求对非法暴力活动以及严重扰乱社会秩序的行为予以制止，果断处置。

【特别提醒】

公安机关在处置群体性治安事件时，必须正确掌握和灵活运用这些原则，增强自觉性，克服盲目性，杜绝简单粗暴，防止事态升级，从有利于社会稳定、有利于尽快制止和平息事件这一前提出发，迅速制止事态的扩展，以最小的代价来获取最大的社会效益。

项目四　群体性治安事件的处置机制与方法

一、群体性治安事件的处置机制

【案例 13-9】

2008 年云南省孟连县发生了"7·19"事件。孟连县的橡胶产业由于产权不清晰，管理不规范，利益诉求长期得不到解决，特别是随着近年来橡胶价格的不断上涨，利益分配纠纷逐渐激化，胶农长期以来对橡胶公司的积怨，逐步发展成为对基层干部、基层党委政府的不满，加之少数违法人员乘机进行挑唆、误导，在个别地方出现了围攻、打砸橡胶公司，甚至围攻、殴打县乡工作组人员，打砸公私财物，严重影响了当地社会治安稳定。针对以上种种问题，孟连县委、县政府限令违法犯罪人员主动投案自首。7 月 19 日上午，公安机关依法对勐马镇辖区内的 5 名犯罪嫌疑人采取强制传唤措施。在依法强制传唤任务执行完毕后，按计划向村民开展法制宣传教育时，500 多名不明真相的人员在极少数别有用心的人的煽动下，情绪激动，行为过激，多次冲越警戒线，手持长刀、钢管、铁棍、木棒向民警进行攻击性劈砍、殴打，致使多名民警受

伤，民警在生命受到严重威胁，经多次喊话劝阻、退让、鸣枪警告无效的情况下，被迫使用防暴枪自卫，由于距离较近，致使两人死亡。事件还造成41名公安民警和19名群众受伤，9辆执行任务车辆受到不同程度的损毁。事件发生后，云南省委书记白恩培、省长秦光荣等领导立即作出批示，要求积极抢救伤者，安抚好死者家属，做好善后工作和群众工作，并迅速组成工作组赶赴现场，尽快查明事件起因，及时公布真相。在第一时间组成了由省委副书记李纪恒，省委常委、省委政法委书记孟苏铁，副省长曹建方挂帅的工作组，前往孟连县指导事件处置工作。省、市、县领导深入事发地点，采取一切措施，尽最大努力平息事态，与胶农直接对话，听取他们的意见和诉求，防止事态进一步恶化。经过4天的艰苦努力，事件处置工作取得了初步成果，受伤人员得到救治，死者遗体已进行火化，群众情绪基本稳定。

【问题思考】

（1）结合本案例思考处置群体性治安事件要做好哪些组织准备？

（2）结合本案例思考处置群体性治安事件要做好哪些器材准备？

【应知应会】

（一）处置群体事件组织准备

组织准备阶段主要是指现场处置队伍赶到现场前的各项准备工作。现场指挥员在此阶段要以处置队伍能否适应现场处置需要为前提，着重从以下程序迅速开展准备工作。

（1）领受任务，展开工作。

公安机关处置群体性治安事件的任务来自上级公安机关或当地党政领导机关的处置命令。在接受任务时，必须了解任务的具体内容，获取一切有关事件的情报信息，明确上级的任务和意图、本级的任务及其在上级处置任务中的地位和作用、相关警种的任务与本级任务的关系以及完成处置任务的时限等内容。

（2）正确判断，下定决心，制订方案。

正确判断和准确定性是指挥员定下决心的基础，也是实施组织指挥的先决条件，它关系到行动的成败。指挥员和指挥机关在组织准备阶段，要尽可能了解情况，集中各方面获取的所有事件情报信息，采取定性、定量分析相结合的方法，正确估计有利条件和不利因素的作用，形成正确判断，并据此制定处置方案或完善先前已制定的应急预案。

（3）检查落实各类保障。

处置群体性治安事件常常是多警种合成作战，动辄出动警力成百上千人，所以离不开灵活机动的运输工具、高质量的现代化通信设备和精良的武器警械等后勤保障。如有可能造成人员伤亡或处置时间较长，还应考虑医疗救护和饮食保证，这是处置群体性事件所必备的物质条件。因此，现场指挥员必须针对处置事件的特点，周密计划、认真检查落实各类保障工作。

（二）处置群体事件预案制作

群体性事件处置预案是指警察机关根据已发生过的群体性事件的成因、特点、规模及处置经验，针对未来可能发生的群体性事件所制定出的科学的处置方案。

（1）根据领受和承担的任务确定预案目的。

确定预案目的是制定预案的前提。不论制定何种预案，都有着特定的目的。预案目的正确与否，对以后处置工作的成败得失有着重要的影响。因而，预案的制定者必须根据上级的部署，明确所承担的任务，并以此确定预案的目的。

（2）依据所收集情报信息拟制预案。

要围绕着预案的目标，广泛收集历史的、现实的各种相关资料、情报信息，尤其是要吸取以往处置群体性治安事件的经验教训，掌握第一手材料，并通过科学分析找出影响预案目标实现的各种因素和问题，从而有针对性地制定具体措施，使制定出的预案具有可靠性和可操作性。

（3）预案的基本内容。

预案的主要内容包括：指导思想和目的、基本情况分析、处置的基本原则和基本任务、组织指挥、职责分工、警力部署以及警械装备的配备。

（三）处置群体性治安事件器材装备保障

器材装备保障是公安机关处置群体性治安事件的必要物质基础，是民警战斗力的重要组成部分。充分的器材保障在武力威慑、提高民警安全防护能力、克服行动障碍、发展完善战术手段、实施有效心理打击等方面具有重要意义。

武器，特指人民警察按规定装备的枪支、弹药等致命性警用武器。

警械，特指人民警察按规定装备的警棍、催泪弹、高压水枪、特种防暴枪、手铐、脚镣、警绳等警用器械。警械按不同的功能，可分为：约束性警械、驱逐性警械、制服性警械。

装携用具，用于在行动中随身装携武器弹药、通信器材及其他装备。科学设计的装携用具可为警察行动提供可靠保障，增强民警行动能力。

防护装具，用于人体或物体的防护，起防爆、防火、防刺、防弹等作用，如各种防弹（刺）衣、防暴盔甲、防弹（暴）头盔、防弹（暴）盾牌、防护手套等。

破拆器材，用于破门、破障等，如各种破门工具组、液压破门千斤顶、强力剪等。

拦阻器材，一般用于强行拦截交通工具或拦阻人群以设置缓冲区。如各种阻车排钉、栅栏等。

攀登垂降器材，用于攀越高障或从高处降下。

照明器材，用于低光照环境，包括大功率照明灯、战术手电、枪用战术灯等。

观察监视器材，用于事件处置中的观察监视、情报搜集、证据记录等。

检查器材，用于对可疑物品、车辆、人身的检查，以发现违禁物品、危险品、相关证据等。

排爆器材，用于对爆炸物的转移、排除等，包括各种防爆罐、专用排爆工具以及排爆机器人等。

通信器材，用于行动中通信联络。

特种交通工具，现场处置所需的空中、地面、水上等各种交通工具，如警用直升机、飞艇、警用装甲防暴车、紧急勤务车等。同时需确保燃料充足、维护措施有效、运输方式科学便捷等，以保障人员机动、通信指挥、防暴等活动的有效实施。

其他战术辅助性器材，用于在战术行动中欺骗、驱赶、干扰目标及牵制、分散、转移目标注意力等，对攻击、机动等战术行动起辅助作用。其他还包括饮食、医疗救护和其他器材装备，如各种食品、服装、用水给养、医疗和救护勤务组织、各种取证器材、宣传车、大功率播音器材以及用于特定场所紧急疏散闹事人群的大型交通车等。

二、群体性治安事件的一般处置方法

【案例 13 - 10】

某年某月 26 日，某矿务局 2 000 余名闹事者和上访群众将参与维护现场秩序的 800 余名民警及百余台警车封堵在矿务局院内达 20 多小时。事件发生后，某公安厅紧急调集警力 2 000 名，分为两路纵队，以 500 名武警为先导突破，呈锥形向前推进，在中心现场以人墙打开和封闭了近 800 平方米的真空地带；同时，又有 500 名武警冲进大院，同被围困的 800 名民警、武警一起行动。因此，很快形成一个高压事态，威慑了闹事者，使解围和处置工作得以顺利进行。

【问题思考】

结合本案例谈谈群体性治安事件处置的基本手段和方法有哪些？

【应知应会】

（一）群体性治安事件处置的基本手段和方法

群体性治安事件处置的基本手段和方法是指为及早平息群体性事件，根据群体性事件的状况发展而制定的行动思路和行动方式、方法。常见的处置群体性治安事件的策略与方法主要有以下几种。

1. 扬威造势，政策攻心

"扬威造势，政策攻心"是指运用各种手段展示人民警察强大的威力，辅助以政策的宣传教育，使闹事群体心理畏惧，信心动摇，不敢贸然行事，被迫停止闹事行为的一种行动方法。

（1）扬威造势。接到命令后，当某些事件尚未发展到特别严重的程度时，调集警力以最快速度赶赴事发现场，当接近事发地域时，可调整成密集开进队形，以警车开道，警灯长闪，警笛长鸣，警察全副武装，以威武不可阻挡的气势向事发地域集结，陈兵耀武，从精神和心理上以威不可挡之势震慑闹事人群，形成强大的震慑力，使闹事人群不敢轻举妄动。同时，在对闹事区域实施封控的前提下，选择适当时机，实施武装巡逻。以严明的纪律、高昂的士气、威武的警容，形成坚不可摧的态势，以产生威慑效应。

（2）政策攻心。《孙子兵法》有言："是故百战百胜，非善之善者也；不战而屈人之兵，善之善者也。"在形成强大的警力威慑后，不要急于动武，要积极配合政府有关部门，使用车载或便携式扩音器材等宣传工具，或通过新闻媒介，讲明党和国家的有关政策法律，讲清闹事的违法性和危害性，用事实揭露事件真相和组织者的阴谋，开展政治攻势，消除事件主体的不正常主体意识和激情反应，劝导人群离开现场，不要受别有用心者的欺骗，表明政府的立场和态度，以此达到从心理上威慑闹事骨干分子，使闹事人群不敢轻举妄动的目的。运用攻心战法的前提是要明确攻心对象的需求、欲望等；具体形式有情感攻心、政策攻心、武力攻心、惩治攻心等；最佳时机是在事件始发时，闹事群体内部分裂时、犹豫不定时、彷徨动摇时等。

2. 周边封控，卡口控制

"周边封控，卡口控制"是指在事发地域（单位）的周边布警设卡，将闹事群体封控在一定范围，切断其对外联系，遏制事态扩大蔓延的一种行动方法。

（1）周边封控。对已经形成一定规模的群体性治安事件，要在各级指挥部的统一指挥下，将参与处置事件的警力编成一个或若干个封控分队，采取人障结合的方法，在事发地域（单位）周边的道路、通道设置警戒，划定警戒区域，设置临时警戒线，实施区域性交通管制，阻止无关人员、车辆进入封控区。力量部署一般是机动警察在外线，武警在二线，处置警察和政府工作人员在一线。周边封控目的是把闹事人群隔离在一定范围，阻止其扩大蔓延，遏制事态发展。

（2）卡口控制。在执法现场（闹事区）周围选择有利的地形、地物，进行设卡布哨，加强对人员、车辆的检查、控制和疏导，阻止无关人员进入执法现场（闹事区），堵截企图逃离封控区的闹事组织者或闹事骨干分子，切断执法现场（闹事区）与外界群众的联系。若目标区域较大，既要控制有重要意义的桥梁、路口和制高点，也要采取定点拦阻与机动拦阻相结合的方式，卡口、堵路、控面，对闹事群体实施立体封控。

3. 多道拦阻，抗击冲击

"多道拦阻，抗击冲击"是指在闹事人群必经之路或重要目标周边设置多道拦阻线，拦阻闹事人群向预定区域（目标）聚集或抗击闹事人群冲击重要目标的一种行动方法。

（1）多道拦阻。根据参与群体性治安事件的人数、事件的规模、闹事人群的情绪、执法现场（闹事区）的地形地物特征以及参加执法的警察的数量等因素，可在拦截地域设置一道或多道拦阻线，在拦截部署上可实行点面结合，在拦截手段上可实行人障结合，在拦截方法上可实行拦劝结合，坚决阻止闹事群体的行动。

（2）抗击冲击。在闹事人群冲击重要目标时，负责拦截的警察应在重要目标通道（出入口）和要害部位设置多道拦阻线，采取纵深梯次配置，坚决阻止闹事人群冲击。同时在抗击闹事人群的冲击过程中，指挥员应组织人员进行劝说，对群众的过激言行要尽量保持克制，以免激化矛盾。当以队形抗击冲击的方式不能奏效时，可使用警棍和催泪弹驱散冲击人群，坚决阻止人群通过。对企图从我队形翼侧迂回绕过我阻截线的人群，指挥员应适时使用预备队进行阻截。对向我方使用暴力的极端分子，可根据上级指示将其抓捕带离现场。

4. 缉捕首恶，震慑犯罪

"缉捕首恶，震慑犯罪"是指为制止暴力犯罪行为，采取强行措施，突然行动，抓捕闹事骨干分子或犯罪首要分子的一种行动方法。参加执法的警察应根据上级命令、指示，配合参与执法的武警等相关部门或单位，在及时组织现场取证的同时，组织若干行动小组，对正在实施打、砸、抢、烧、杀等行为的闹事骨干分子或犯罪分子，采取诱捕、候捕、化装缉捕、穿插缉捕、突击缉捕和分割缉捕等方法，制止其犯罪行为。若闹事人员众多，可根据现场情况，先行施放催泪弹，乘闹事人群混乱之机，开展缉捕行动，打击违法犯罪气焰，平息事态。在抓捕中，对使用器械、武器或者危险品等拒捕的，可以按照法律规定使用警械或者使用枪支，在使用武器警械时，应严格按照批准使用的警械武器的种类、范围、程度和要求去使用。特别是在使用手枪等杀伤性武器时，要切实遵守法律法规，不到万不得已，不得轻易开枪，并注意一定不要误伤无辜。与此同时，对抓到的闹事骨干分子或犯罪分子及时加强审讯工作，弄清事情真相，依法打击处理违法犯罪分子，以达到震慑犯罪、教育群众的目的。

（二）群体性治安事件的分阶段处置方法

在处置群体性治安事件的过程中，应根据事态的性质、规模及其发展的不同阶段，采取相应的处置方法和手段。

1. 事件初期的防范性处置方法

采取防范性战术手段是为了防止事态的进一步发展变化，并保护重点单位和要害部位免受冲击与危害。把事件制止在萌芽或初期阶段，这比等事件发展到大规模剧烈冲突的程度再去处置要容易得多。具体处置手段有：教育疏导，缓解矛盾；拦截阻隔，重点布防；威严震慑，引而不发。

2. 事件中期的处置战术

中期处置是公安民警在初步控制局势的前提下，所采取的疏散闹事群众、平息事态的各种战术手段。这是解决群体性治安事件的关键阶段。中期处置时，在警员的调度上，应事先准备好后备机动人员，以应付紧急情况的发生。一般来讲，后备机动人员应占总体人员的25%左右。机动人员待命的位置多隐蔽在事件现场附近，以便于快速进入现场。必要时也可设若干机动点，从不同方向进入现场。中期处置的战术主要有：

（1）驱散闹事人群。当命令解散无效时，经批准可采用强行驱散，主要方法有：队形冲击，使用警械驱散等。

（2）抓捕首要分子。对于群体性治安事件首要分子的抓捕，首先，应注意罪证的搜集工作，判明情况，做到师出有据，防止授人以柄，使闹事群众与处置民警之间的矛盾进一步激化。其次，应把握好抓捕时机，不动则已，动则必胜、力求一举成功。抓捕的方法可视抓捕对象的众寡，采取楔入、包抄、分割等直接抓捕方法，一经抓获立即带离现场，审查处理、调查取证等工作也应同步进行。

（3）调查取证，收缴闹事工具。在群体性治安事件处置中期，通过调查获取证据材料，为后期事件处置打下基础。

3. 事件后期的处置方法

后期的工作主要是消除危害后果，恢复正常的社会秩序，防止闹事群众重新集结。后期处置的战术方法主要有：

（1）协同有关部门处置事件参与人。

（2）在事件现场保留适当警力，防止闹事群众重新集结。事件初步平息后，公安民警不应立即撤走，而要保持事件处置工作在时空上的适当延伸，保留适当警力进行观察巡视，若发现闹事群众有重新集合的苗头要及时疏导平息，以免使前期处置工作的成果付之东流。具体做法是：在可能发生再集结的地区、场所留有适当警力驻守，使闹事者知难而退。另外，还可以在相关区域进行巡逻，并适当增加巡逻密度，巡逻时应注重对可能再集结的场所、地区实施必要的搜索检查以及对过往行人的盘查。

（3）消除危害后果，稳定社会秩序。群体性治安事件一般都会给社会造成严重的危害后果，消除事件造成的危害后果是后期处置中难度较大的工作，公安民警应主动配合有关部门，积极做好抢救伤员的工作，并及时清理整修由于事件造成的物质损害，排除路障，疏导交通。配合有关部门稳定群众情绪，恢复正常的工作、生产、教学科研秩序。

【特别提醒】

处置群体性治安事件应根据群体性治安事件中不同的性质、规模、特点、发生的场所、危害程度、引发主体，有针对性地采取相应的、切实有效的处置方法。

项目五　技能训练

治安性群体事件处置训练

一、训练目的和要求

通过模拟对群体性治安事件处置的实战演练，再现群体性治安案件产生和发展的实际情景，使参训学生掌握群体性治安案件不同阶段的处置方法，用较为真实的情景锻炼和提高处置群体性治安事件的能力。

二、训练内容及要点

（1）处置群体性事件预案制作。

（2）群体性事件初期的防范性处置方法。

（3）群体性事件中期的处置战术。

（4）群体性事件后期的处置方法。

三、训练前的准备

手铐、警绳、警棍、盾牌等警械，扩音喇叭等大功率播音器材。

四、训练方法与步骤

（1）以班为单位在校内空旷处组织模拟演练，三分之二的学生扮演群体性事件当事人；三分之一的学生扮演处置群体性事件的警察。

（2）由扮演警察的学生自行设计事件处置预案。

预案的内容应当包括指导思想和目的，基本情况分析，处置的基本原则和基本任务，组织指挥，职责分工，警力部署以及警械装备、后勤保障的配备。

（3）模拟群体性治安事件在初期、中期、后期不同阶段的冲突状态，由学生根据不同阶段时的不同性质、规模、特点、发生的场所、危害程度、引发主体、表现形态，有针对性地采取相应的、切实有效的处置方法，并实际操作人墙式封锁线和人障结合式封锁线，演练驱散队形，演练围堵、分割与抓捕队形。

（4）教师指导。教师充当群体性治安事件的总指挥，对学生制作的群体性治安事件预案进行审批、检查，指导学生在演练中对群体性不同阶段状态进行不同侧重的处置，及时对学生的行进队形进行纠正、指导。

五、注意事项

（1）参训学生要按照自己的角色办事，并互换角色进行训练。

（2）慎用警力和强制措施。

（3）在学生模拟演练中，扮演群体性事件当事人和警察的学生要注意安全，避免在冲撞中受伤。

六、考核方法及标准

（一）考核方式

指导老师一名，学生分为三组，轮流模拟处置群体性事件的警察，考核学生的群体性治安事件预案制作情况及在事件不同阶段的不同处置方式。

（二）考核标准

（1）优秀：准备充分，队形操作熟练，文书格式合法规范，文书内容完整清晰，事件处置方式合理有效，法律手续完善。

（2）良好：准备较充分，队形操作较熟练，文书格式合法规范，文书内容完整，事件处置方式比较合理有效，法律手续完善。

（3）合格：准备基本充分，队形操作基本熟练，文书格式基本合法，文书内容基本清晰，事件处置方法基本合理，法律手续完善。

（4）不合格：未达合格标准。

七、训练案例

【案例】

某市某出租车公司与其下属的出租车司机因收入分配不公而发生矛盾。该公司的300余名司机围攻封锁了公司大楼，禁止大楼内工作人员出入，并要求将公司的董事长、总经理等重要领导全部交出来，否则就焚烧大楼。公安机关接到报警后立刻出警，处置这一突发性群体治安事件。

训练要求与提示：

（1）出警前制作预案，并根据预案准备必需的装备。

（2）警察到达现场后进行群体性事件发生初期的处置。

（3）在群体性事件发生的中期分别建立起警戒封控队形，驱散队形，围堵、分割与抓捕队形，对事件进行处置。

（4）在群体性事件的后期，进行恢复正常社会秩序的处置。

（5）对本次群体性事件的处置效果进行总结。

单元十四

治安灾害事故查处

◆

【知识目标】

（1）了解治安灾害事故含义及其特征与分类、事故现场的含义及现场保护的目的。

（2）理解治安灾害事故查处的含义及其目的与意义、事故现场保护的任务。

（3）掌握治安灾害事故现场保护、事故调查与处理的方法。

【能力目标】

（1）能按照法律、法规规定处置治安灾害事故现场。

（2）能按照法律规定调查治安灾害事故。

（3）能按照法律、法规及规章制度处理治安灾害事故。

【知识结构图】

治安灾害事故查处
├── 治安灾害事故查处概述
│   ├── 治安灾害事故的概念
│   ├── 治安灾害事故的基本特征
│   ├── 治安灾害事故分类
│   └── 治安灾害事故查处的目的与意义
├── 治安灾害事故的现场保护
│   ├── 现场保护的目的
│   ├── 现场保护的任务
│   └── 现场保护的方法
├── 治安灾害事故的调查
│   ├── 事故调查的基本原则
│   ├── 建立事故调查组织
│   ├── 制订事故调查计划
│   ├── 事故现场勘查
│   ├── 技术鉴定
│   ├── 事故调查访问
│   └── 摸底排查
├── 治安灾害事故处理
│   ├── 准确认定事故的性质
│   ├── 处理事故制造者和责任人
│   ├── 做好伤残人员和死亡家属的安抚工作
│   └── 展开宣传教育，强化群众安全意识
└── 技能训练

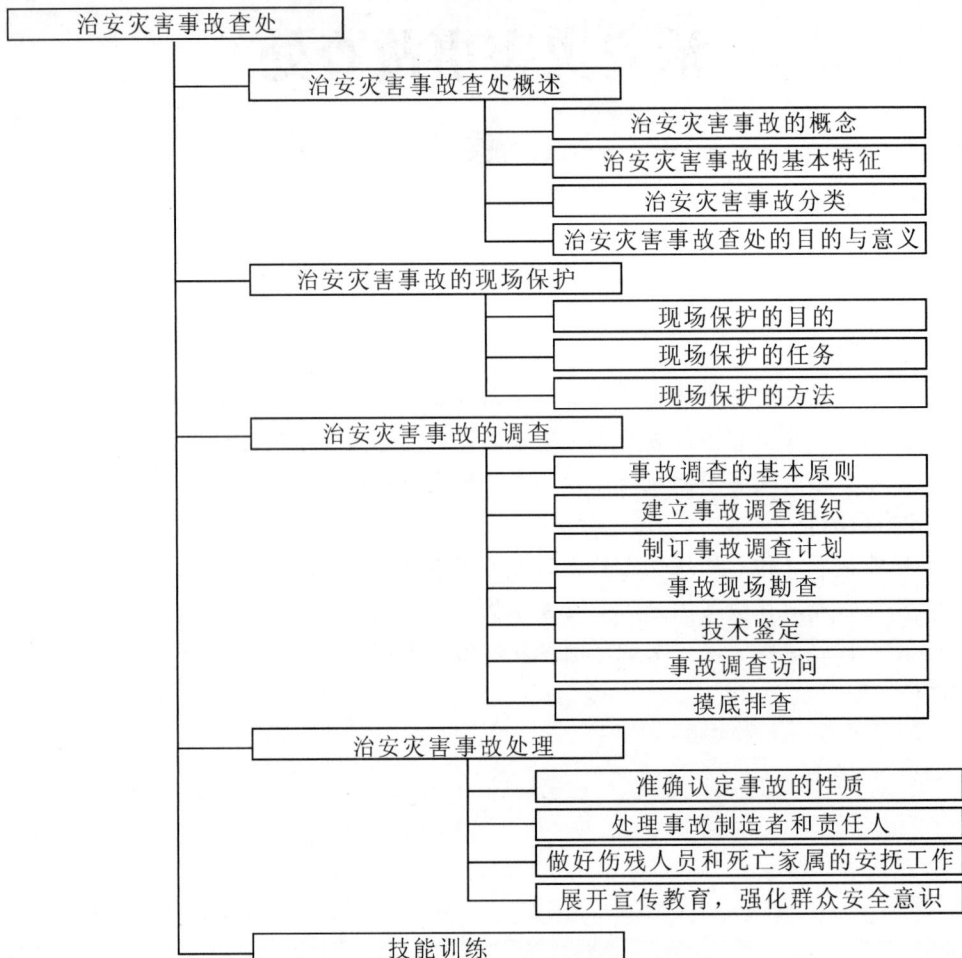

项目一　治安灾害事故查处概述

一、治安灾害事故的概念

治安灾害事故是指由于违反国家法律、治安管理法规或安全操作规程，造成重大物质损失或人身伤亡，影响社会安定，危害社会治安秩序的一种灾害性事故。治安灾害事故主要包括火灾、爆炸、中毒、交通和因公共秩序混乱造成的不特定多数人挤、压、踩、踏伤亡事故。

二、治安灾害事故的基本特征

【案例 14 –1】

2006 年 4 月，某煤电公司职工医院一闲置车库发生爆炸，爆炸现场清理发现 31 具

遗体，还有部分人体组织；受伤19人；数栋建筑物受损。此次爆炸事件系王某等人非法购买、储存的自制炸药自燃自爆而引起的爆炸事故。犯罪嫌疑人王某及其司机王某等人的行为违反了我国《民用爆炸物品管理条例》的相关规定，涉嫌非法买卖、运输、储存爆炸物罪，被公安机关刑事拘留。

【问题思考】

（1）某煤电公司职工医院车库的爆炸事故是否构成治安灾害事故？为什么？

（2）如果构成治安灾害事故，是属于什么类别的事故？

【应知应会】

治安灾害事故具有以下几个基本特征。

（一）主观过错性

主观过错性，是指事故的发生必须是人为故意或过失造成的。由于专业知识和技术水平的限制，事物发生突变的原因超出了事故有关人员所应当预见和认识的范围，或者超出了目前科学技术水平所能认识和控制的范围而造成的事故，不能以治安灾害事故论处，而可称之为技术事故。

（二）行为违法性

行为违法性，是指事故行为人的行为违反了治安管理法律法规或其他有关规章制度。也正是由于事故责任者违反了有关保障安全的规章制度，而导致治安灾害事故的发生。

（三）后果灾难性

后果灾难性，是指事故责任人的行为，已经造成重大物质损失或者人员伤亡。尚未形成事故或者造成危害后果的，即使是违反了治安管理安全规定，也不以治安灾害事故论处，一般称为事故隐患或者事故苗头。

（四）社会危害性

社会危害性，是指事故对社会秩序构成了破坏，降低公众对政府的信任程度，引发人们的心理恐慌，造成社会正常秩序紊乱，甚至引起社会动荡。

三、治安灾害事故分类

治安灾害事故根据不同的分类标准划分为不同的类型。

【应知应会】

（一）依事故性质分类

按治安灾害事故的性质，可以把治安灾害事故分为破坏事故和责任事故。破坏事故是指出于某种目的和动机，故意制造的事故；责任事故是指由于过错和过失引发的事故。

破坏事故和责任事故的区别在于，行为人对该行为引发的事故后果的主观心态不同。破坏事故的行为人是希望或放任事故危害后果发生。而责任事故的行为人本不愿意发生事故危害后果，由于疏忽大意，对事故危害性缺乏预见或者虽已预见，但心存侥幸，以为可以避免，而实施了某种行为，从而引发事故。由此，两者的法律后果也不相同，其行为人承担的刑事或行政责任是有区别的。

（二）依事故危害程度分类

根据治安灾害事故的危害程度，可以把治安灾害事故分为一般事故、重大事故和特大事故三种类型。

一般事故，是指死亡 1 人以上 3 人以下（不含 3 人），或重伤 3 人以上 5 人以下，直接经济损失在 100 元至 10 000 元之间的事故。

重大事故，是指死亡 3 人以上（含 3 人）10 人以下（不含 10 人），直接经济损失 10 000 元以上的事故，或危及首长、外宾、知名人士，虽未造成人身伤亡，但政治影响很坏的事故。

特大事故，是指造成特别重大人身伤亡或巨大经济损失，且符合国家有关部门制定的特大事故标准的事故，以及性质特别严重、产生重大影响的事故。如，民航客机发生的机毁人亡（死亡 40 人及以上）事故，专机和外国民航客机在中国境内发生的机毁人亡事故，铁路、水运、矿山、水利、电力事故造成一次死亡 50 人及以上，公路一次死亡 30 人及以上或直接经济损失在 500 万元及以上的事故（航空、航天器科研过程中发生的事故除外），一次造成职工和居民 100 人及以上的急性中毒事故等。

（三）依事故危险因素分类

依照现行的国家标准，按治安灾害事故中的物质危险因素分类，可将事故分为 20 类。其中常见的有：火灾、爆炸、中毒和窒息、高空坠落、放射性事故、公共秩序混乱造成的死伤事故等。

四、治安灾害事故查处的目的与意义

【应知应会】

公安机关及相关部门对事故查处的目的是：弄清事故发生的原因，判明事故性质，确定事故肇事者和责任人，依法追究其法律责任；查明人员伤亡、经济损失等情况，妥善处理善后事宜等；分析事故发生的规律和特点，总结经验教训，加强防范措施，防止类似事故再度发生；教育广大群众增强安全防范意识，提高警惕，积极同治安灾害事故作斗争，确保社会秩序和公共安全。

查处治安灾害事故的意义在于：有利于维护社会治安秩序，为我国的社会主义现代化建设创造良好的社会环境；防止和减少类似事故的发生，有效地保护人民生命财产的安全；及时揭露和打击违法犯罪分子，维护法律尊严。

项目二　治安灾害事故的现场保护

事故现场，是发生事故的原始地点，是反映事故真相的场所，也是事故肇事者和责任人留有痕迹和物证的场所。当事故发生后，应首先采取有效措施保护现场不受破坏，这对确定调查范围和方向、及时查清事故起因、判明事故性质的顺利进行有着十分重要的意义。

一、现场保护的目的

【案例 14-2】

某县化工厂生产车间发生一起爆炸事故，造成 6 名工人死亡，15 名工人受伤。事故发生后，化工厂厂长王某与副厂长张某命令相关人员将现场大部分废墟清理，丢弃残留的化学药品，销毁化学原料库房记录。

【问题思考】

（1）王某与张某的行为将导致什么后果？

（2）进行现场保护的原因是什么？如何实现现场保护？

现场保护的基本目的主要有三个方面：第一，使治安灾害事故的现场原貌免遭破坏，为现场勘查人员分析判断事故原因和性质提供客观依据。第二，防止灾害事故扩大或引发新的事故，防止哄抢事故现场的公私财物，维护事故现场周围的治安秩序。第三，保护事故现场的秘密，特别是现场属于保密范围的文件或实物、现场勘查获取的证据资料等，都要防止泄漏，确保调查顺利进行。

二、现场保护的任务

现场保护并不是消极、被动的行为，而应该与维护秩序、抢险救灾、发现肇事者和责任人结合起来。其任务包括有：

（一）维护事故现场秩序

治安灾害事故发生后，由于现场内人员复杂，秩序比较混乱，往往会堵塞交通、妨碍抢救等，对现场造成不必要的破坏，甚至可能发生挤压、踩踏事故，因此，维护现场秩序，疏散现场无关人员，是现场保护的重要工作。

（二）保护事故现场原貌

在现场处置中，应尽可能最大限度地保持事故现场的原始状态，以便分清事故性质。由于排除险情、抢救伤员或疏散物资而必须变动现场时，应将变动前的情况详细记录下来，进行拍照和录像，以便事后考查。

（三）紧急救护受伤人员和疏散群众

在做好现场保护工作的同时，公安机关应立即组织力量协助医疗部门抢救受伤人员，尽快把伤员撤离险区，就地急救或送医院抢救。此外，应有序疏散现场群众，撤离危险区域。

（四）排除险情，抢救物资

治安灾害事故发生后，为防止现场周边的危险物品二次激发致使事故再扩大，应迅速排除险情。同时要积极抢救和分散受到威胁的物资，尤其是珍贵物品，把事故的损失降到最低限度。

（五）发现和控制违法犯罪分子

公安民警要提高警惕，对形迹可疑的人员要进行盘问、监视，有未逃脱的肇事者或重大嫌疑人，应采取措施予以控制，防止其逃跑或混入现场毁灭罪证或进行其他破坏活动。

（六）保护现场勘查人员安全

勘查人员进入事故现场后，由于精力高度集中在勘查工作上，难以顾及现场潜在的危害因素。这就要求担任现场警戒任务的人员，要高度警惕、严密监视现场的动向，切实保证现场勘查人员的安全。

（七）及时客观汇报情况

事故调查的组织领导人员、现场勘查人员到达现场后，担负现场保护工作的人员应把事故现场原始状况、抢救过程和保护措施及记载的各种情况，立即汇报给现场组织指挥者，以便有针对性地布置工作、开展事故调查。

三、现场保护的方法

【应知应会】

（1）布置警戒线封锁现场。

做好治安灾害事故现场保护，首先要划定保护范围，设置警戒标志和岗哨执勤。担任警戒任务的人员要分布在整个保护圈上执勤，除紧急救险人员外，禁止无关人员进入警戒保护圈，尽一切可能使现场保持原态。

（2）向抢险救灾人员提出现场保护的基本要求。

现场保护人员在组织群众有序地投入抢险救灾工作的同时，要通过宣传工作，向参加抢险救灾人员讲清抢险救灾的任务、方法和工作顺序，教育民警和其他参与人员注意保护现场，使现场少受破坏和变动。

（3）固定重要痕迹、物证的位置并有效保护。

治安灾害事故的现场多处于暴露状态，极易受到践踏、抚摸、蹭触等人为因素和风、雨、雪等自然因素破坏，使现场原始状态发生不同程度的变化，从而给现场勘查及事故成因判断带来困难。抢救伤员时，尽可能按一定路线行走，不要破坏中心现场。对于重要的痕迹、物证，应设标志或采取遮蔽等有效措施予以保护。必须移动保存的痕迹或物证，应对原始状态进行标记和文字记载，或拍照、摄像。

（4）专人守点保护。

对较分散或空间范围很大的事故现场，应安排专人看护留有重要痕迹、物证的地点。

（5）注意现场动态，收集群众反映。

担负现场保护工作的人员，要注意发现有无可疑人员进出现场。警戒人员要对出入现场的可疑人员进行盘查，严防可疑人员逃离或进入现场。保护人员还应抓紧有利时机，开展初步访问工作，凡群众耳闻目睹的有关情况，都要做好记录。在急救、护送受害人员时，要不失时机地了解事故的有关情况，对有价值的应记录姓名、住址及谈话内容等，以便在事故调查处理中进一步核实。

（6）记录现场的原始状况。

在现场保护中，可采取拍照、录音、录像、绘图以及文字等方式记录现场的原始概况，妥善保存现场重要痕迹、物证，为现场应急处置和事故处置提供翔实的现场依据。

项目三　治安灾害事故的调查

治安灾害事故调查是公安机关及相关部门为了查清事故的事实真相与分清事故责任，在各自职责范围内依法利用科学技术手段，对与事故相关的地点、场所、物品、人身、尸体等痕迹与物证进行现场勘查、调查访问、物证鉴定和分析研究的活动。治安灾害事故发生后，应尽快地对事故发生前后的情况进行调查，及时对现场的痕迹、物证进行提取，对事故本身范围以外的情况也要进行调查，以发现引发事故的基本原因。

【案例 14-3】

某年 4 月 15 日，重庆某化工总厂氯氢分厂 1 号氯冷凝器列管腐蚀穿孔，造成含铵盐水泄漏到液氯系统，生成大量易爆的三氯化氮，并分别于 16 日凌晨 2 时 15 分左右、17 时 57 分发生爆炸。爆炸造成 9 人死亡，3 人受伤，该事故周边 4 个区的 15 万名群众疏散，直接经济损失 277 万元。

经调查，爆炸直接原因为：设备腐蚀穿孔导致盐水泄漏，造成三氯化氮形成和富集。事故间接原因为：①压力容器设备管理混乱，设备技术档案资料不齐全，两台氯液气分离器未见任何技术和法定检验报告。②安全生产责任制落实不到位。③安全隐患整改、督促、检查不力。

【问题思考】

针对案例中的事故，治安灾害事故调查该如何开展?

一、事故调查的基本原则

（一）及时性

要求有关部门接到报告后，立即赶赴事故现场，抓紧时间进行事故调查和现场勘查工作。

（二）合法性

要求现场勘查人员以及事故调查人员，必须以法律为准绳，严格遵守国家的法律和政策，依法进行事故调查。

（三）全面性

要求工作人员在调查访问、现场勘查、事故原因分析等整个工作过程中，力求全面地把发现的有关事故原因的一切痕迹、物证、人证等材料记录下来，对获得的痕迹、物证、人证能科学正确地运用，使物证充分体现出事故原因的内在关系。

（四）计划性

事故调查工作人员，除了遵守国家发布的事故调查法律法规分析现场外，还要针对具体的事故现场，制订相应的工作计划，认真实施。

（五）客观性

调查人员对灾害事故原因提出的推理判断，应建立在物证、痕迹等证据的基础之上。一切结论都必须以客观存在的物质为依据，在任何情况下都不能以主观代替客观，以想当然代替客观存在。

二、建立事故调查组织

治安灾害事故发生后，要根据事物的性质、规模和查处需要建立调查组织。因事故发生、调查与处理，涉及很多部门和较多法律法规，所以必须有组织地科学进行。

对有明显破坏特征或重大犯罪嫌疑的一般事故，应由公安机关负责调查，吸收有关部门的人员参加。

对于重大复杂的治安灾害事故，要由公安、监察以及其他有关主管部门派员组成联合调查组。

对于特大治安灾害事故，应由省、市人民政府负责组织有关部门参加的联合调查组织。调查组织的一般分工为：现场保护组、现场访问组、急救组、现场勘查组、物证查实组、现场化验组、经济损失核算组、后勤组、材料组。

三、制订事故调查计划

调查计划是在对事故情况初步分析研究的基础上拟定的调查行动方案，是调查活动的具体步骤，对查处治安灾害事故起着指导作用。符合客观实际的调查计划，能保证调查工作目标明确、有条不紊地迅速进行。调查计划的主要内容包括：简要的案情分析和判断，调查力量的组织与分配，完成任务的步骤和方法，调查的措施和手段，可能发生意外情况的应急对策，完成每项任务的标准、方法、时间等具体要求。调查计划应根据调查工作进展情况及时进行调整和修正。

四、事故现场勘查

事故现场勘查，就是对发生事故的地点进行实地调查，发现痕迹和物证，为研究事故发生的原因、查找责任者或犯罪分子，提供事实依据的一种活动。

【应知应会】

（一）明确现场勘查的任务

现场勘查的任务主要有三方面。第一，确定事故原点，了解事故发生、发展的基本过程，为进一步展开调查提供线索。第二，发现、收集反映事故真相的各种痕迹、物证，为揭露、证实事故成因和责任者提供事实依据。第三，记录现场情况，为查清、处理事故提供证据材料。

（二）做好现场勘查的准备

勘查人员首先要巡视现场，了解周围环境、现场中心、现场内的结构和各种物体的分布情况，把事故原点和其他能集中反映事故起因或发生过程的所在地，确定为重点勘查部位。根据现场的具体情况选择勘验顺序，常用勘验顺序有外围向中心式、中心向外围式、划片分层式、带状线状式。

（三）进行实地勘查

实地勘查可分为静态勘查和动态勘查两种形式。静态勘查，就是对现场的各种物体不加触动地进行观察研究。动态勘查，就是通过翻转、移动物体寻找可疑痕迹和物品，予以记录和提取。实地勘查一般应坚持先静观后动手、先拍照后提取、先重点后一般、先外表后内部、先地面后高处、先易失后稳定。

（四）做好勘查记录

现场勘查记录，是对事故现场中一切与事故真相有关的客观事物所作的记载，是勘查活动和结果的客观反映。现场勘查记录一般包括笔录、绘图、拍照和录像。

1. 现场勘查笔录

笔录的主要内容包括：事故发生的时间、地点，发现人姓名、住址，发现经过，事故基本概况，保护现场人员身份和现场保护情况，勘查工作起止时间，勘查范围、顺序，事故发生时和勘查时的气象情况等。

2. 现场拍照与录像

现场拍照一般包括：现场方位照相、现场全貌照相、中心部位照相等。运用录像作记录，可以是局部，也可是整个勘查活动的全程录制。

3. 现场绘图

现场绘图主要包括：现场方位图，事故建筑平面、剖面图，事故波及范围总平面图，设备破坏情况示意图等。现场制图应注明图的名称、比例尺、绘图说明、绘图日期、绘图人等。

五、技术鉴定

事故技术鉴定，是指运用科学知识和科技手段来分析、认定事故原因的调查措施。通过技术鉴定，科学地分析现场痕迹、物证、可疑物品的性质和形成与事故之间的关系，为事故处理提供准确依据。

（一）直观鉴定

直观鉴定，就是技术人员只凭借科学知识、实践经验以及事故发展的一般规律，对鉴定项目直接进行鉴别认定。

（二）仪器检验

仪器检验，是指专业技术人员运用科技器材，对现场痕迹、物证通过化学、物理或生物性能进行鉴别认定。

（三）模拟实验

模拟实验，是指在事故现场或实验室，仿照事故前的情景，用实验方法来描述事故发生发展的过程。通过模拟实验，观察某种激发条件下事故发生的可能性，检验实验结果与事故现场情况是否一致。

模拟实验完毕后，要写出反映实验经过和结果的报告。

六、事故调查访问

调查访问是事故调查的基本方法之一，走访群众，通过群众来了解情况。事故调查访问要抓紧事故发生不久、知情人员记忆犹新的时机，迅速开展调查访问工作。一般访问应当从进入事故现场进行现场保护时就开始，访问的对象主要是报案人、发现人、救灾人、受害单位负责人、受害人及其家属等可能知道事故发生前和事故发生中的有关情况的人。

【特别提醒】

在调查访问中，要做好访问笔录。调查访问主要围绕的问题有：事故发生的时间、具体部位和经过等情况；事故发生时，谁在岗或在场，谁不在岗或不在场；事故是谁首先发现的，怎样发现的，采取过哪些措施；事故发生前有什么征兆，是否有过类似事故，如何处理的；事故发生前后，谁有哪些反常表现和可疑情况；事故制造者必须具有哪些专业知识、技术技能、工具等。

七、摸底排查

摸底排查是指事故调查组在现场勘查与调查访问的基础上划定事故责任人范围，根据所掌握的调查材料，逐个进行排查，确定事故责任人的调查措施。摸底排查的范围应根据已经掌握的事故特征和引发特征等条件来确定。摸底排查必须做到实事求是，切忌先入为主。

项目四　治安灾害事故处理

一、准确认定事故的性质

【案例14-4】

2005年10月，某油田井下作业公司第三修井分公司306队在某处小集油田井进行除垢作业前的配液过程中，发生硫化氢中毒事故，造成3人死亡、1人受伤。

经调查分析，事故直接原因为：配液原料除垢剂中含有的主要成分氨基磺酸，与配液罐内残泥中的硫化亚铁（该井长期停止注水，井筒内硫酸盐还原菌和电化腐蚀综合作用产生硫化亚铁）发生化学反应，生成硫化氢气体，造成人员中毒。

事故间接原因为：①配液罐底存有残泥。配液前，由于没有明确规定谁负责清理、按什么程序清理、清理到什么程度，致使罐底的淤泥没有被彻底清理干净。②配液罐结构不合理。敞口罐上方只有不足四平方米的工作面，面积小且无防护设施，致使人员昏倒后掉入罐内。③现场人员对出现的异常情况没有采取防范措施。

事故管理原因为：①没有严格执行规章制度。②安全检测与防护设施配备不足，延误了人员抢救时间。③培训教育不到位。员工风险意识不高，识险、避险能力不强。④干部安全意识不高，对习惯性违章不以为然。

本次事故性质：该起事故为重大责任事故。

事故处理：这起事故共有16人受到行政处分。其中，2人被撤职，1人被降级，4人被行政记大过，1人被行政记过，2人被行政警告。受到处理的处级干部3名，科级干部4名。

【问题思考】

（1）治安灾害事故的定性依据是什么？

（2）如何准确判定治安灾害事故的性质？

认定事故的性质，即事故定性，就是对事故调查获取的痕迹、物证、线索等进行客观系统分析研究，依法来判定事故的性质。做好事故定性工作，是正确处理好事故的前提。

【应知应会】

准确判定事故的性质，需正确区分以下界限：

（1）罪与非罪。违反我国《刑法》，符合《刑法》认定条件的是犯罪；反之，则不构成犯罪。

（2）责任事故与非责任事故。责任事故，是指因有关人员的过失而造成的事故，应付相应法律责任。非责任事故，又分为自然灾害事故和技术事故。前者是指由于自然界的因素而造成不可抗拒的事故。后者指由于未知领域的技术问题而发生的事故。非责任事故一般不追究个人的责任。

（3）一般责任事故与重大责任事故。两者同属于事故责任者违反规章制度的过失行为。但两者的区别在于，重大责任事故造成的后果更为严重，往往构成犯罪，需要追究刑事责任；一般责任事故，损失较小，在处理中应有所区别。

（4）破坏事故与责任事故。前者是指行为人为达到一定目的而故意制造的事故；后者是指有关人员的过失而造成的事故。

二、处理事故制造者及责任人

在查清事故性质、分清事故责任的基础上，应根据事故的性质、情节轻重、危害后果大小，依照国家法律、法规和政策严肃处理事故的制造者及责任人。

事故责任的种类有直接责任与间接责任、领导责任与非领导责任等。此外，按责任人所要承担的责任性质可分为刑事责任、行政责任、民事责任和组织纪律责任。对应的处罚种类有刑事处罚、行政处罚（包括治安管理处罚）、经济处罚、行政处分。

对事故责任认定及处理建议应以书面形式作出，对事故责任人或责任单位，公安机关有权处理的则依法处理，无权处理的应按程序移交相关部门处理。

三、做好伤残人员和死亡家属的安抚工作

治安灾害事故的发生，往往造成人员伤亡和财产的重大损失，对此，事故查处领导小组要适时地组织力量，成立事故善后处理小组，做好伤残人员和死难家属的安抚工作。

【应知应会】

对伤残人员，有关部门和领导应前往医院或家中探望，表示慰问。对他们的医疗费、护理费和治疗期间的工资、奖金等问题依照相关规定解决好。对经济比较困难和需要单位照顾的伤残人员，应当在权限范围内给予适当的帮助，使他们安心养伤，早日恢复健康。

对死难家属，要会同有关单位负责人做好劝慰工作，防止发生意外事件；同时，在生活上按照国家的有关规定及时进行抚恤，使他们在心理上得到一定的补偿和安慰。对家属提出的一些不合理要求，应耐心地做好解释工作，讲清政策，请求家属谅解。死难家属因亲人死亡，不仅生活困难，而且还在精神上承受极大痛苦，情绪往往比较激动，有时可能会做出一些过激行为，负责善后处理工作的人员要设身处地地理解他们的心情，进行劝导和安慰。即使发生一些过激行为，一般也应等待事态平息后再行处理，绝不能激化矛盾，使善后处理工作复杂化。

四、展开宣传教育，强化群众安全意识

公安机关应配合其他部门做好群众教育工作，强化安全意识。教育广大职工群众增强工作责任感，使他们知道预防事故不仅是保证我国经济建设顺利进行的一项重要工作，也是减少自身生存危害的需要。预防事故，涉及每个公民的切身利益，需要每个人都作出努力。与此同时，要强化监督检查职能，及时消除重大事故隐患，预防治安灾害事故的发生。

项目五　技能训练

治安灾害事故调查的模拟训练

一、训练内容

（1）事故调查的组织。

（2）事故调查计划制订。

（3）事故现场勘查与事故调查访问。

二、训练目的要求

通过训练，学生能进行事故调查的组织并制订调查计划；能区别不同的现场情形，采用合理的顺序，选择合适的勘查方法；掌握如何开展事故调查访问工作。

三、训练前的准备

事故现场布置，选择不同类型的物品作为现场的物证，有高处的、地面的，有相对稳定、相对容易被破坏的。现场知情人员的设定安排。可参考案例14－3、案例14－4。

四、训练方法与步骤

学生8～20人组成小组，交替进行模拟训练。

（一）事故调查组织与计划

根据给定的案例，大致判断治安灾害事故的类别，将小组成员科学分配，组成若干分工不同的工作小组。属于重大灾害事故的，一般分工为：现场保护组、现场访问组、急救组、现场勘查组、物证查实组、现场化验组、经济损失核算组、后勤组、材料组。确定各调查小组的工作任务，制订调查计划。

（二）事故现场勘查的方法

1. 做好现场勘查的准备

勘查人员巡视现场，了解周围环境和现场中心、现场内的结构及各种物体的分布情况，根据现场的具体情况选择勘验顺序，常用勘验顺序有外围向中心式、中心向外围式、划片分层式、带状线状式。

2. 进行实地勘查

实地勘查可分为静态勘查和动态勘查两种形式。静态勘查，就是对现场的各种物体不加触动地进行观察研究。动态勘查，就是通过翻转、移动物体寻找可疑痕迹和物品，予以记录和提取。实地勘查一般应先静观后动手、先拍照后提取、先重点后一般、先外表后内部、先地面后高处、先易失后稳定。

3. 做好勘查记录

现场勘查记录，是对事故现场中一切与事故真相有关的客观事物所作的记载，是勘查活动和结果的客观反映。

现场勘查笔录的主要内容包括：事故发生的时间、地点，发现人姓名、住址，发现经过，事故基本概况，保护现场人员身份和现场保护情况，勘查工作起止时间，勘查范围、顺序，事故发生时和勘查时的气象情况等。

现场拍照一般包括：现场方位照相、现场全貌照相、中心部位照相和细目照相等。运用录像作记录，可以是局部也可是整个勘查活动的全程录制。

现场绘图主要包括：现场方位图，事故建筑平面、剖面图，事故波及范围总平面图，设备破坏情况示意图等。现场制图应注明图的名称、比例尺、绘图说明、绘图日期、绘图人等。

（三）事故调查访问

事故调查访问中，要做好笔录。调查访问主要围绕的问题有：事故发生的时间、具体部位和经过等情况；事故发生时，谁在岗或在场，谁不在岗或不在场；事故是谁首先发现的，怎样发现的，采取过哪些措施；事故发生前有什么征兆，是否有过类似事故，如何处理的；事故发生前后，谁有哪些反常表现和可疑情况；事故制造者必须具有哪些专业知识、技术技能、工具等。

五、注意事项

（1）学生能否根据给定的案例，合理分工，进行事故调查的组织。
（2）学生能否根据现场的物品，选择正确的勘查顺序与方法。
（3）学生能否充分开展调查访问，了解治安灾害事故发生的详细情况。

六、考核方式及标准

（一）考核方式

（1）教师与还未轮到训练的学生一同观察训练小组的模拟调查过程。
（2）各个模拟训练小组完成现场勘查记录、调查访问笔录。
（3）通过彼此之间的观摩，互相交流，指出各自优点与不足，并完成训练作业，填写训练心得体会。
（4）教师总结。

（二）考核标准

（1）优秀：能根据给定案例，合理分工组织事故调查；选择了正确的现场勘查顺序与方法并制作了记录，充分开展调查访问工作并制作好笔录。认真观摩其他小组的模拟操作，积极与同学交流训练经验。

（2）良好：能根据给定案例，合理分工组织事故调查；选择了较正确的现场勘查顺序与方法并制作了记录，基本完成调查访问工作并制作笔录。积极与同学交流训练经验。

（3）及格：能根据给定案例，分工组织事故调查；无严重现场勘查顺序与方法的错误，基本完成调查访问工作。

（4）不及格：无法完成任何一项训练内容。

七、思考题

（1）对于重大灾害事故，调查事故的组织一般如何分工？
（2）现场勘查的步骤与方法是什么？
（3）事故调查访问主要围绕的问题有哪些？

参考文献

1. 李颖，师维. 治安管理实训教程. 北京：高等教育出版社，2007.

2. 李颖，师维. 治安管理教程. 北京：高等教育出版社，2007.

3. 熊一新，李健和. 治安管理学概论. 北京：中国人民公安大学出版社，2004.

4. 公安部教育局编. 治安管理学教程. 北京：群众出版社，2002.

5. 王国良. 出入境管理学. 北京：中国人民公安大学出版社，2002.

6. 熊一新. 治安管理学. 北京：中国人民公安大学出版社，2005.

7. 周忠伟，丁文跃，阿不力克木. 群体性治安事件处置教程. 北京：中国人民公安大学出版社，2005.

8. 廉旭. 旅馆业治安管理业务指南. 北京：中国人民公安大学出版社，2007.

9. 廉旭. 旧货业典当业治安管理业务指南. 北京：中国人民公安大学出版社，2007.

10. 陈智勇. 中国古代社会治安管理史. 郑州：郑州大学出版社，2003.

11. 公安部交通管理局编. 交通警察执法手册. 北京：中国人民公安大学出版社，2004.

图书在版编目(CIP)数据

治安管理实务/曾郁,周静茹主编;龚亭亭,林岚副主编.—广州:暨南大学出版社,2013.3
(2019.11 重印)
(高等法律职业教育系列教材)
ISBN 978 - 7 - 5668 - 0476 - 1

Ⅰ.①治…   Ⅱ.①曾…②周…③龚…④林…   Ⅲ.①治安管理—中国—高等职业教育—教材
Ⅳ.①D631.4

中国版本图书馆 CIP 数据核字(2013)第 017204 号

治安管理实务

ZHIAN GUANLI SHIWU

主　编：曾　郁　周静茹　副主编：龚亭亭　林　岚

出 版 人：徐义雄
责任编辑：武艳飞　刘　曦
责任校对：周海燕　黄　斯
责任印制：汤慧君　周一丹

出版发行：暨南大学出版社　（510630）
电　　话：总编室（8620）85221601
　　　　　营销部（8620）85225284　85228291　85228292（邮购）
传　　真：（8620）85221583（办公室）　85223774（营销部）
网　　址：http://www.jnupress.com
排　　版：广州市天河星辰文化发展部照排中心
印　　刷：佛山市浩文彩色印刷有限公司
开　　本：787mm×1092mm　1/16
印　　张：20.5
字　　数：480 千
版　　次：2013 年 3 月第 1 版
印　　次：2019 年 11 月第 6 次
定　　价：39.80 元